普通高等教育“十四五”会计与财务管理专业系列教材

会计信息系统原理、应用及实验

（第三版）

陆秋琴　李君艳　编著

西安交通大学出版社
XI'AN JIAOTONG UNIVERSITY PRESS

内容简介

会计信息系统是现代会计的重要组成部分，是融会计学、计算机科学、信息科学和管理科学为一体的实践性很强的应用型课程。本书从应用的角度出发，结合用友 U8⁺ V15.0 软件，讲解会计信息系统基本原理，内容包括系统管理、基础档案设置、总账业务处理、报表处理、薪资管理、固定资产管理、应收款管理和应付款管理等；以某施工企业一个月完整的经济业务在用友 U8⁺ V15.0 平台上的处理过程为案例，将理论与实践紧密地结合起来，有针对性地阐述经济业务的计算机处理过程。本书还备有实验资料。通过本书的学习，读者既可以掌握会计信息系统的原理及其在企业中的应用，也可以掌握用会计信息系统对企业业务进行会计处理的操作实务。

本书既可以作为高等院校会计学、财务管理、审计等专业的会计信息系统或会计电算化教材，也可以作为相关财务人员的自学教材。

图书在版编目(CIP)数据

会计信息系统原理、应用及实验 / 陆秋琴，李君艳编著. -- 3 版. -- 西安 ：西安交通大学出版社，2024. 8. -- ISBN 978-7-5693-3849-2

Ⅰ. F232

中国国家版本馆 CIP 数据核字第 2024P7S587 号

书　　名　会计信息系统原理、应用及实验(第三版)
　　　　　KUAIJI XINXI XITONG YUANLI、YINGYONG JI SHIYAN(DI-SAN BAN)
编　　著　陆秋琴　李君艳
责任编辑　史菲菲
责任校对　王建洪
封面设计　任加盟

出版发行　西安交通大学出版社
　　　　　(西安市兴庆南路 1 号　邮政编码 710048)
网　　址　http://www.xjtupress.com
电　　话　(029)82668357　82667874(市场营销中心)
　　　　　(029)82668315(总编办)
传　　真　(029)82668280
印　　刷　西安五星印刷有限公司

开　　本　787mm×1092mm　1/16　**印张**　16.875　**字数**　424 千字
版次印次　2016 年 1 月第 1 版　2024 年 8 月第 3 版　2024 年 8 月第 1 次印刷
书　　号　ISBN 978-7-5693-3849-2
定　　价　49.80 元

如发现印装质量问题，请与本社市场营销中心联系。
订购热线：(029)82665248　(029)82667874
投稿热线：(029)82665379
读者信箱：511945393@qq.com

前言

本书以会计信息系统的原理、应用及实验为主线，以某施工企业为背景，以该企业一个月完整的经济业务为主线，详细讲解会计信息系统——用友 U8⁺ V15.0 的基本工作原理和会计核算与管理的全部过程，重点介绍用友 U8⁺ V15.0 系统管理、基础档案设置、总账业务处理、报表处理、薪资管理、固定资产管理、应收款管理和应付款管理等的原理和应用。本书具有以下特点：

(1)本书采用施工企业实际发生的经济业务。本书设计了一个中型施工企业2021 年 12 月发生的全部经济业务，并将业务内容贯穿于用友 U8⁺ V15.0 总账、报表管理、薪资管理、固定资产管理、应收款管理和应付款管理等子系统的应用中，让读者完整掌握会计信息系统软件的原理和各子系统之间的联系，也让读者掌握会计信息系统在施工企业的全面应用。

(2)本书采用目前常用的用友版本 U8⁺ V15.0，方便读者掌握会计信息系统的操作技能，使读者的学习与实际应用不脱节。

(3)本书的案例采用《企业会计准则》的规定对业务进行处理；2016 年 5 月我国全面实行增值税，本书的实验资料体现施工企业实行增值税后的业务处理。

(4)本书提供单项实验资料和综合实验资料。在每项内容学习结束之后，读者就可以进行单项实验，以便更好掌握该项内容。各单项实验既相对独立又有联系，各单项实验循序渐进，最终完成某施工企业一个月的经济业务处理。所有的子系统介绍完后，本书提供了综合实验资料，让读者掌握各子系统之间的数据传递关系。通过全方位的实验，读者能更深入地掌握会计信息系统的原理及其应用。

(5)本书增加了现金流量的管理及现金流量表的制作等内容。

本书由陆秋琴和李君艳编著。陆秋琴负责本书的内容和结构设计、案例设计及本书案例和实验的全部上机实现。陆秋琴编写第2章到第7章，李君艳编写第1章和第8章，杨杨编写第10章，王昊楠编写第9章。在写作过程中，我们参考了用友的相关资料及部分学者的资料，在此对文献作者表示衷心感谢！本书中的公司名、财务和人名都是虚拟的。本书第一版是西安建筑科技大学2014年课程建设立项项目成果，本书第二版是西安建筑科技大学2019年校级一流专业建设项目教材建设子项成果，本书第三版是西安建筑科技大学本科"十四五"规划教材。

由于编者水平有限、时间有限，本书内容可能还有不足之处，欢迎读者指正，以便再版时修订。

本书既可以作为高等院校会计学、财务管理、审计等专业的会计信息系统或会计电算化教材，也可以作为相关财务人员的自学教材。

编　者

2024年3月

目录

第1章 会计信息系统概述

学习目标

了解会计信息系统的发展历程，掌握会计信息化与手工会计的异同，掌握会计信息系统的结构及功能、会计信息系统软件的选择、会计信息化的实施。

重点难点

会计信息化与手工会计的异同，会计信息系统的结构及功能。

1.1 会计信息系统及其发展

会计信息是经过加工处理并对会计业务或管理活动产生决策影响的数据信息，它是会计核算和会计分析中形成的凭证、账簿、报表等数据。它包含财务信息、分析信息和决策信息三类信息。

会计信息系统(accounting information system)是管理信息系统的一个子系统，是指由特定的人员、数据处理工具和数据处理规程组成的有机整体，是企事业单位处理会计业务，并为企业管理者、投资人、债权人、政府部门等提供财务信息、分析信息和决策信息的实体。也就是说，会计信息系统是利用信息技术对会计信息进行采集、存储和处理，完成会计核算任务，并能提供进行会计管理、分析、决策用的辅助信息的系统。

会计电算化，即计算机在会计中的应用，也可称为会计信息系统、计算机会计学、电算化会计、会计信息化等。这些称谓之间是有区别的，但通常不过分强调这些称谓之间的区别，因此以这些称谓命名的书籍内容基本相同。

20世纪50年代末，欧美发达国家研制了单项会计信息系统；70年代随着数据库技术和网络技术的出现，会计综合数据处理软件开始研制并应用。1979年我国财政部拨款500多万元在长春第一汽车制造厂进行会计电算化工作试点。1981年，我国正式将计算机及技术应用于会计核算和管理的工作称为“会计电算化”。会计信息化在我国的发展经历了缓慢探索、渐入正轨阶段(1979—1988年)，重点关注、快速发展阶段(1989—1998年)，厚积薄发、稳步提高阶段(1999—2008年)，以及与时俱进、全面推进阶段(2009年至今)等四个按时间进程的发展阶段。有学者也提出，会计信息化的发展按计算机在会计中应用的功能及范围可以划分为会计电算化、会计信息系统和智能会计三个阶段。目前，我国有数百家财务会计软件专业开发公司，国外的会计信息系统也进入我国软件市场，会计信息系统的功能越来越全面和成熟。随着社会信息化进程的加快，会计信息系统由于具有使用方便、数据处理准确、处理速度快、方便共享和传输等优点而在各行各业中被广泛应用。现代会计业务处理离不开会计信息系统，会计信息系统是现代会计的重要组成部分。

1.2 会计信息化与手工会计的异同

1.2.1 会计信息化与手工会计的共同点

会计信息化与手工会计的共同之处主要有六点：①目标一致；②遵守共同的会计准则和会计制度；③遵守共同的基本会计理论和会计方法；④基本功能相同；⑤都要保存会计档案；⑥编制会计报表的要求相同。

会计信息化和手工会计的目标都是完成会计核算和监督职能，向信息使用者提供与决策相关的会计信息，参与企业经营决策，提高企业经济效益。会计法规是进行会计工作的法律依据，会计准则和会计制度是指导会计工作的规范，因此，会计信息化和手工会计遵守相同的会计法规。会计信息系统软件开发所依据的会计理论、会计方法和手工会计一样，都采用复式记账原理。会计信息化和手工会计都具有信息的采集与记录、信息的存储、信息的加工处理、信息的传输和信息的输出五项功能。会计信息化和手工会计都要输出会计信息，会计信息档案必须妥善保存，以便查询。会计信息化和手工会计都要编制会计报表，并且都必须按国家要求编制企业外部报表。

1.2.2 会计信息化与手工会计的不同点

会计信息化与手工会计的不同之处主要有以下七点。

(1)会计核算工具不同。手工会计使用的会计工具是算盘、计算器、纸张等。会计信息系统是一个人机结合的系统，使用计算机来处理会计数据，数据处理过程按程序自动完成，尤其是记账及报表产生的过程无须人工操作。

(2)会计信息载体不同。手工会计的核算信息主要以纸张为载体；而会计信息化的信息载体除必要的原始凭证和要求存档的纸质资料外，大量信息都是以电子数据的形式存储在磁性介质、光盘等非纸张的存储介质上，其特点是信息存储量大，检索方便、快速。

(3)记账规则不完全相同。手工会计核算采用平行登记法分别由不同的人登记总账与明细账，填制记账凭证的差错、记账的差错、数量或金额计算上的差错等都有可能发生；但在会计信息系统核算中，输入的凭证都经过计算机的逻辑校验，只要凭证填写正确，记账是由软件自动完成的，所有的日记账、明细账、总账都出于同一数据源，不存在记账的差错。

(4)内部控制形式不同。手工会计核算主要靠会计人员在工作中遵守各项规章制度，按照工作流程，加强不同岗位间的稽核工作来达到内部控制的目的；而会计信息系统的内部控制部分除人这个执行控制的主体外，许多内部控制方法主要通过会计软件来实现，因此，其内部控制为人工控制和软件控制相结合，并向综合控制发展。

(5)信息输出的内容和方式不同。利用计算机对会计数据进行批处理和实时处理，大大地提高了会计信息处理的及时性。其可实现一数多用、充分共享，联机快速查询，远程信息交换，网上查询等功能。

(6)会计档案的保管形式不同。手工会计的会计信息是以纸张作为载体进行保存的;在会计信息系统中,会计档案的保存方式变为以磁性介质为主、纸介质为辅。

(7)系统运行环境要求不同。会计信息系统所使用的计算机、打印机、通信设备等精密设备,要求防震、防磁、防尘、防潮,使系统运行环境能保证计算机硬件和软件的正常运行。

1.3　会计信息系统

1.3.1　会计信息系统的分类

根据适用范围不同,会计信息系统可分为通用会计信息系统和专用会计信息系统。

通用会计信息系统一般是指由专业软件公司研究开发并批量生产,公开在市场上销售,能适用不同行业、不同单位会计核算与管理基本需要的会计信息系统。通用会计信息系统分为行业通用会计信息系统和全通用会计信息系统。通用会计信息系统一般都要设置"初始化"模块。

专用会计信息系统也称为定点开发会计信息系统,这种会计信息系统把使用单位的会计核算规则编入会计软件,非常适合使用单位会计核算,使用起来简便易行。但受使用范围和时间限制,其只适用于特定单位的某一时段。专用会计信息系统开发方式分为本单位自行开发、委托其他单位开发和与其他单位联合开发三种。

按硬件结构划分,会计信息系统可分为单用户会计信息系统和多用户(网络)会计信息系统。单用户会计信息系统某时刻一个账套只能一个用户操作,数据不共享。多用户(网络)会计信息系统账套的数据放在某个服务器,数据共享,某时刻可多用户登录同一个服务器的同一个账套同时操作同一个账套的数据。多数大中型企业使用多用户(网络)会计信息系统。

1.3.2　会计信息系统的各子系统及基本功能

会计信息系统一般可以分为财务、购销存和决策支持三个子系统,每个子系统由若干个更小的子系统组成,如图 1-1 所示。

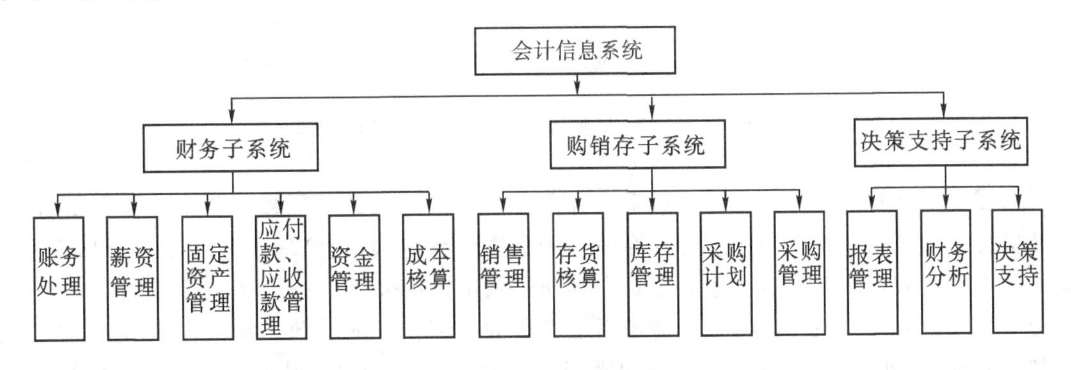

图 1-1　会计信息系统软件功能结构图

(1)财务子系统。财务子系统主要由总账(账务处理)、薪资管理、固定资产管理、应付款管理、应收款管理、成本核算、资金管理等子系统组成。

(2)购销存子系统。购销存子系统以库存核算和管理为核心,包括存货核算、库存管理、采购计划、采购管理和销售管理等子系统。

(3)决策支持子系统。决策支持子系统一般包括财务分析、报表管理和决策支持等子系统。

其中,常用子系统及功能如下:总账(账务处理)子系统具有填制凭证、修改凭证、删除凭证、审核凭证、记账、查询输出各种账簿等功能;应收款/应付款管理子系统具有核算应收/应付款项、进行账龄分析和生成相关账表等功能;薪资管理子系统具有计算职工工资、自动进行工资分摊及生成分摊转账凭证等功能;固定资产管理子系统具有管理固定资产卡片、进行固定资产核算、自动完成折旧和折旧费用分配等功能;报表管理子系统具有定义会计报表格式、从总账和其他报表取数生成报表数据以及对报表进行审核等功能。

总账(账务处理)子系统是会计信息系统的核心子系统,该子系统以记账凭证为接口,与其他子系统联系在一起,构成完整的会计核算系统。

1.3.3 会计信息系统各子系统间的相互关系

会计信息系统各个主要子系统间的相互关系如图 1-2 所示。

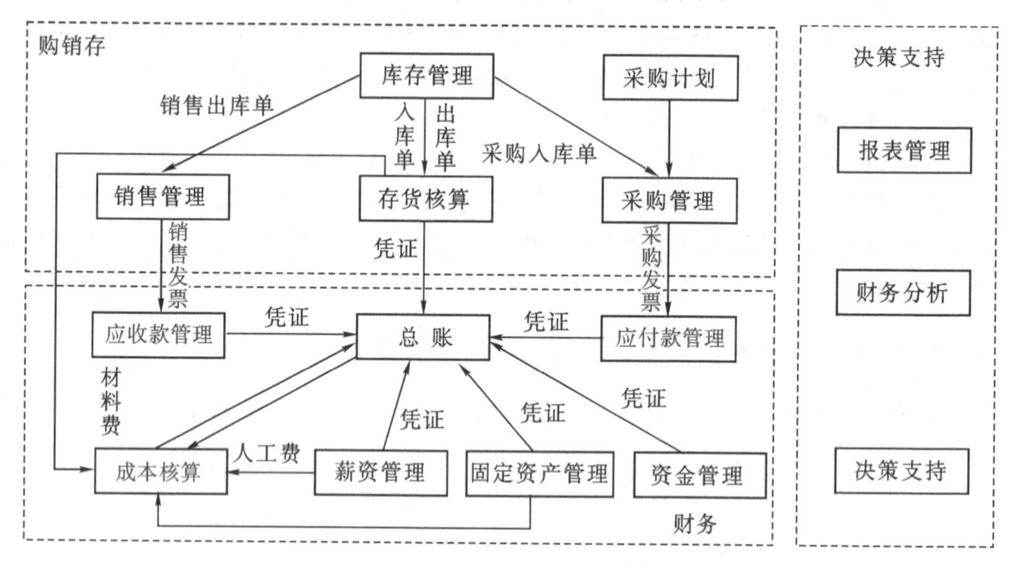

图 1-2 会计信息系统主要子系统间的相互关系

从图 1-2 中可以看出,会计信息系统各主要子系统之间的主要数据联系具有以下特点:会计信息系统各子系统之间并非都存在直接的数据联系,如薪资管理子系统与存货核算子系统之间无直接数据联系。有些子系统只向其他子系统提供数据,如薪资管理子系统、固定资产管理子系统。有些子系统只接收其他子系统提供的数据而不向其他子系统提供数据,如报表管理子系统,这种数据联系称为单向数据联系。有些子系统既接收其他子系统提供的数据,又向其他子系统传递数据,如总账子系统、成本核算子系统、存货核算子系统,它们与其他子系统之间的数据联系称为双向数据联系。总账子系统、成本核算子系统是数据联系最复杂的两个子系统。

1.4 会计信息系统软件的选择与会计信息化的实施

1.4.1 会计信息系统软件的选择

企业在实施会计信息化时,取得会计信息系统软件的途径有很多,多数企业会选购商品化通用会计信息系统软件。目前,商品化通用会计信息系统软件众多,企业在众多的商家中选购会计信息系统软件要综合考虑以下六方面因素:①会计信息系统软件是否通过财政部门的评审;②会计信息系统软件是否符合本企业的需要;③会计信息系统软件是否安全可靠;④会计信息系统软件是否符合企业环境的要求;⑤会计信息系统软件开发公司的服务是否优良;⑥会计信息系统软件是否经济。

1.4.2 会计信息化的实施

企业有了相关的实施会计信息化的软件和硬件以及会计信息化的相关人才,整理手工会计业务数据,建立账套,增加用户并授予用户对账套的操作权限,进行会计信息系统基础设置,规范各类账表格式和会计信息系统应用的制度,在会计信息化与手工会计核算并行三个月之后,才能用会计信息系统替代手工记账。会计信息化实施过程如下:

(1)整理手工会计业务数据。重新核对各项凭证和账簿,做到账证、账账、账实相符;整理各类账户余额;清理往来账户和银行账户。

(2)建立账套。一个账套是存放一个会计主体会计信息的数据库。在信息化环境下,信息都用数据库存储,所以建立账套是会计信息化实施的关键步骤。

(3)增加用户并授予用户对账套的操作权限。为实现会计信息系统环境下会计信息的安全与保密要求,对哪些用户可以登录系统,登录密码是什么,登录后能够对哪个账套执行哪些功能要进行设置。

(4)进行会计信息系统基础设置。会计信息基础设置即确定会计信息系统应用规则与应用过程中需要的基础档案,是将通用会计信息系统转变为专用会计信息系统的过程。其中,建立会计科目体系并确定会计科目编码是会计信息系统应用的重要的基础工作。设置会计科目时要注意,凡是与其他子系统有关的科目,应将该科目在总账子系统中设为一级科目。

(5)规范各类账表格式和会计信息系统应用的制度。这主要包括确定凭证、账簿、报表的格式,使其满足会计信息系统工作的特点;确定数据传递的次序;确定会计信息系统应用的制度。

(6)试运行。会计信息系统和手工会计并行工作称为试运行。试运行的时间可以选择以下时间点之一:年初、年末、季初、季末。会计信息系统和手工会计并行三个月以上,且并行期间会计信息系统和手工会计的输出结果完全一致,会计信息系统才可正式投入使用。

1.5 会计信息化的岗位

企业应用会计信息系统进行会计业务处理后,会计工作人员的岗位需要重新划分。会计人员岗位中必须有会计信息系统主管岗位，该岗位是直接管理、操作、维护计算机和会计软件系统的岗位。不同的岗位，对账套有不同的操作权限，会计信息系统岗位权限设置一般在账套建立完成后，由会计信息系统主管（也称账套主管）或系统管理员根据各个岗位职责设置各岗位操作人员的权限。操作人员拥有对账套的操作权限后，可以在登录账套后修改自己的口令，但不能修改自己和他人的权限。企业一般可设立以下八种岗位。

（1）会计信息系统主管：负责会计信息系统的日常管理工作。

（2）软件操作员：负责所分管数据的输入、处理、输出等工作。

（3）审核记账员：对软件操作员输入的凭证进行审核，检查数据的正确性，然后记账。该岗位可由会计主管兼任。

（4）会计信息系统维护员：定期检查软件、硬件的运行情况，及时排除软件、硬件的故障。

（5）会计信息系统审查员：负责监督计算机和软件，检查计算机程序的正确性，防止利用计算机进行舞弊。该岗位可由稽核人员兼任。

（6）出纳员：主要负责现金管理和银行账户管理工作。

（7）数据分析员：负责对计算机内的数据进行分析。该岗位可由会计信息系统主管兼任。

（8）会计档案保管员：负责备份数据，对打印出的会计资料进行保管。

实行会计信息化的单位，可以根据实际情况由一人兼任多岗，不过须注意不相容职务：

（1）软件操作员与审核记账员、会计信息系统审查员、会计信息系统维护员岗位不相容。

（2）出纳员和审核记账员不相容。

（3）软件开发人员不能担任软件操作员。

1.6 会计信息化档案管理

会计信息化档案包括以下方面：①打印出的纸质会计档案。凭证在制单时打印；日记账每天打印或者每旬打印；明细账每年打印一次；总账可用“总分类科目余额发生额表”替代，每月打印一次；会计报表每月打印一次。②机内的会计数据，例如账套等。③系统开发资料。④会计信息系统软件。

会计信息化档案保管要求如下：①打印出的纸质会计档案和存储介质保存的会计档案要存放档案室保管。②纸质和存储介质保存的档案存放要防潮、防尘、防火、防盗、防虫蛀、防霉烂、防鼠咬，存储介质保存的档案存放还要防磁。重要的会计档案要保存双份，分别存放在不同的地方。③存储介质保存的会计档案，应定期检查和复制，目的是防止介质损坏而导致数据丢失。④严格执行安全和保密制度。未经同意，任何人不得外借和携带档案出单位。⑤会计信息系统软件的开发资料应保存到该软件停止使用或重大更改后5年。

1.7 本书案例背景介绍

明达建筑工程有限责任公司成立于1996年，公司注册资金5 000万元，固定资产5 320万元，具有建筑工程施工总承包二级资质。2021年完成田园建筑工程公司馨馨花园项目，工程款尚未完全回收。2021年11月完成方欣轻工集团四色机安装工程，已通过验收，工程款尚未完全收回。2021年12月正从事四个工程项目，具体情况如表1-1所示。

表 1-1　明达建筑工程有限责任公司 2021 年 12 月正从事的项目信息表

项目名称	项目管理部门	客户
宝福花园小区	宝福花园项目部	龙发建筑工程公司
5 号楼土建工程	工程一处	明达实业有限公司
4 号厂房	4 号厂房项目部	美华食品公司
办公楼装修	工程二处	佳捷印刷厂

公司部门设置如下：办公室、财务部、采购部、销售部、机修车间、工程一处、工程二处、宝福花园项目部、4 号厂房项目部。

公司的会计政策、会计科目采用 2006 年财政部统一规定的会计科目名称和编码，记账凭证分为收款凭证、付款凭证和转账凭证三种，开设三栏式现金日记账、银行存款日记账。

材料采购按实际成本记账。周转材料分摊方法按使用次数分摊。低值易耗品采用一次摊销方法。固定资产按平均年限法计提折旧。

与工资有关的各项经费、基金的计提（企业负担部分）如表 1-2 所示。

表 1-2　工资各项经费、基金的计提（企业负担部分）

项目	计提基数	计提比例
职工福利费	本月工资总额	14%
工会经费	本月工资总额	2%
教育经费	本月工资总额	1.5%
养老基金	上年月平均工资	20%
住房公积金	上年月平均工资	7%
医疗保险金	上年月平均工资	12%
失业保险金	上年月平均工资	1%
生育保险金	上年月平均工资	0.85%
工伤保险金	上年月平均工资	0.4%

机修车间为内部独立核算单位，月末将机修车间当月实际发生的人工费、材料费等费用按分配表分摊计入成本账户。

企业所得税税率为 25%，增值税税率为 17%，城市维护建设税税率为 7%，应交教育费附加税率为 3%，应交地方教育费附加税率为 2%。

个人所得税由企业根据职工每月工资所得根据相关政策代扣代缴。

本章小结

本章主要介绍了会计信息系统的产生与发展、会计信息化与手工会计的异同、会计信息系统的结构与功能、会计信息系统软件的选择、会计信息化的实施等内容。

即测即评

思考题

1. 简述会计信息化与手工会计的异同点。
2. 简述企业应用会计信息系统的意义。
3. 购买商品化会计信息系统应考虑哪些因素?
4. 我国现行制度规定会计信息系统转换的基本条件有哪些?
5. 在会计信息系统试运行之前,应准备哪些手工与计算机衔接的会计数据?
6. 会计信息系统的基本功能结构是什么?

第2章 系统管理

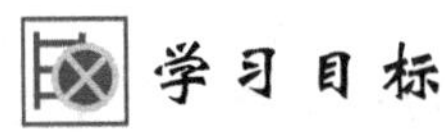

学习目标

掌握系统管理功能的基本知识和操作方法，包括操作员设置、账套建立、操作员权限设置、账套输出和引入的方法。

重点难点

操作员设置、账套建立、操作员权限设置、账套修改和账套输出。

2.1 系统管理的原理

用友 U8^{+} V15.0 提供财税一体化、新收入准则、多工厂计划协同、多组织购销业务协同以及新零售、新电商等多项新应用。产品范围包括企业门户、财务会计、管理会计、电商管理、供应链管理、生产制造、人力资源管理、决策支持、集团应用、企业应用集成、移动应用等。用友 U8^{+} V15.0 中有 U8^{+} 移动 UU，它是面向企业的即时沟通应用，能够在企业内部建立沟通平台，并和 U8^{+} 业务系统紧密结合。U8^{+} 移动 UU 支持 U8^{+} 操作员内部、操作员和外部用户通过移动端进行消息会话，支持 U8^{+} 操作员和外部用户通过移动端基于单据进行讨论，同时能在移动 UU 中下载、启动 U8^{+} 其他移动应用。

会计信息系统一般由多个子系统组成，每个子系统又由多个更小的子系统构成，各个子系统既相互独立，又相互联系，共同为同一个主体的不同需要服务。它们共用一个数据库，具有公共的基础信息，拥有相同的账套和账套库，从而实现数据共享，最终实现业务、财务一体化的管理。系统管理的主要功能是对系统的各个子系统进行统一的操作管理和数据维护，包括账套管理、账套库管理、权限管理、统一的安全机制管理、视图管理。

(1)账套管理。一个账套指的是存放一个会计主体会计信息的数据库，其中有一组相互关联的表文件。账套管理包括建立账套、修改和引入账套(恢复)、输出账套(备份)。建立账套即建立会计主体存放会计数据所需要的空的表文件及其索引文件，有了账套才能用会计信息系统开展会计工作，因此，建立账套是会计信息化的首要工作。

(2)账套库管理。账套是账套库的上一级，账套是由一个或多个账套库组成的，一个账套库含有一年或多年使用数据。一个账套对应一个经营实体或核算单位，账套中的某个账套库对应这个经营实体的某年度区间内的业务数据。账套库管理包括建立账套库、初始化账套库、清空账套库数据、引入账套库、输出账套库、卸出数据。

(3)权限管理。权限管理包括设定系统的操作员以及为操作员分配对某账套的操作权限，包括用户、角色和权限设置。

(4)统一的安全机制管理。统一的安全机制管理包括备份计划设置、数据库初始化、数据清除、数据还原、安全策略和加密证书管理。

(5)视图管理。视图管理包括清除异常任务、清退站点、清除单据锁定、消除上机日志等。

2.2 系统管理的主要功能及应用

1. 应用服务器配置

数据库管理系统(SQL Server)和用友 U8⁺ V15.0 是两个独立的软件，应用服务器配置实际上是实现用友 U8⁺ V15.0 和数据库管理系统的连接，连接好以后，操作用友软件过程生成和使用的数据才能到指定的数据库存取，这样才可以使用用友 U8⁺ V15.0。在用友软件安装结束后，重启系统时就弹出应用服务器配置对话框，在对话框中输入数据库服务器名称和 sa(数据库系统管理员)登录数据库的密码(该密码是安装数据库时，数据库身份验证模式为混合模式时为 sa 设定的密码)，就可以完成应用服务器配置。如果用友软件安装结束后没有进行数据库服务器配置或者需要变更数据库服务器，则操作过程如下：单击“开始”/“所有应用”/“新道 U8⁺”/“应用服务器配置”，弹出如图 2-1 所示的“U8 应用服务器配置工具”界面。在图 2-1 中，选择“数据源配置”，弹出如图 2-2 所示的“数据源配置”界面。在该界面中选择第一行，单击菜单“修改”，弹出“修改数据源”界面，如图 2-3 所示。

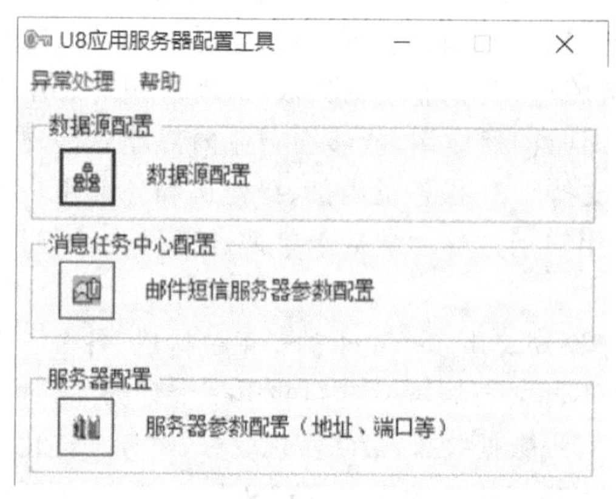

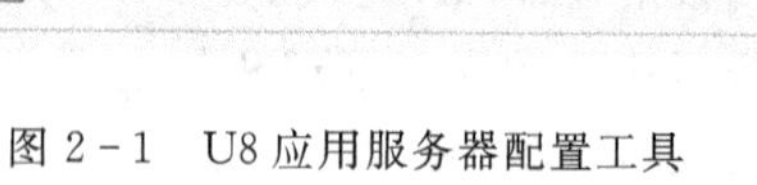

图 2-1 U8 应用服务器配置工具

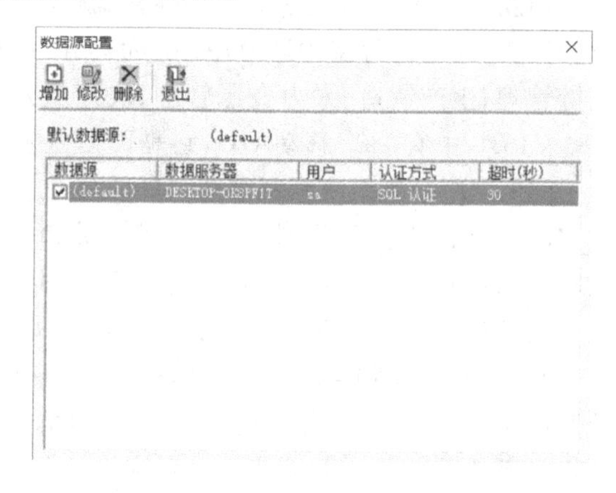

图 2-2 数据源配置

在图 2-3 中，输入数据库服务器名称。数据库服务器是准备存放会计信息的 SQL Server 服务器名称。一般安装 SQL Server 时以计算机名作为服务器名，如果单机单用户使用，输入当前使用的计算机名作为服务器名；如果多用户使用，所有用户配置的数据库服务器名是安装 SQL Server 服务器且用来存放会计信息的计算机名，这样才能实现多用户数据共享，所有用户的数据存取来自同一个服务器。sa(数据库系统管理员)密码为数据库安装时数据库身份验证模式为混合模式时为 sa 设定的密码。数据库服务器信息输入后，单击“确定”，结束应用服务器配置。

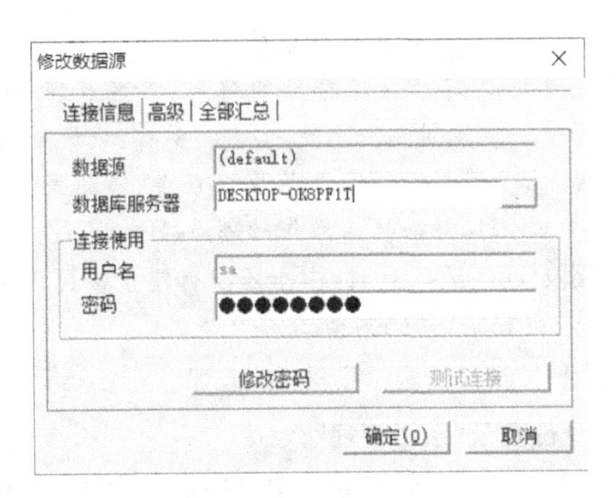

图 2－3　修改数据源

2. 登录系统管理

登录系统管理，才能在其中进行相应的操作。登录系统管理步骤如下。

(1)单击“开始”/“所有应用”/“新道 U8⁺”/“系统管理”，弹出“系统管理”界面。

(2)单击“系统”/“注册”，弹出“登录”界面，如图 2－4 所示，在图中选择登录的服务器，输入操作员的名称和密码，单击“登录”，登录“系统管理”。

图 2－4　注册系统管理

说明：系统允许以四种身份进入系统管理。

(1)系统管理员。其用户名为 admin，密码为空；负责整个系统的总体控制和维护工作，可以管理系统中的所有账套。以系统管理员的身份注册进入系统管理，可以进行账套的建立、引入和输出，设置操作员和账套主管，设置和修改操作员的密码和权限。

(2)安全管理员。其用户名为 Sadmin，密码为空；负责系统安全维护工作，其工作主要包括上机日志管理、数据库初始化、数据清除、数据还原等。

(3)账套主管。系统管理员定义该操作员的编号、姓名及密码，定义界面如图 2－5 所示。账套主管可以对其主管的账套进行修改，授予其他操作员对其所主管的账套的操作权限，对账套库进行初始化，清空账套库数据，引入和输出账套库等。此外，账套主管在企业应用平台自动拥有对其主管的账套的所有功能模块的操作权限。

(4)管理员用户。系统管理员定义该操作员的编号、姓名及密码,定义界面如图 2-5 所示,用户类型选“管理员用户”。管理员用户最大权限主要有:设置账套库数据备份计划,设置账套库增量备份计划,设置角色、用户、权限,清除选定任务,清退站点,清除单据锁定,消除上机日志等工作。管理员用户具体权限需要由系统管理员授予。

(3)系统第一次运行用友 U8^{+} V15.0 时,由于还没有建立核算单位的账套,因此应用系统默认的系统管理员 admin 进行登录,密码为空。

3. 设置操作员

以 admin(密码为空)身份登录“系统管理”。

(1)单击“权限”/“用户”/“增加”,弹出“操作员详细情况”界面,如图 2-5 所示。

(2)在图 2-5 中输入编号、姓名、用户类型、口令等。

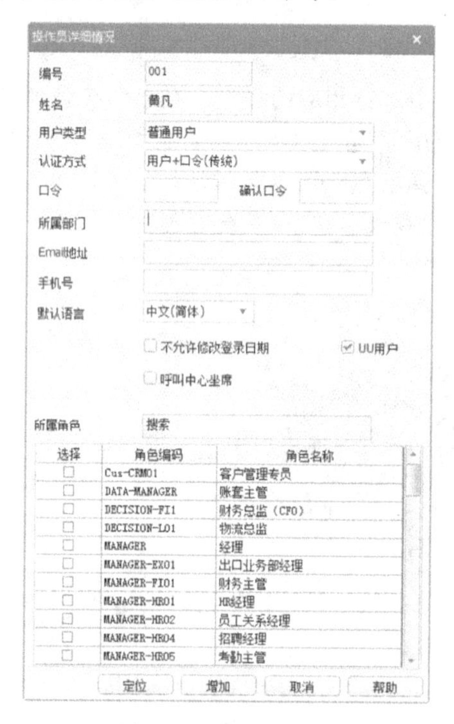

图 2-5　增加操作员

说明:操作员编号必须输入且唯一,编号可以自定义。操作员只要登录过系统,在系统中有凭证或单据等上的签字,则该操作员不能被修改和删除。操作员口令可由系统管理员进行修改。用户类型有管理员用户和普通用户。操作员所属角色根据需要选择。角色是指在企业管理中拥有某一类职能的组织的代表。一个操作员可以属于多个角色,也可以不属于任何角色。当操作员属于某个角色时,该操作员自动拥有该角色的所有权限。当选择操作员为 UU 用户时,则该操作员可以登录 UU。

4. 新建账套

建立账套,即采用会计信息系统软件为会计主体建立一个存放会计信息的数据库,新建立的账套数据库中包含大量用于存放会计信息的空白的二维表。有了账套,会计信息才有存储之处，因此，会计信息化的首要工作是建立账套，每一个独立核算的单位建立一个账套。一个会计信息系统软件的数据库管理系统最多可以建立999个账套。系统提供新建空白账套和参照已有账套两种账套建立方式。参照空白账套建立账套，相当于复制参照账套，如果新建账套与参照账套有不同之处，根据需要对其中的账套参数做某些修改即可。如果系统中没有可参照账套，只能选新建空白账套。如果采用新建空白账套方式，由于用友U8^{+} V15.0财务软件是通用的会计信息系统软件，企业建立账套时应根据企业的具体情况进行账套参数设置，如核算单位名称、所属行业、启用时间、编码规则等基础参数。账套参数决定了系统的数据输入、处理、输出的内容和形式。新建账套之前必须退出杀毒软件，否则账套建立可能不成功。

(1)新建空白账套的操作步骤如下：

①设置账套信息。以admin(密码为空)身份进入“系统管理”。单击“账套”/“建立”，弹出建账方式选择窗口，如图2-6所示，选择“新建空白账套”，单击“下一步”，出现“账套信息”输入界面，如图2-7所示，在图中输入账套信息。

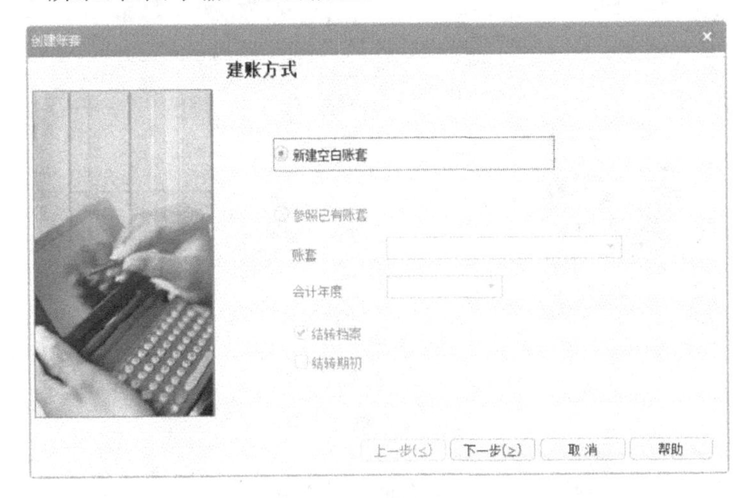

图 2-6 建账方式

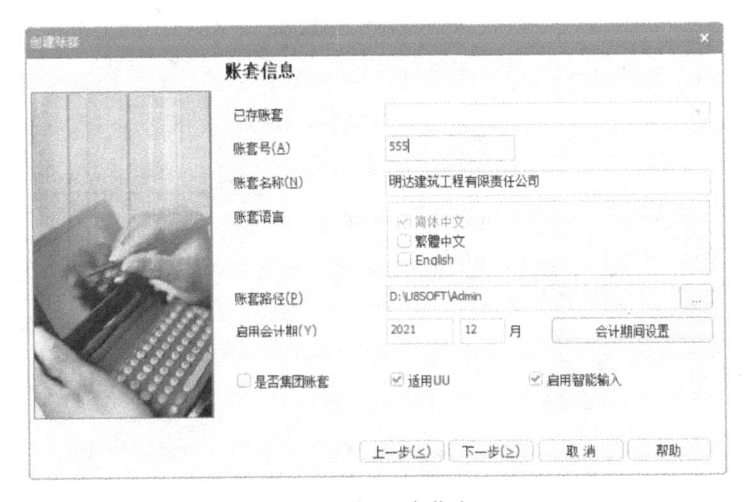

图 2-7 账套信息

说明：设置账套信息包括录入账套号、账套名称、账套路径及启用会计期。

“已存账套”是系统已经建立并使用的账套，不能修改。

“账套号”为3位数，从001到999。每个账套的账套号必须唯一，账套使用以后，其账套号不能修改。

“账套名称”是使用该账套存放会计信息的会计主体名称，在用户操作和打印账套时，系统将自动显示和调用，因此不能为空，并与账套号相对应。

“账套路径”是该账套存放的路径，可以使用系统默认路径，也可以自选路径。

“启用会计期”就是划分会计月份及其每月的起始日期和结账日期。为体现分期核算的原则，一般最好采用公历制。

②输入单位信息。在“账套信息”输入界面单击“下一步”，进入“单位信息”输入界面，如图2－8所示。单位信息输入包括单位名称、单位简称、单位地址及法人代表等相关信息。

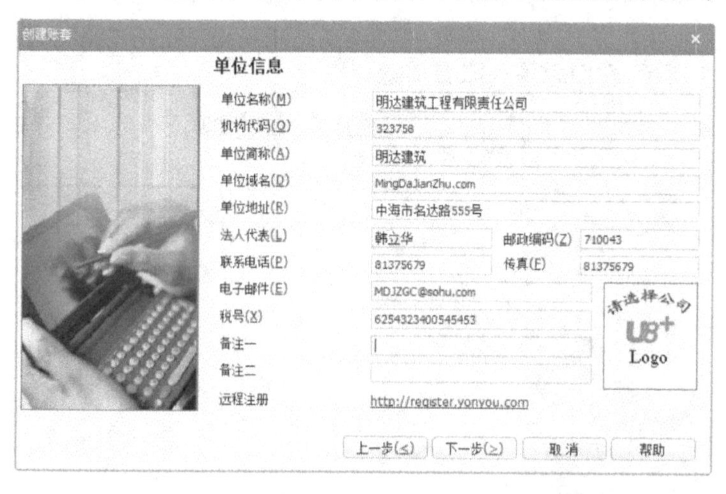

图2－8　单位信息

③确定核算类型。在“单位信息”输入界面单击“下一步”，进入“核算类型”输入界面，如图2－9所示。确定核算类型包括本币代码、本币名称、企业类型、行业性质及账套主管。

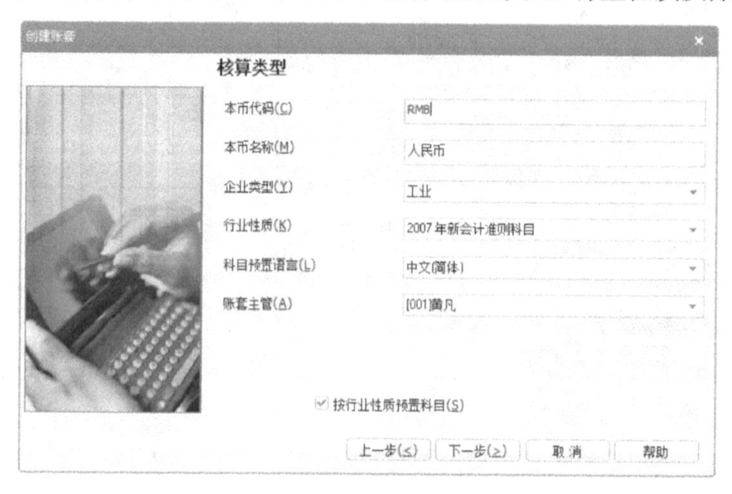

图2－9　核算类型

说明：本币代码用于确定该账套核算要采用的本位币，一般系统默认本币代码是 RMB。每一个账套至少有一名会计信息系统主管，即账套主管。

④确定分类信息。在“核算类型”输入界面单击“下一步”，进入“基础信息”输入界面，如图 2－10 所示。如果用户的存货、客户、供应商相对较多，可以对它们进行分类核算。单击“下一步”，进入图 2－11 的开始建立账套界面。

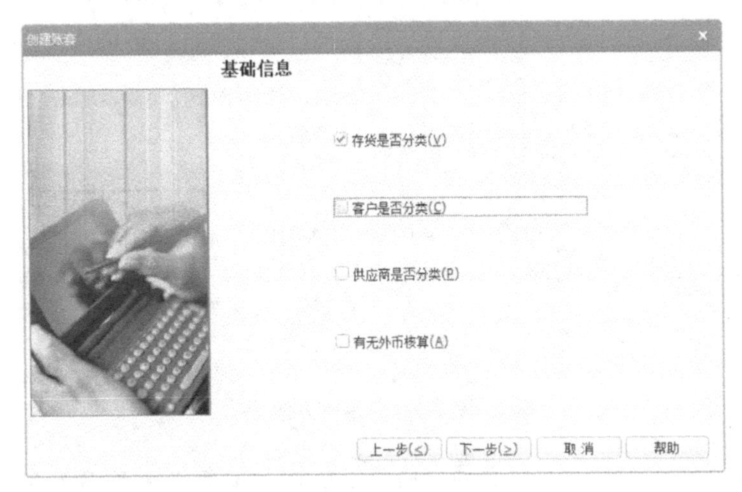

图 2－10　基础信息

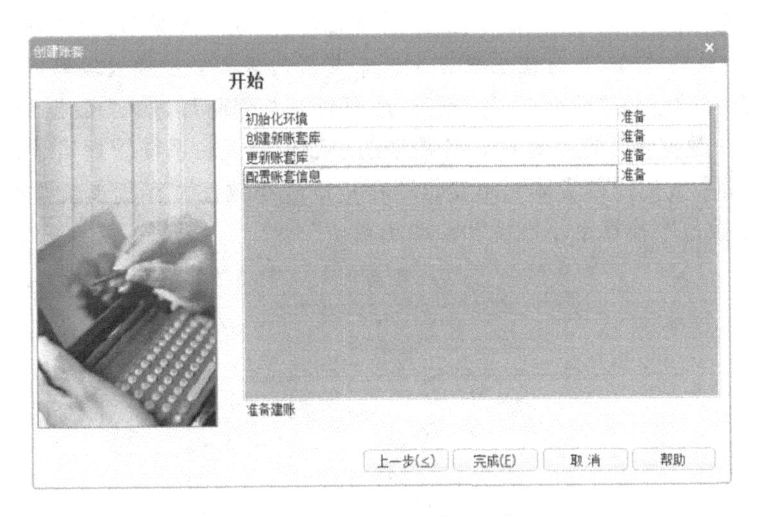

图 2－11　开始建立账套界面

⑤确定编码方案。在“开始”界面，单击“完成”，进入“编码方案”输入界面，如图 2－12 所示。确定编码方案是指设置编码的级次和各级的长度。

说明：在信息化环境下，信息存储在数据库的二维表中，为了保证每个二维表没有重复记录，每个二维表必须有关键字，关键字的取值必须唯一。为了保证关键字取值唯一，一般关键字取值是通过编码实现的，而为了方便查询与统计，一般关键字的编码要有一定的规律，因此要定义编码规则。编码规则包括分级级数和每级位长两项内容的设置，一般采用群码即组合码，即本级总编码＝上级编码＋本级编码。例如，本书案例会计科目的编码规则为：分 5 级，每

编码方案

项目	最大级数	最大长度	单级最大长度	第1级	第2级	第3级	第4级	第5级	第6级	第7级	第8级	第9级
科目编码级次	13	40	9	4	2	2	2	2				
存货分类编码级次	8	12	9	2	2	2	2	3				
部门编码级次	9	12	9	2	2							
地区分类编码级次	5	12	9	2	3	4						
费用项目分类	13	50	9	1	2							
结算方式编码级次	2	3	3	1	2							
货位编码级次	8	20	9	2	3	4						
收发类别编码级次	3	5	5	1	1	1						
项目设备	8	30	9	2	2							
责任中心分类档案	5	30	9	2	2							
项目要素分类档案	6	30	9	2	2							
供应商权限组级次	5	12	9	2	3	4						
存货权限组级次	8	12	9	2	2	2	2	3				

确定(O)　取消(C)　帮助(E)

图 2-12　编码方案

级位长分别为 4、2、2、2、2，则一级科目的编码为 4 位数，二级科目的编码为 6 位数，依次类推。编码规则可以在建立账套定义，如果某编码方案不合适，且该编码方案尚未使用，可以登录企业应用平台，选择“业务导航”/“基础设置”/“基本信息”/“编码方案”进行修改。如果该编码方案已经使用，删除使用之处，然后按编码方案尚未使用的修改办法修改编码方案。

⑥确定数据精度。在“编码方案”输入界面单击“确定”，进入“数据精度”输入界面，如图 2-13 所示。数据精度定义是确定各数据的小数位数。在系统管理需要设置的数据精度主要有“存货数量小数位”“存货体积小数位”“存货重量小数位”“存货单价小数位”“开票单价小数位”“件数小数位”“换算率小数位”“税率小数位”。

数据精度

请按您单位的需要认真填写

存货数量小数位	2
存货体积小数位	2
存货重量小数位	2
存货单价小数位	2
开票单价小数位	2
件数小数位	2
换算率小数位	2
税率小数位	2

确定(O)　取消(C)　帮助(E)

图 2-13　数据精度

⑦系统启用。系统启用是确定各子系统的启用会计期间和启用自然日期。某子系统启用会计期间和启用自然日期决定该子系统能够存入数据的开始日期，也就是说，系统内每个子系统的所有数据的日期必须大于等于该子系统的启用自然日期。系统内子系统很多，总账子系

统必须启用，其余按需启用，这样可以节省内存。因为所有其他子系统都要向总账子系统传送数据，所以总账子系统的启用自然日期必须早于其他子系统的启用自然日期。启用的子系统在企业应用平台中可以看见其菜单和功能，子系统只有启用才能操作相关功能。在“数据精度”输入界面单击“确定”，出现“现在进行系统启用的设置?”提示，如图 2－14 所示，选择“是”，进入系统启用界面，如图 2－15 所示。在系统编码列勾选需要启用的子系统，输入启用自然日期。由于启用自然日期确定后，是不能修改的，因此，一定要注意选好启用自然日期。启用完后退出，完成建账。

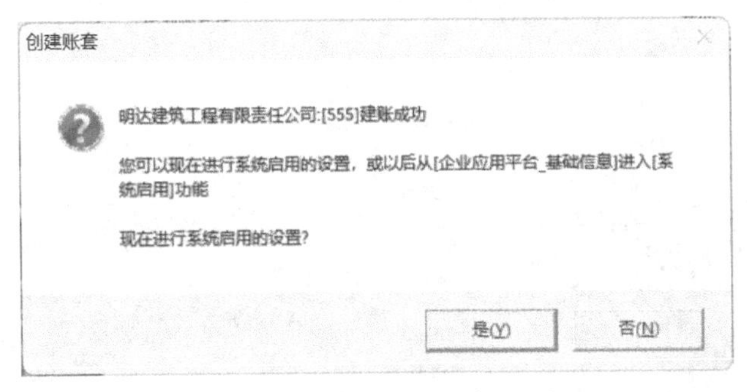

图 2－14　系统启用与否提示界面

系统启用

全启　刷新　帮助　退出

[555]明达建筑工程有限责任公司账套启用会计期间2021年12月

系统编码	系统名称	启用会计期间	启用自然日期	启用人
☑ GL	总账			
☐ AR	应收款管理			
☐ TI	发票管理			
☐ AP	应付款管理			
☐ FA	固定资产			
☐ NE	网上报销			
☐ NB	网上银行			
☐ SC	出纳管理			
☐ CA	成本管理			
☐ PE	利润考核			
☐ PM	项目成本			
☐ FM	资金管理			
☐ BM	预算管理			
☐ FB	费用预算			
☐ CC	系统配置			
☐ MK	营销管理			
☐ CS	服务管理			

日历　2021　十二月　今天　确定

图 2－15　系统启用

说明：各子系统的启用自然日期有先后顺序要求，总的原则是接收数据的系统启用自然日期要早于或等于产生数据的系统的启用自然日期。例如，图 1－2 中，应收款管理和应付款管理、薪资管理、固定资产管理、资金管理向总账子系统传递凭证，也就是说总账子系统接收这些子系统传送来的数据，因此，总账子系统的启用自然日期要早于或等于应收款管理、应付款管理、薪资管理、固定资产管理、资金管理的启用自然日期。

如果在建立账套时未启用系统，以账套主管身份登录企业应用平台，单击“业务导航”/“基础设置”/“基本信息”/“系统启用”，也可以进行系统启用。

(2)采用参照已有账套建账方式操作步骤如下。

①此建账方式要求系统中已经有可参照的账套。因此，必须先检查系统是否已存可参照账套。

②以 admin(密码为空)身份进入“系统管理”。单击“账套”/“建立”，弹出建账方式选择窗口，如图 2－16 所示，选择“参照已有账套”，“结转期初”根据需要选择，要注意所参照的账套必须已经结账，否则期初结转不了。单击“下一步”，出现“账套信息”输入界面，如图 2－7 所示。单击“下一步”，出现“单位信息”输入界面，如图 2－8 所示，在图中输入相关信息，并单击“下一步”。

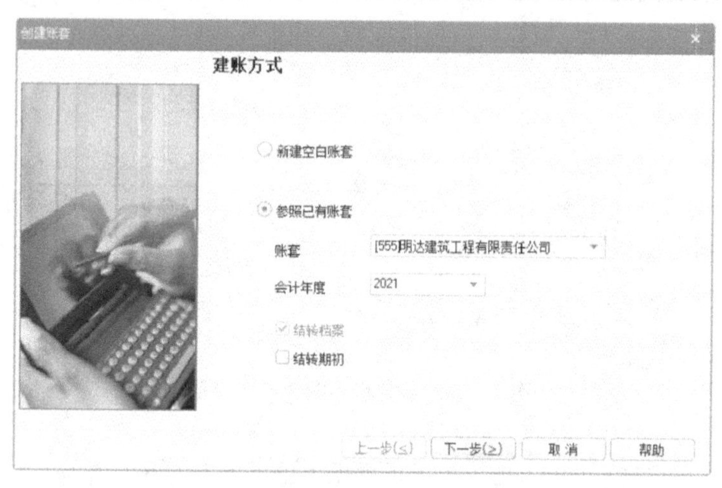

图 2－16　建账方式选择

③在图 2－17 中选择核算类型相关信息。

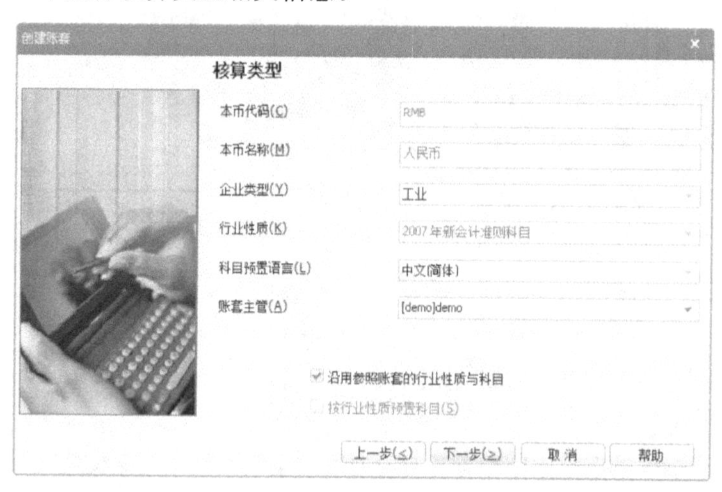

图 2－17　核算类型

④在“核算类型”界面单击“下一步”，弹出如图 2－18 所示的“基础信息”输入界面，单击“下一步”，弹出图 2－19，在图中选择结转内容。

⑤单击“下一步”，弹出图 2－20“建账检查”界面，检查通过后，单击“下一步”，弹出图 2－21“开始”界面，单击“完成”，弹出图 2－22，单击“确定”。

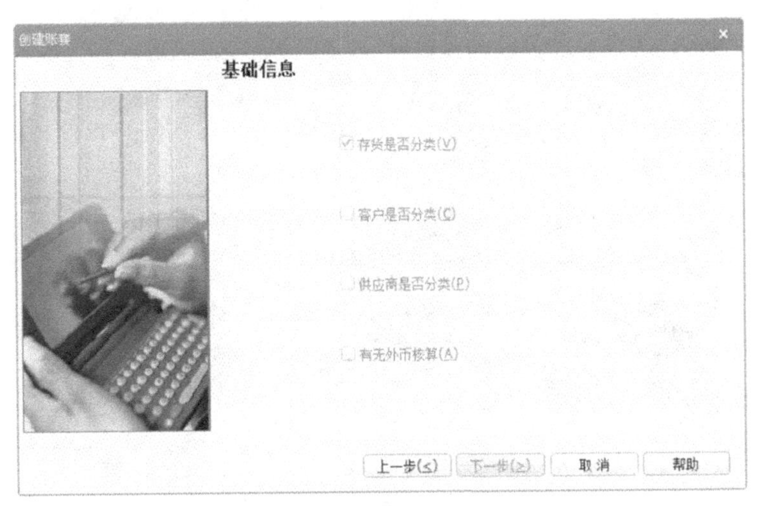

图 2-18 “基础信息”输入界面

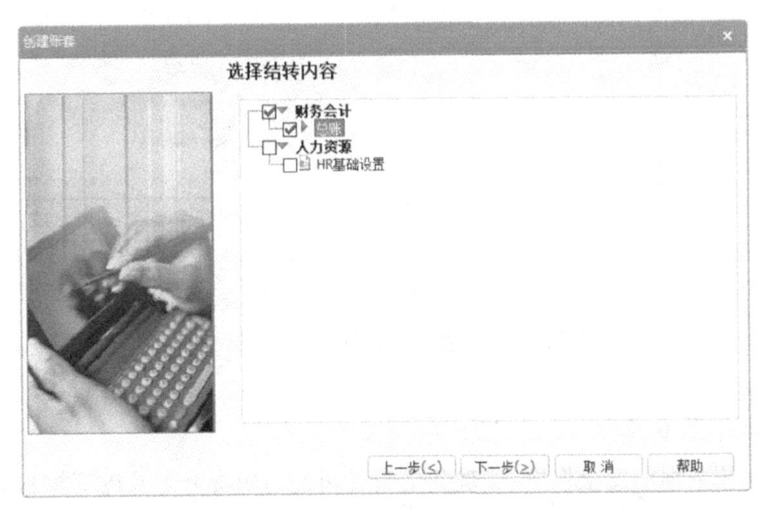

图 2-19 选择结转内容

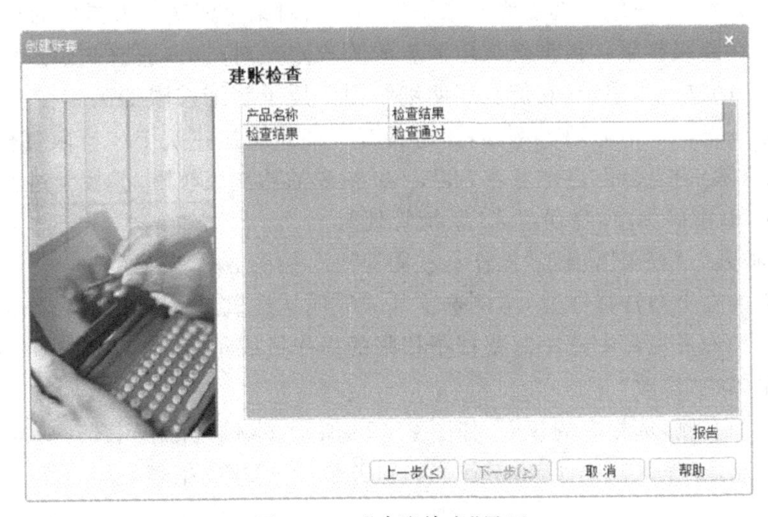

图 2-20 “建账检查”界面

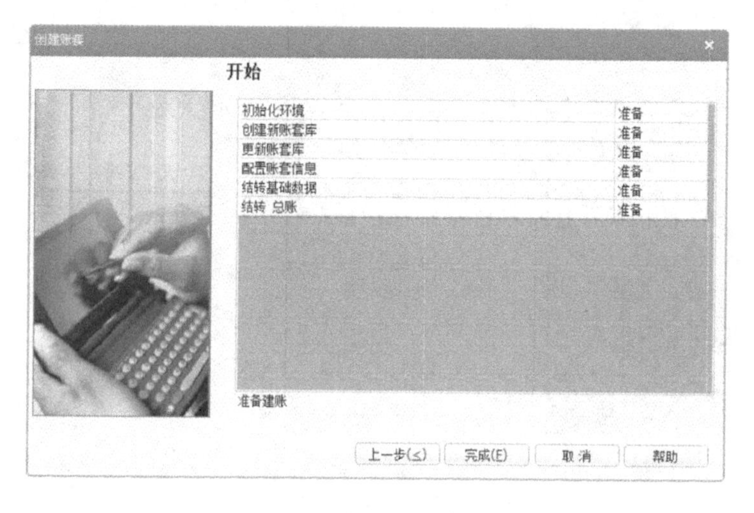

图 2 - 21 “开始”界面

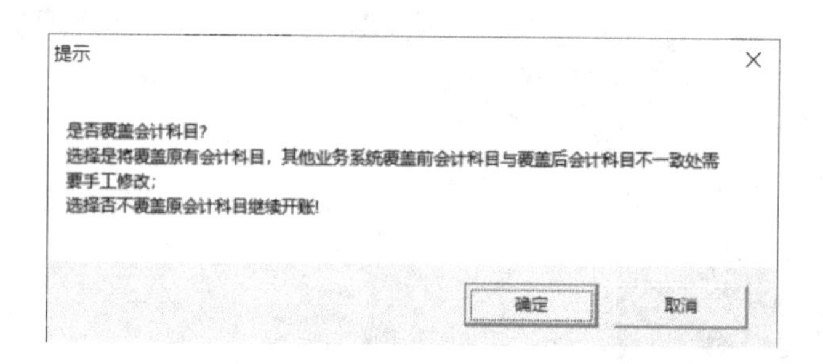

图 2 - 22 覆盖会计科目与否对话框

5. 设置操作员权限

为了保证系统数据的安全保密，实现各个会计岗位的职责分工及内部控制要求，对于每个操作员登录系统以后能够操作的功能和数据要有一定的限制。操作员权限有功能级权限、数据级权限和金额级权限三级。功能级权限限定操作员对某个账套能够操作的功能，在“系统管理”授予操作员功能级权限。数据级权限和金额级权限是对具有功能级权限的操作员在数据和金额的操作上的进一步限定，它们也叫明细权限。授予明细权限的工作在企业应用平台上进行，具体在第 3 章 3.3 节介绍。例如，张涛具有“[555]明达建筑工程有限责任公司”的公用目录设置、总账(除审核凭证、出纳签字)和 UFO 报表的功能级权限，其授予过程如下：

(1)以 admin(密码为空)身份进入“系统管理”。

(2)单击“权限”/“权限”，出现“操作员权限”界面，如图 2 - 23 所示。

(3)在界面的左上角选择账套，本例选中“[555]明达建筑工程有限责任公司”。

(4)在左侧操作员栏目中选中需要授予权限的操作员或角色，本例选中“张涛”。

(5)单击菜单栏“修改”。

(6)在界面的右侧，选相应的权限，如图 2 - 23 所示，本例选的权限是：基本信息—公用目录，财务会计—总账(除审核凭证、出纳签字)，财务会计—UFO 报表。

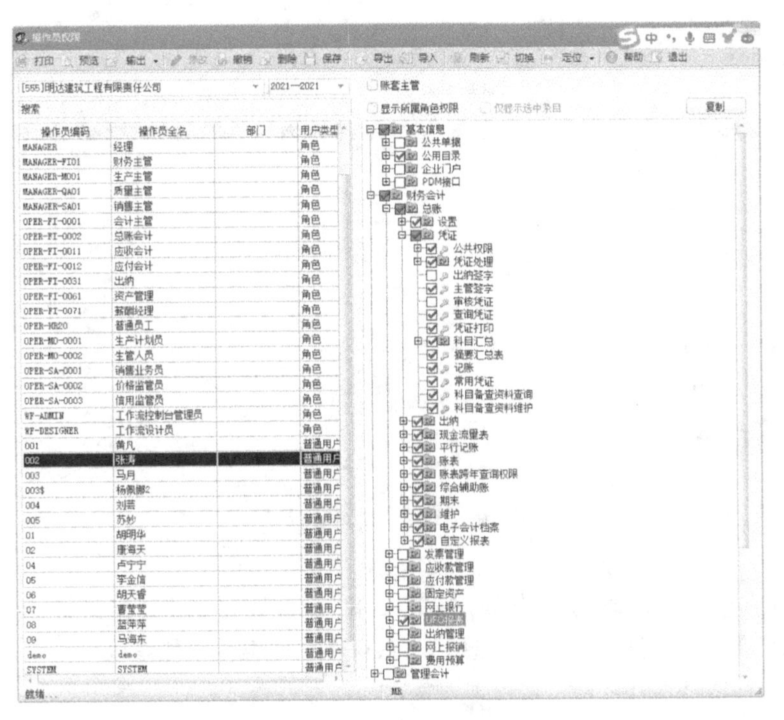

图 2－23　操作员权限的设置

说明：虽然某些权限可以授予几个操作员，或者某些操作员可以拥有几个权限，但在具体分工授权时，应注意以下五个问题。

(1)为保证账套数据的安全和完整，会计管理工作应与其他工作分开授权。例如，“账套管理”的具体权限只能授权给账套主管。因为账套主管拥有了这些操作权限，就可对账套和权限进行随时调整。

(2)为保证账套数据的正确性和合法性，不相容的权限必须分开授权。例如，“填制凭证”与“凭证审核”的操作权限不要授权给同一操作员，不要授权出纳员管理“往来账”和“项目账”等。

(3)重要的权限应给专人授权。例如，“记账”和“结账”的操作权限应授权给专人负责操作，因为“记账”操作要处理大量数据，“结账”操作将进行期末账务处理并关闭日常账务处理的功能。

(4)与岗位相关的权限可以同时授权。例如，对拥有“填制凭证”权限的操作员，应再授予其“建立会计科目”和“凭证查询汇总”等权限，这样方便凭证录入员随时增加所需要的会计科目和查询与汇总机内记账凭证等。

(5)工作量较大的权限可以分散授权。例如，“填制凭证”的权限可以分别授予不同的操作员，以便合理进行财务分工。

2.3　系统管理的其他功能及应用

1. 修改操作员

对于已设置的操作员，在使用的过程中，系统管理员可以随时修改其姓名及口令，但操作员的编号一旦被使用则不能被修改。操作步骤：以 admin 登录“系统管理”，单击“权限”/“用户”，弹出“用户管理”界面，如图 2－24 所示。

用户管理

打印 预览 输出 增加 批量 修改 删除 转授 刷新 定位 帮助 退出

搜索　☑隐藏已注销用户　☐打印/输出所属角色

用户编码	用户全名	部门	Email地址	手机号	用户类型	认证方式	状态
001	黄凡				普通用户	用户+口令(传统)	启用
002	张涛				普通用户	用户+口令(传统)	启用
003	马月				普通用户	用户+口令(传统)	启用
003$	杨佩娜2				普通用户	用户+口令(传统)	启用
004	刘芸				普通用户	用户+口令(传统)	启用
005	苏妙				普通用户	用户+口令(传统)	启用
01	胡明华				普通用户	用户+口令(传统)	启用
02	康海天				普通用户	用户+口令(传统)	启用
04	卢宁宁				普通用户	用户+口令(传统)	启用
05	李金信				普通用户	用户+口令(传统)	启用
06	胡天睿				普通用户	用户+口令(传统)	启用
07	曹莹莹				普通用户	用户+口令(传统)	启用
08	温萍萍				普通用户	用户+口令(传统)	启用
09	马海东				普通用户	用户+口令(传统)	启用
admin	admin				管理员用户	用户+口令(传统)	启用
demo	demo				普通用户	用户+口令(传统)	启用
SYSTEM	SYSTEM				普通用户	用户+口令(传统)	启用
UFSOFT	UFSOFT				普通用户	用户+口令(传统)	启用

图 2-24　用户管理

在该界面选择需要修改的操作员，单击菜单“修改”，弹出“操作员详细情况”界面，如图 2-25 所示，在该界面修改操作员信息。注意操作员的编号不能修改。

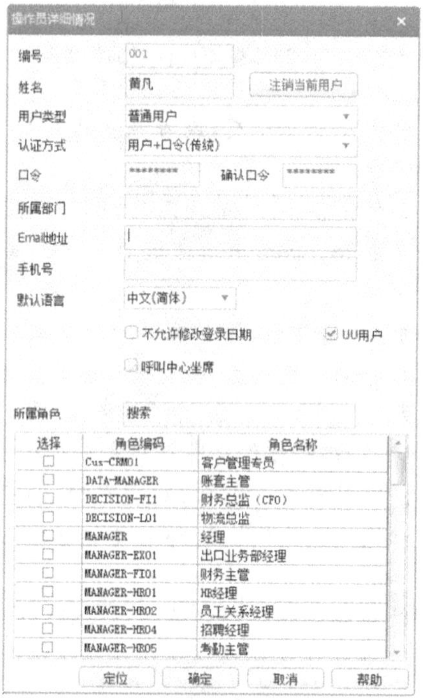

操作员详细情况

编号　001

姓名　黄凡　注销当前用户

用户类型　普通用户

认证方式　用户+口令(传统)

口令　********　确认口令　********

所属部门

Email地址

手机号

默认语言　中文(简体)

☐不允许修改登录日期　☑UU用户

☐呼叫中心坐席

所属角色　搜索

选择	角色编码	角色名称
☐	Cus-CRM01	客户管理专员
☐	DATA-MANAGER	账套主管
☐	DECISION-FI1	财务总监（CFO）
☐	DECISION-LO1	物流总监
☐	MANAGER	经理
☐	MANAGER-EX01	出口业务部经理
☐	MANAGER-FI01	财务主管
☐	MANAGER-HR01	HR经理
☐	MANAGER-HR02	员工关系经理
☐	MANAGER-HR04	招聘经理
☐	MANAGER-HR05	考勤主管

定位　确定　取消　帮助

图 2-25　操作员详细情况

2. 注销操作员

对于已注册但因工作变动等原因不再操作会计信息系统的操作员，可以从系统中注销，但不会删除该操作员以前的操作内容。

注销操作员的操作步骤：以 admin 登录“系统管理”，单击“权限”/“用户”，弹出“用户管

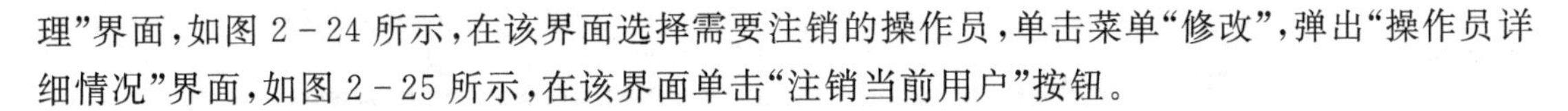

理”界面，如图 2－24 所示，在该界面选择需要注销的操作员，单击菜单“修改”，弹出“操作员详细情况”界面，如图 2－25 所示，在该界面单击“注销当前用户”按钮。

3. 修改操作员权限

修改操作员权限包括设定或取消账套主管及修改或删除操作员权限。

(1)设定或取消账套主管。每个账套至少要有一个(或多个)操作员是账套主管。因为账套有了一个账套主管，才可以重新分工授权，否则，该账套有些功能可能无法使用，将会作废。一个账套的第一个账套主管在建立账套时指定。系统管理员可以设定新账套主管，也可以取消已设置的账套主管(但要保证一个账套必须有一个账套主管)。设置账套主管的操作步骤：以 admin 登录“系统管理”，单击“权限”/“权限”，弹出如图 2－23 所示的界面，在该界面的左上角选择账套，在左下角编辑框中选择欲设定账套主管资格的操作员，然后在界面右上方勾选“账套主管”复选框；取消账套的账套主管，则不勾选复选框。

(2)修改或删除操作员权限。系统管理员或账套主管可以对非账套主管的操作员已拥有的权限进行修改或删除。如果要修改某个操作员的权限，在图 2－23 中选择该操作员，然后单击“修改”菜单，勾选某功能或取消某功能的勾选。如果要删除某个操作员的权限，选择该操作员，然后单击“删除”菜单。例如，删除 002 操作员的所有权限，操作步骤如下：以 admin 或账套主管登录“系统管理”，单击“权限”/“权限”，弹出如图 2－23 所示的界面，在该界面左下侧选择 002 操作员，单击菜单“删除”，系统弹出如图 2－26 所示界面，单击“是”，即可删除该操作员的所有权限。注意，操作员尚未在系统做任何操作才能删除其权限。

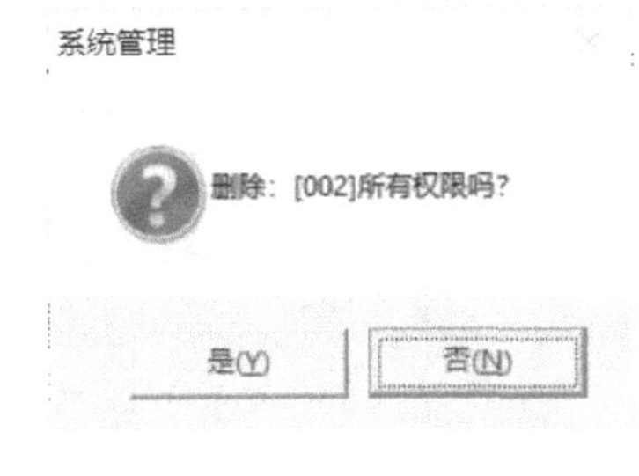

图 2－26　删除操作员权限

4. 角色设置

角色是指在企业管理中拥有某一类职能的组织的代表。这个角色组织可以是实际的部门，也可以是由拥有同一类职能的人构成的虚拟组织。例如，企业中的出纳就是一个角色，一个角色有一个或多个功能级操作权限。一个角色可以有多个操作员，例如，一个会计主体可以有多个出纳。同一角色的操作员拥有角色具有的功能级操作权限。一个操作员可以属于多个角色。定义角色主要是为了方便授权，可以把权限授予角色，再设置操作员属于该角色，这样属于同一角色的多个操作员的权限就不用单独去授予。角色设置的操作步骤如下：

(1)以 admin(密码为空)身份进入“系统管理”。

(2)单击“权限”/“角色”，出现“角色管理”界面，如图 2－27 所示。

(3)在“角色管理”界面，单击“增加”，出现“角色详细情况”界面，如图 2－28 所示。在该界面可以输入角色编码和角色名称。角色编码自己确定，但必须唯一。在该界面，选择用户，单击“添加”就可以定义选择的用户属于该角色。

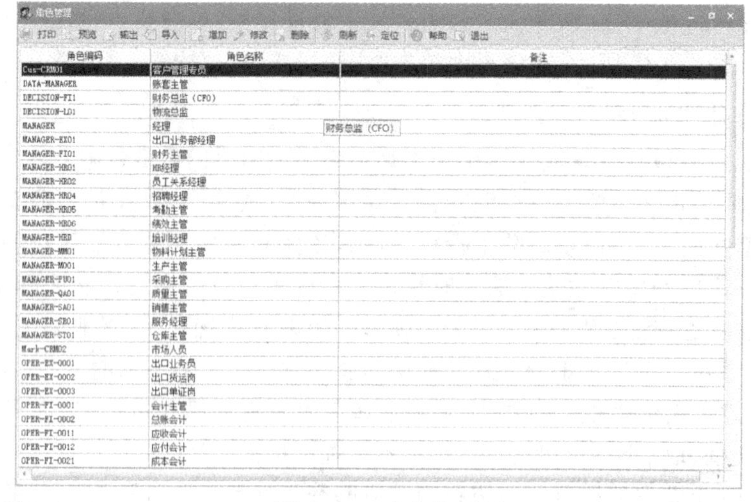

图 2-27　角色管理

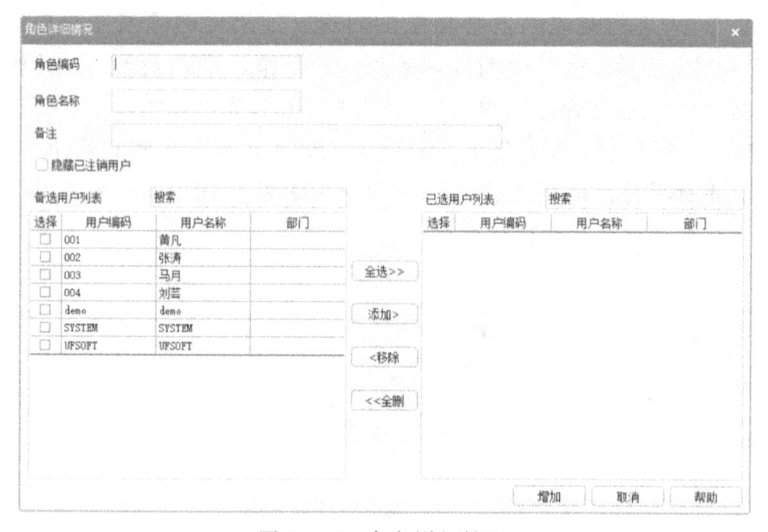

图 2-28　角色详细情况

5. 修改账套

账套使用后，如果发现账套的某些信息需要修改或补充，可以通过修改账套功能来完成。此功能还可以帮助用户查看某个账套的信息。只有账套主管才能修改账套。修改账套的操作步骤如下：

（1）以要修改账套的账套主管身份进入“系统管理”。

（2）单击“账套”/“修改”，进入“修改账套”对话框，按向导修改账套。账套修改过程的界面和账套建立过程的界面一样，但有些数据项不能修改，其编辑框是灰的。能修改的项目可直接在编辑框中修改。修改完成后，如果确认已修改的内容，应单击“完成”按钮。注意：账套号、账套路径、启用会计期、本币代码、本币名称、账套主管、已经使用的编码等不能修改。

6. 账套输出

账套输出即会计数据备份，是将会计信息系统软件所产生的数据备份到硬盘或U盘中保存起来。其目的是长期保存，防备意外事故造成的系统数据丢失、非法篡改和破坏。账套输出还可以实现删除当前输出账套的功能。操作步骤如下。

(1)以 admin(密码为空)身份进入“系统管理”。

(2)单击“账套”/“输出”，弹出“请选择账套备份路径”界面，建立账套输出文件夹，账套输出文件夹必须建立在硬盘，不能建立在U盘，单击“确定”，出现“账套输出”界面，如图2-29所示。

(3)选择需要输出账套，选择输出文件夹，单击“确认”。

(4)输出结束后，可以在输出文件位置下找到“ZT账套号”(例如：本书案例是ZT555)的文件夹中的两个输出文件：UFDATA.BAK，UfErpAct.Lst。

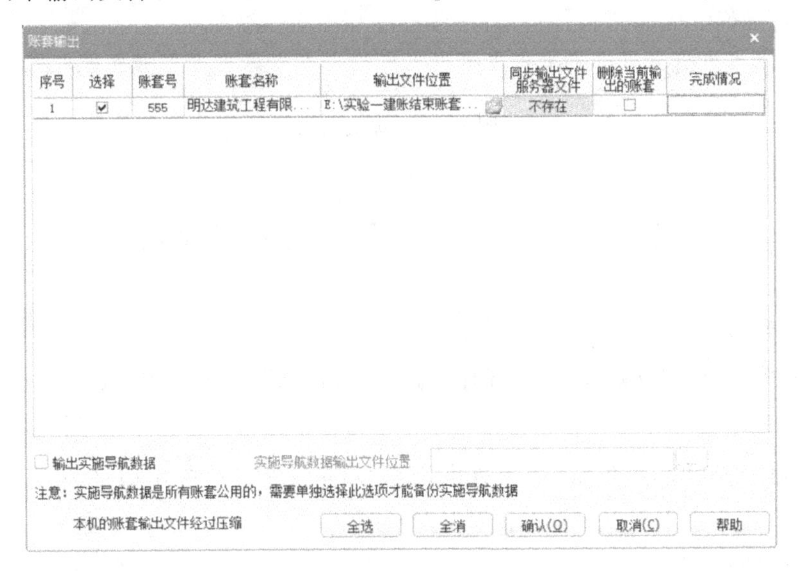

图2-29 账套输出

7. 删除账套

账套输出时在“删除当前输出的账套”复选框打“√”，系统即将该账套备份并删除。账套一旦被删除，其中各个年度的财务数据将从系统上全部清空。

8. 账套引入

账套引入就是把备份的账套数据恢复到(或引入)会计信息系统中。如果目前系统中已经存在与即将恢复的账套的账套号和会计年度一致的账套，恢复后系统中相应账套的会计数据将被取代，因此，恢复数据一定要谨慎操作。引入之前，必须把账套备份的两个文件(UFDATA.BAK和UfErpAct.Lst)放到硬盘上，而且两个文件必须放在同一文件夹中，不能从U盘引入。引入时以 admin(密码为空)身份登录“系统管理”。操作步骤如下：

(1)单击“账套”/“引入”，出现“账套引入”界面，如图2-30所示。

(2)单击“选择备份文件”，选择需要引入的账套备份文件，该文件的文件名为UfErpAct.Lst。

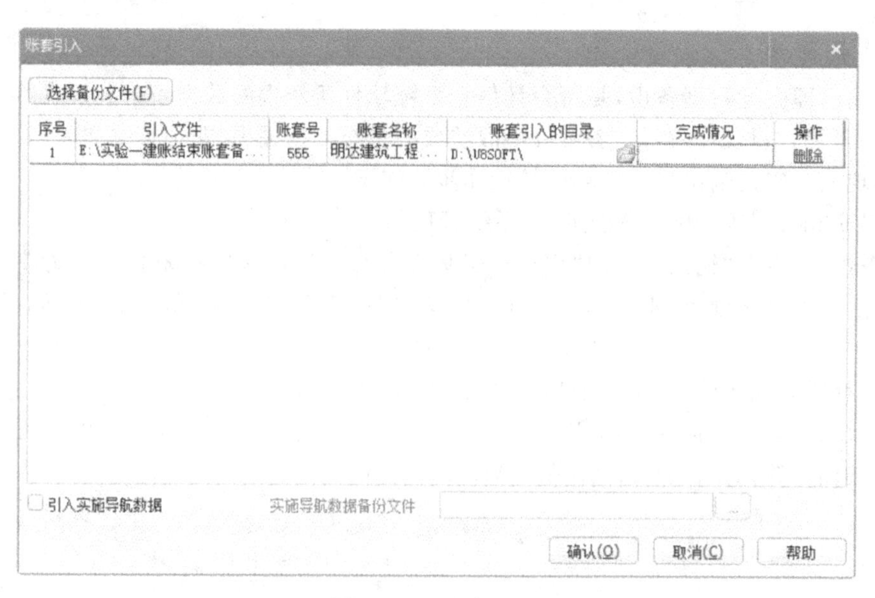

图 2-30　账套引入

2.4　实验一："系统管理"实验

1. 实验目的

掌握定义操作员、建立账套、授予操作员权限、备份账套的相关内容。

2. 实验准备

(1)服务器配置：单击"开始"/"所有应用"/"新道 U8$^+$"/"应用服务器配置"，配置好服务器。

(2)退出杀毒软件。

3. 实验资料及操作步骤

(1)定义操作员。以系统管理员身份注册登录系统管理：选择"开始"/"所有应用"/"新道 U8$^+$"/"系统管理"，弹出"系统管理"界面，单击"系统"/"注册"，弹出"登录"对话框，输入"admin"(密码为空)，单击"登录"。

在系统管理界面，单击"权限"/"用户"/"增加"，弹出"操作员详细情况"对话框，添加如表 2-1 所示的操作员。

表 2-1　操作员信息

编号	姓名	所属部门	用户类型	认证方式
001	黄凡	财务部	普通用户	用户＋口令(传统)
002	张涛	财务部	普通用户	用户＋口令(传统)
003	马月	财务部	普通用户	用户＋口令(传统)
004	刘芸	财务部	普通用户	用户＋口令(传统)

(2)建立账套。以 admin(密码为空)身份登录“系统管理”,单击“账套”/“建立”,打开“创建账套”对话框,建账方式选择“新建空白账套”,按向导输入账套信息、单位信息、核算类型,确定基础信息,确定编码方案,定义数据精度,启用总账,完成建账工作。账套资料如下:

①账套信息。账套号为“555”,账套名称为“明达建筑工程有限责任公司”,账套路径为“默认”,启用会计期为“2021 年 12 月”,如图 2-7 所示。

②单位信息。单位名称为“明达建筑工程有限责任公司”,机构代码为“323758”,单位简称为“明达建筑”,单位域名为“MingDaJianZhu. com”,单位地址为“中海市名达路 555 号”,法人代表为“韩立华”,邮政编码为“710043”,联系电话及传真为“81375679”,电子邮件为“MDJZGC@sohu. com”,税号为“62543234005454533”,如图 2-8 所示。

③核算类型。本币代码为“RMB”,本币名称为“人民币”,企业类型为“工业”,行业性质为“2007 年新会计准则科目”,账套主管为“黄凡”,按行业性质预置会计科目,如图 2-9 所示。

④基础信息。存货要分类,勾选“存货是否分类”;客户、供应商不分类,不勾选“客户是否分类”,不勾选“供应商是否分类”;无外币业务,不勾选“有无外币核算”,如图 2-10 所示。

⑤分类编码方案。科目编码级次为 4-2-2-2-2,部门编码级次为 2-2,收发类别编码级次为 1-2,其余编码用默认,如图 2-12 所示。数据精度定义均按默认值,如图 2-13 所示。

⑥系统启用。系统管理员启用总账,启用自然日期为 2021 年 12 月 1 日,如图 2-15 所示。

(3)授予操作员权限。以 admin(密码为空)身份登录“系统管理”,单击“权限”/“权限”,进入“操作员权限”界面,按表 2-2 授予操作员操作账套号 555 的权限。对每个操作员授权时,选择好需要被授权操作的账套及年度,本次选“[555]明达建筑工程有限责任公司”“2021-2021”,选择被授权的操作员,单击菜单“修改”,给该操作员勾选对账套号 555 可以操作的功能,图 2-23 是给张涛授予权限的界面。

表 2-2 操作员及权限

编号	姓名	权限
001	黄凡	账套主管
002	张涛	基本信息—公用目录,财务会计—总账(除审核凭证、出纳签字),财务会计—UFO 报表
003	马月	财务会计—总账—凭证—审核凭证
004	刘芸	财务会计—总账—凭证—出纳签字

(4)备份账套。如果实验用的计算机有关机系统自动还原功能,每次关机之前必须进行账套备份,以便下一次实验继续在本账套数据基础上进行。备份操作步骤如下:

以 admin(密码为空)身份进入“系统管理”,单击“账套”/“输出”。在硬盘建立“实验一建账结束账套备份”的文件夹,不能直接输出到 U 盘,因为输出过程的中间文件较大,U 盘空间不够的话输出不成功。选择需要输出账套,把账套输出到“实验一建账结束账套备份”文件夹。输出结束后,可以在输出的文件夹下找到“ZT 账套号”文件夹(例如,本次实验是 ZT555 文件夹)的两个输出文件:UFDATA. BAK,UfErpAct. Lst,这个文件夹可以再拷贝到 U 盘保存。

本章小结

本章主要介绍用友 U8⁺ V15.0 的系统管理的基本知识和操作方法，重点介绍系统管理中设置操作员、建立账套和设置操作员权限的方法以及账套输出、引入方法；以明达建筑工程有限责任公司账套建立过程为例，介绍了上述功能的应用。

即测即评

思考题

1. 系统管理员和账套主管的权限有什么区别？

2. 如何进行操作员权限的设置？

3. 能注册系统管理的操作员有哪些？初次使用时，必须以哪个操作员的身份注册系统管理？

4. 系统管理的主要功能有哪些？

5. 账套库管理由哪个操作员操作？

6. 系统启用有哪两种方法？

第3章 基础档案设置

学习目标

系统地学习用友 U8⁺ V15.0 的基础档案设置，掌握基础档案设置中会计科目及各种分类和档案资料设置的方法，熟悉数据权限设置。

重点难点

会计科目设置、项目目录设置。

3.1 基础档案设置原理

基础档案设置是指建立账务处理所需的基础数据和参数。用友 U8⁺ V15.0 是通用的商品化会计信息系统软件，为了达到通用性，软件中的很多参数需要用户使用时根据企业的具体情况进行配置。另外，为了方便做账，企业需要把本单位的基础档案预先存储在计算机，这样做账时可以快速、准确地调用档案资料。例如，企业的部门、职员、供应商、客户等资料是会计信息处理必需的，而每个企业都不一样，每个企业应用用友 U8⁺ V15.0 时必须自己设置。进行软件参数配置和基础档案的输入工作就是基础档案设置工作，它是系统应用之前必须做的工作，包括输入机构人员档案、输入客商信息、输入收付结算方式、建立会计科目和设置凭证类别等工作。由于基础档案数据之间有复杂的联系，因此基础档案设置必须按照一定的顺序进行。图 3－1 是基础档案设置的顺序。

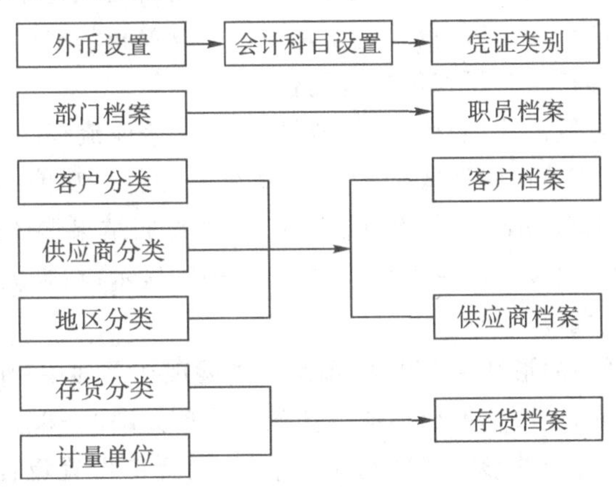

图 3－1 基础档案设置的顺序

3.2 企业应用平台简介

通过企业应用平台(简称门户,见图 3-2),用户可以访问企业的各种信息,定义自己的业务工作,并设计自己的工作流程。

企业应用平台通过各类导航执行具体的功能,通过桌面提供快捷常用功能和快捷报表信息,通过边框区提供辅助功能。

图 3-2 企业应用平台

1. 导航

通过左侧导航区可以快速进入相关功能:业务导航、常用功能、消息任务、报表中心、实施导航、企业互联、选项、注销、退出、导航栏隐藏/显示。

(1)业务导航:U8⁺系统功能主要分为业务工作、基础设置、系统服务三大类。业务工作主要是日常工作需要的功能集合,基础设置主要是初始化设置和基础档案管理等功能的集合,系统服务主要是管理员管理权限和授权等功能集合。

系统提供四种功能导航模式:经典树形、全景式菜单、企业流程图、业务场景。

①经典树形:以经典菜单树的形式列示 U8⁺系统中的各种功能,点击可以打开业务产品并进入使用 U8⁺产品的具体功能。支持功能搜索,搜索返回结果参照经典树形菜单的层级顺序进行排序,菜单路径以"领域+模块+菜单"的方式进行显示;在末级菜单上支持用鼠标右键将具体功能收藏成常用功能。

②全景式菜单:以平铺的形式将 U8⁺的系统功能展现在界面中,作用同经典树形一致,系统提供默认功能纵向排列,支持切换成横向。全景式菜单如图 3-3 所示。

③企业流程图:以流程图的形式展现功能菜单,需要提前设置流程图,支持直接管理设计流程图(企业流程和个性流程)。

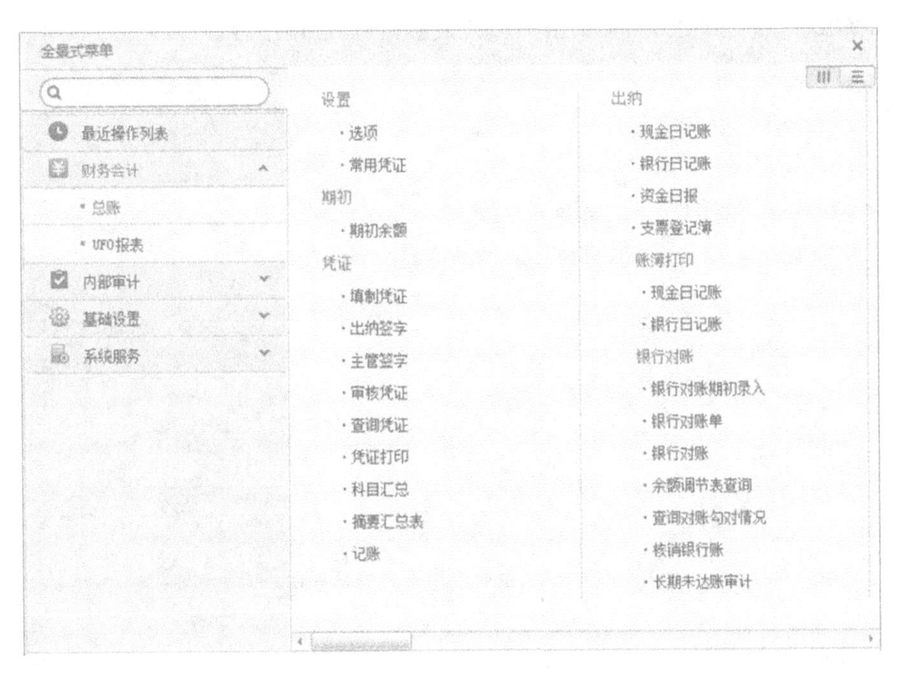

图 3-3 全景式菜单

④业务场景：以业务场景的维度为用户提供使用向导，包括业务场景说明及流程图等。

(2)报表中心：将所有报表的功能入口集中管理，是经典树形和全景式菜单的功能子集（只含报表）。

2. 桌面

“我的桌面”：企业应用平台提供工作桌面，为用户提供最快捷的信息和功能。桌面一般由桌面首页和一系列监控页组成，桌面支持方案管理，由管理员集中管理，也支持桌面个性化（桌面导航的设置按钮）。用户可通过桌面导航在首页和监控页之间进行切换。

登录企业应用平台，按菜单路径执行某功能一次后，该功能自动放在“我的桌面”页签的自动收藏夹；按菜单路径选择某功能，单击鼠标右键，选择“我的常用功能”，则该功能自动放在“我的桌面”页签“我的常用功能”栏。

选择功能可以按路径选择，如果某功能已经放到“我的桌面”，也可以直接在“我的桌面”上选择该功能。本书所讲的功能的操作路径为全景式菜单。

3.3 基础档案设置方法

1. 登录企业应用平台

在“系统管理”界面，完成了操作员设置、账套建立和账套权限设置以后，以有相关操作权限的操作员身份登录企业应用平台，完成基础档案设置工作。操作步骤如下：

(1)选择“开始”/“所有应用”/“新道 U8^{+}”/“企业应用平台”，弹出如图 3-4 所示的企业应用平台登录界面。

(2)在企业应用平台登录界面，输入有权限进行公用目录设置的操作员的编号（例如，002）

和密码，选择账套，输入登录时间，单击“登录”，进入企业应用平台。

图 3-4　企业应用平台登录界面

2. 设置部门档案

设置部门档案是设置会计科目中要进行部门核算的部门名称，以及要进行个人核算的往来个人所属的部门。操作步骤如下：选择“业务导航”/“基础设置”/“基础档案”/“机构人员”/“机构”/“部门档案”，单击“增加”，如图 3-5 所示，在图中增加部门信息，输入完一个部门单击“保存”。

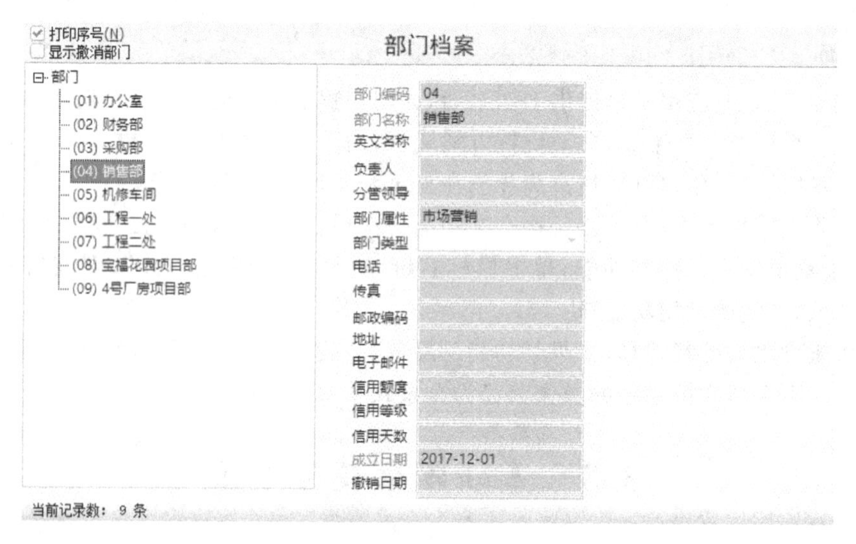

图 3-5　部门档案设置

说明：

(1)部门编码：必须录入，必须唯一，必须符合编码规则。部门档案中的“部门编码”不允许与工作中心档案的“工作中心编码”重复。

(2)部门名称：必须录入。

(3)负责人、电话、地址等部门的辅助信息,可以为空,其中地址长度最多为255个汉字。

(4)部门属性:车间、采购部门、销售部门等部门分类属性,可以为空。

(5)信用信息:包括信用额度、信用等级、信用天数,指该部门对本部门负责的客户的信用额度和最大信用天数,可以不填。

3. 设置人员类别

设置人员类别才能进行人员档案设置。目前系统提供了正式工、合同工和实习生三种类别。用户可以根据企业的需要通过增加、删除、修改功能进行个性化的类别设置。操作步骤如下:选择“业务导航”/“基础设置”/“基础档案”/“机构人员”/“人员”/“人员类别”,弹出如图3－6所示的界面。

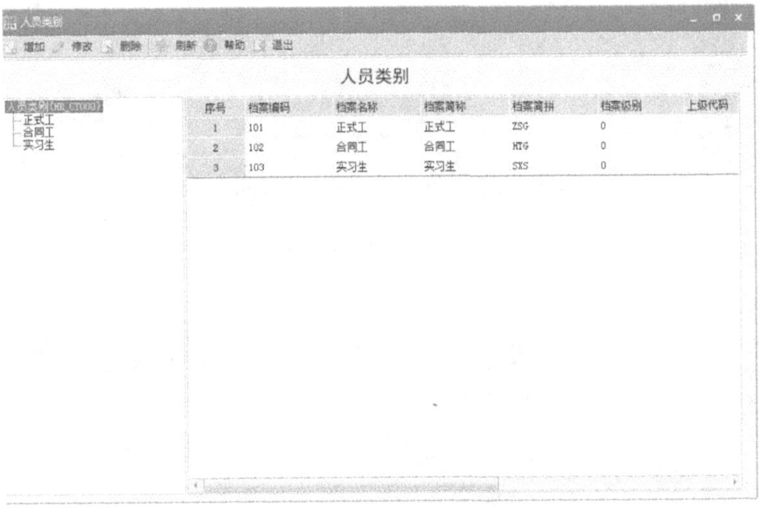
人员类别
增加
修改
删除
刷新
帮助
退出
人员类别
正式工
合同工
实习生
序号
档案编码
档案名称
档案简称
档案简拼
档案级别
上级代码
1
101
正式工
正式工
ZSG
0
2
102
合同工
合同工
HTG
0
3
103
实习生
实习生
SXS
0

图3－6　人员类别设置

4. 设置人员档案

人员档案是企业职工档案,设置人员档案后在个人往来核算和薪资管理等功能中可以方便地调取人员信息。操作步骤如下:选择“业务导航”/“基础设置”/“基础档案”/“机构人员”/“人员”/“人员档案”,单击“增加”,弹出如图3－7所示的界面。在该界面输入人员档案,输入完一个人员,单击“保存”。图3－8是人员列表。

说明:

(1)人员编码:必须录入,必须唯一。

(2)姓名:必须录入,可以重复。

(3)性别:必须录入。

(4)雇佣状态:必须录入。

(5)人员类别:必须录入,参照人员类别档案,如果“人事信息管理”未启用,则可随时修改;否则不能修改,应由“人事信息管理”业务进行处理。

(6)行政部门:输入该职员所属的行政部门,参照部门档案。

(7)是否业务员:此人员是否可操作U8^{+}其他的业务产品,如总账、库存等。

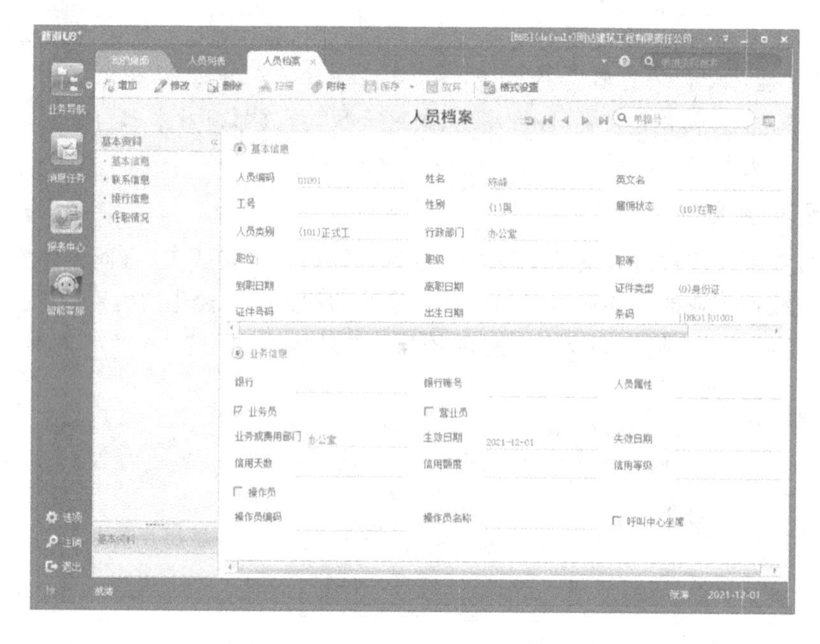

图 3-7 人员档案设置

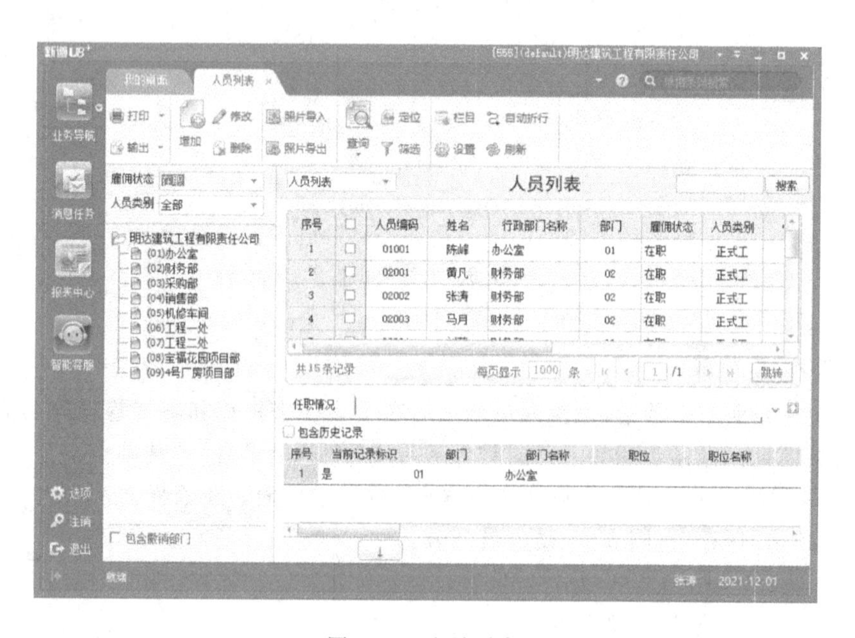

图 3-8 人员列表

(8)业务或费用部门:此人员作为业务员时所属的业务部门或其费用需要归集的业务部门。业务或费用部门参照部门档案输入,只能输入末级部门。

(9)是否操作员:此人员是否可操作 U8^{+} 产品,可以将本人作为操作员,也可与已有的操作员做对应关系;操作员编码不能修改,操作员名称可随时修改。

(10)信用信息:包括信用额度、信用等级、信用天数,指该人员对所负责的客户的信用额度和最大信用天数,可以为空。

(11)生效日期：作为业务员时可操作业务产品的日期，默认为建立人员时的登录日期，可修改。

(12)失效日期：已经做业务的业务员不能被删除，当他不再做业务时，取消其使用业务功能的权利。

5. 设置供应商档案

企业如果需要进行往来管理，那么必须将企业中供应商的详细信息录入供应商档案中。建立供应商档案直接关系到对供应商数据的统计、汇总和查询等分类处理。在采购管理等业务中需要处理的供应商档案资料，应先行在本功能中设定，平时如有变动应及时在此进行调整。注意：如果建立账套时在图 2－10 基础信息界面的“供应商是否分类”处打“√”，则先设置供应商分类再进行供应商档案设置。使用此功能的用户必须要有“供应商档案”明细权限，因此，如果用户不是账套主管的话，用户需要得到“供应商档案”权限的授权才能使用此功能。账套主管（或得到授权的用户）进行供应商档案设置的操作步骤如下：选择“业务导航”/“基础设置”/“基础档案”/“客商信息”/“供应商档案”，单击“增加”，如图 3－9 所示，在图中增加供应商档案，每输入完一个供应商档案，单击“保存”。

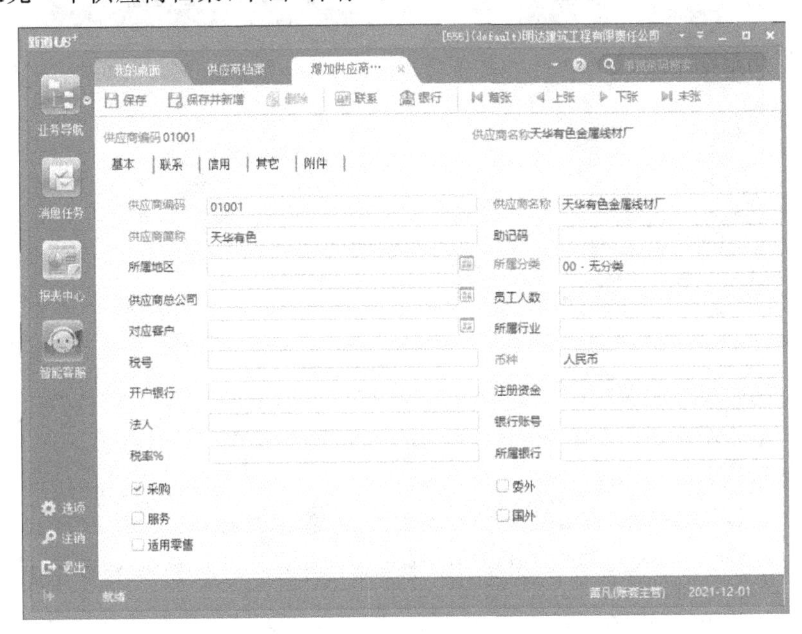

图 3－9　增加供应商档案

说明：

(1)供应商档案必须在最末级供应商分类下增加。

(2)若无供应商分类，则将供应商归入无分类。

(3)供应商编码：必须唯一；可以用数字或字符表示，最多可输入 20 位数字或字符。

(4)供应商名称：可以是汉字或英文字母，最多可写 98 个汉字。

(5)供应商简称：可以是汉字或英文字母，最多可写 60 个汉字。

(6)供应商属性：可以在采购、委外、服务三种属性中选择一种或多种。采购属性的供应商用于采购货物时可选的供应商,委外属性的供应商用于委外业务时可选的供应商,服务属性的供应商用于费用或服务业务时可选的供应商。如果此供应商已被使用,则供应商属性不能删除修改,可增选其他项。

(7)所属分类:点击参照按钮选择供应商所属分类,或者直接输入分类编码。

6. 设置客户档案

企业如果需要进行往来管理,那么必须将企业中客户的详细信息录入客户档案中。建立客户档案直接关系到对客户数据的统计、汇总和查询等分类处理。在销售管理等业务中需要处理的客户档案资料,应先行在本功能中设定,平时如有变动应及时在此进行调整。注意:如果建立账套时在图 2-10 基础信息界面的"客户是否分类"处打"√",则先设置客户分类再进行客户档案设置。使用此功能用户必须要有"客户档案"明细权限,因此,如果用户不是账套主管的话,需要得到"客户档案"权限的授权才能使用此功能。账套主管(或得到授权的用户)设置客户档案的操作步骤如下:选择"业务导航"/"基础设置"/"基础档案"/"客商信息"/"客户档案",单击"增加",如图 3-10 所示,在图中增加客户档案。

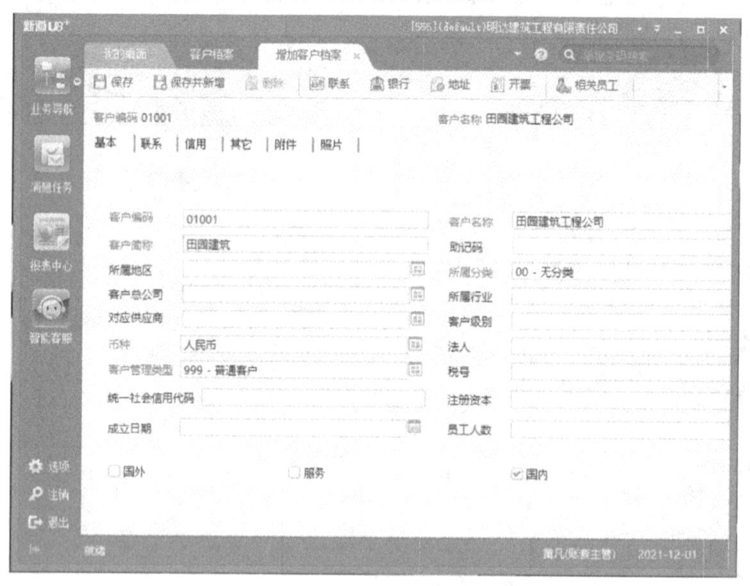

图 3-10 增加客户档案

说明:

(1)客户档案包括"基本""联系""信用""其它"等选项卡。

(2)客户档案必须在最末级客户分类下增加。

(3)客户编码必须唯一,客户编码必须输入。客户编码可以用数字或字符表示,最多可输入 20 位数字或字符。

(4)客户名称可以是汉字或英文字母,最多可写 98 个汉字。客户名称用于销售发票的打印,即打印出来的销售发票的销售客户栏目显示的内容为销售客户的客户名称。客户名称必须输入。

(5)客户简称可以是汉字或英文字母,客户简称最多可写 60 个汉字。客户简称用于业务单据和账表的屏幕显示,例如,屏幕显示的销售发货单的客户栏目中的内容为客户简称。客户简称必须输入。

(6)所属分类:点击参照按钮选择客户所属分类或者直接输入分类编码。

7. 设置存货分类

当企业存货多时,则需要分类管理。如建账时在图 2-10 中选择"存货是否分类",则在企业应用平台输入存货的各种分类后输入存货档案。操作步骤如下:选择"业务导航"/"基础设置"/"基础档案"/"存货"/"存货分类",进入"存货分类"对话框,单击"增加"菜单,输入存货分类信息,如图 3-11 所示。

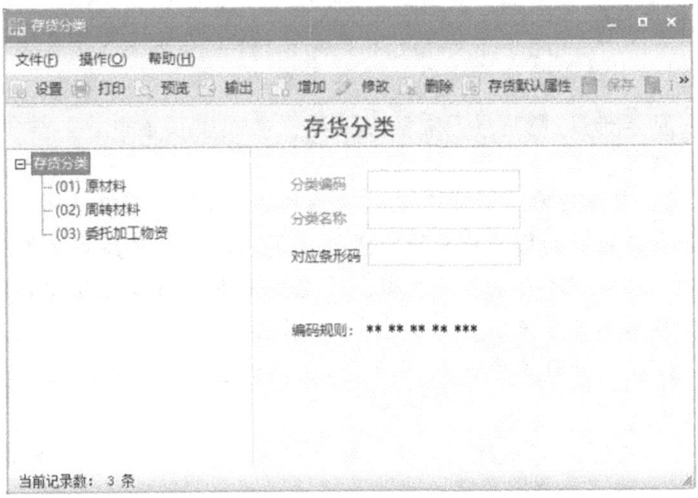

图 3-11 增加存货分类

8. 定义计量单位组

计量单位需要先分组,每组下设具体的计量单位。操作步骤如下:选择"业务导航"/"基础设置"/"基础档案"/"存货"/"计量单位",进入计量单位对话框,单击"分组"菜单,弹出"计量单位组"输入界面,如图 3-12 所示。单击"增加"菜单,输入计量单位组信息。

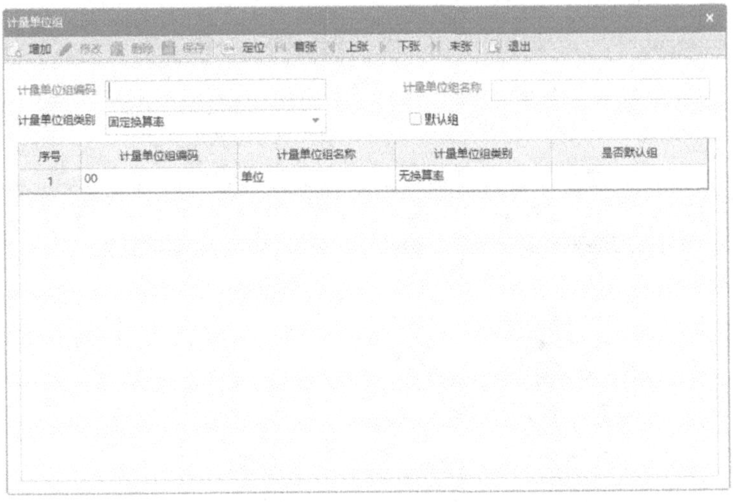

图 3-12 计量单位组

说明：

(1)计量单位组编码：必须录入，保证唯一性。

(2)计量单位组名称：必须录入，保证唯一性。

(3)计量单位组类别：单选，选择内容为无换算率、固定换算率、浮动换算率。

无换算率计量单位组：该组下的计量单位都以单独形式存在，即相互之间不需要输入换算率，而且全部缺省为主计量单位。

固定换算率计量单位组：包括多个计量单位，即一个主计量单位、多个辅计量单位。

浮动换算率计量单位组：只能包括两个计量单位，即一个主计量单位、一个辅计量单位。

其中，固定换算率计量单位组和浮动换算率计量单位组中对应的每一个计量单位组必须且只能设置一个主计量单位，默认值为该组下增加的第一个计量单位。每个辅计量单位都是和主计量单位进行换算。

换算率：录入辅计量单位和主计量单位之间的换算比，如一箱啤酒为24听，则24就是辅计量单位箱和主计量单位听之间的换算比。主计量单位的换算率自动设置为1。

无换算率计量单位组中不可输入换算率。固定换算率计量单位组中，辅计量单位的换算率必须录入。浮动换算率计量单位组的换算率，可以录入，也可以为空。

数量(按主计量单位计量)＝件数(按辅计量单位计量)×换算率

主计量单位标志：打"√"选择，不可修改。

(4)计量单位组保存后不可修改。对于已经使用过的计量单位组，不能修改其已经存在的计量单位信息。

9. 定义计量单位

定义计量单位的操作步骤如下：在计量单位对话框，单击"单位"菜单，出现如图3-13所示的对话框。单击"增加"菜单，输入计量单位信息，每增加一个计量单位，单击"保存"。

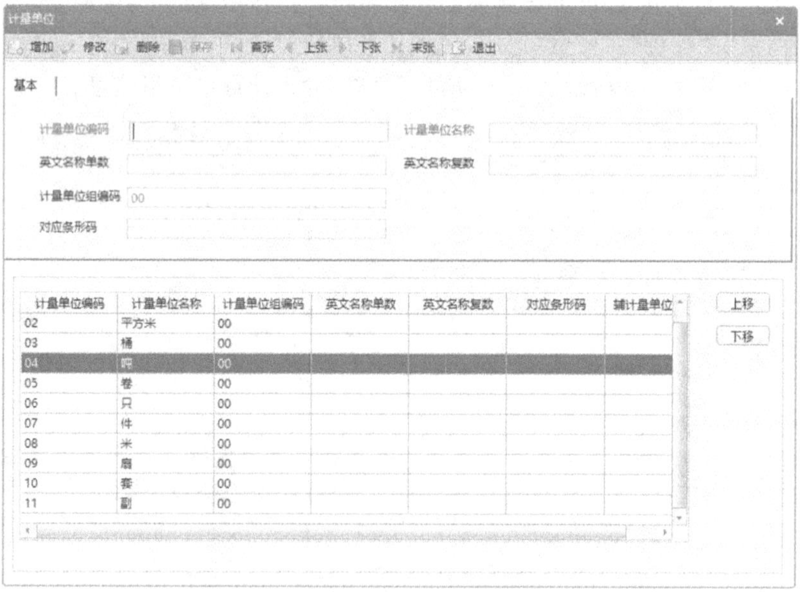
计量单位
增加 修改 删除 保存 首张 上张 下张 末张 退出
基本
计量单位编码
计量单位名称
英文名称单数
英文名称复数
计量单位组编码 00
对应条形码
计量单位编码 计量单位名称 计量单位组编码 英文名称单数 英文名称复数 对应条形码 辅计量单位
02 平方米 00
03 桶 00
04 吨 00
05 卷 00
06 只 00
07 件 00
08 米 00
09 扇 00
10 套 00
11 副 00
上移
下移

图3-13 计量单位

说明：

(1)计量单位编码：必须录入，保证唯一性。

(2)计量单位名称：必须录入，保证唯一性。

(3)计量单位组编码：根据用户建立计量单位时所在的计量单位组带入，不可修改。

10. 设置存货档案

建账时如果在图 2－10 中选择“存货是否分类”，则必须输入存货的各种分类后，才能输入存货档案。建账时如果没有选择“存货是否分类”，则直接输入存货档案。操作步骤如下：选择“业务导航”/“基础设置”/“基础档案”/“存货”/“存货档案”，进入“存货档案”输入对话框，单击“增加”菜单，输入存货档案，如图 3－14 所示。存货档案列表如图 3－15 所示。

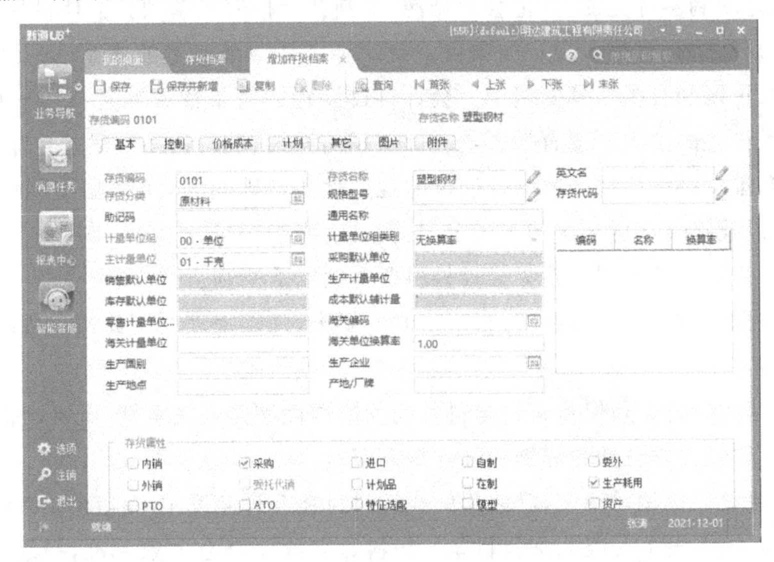

图 3－14　增加存货档案

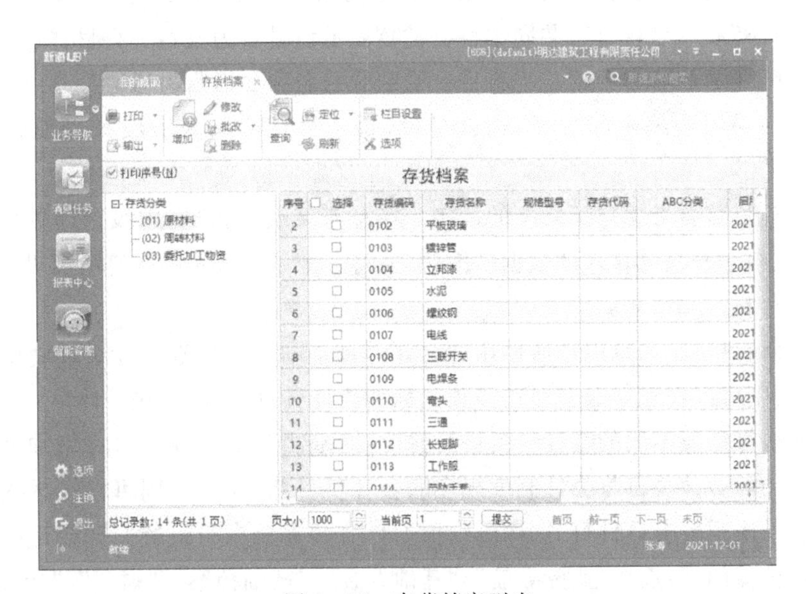

图 3－15　存货档案列表

说明：

(1)存货编码：必须输入，最多可输入20位数字或字符。

(2)存货名称：必须输入，最多可输入256个汉字。

(3)计量单位组：可参照选择录入。

(4)计量单位组类别：根据已选的计量单位组系统自动带入。

(5)主计量单位：根据已选的计量单位组，显示或选择不同的计量单位。

(6)存货属性设置：从外单位采购的存货，选择“采购”“生产耗用”属性。

11. 建立会计科目

会计科目是填制会计凭证、登记会计账簿、编制会计报表的基础。会计科目是对会计对象具体内容分门别类进行核算所规定的项目。会计科目是一个完整的体系，它是区别于流水账的标志，是复式记账和分类核算的基础。会计科目设置的完整性影响着会计核算过程的顺利实施，会计科目设置的层次深度直接影响会计核算的详细、准确程度。建立会计科目是会计核算方法之一，各单位必须根据国家会计制度的规定使用总账科目，可根据实际情况，在满足核算和管理要求以及报表数据来源的基础上，自行设定明细科目。

(1)建立会计科目的原则。建立会计科目要遵循以下原则：

①会计科目的设置必须满足会计报表编制的要求，凡是报表所用数据需从系统获取的，必须设立相应科目。

②会计科目的设置必须保持科目与科目间的协调性和体系完整性，既要设置总账科目，又要设置明细科目，以提供总括和详细的会计核算资料。

③会计科目要保持相对稳定，已使用的会计科目在会计年度中不能随意变更删除，已使用的会计科目也不能增设下一级明细科目。一级科目名称要符合国家标准，一级科目编码的第一位数代表科目的类型。科目编码第一位数为“1”表示该科目为资产类科目，“2”表示该科目为负债类科目，“3”表示该科目为共同类科目，“4”表示该科目为权益类科目，“5”表示该科目为成本类科目，“6”表示该科目为损益类科目。明细科目名称要通俗易懂。

④会计科目采用全编码的方式，也就是说，每个科目编码为上级科目编码加本级科目编码。

⑤设置会计科目要考虑与子系统的衔接。在总账系统中，只有末级会计科目才允许有发生额，才能接收各个子系统转入的数据。因此，要将各个子系统中的核算科目设置为与总账科目对应的末级科目。

(2)增加会计科目。如果用户所使用的会计科目基本上与所选行业会计制度规定的一级会计科目一致，则可以在建立账套时选择预置标准会计科目。这样，在会计科目初始设置时只需对与本企业核算需要不同的会计科目进行修改，对缺少的会计科目进行增加处理即可。如果本企业所使用的会计科目与会计制度规定的会计科目相差较多，则可以在系统初始设置时选择不按行业性质预置会计科目，这样可以根据自身的需要自行设置全部会计科目。增加会计科目的操作步骤如下：选择“业务导航”/“基础设置”/“基础档案”/“财务”/“会计科目”，选择“增加”菜单，增加会计科目，如图3-16所示。

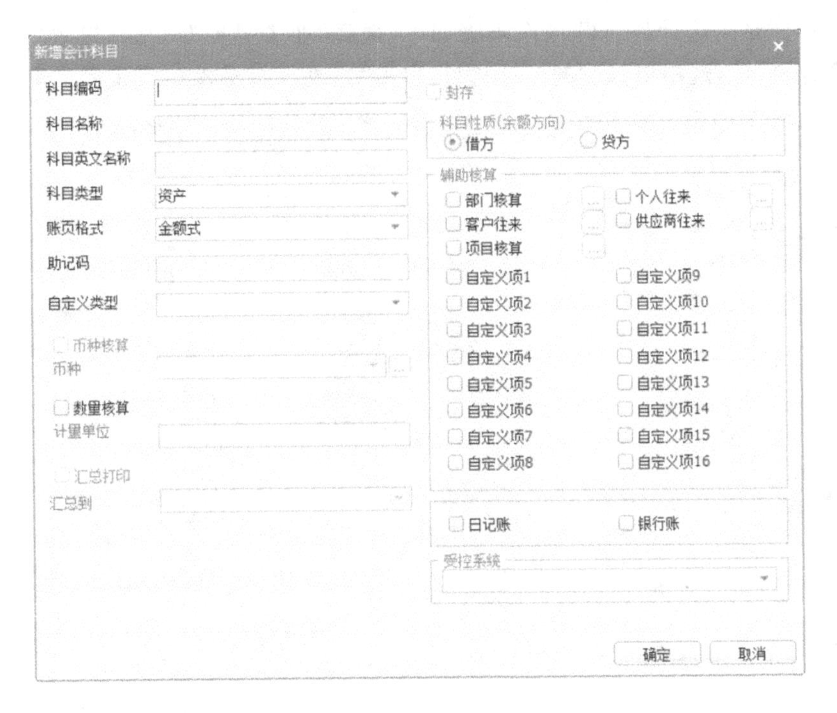

图 3－16　新增会计科目

说明：

①科目编码：必须按照编码规则，满足科目所在级别的位数要求。科目编码必须唯一。

②科目名称：科目名称必须唯一。

③科目英文名称：外企必须要有英文名称。

④科目类型：科目属于资产、负债、共同、所有者权益、成本还是损益类。

⑤账页格式：定义该科目在账簿打印时的默认打印格式。有外币核算科目定义为外币金额式，有数量核算科目定义为数量金额式，既有外币又有数量核算的科目可设为外币数量式，既无外币又无数量核算的科目设为金额式。

⑥增加明细科目时，系统默认其类型与上级科目保持一致。必须有上级科目才能增加下级科目。已经使用过的末级会计科目不能再增加下级科目。

⑦受控系统：为了加强各系统间的相互联系与控制，在定义会计科目时引入受控系统概念。即设置某科目为受控科目，受控于某一系统，受控系统可以使用该科目填制凭证，受控系统填制的与受控科目相关的凭证传送到总账系统，总账系统不能直接使用该科目制单。例如，如果“应收账款”是应收系统的受控科目，则应收系统能使用应收账款科目填制凭证，而总账系统不能直接用该科目填制凭证。

(3)修改会计科目。如果要对已经设置完成的会计科目的名称、编码及辅助项目等内容进行修改，应在会计科目未使用之前使用会计科目的修改功能完成。已经使用过的末级会计科目不能再修改科目编码。已有数据的会计科目，若需要修改，应先将该科目及其下级科目余额清零后，删除其下级科目才能修改。被封存的科目在填制凭证时不可以使用。只有末级科目才能设置汇总打印，且只能汇总到该科目本身或其上级科目。只有处于修改状态才能设置汇总打印和封存。修改会计科目的操作步骤如下：选择“业务导航”/“基础设置”/“基础档案”/“财务”/“会计科目”，选中要修改的会计科目，单击“修改”，如图 3 - 17 所示。

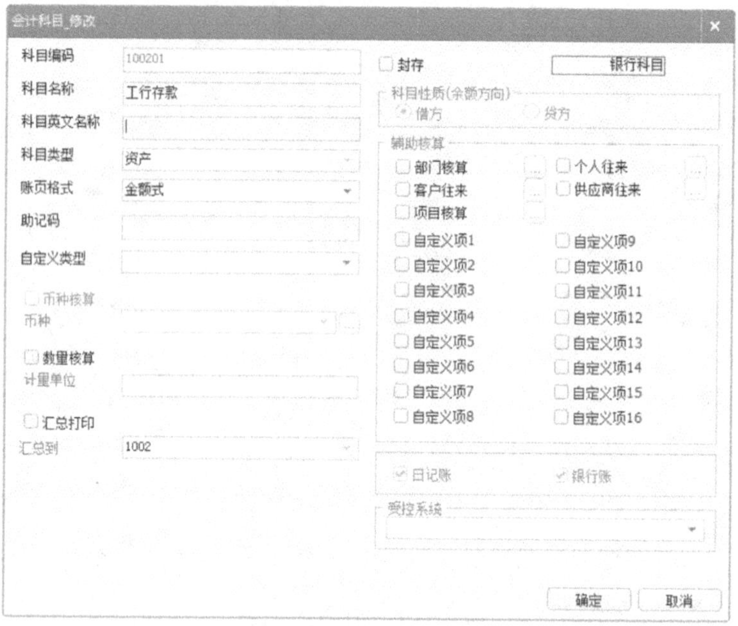

图 3 - 17　修改会计科目

说明：非末级会计科目不能再修改，如果要修改非末级科目，必须全部删除其下级科目。

(4)删除会计科目。如果某些会计科目目前暂时不需用或者不适合企业科目体系的特点，可以在该科目未使用之前将其删除。删除会计科目的操作步骤如下：选择“业务导航”/“基础设置”/“基础档案”/“财务”/“会计科目”，选中要删除的会计科目，单击“删除”。

如果某科目已被用来制过单或已录入期初余额，则不能删除、修改该科目。如要删除、修改该科目必须先删除所有含该科目的凭证或期初余额，并将该科目及其下级科目余额清零，再行删除、修改。

(5)设置会计科目辅助核算账。系统除了可以进行一般的由一级科目开设的总账和由二级及以下科目开设明细账核算外，还可以定义辅助核算账进行明细核算。辅助核算账不占用科目编码，当明细科目数量很多或不确定时，定义明细核算会对科目编码体系产生影响，而采用辅助核算既不影响科目编码体系，又能达到明细核算的目的。系统提供以下几种辅助账供用户选用：部门核算、个人往来核算、客户往来核算、供应商往来核算、项目核算。除此以外，用户还可以将某些自定义项设置为辅助账。

一个科目设置了辅助核算账后，它所发生的每一笔业务将会登记在总账、明细账和辅助明细账上。每个科目最多能设置两个辅助核算账。辅助核算账设置的原则包括以下方面：管理费用应设置成部门核算；生产成本设置成项目核算；应收账款设置成客户往来核算；应付账款设置成供应商往来核算；辅助账必须设置在末级科目上，但为了查询或出账方便，可以在其上级和末级科目上同时设置。

(6)指定会计科目。指定科目包括指定现金科目、银行科目和现金流量科目。指定现金、银行科目即指定出纳员专管科目。系统只有指定现金、银行科目后，出纳员才能执行出纳签字，才能查看现金、银行存款日记账及资金报表，从而实现现金、银行科目数据的保密性。指定现金科目、银行科目的操作步骤如下：选择“业务导航”/“基础设置”/“基础档案”/“财务”/“会计科目”/“指定科目”，选“现金科目”为“1001 库存现金”，如图 3－18 所示；选“银行科目”为“1002 银行存款”，如图 3－19 所示。

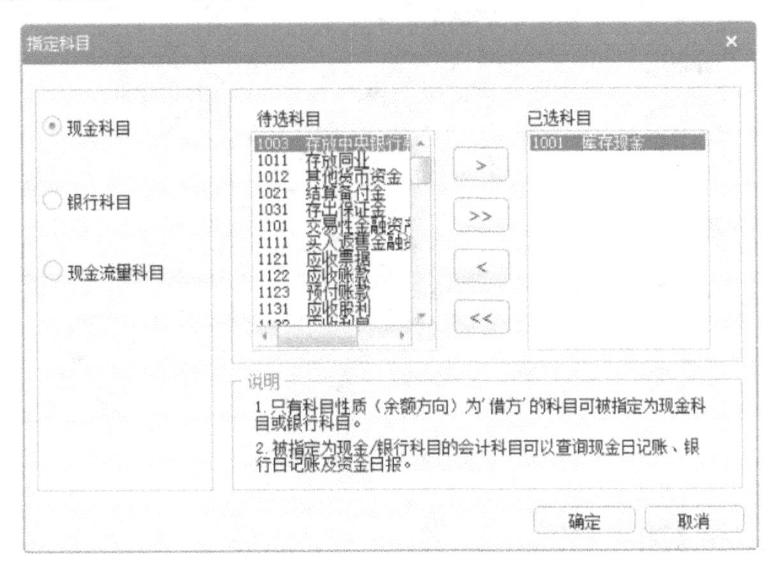

图 3－18 指定“库存现金”为现金科目

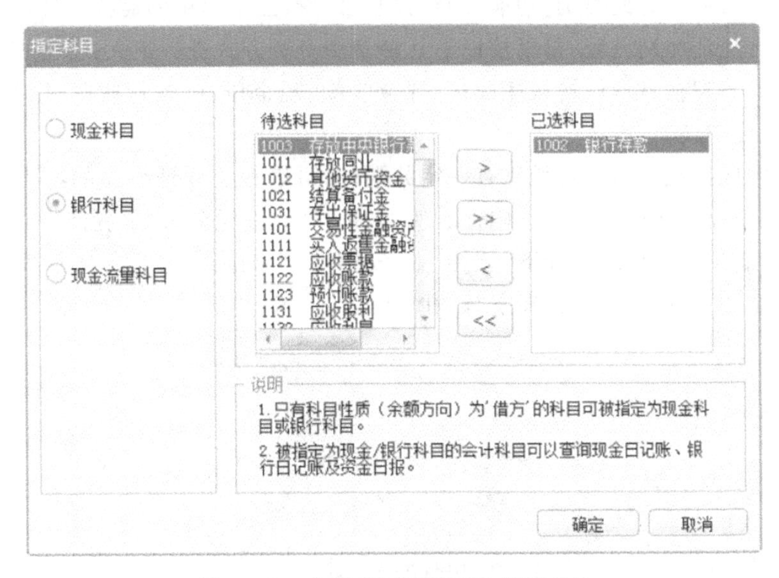

图 3－19 指定“银行存款”为银行科目

指定现金流量科目：现金流量表有多种生成方法，本书介绍通过指定现金流量科目，定义现金流量项目(本书 3.3 节)，在总账的选项设置中选择“现金流量科目必录现金流量项目”(本书 4.2.1 小节)，这样定义好之后，在填制凭证时只要用到现金流量科目，要求必须填制现金流量项目(本书 4.4.2 小节),最后通过 UFO 报表系统(本书 5.2、5.4 和 5.5 节)可以方便地生成现金流量表的方法。例如,本书案例选择"现金流量科目",把"库存现金""工行存款""建行存款""外埠存款""银行本票""银行汇票"选为"现金流量科目",如图 3-20 所示。

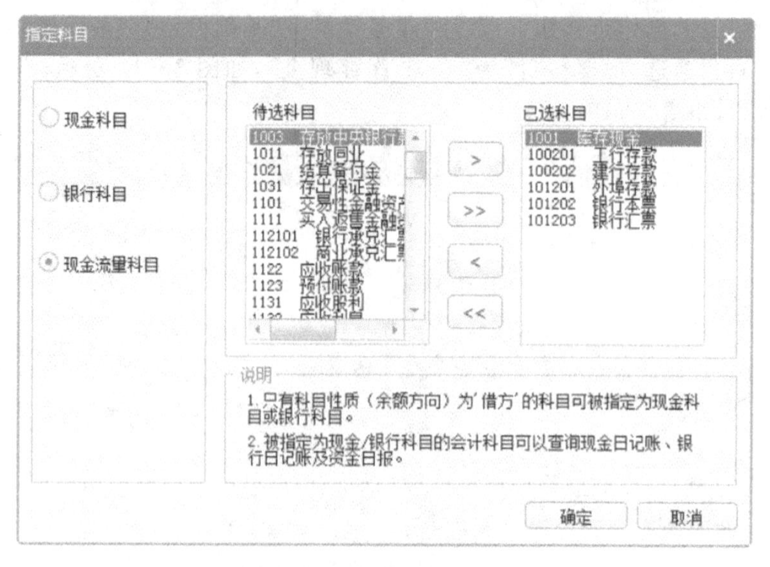

图 3-20 指定现金流量科目

12. 设置凭证类别

许多单位为了管理或登账方便,一般对记账凭证进行分类编制,但各单位的分类方法不尽相同,所以系统提供了"凭证类别"功能,用户完全可以按照本单位的需要对凭证进行分类。如果是第一次进行凭证类别设置,可以按以下几种常用分类方式进行定义:①记账凭证;②收款、付款、转账凭证;③现金、银行、转账凭证;④现金收款、现金付款、银行收款、银行付款、转账凭证;⑤自定义凭证类别。

某些类别的凭证在制单时对科目有一定的限制,可以根据凭证分类的特点进行相应限制条件的设置,以便提高凭证处理的准确性。例如,选择"收款凭证、付款凭证、转账凭证"的分类方式,并设置限制条件操作步骤如下:选择"业务导航"/"基础设置"/"基础档案"/"财务"/"凭证类别",如图 3-21 所示。单击"确定",如图 3-22 所示。

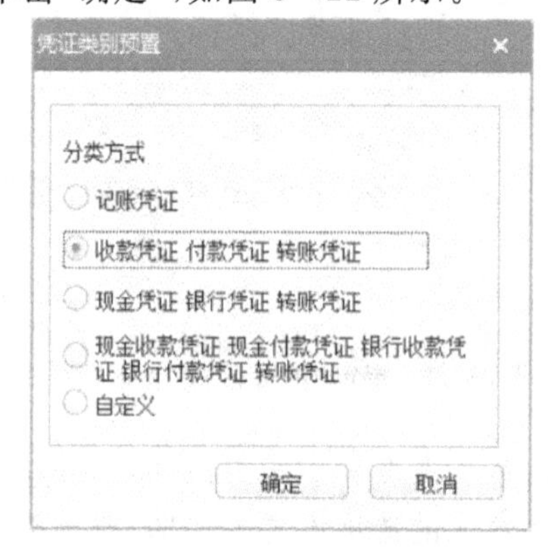

图 3-21 凭证类别预置

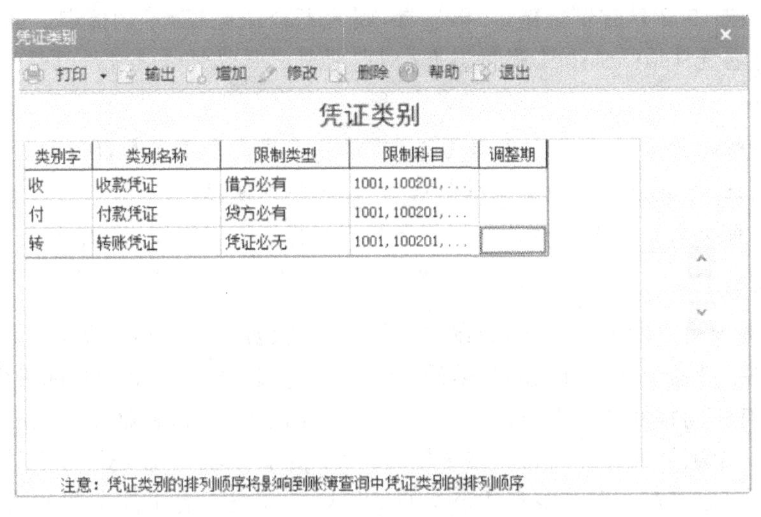

类别字	类别名称	限制类型	限制科目	调整期
收	收款凭证	借方必有	1001, 100201, ...	
付	付款凭证	贷方必有	1001, 100201, ...	
转	转账凭证	凭证必无	1001, 100201, ...	

图 3-22　凭证类别

说明：

(1)借方必有：制单时，此类凭证借方至少有一个限制科目有发生额。例如，收款凭证借方必须有银行存款或库存现金。

(2)借方必无：制单时，此类凭证金额发生在借方的科目集必须不包含借方必无科目。

(3)贷方必有：制单时，此类凭证贷方至少有一个限制科目有发生额。例如，付款凭证贷方必须有银行存款或库存现金。

(4)贷方必无：制单时，此类凭证金额发生在贷方的科目集必须不包含贷方必无科目。

(5)凭证必有：此类凭证无论借方还是贷方至少有一个限制科目有发生额。

(6)凭证必无：制单时，此类凭证无论借方还是贷方不可有一个限制科目有发生额。例如，转账凭证必须没有银行存款或库存现金。

(7)无限制：制单时，此类凭证可使用所有合法的科目。无限制科目由用户输入，可以是任意级次的科目。

已使用的凭证类别不能删除，也不能修改类别字。

若选有科目限制(即限制类型不是“无限制”)，则至少要输入一个限制科目；若限制类型选“无限制”，则不能输入限制科目。

若限制科目为非末级科目，则在制单时，其所有下级科目都将受到同样的限制。例如，如果定义转账凭证的限制科目为凭证必无 1002，如果 1002 科目下有 100201、100202 两个下级科目，那么在填制转账凭证时，将不能使用 1002、100201 和 100202，以及 100201 和 100202 下的所有科目。

图 3-22 中表格右侧的上下箭头按钮可以调整凭证类别的前后顺序，它将决定明细账中凭证的排列顺序。例如，凭证类别设置中凭证类别的排列顺序为收、付、转，那么在查询明细账和日记账时，同一日的凭证将按照收、付、转的顺序进行排列。

图 3-22 表示，当制单员填制收款凭证时，借方必须至少有一个科目是 1001 或 1002 且有发生额，如果没有，则为不合法凭证，不能保存。当制单员填制付款凭证时，贷方必须至少有一

个科目是 1001 或 1002 且有发生额，如果没有，则为不合法凭证，不能保存。当制单员填制转账凭证时，凭证必无 1001 和 1002 科目有发生额。

注意：

(1)限制科目数量不限，科目间用逗号分隔，逗号必须为半角逗号，即英文状态下的逗号。

(2)填制凭证时，如果不符合这些限制条件，系统拒绝保存。

(3)若在凭证类别界面中多加了一些不需要的空行，可把光标放在该行，按“Esc”键退出。

13. 定义项目

一个企业的项目可能多种多样，如在建工程、对外投资和技术改造等，为了满足企业项目核算的实际需要，借助于计算机处理数据的特点，会计信息系统设计了项目核算与管理功能，企业可以将具有相同特性的一类项目定义成一个项目大类，在总账业务处理的同时进行项目核算与管理。一个项目大类可以核算多个项目，为了便于管理，企业还可以对这些项目进行分级管理。例如，明达建筑工程有限责任公司的工程项目大类下有土建工程和安装工程两个子类。土建工程下有 5 号楼土建工程、办公楼装修、宝福花园小区和 4 号厂房等项目，安装工程下有四色机安装项目。项目结构如图 3－23 所示。

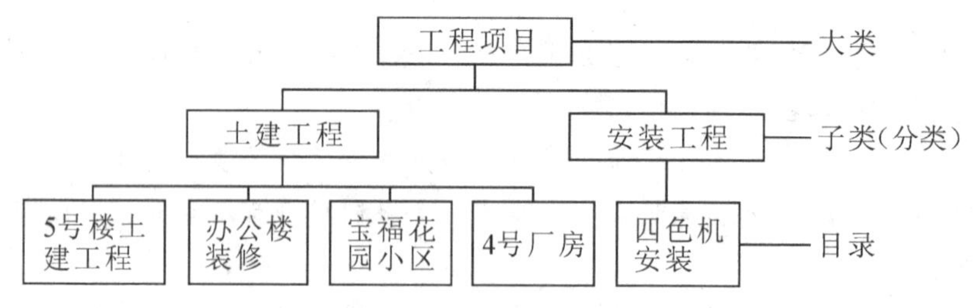

图 3－23　明达建筑工程有限责任公司项目结构

要实现项目管理，必须进行项目定义，项目定义流程如图 3－24 所示。

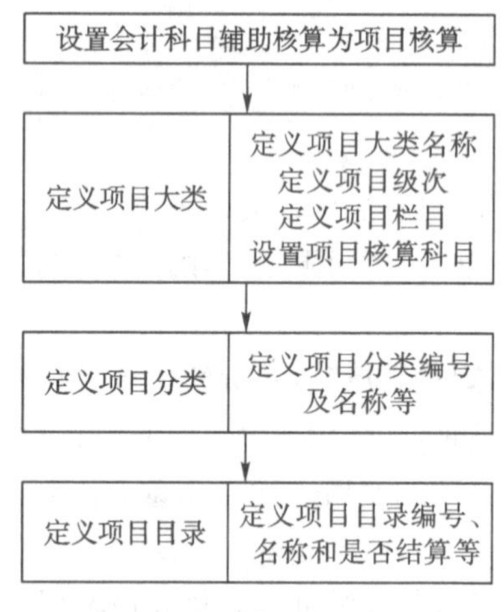

图 3－24　项目定义流程

项目定义的操作步骤如下：

(1)定义项目核算科目。在总账系统“会计科目”功能中设置项目辅助核算，对需要按项目开设辅助核算的科目，如工程结算、合同成本和合同毛利、生产成本、商品采购、库存商品、在建工程、科研课题、科研成本等设置辅助核算账。此步骤参见本节“建立会计科目”下的“设置会计科目辅助核算账”相关内容操作。

(2)定义项目大类。项目大类是项目结构的基础,有项目大类才能定义项目分类和项目目录。项目大类定义的操作步骤:选择“业务导航”/“基础设置”/“基础档案”/“财务”/“项目大类”,单击“增加”,定义项目大类,如图 3-25 所示。

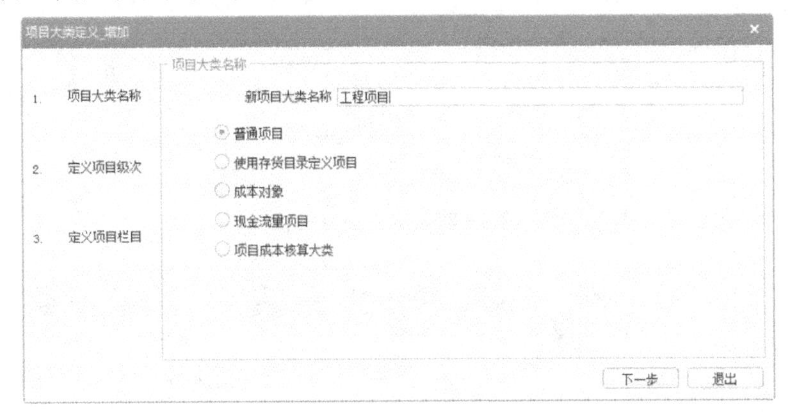

图 3-25 定义项目大类

(3)定义项目级次。在图 3-25 中,单击“下一步”,进入“定义项目级次”界面,如图 3-26 所示。为了便于统计,可对同一项目大类下的项目进一步划分项目分类。项目级次是定义项目大类下的分类分有几级以及每级编码位数。

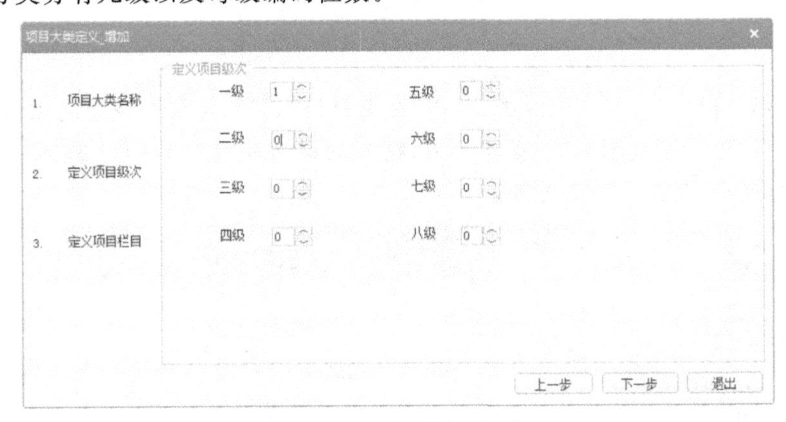

图 3-26 定义项目级次

(4)定义项目栏目(结构)。在图 3-26 中,单击“下一步”,进入“定义项目栏目”界面,如图 3-27 所示。项目目录是所选项目分类下的所有项目,项目目录是最明细的核算项目,填制凭证时有项目核算的科目必须指明具体的项目目录。项目目录必须在项目分类定义完成之后定义。定义项目栏目是定义项目目录的输入信息内容,是项目目录定义的前提。一个项目目录除了项目目录名称外,有时还要加一些其他备注说明,比如是否结算、所属分类码、项目目录性质、项目目录承担单位、项目目录负责人等,这些备注说明均可以设置为项目结构。

(5)修改项目结构(可选)。如果项目结构需要修改,在图 3-28 中单击“项目结构”页签,可以对图 3-27 已定义的项目结构进行修改。

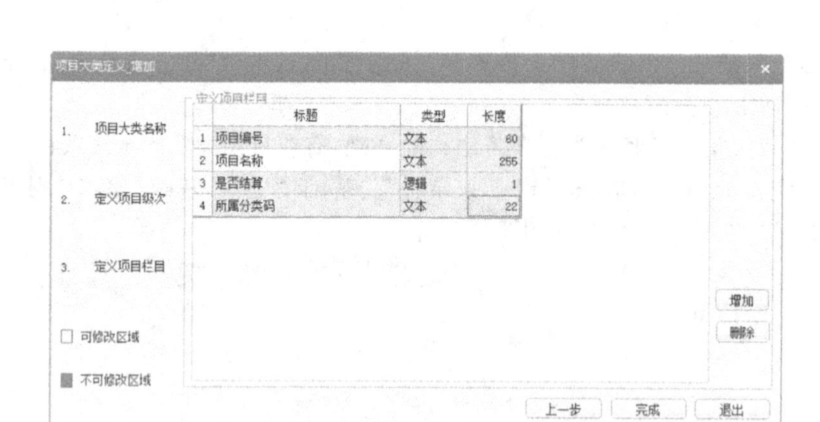

图 3-27　定义项目栏目

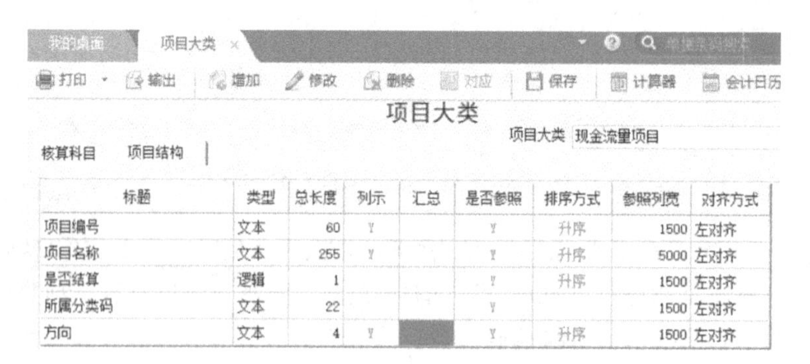

标题	类型	总长度	列示	汇总	是否参照	排序方式	参照列宽	对齐方式
项目编号	文本	60	Y		Y	升序	1500	左对齐
项目名称	文本	255	Y		Y	升序	5000	左对齐
是否结算	逻辑	1			Y	升序	1500	左对齐
所属分类码	文本	22			Y		1500	左对齐
方向	文本	4	Y		Y	升序	1500	左对齐

图 3-28　定义项目结构

(6)定义核算科目。在图 3-28 中,单击“核算科目”页签,把参与选定的项目大类(例如本案例是工程项目,要特别注意选好项目大类)核算的科目从“待选科目”选到“已选科目”,如图 3-29 所示,点击“保存”,否则无效。

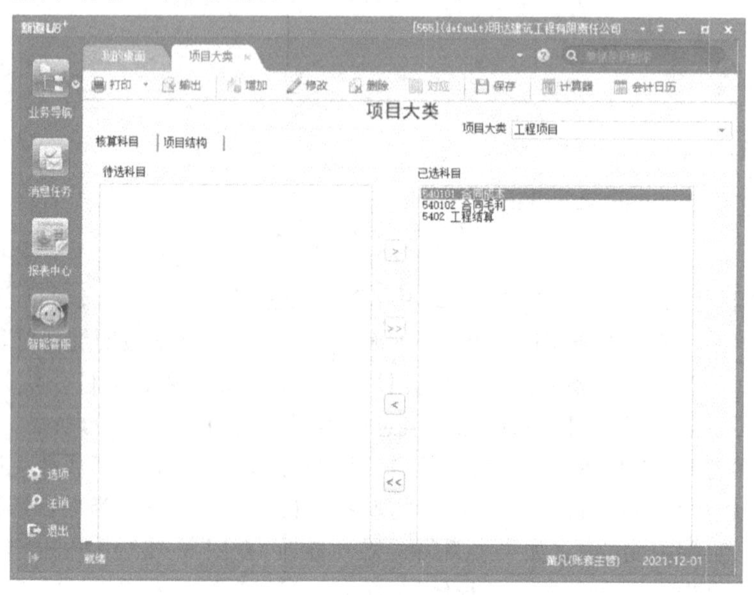

图 3-29　“核算科目”定义

(7)定义项目分类。选择“业务导航”/“基础设置”/“基础档案”/“财务”/“项目分类”,单击“增加”,定义项目分类,输入完必须点击“保存”,否则无效,如图 3-30 所示。

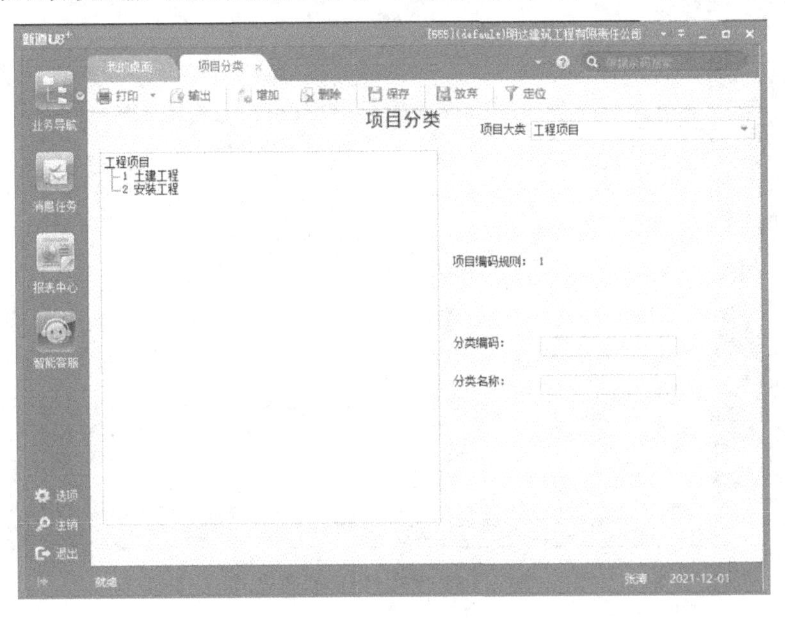

图 3-30　定义项目分类

(8)定义项目目录。选择“业务导航”/“基础设置”/“基础档案”/“财务”/“项目目录”,单击“增加”,定义项目目录,如图 3-31 所示,增加后,单击“确定”,弹出如图 3-32 所示的项目列表,在图 3-32 中可增加、删除、修改项目目录。

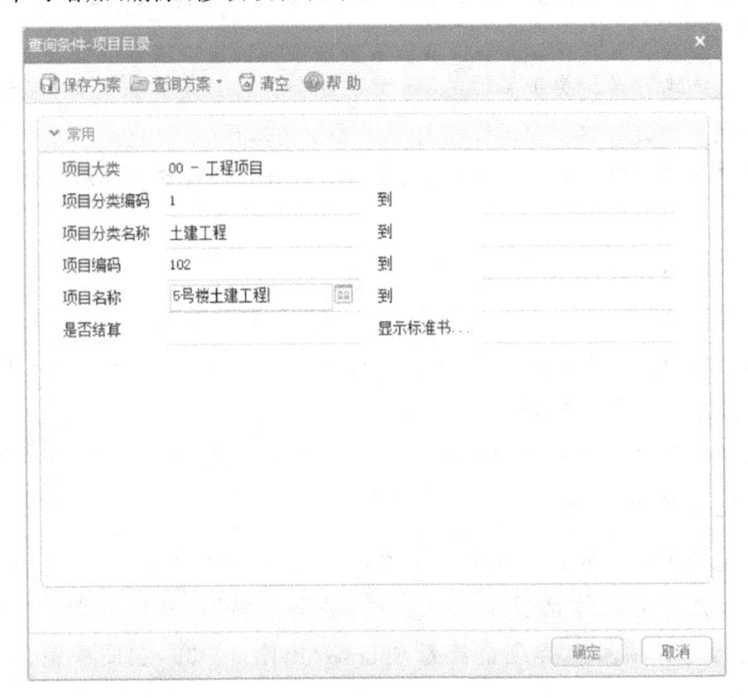

图 3-31　增加“项目目录”页签

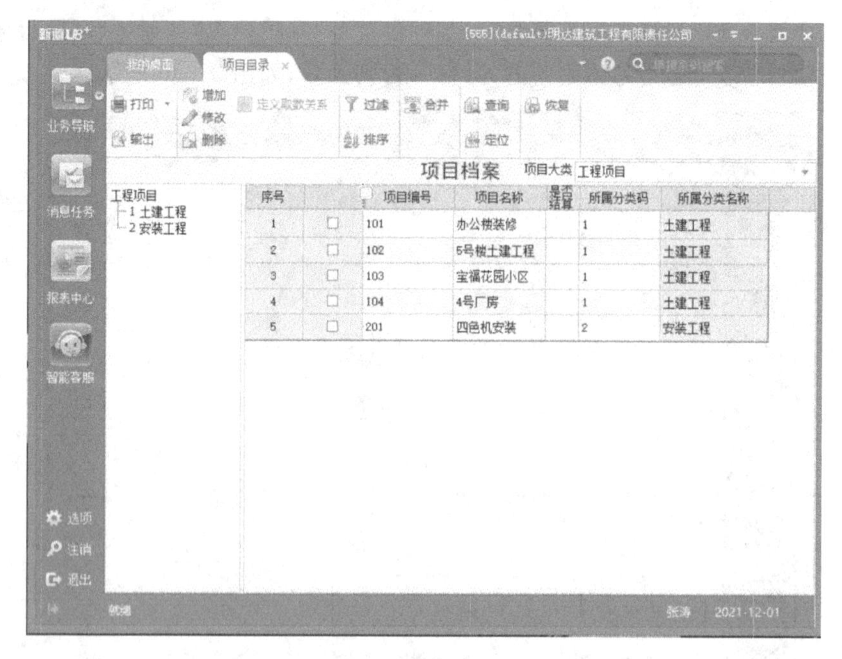

图 3－32 “项目目录”列表

说明：

(1)必须将需进行项目核算的科目设置为辅助核算账后，才能定义项目大类、项目分类和项目目录。

(2)如果使用存货核算系统，可以在此选择“使用存货目录定义项目”，即使用存货系统中已定义好的存货目录作为项目目录。

(3)项目大类的名称是该类项目的总称，而不是会计科目名称。例如，在建工程按具体工程项目核算，其项目大类名称应为工程项目而不是在建工程。

(4)一个项目大类可以有多个核算科目，而一个项目辅助核算会计科目只能指定属于一个项目大类。

(5)分类编码必须连续，不能隔级输入分类编码。

(6)不能删除非末级项目分类。若某项目分类下已定义项目目录，则该项目分类不能删除，也不能定义下级项目分类；若要删除已有项目目录的项目分类或在该分类下定义项目分类，必须先删除该项目分类下的所有项目目录。

(7)如果某项目目录已结算，表示该项目有关的账务处理已结束，将不能使用其做账。

14. 定义现金流量项目

(1)定义现金流量项目分类。现金流量项目大类，系统已经定义了，但现金流量项目大类下的分类要根据企业具体情况定义。选择“业务导航”/“基础设置”/“基础档案”/“财务”/“项目分类”，选择项目大类现金流量项目，弹出图 3－33，在图中输入现金流量项目分类。

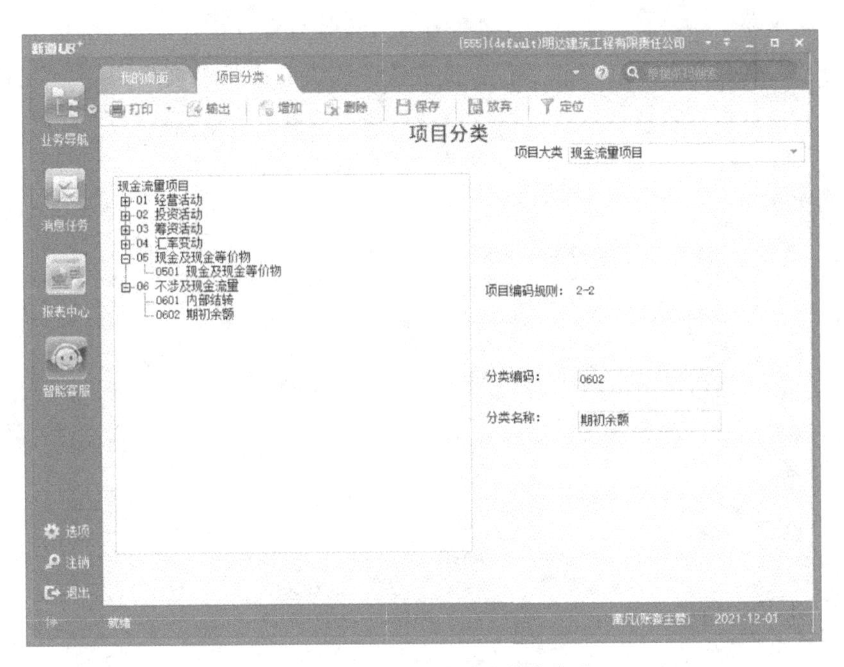

图 3-33 现金流量项目分类定义

(2)定义现金流量项目目录。选择“业务导航”/“基础设置”/“基础档案”/“财务”/“项目目录”，弹出图 3-34，在图中选择项目大类现金流量项目等查询信息，弹出图 3-35，在图中可以增加、删除、修改项目目录。

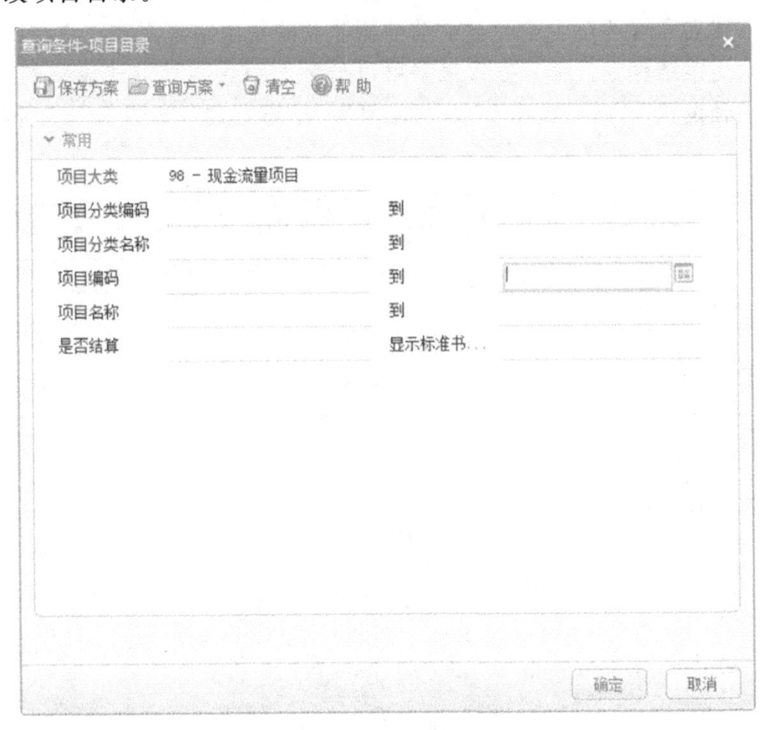

图 3-34 现金流量项目目录查询

项目档案　　项目大类 现金流量项目

现金流量项目
- 01 经营活动
  - 0101 现金流入
  - 0102 现金流出
- 02 投资活动
  - 0201 现金流入
  - 0202 现金流出
- 03 筹资活动
  - 0301 现金流入
  - 0302 现金流出
- 04 汇率变动
  - 0401 汇率变动
- 05 现金及现金等价物
  - 0501 现金及现金
- 06 不涉及现金流量
  - 0601 内部结转
  - 0602 期初余额

序号	☐	项目编号	项目名称	是否结算	所属分类码	所属分类名称	方向
1	☐	01	销售商品、提供劳务收到的现金		0101	现金流入	流入
2	☐	02	收到的税费返还		0101	现金流入	流入
3	☐	03	收到的其他与经营活动有关的现金		0101	现金流入	流入
4	☐	04	购买商品、接受劳务支付的现金		0102	现金流出	流出
5	☐	05	支付给职工以及为职工支付的现金		0102	现金流出	流出
6	☐	06	支付的各项税费		0102	现金流出	流出
7	☐	07	支付的其他与经营活动有关的现金		0102	现金流出	流出
8	☐	08	收回投资所收到的现金		0201	现金流入	流入
9	☐	09	取得投资收益所收到的现金		0201	现金流入	流入
10	☐	10	处置固定资产、无形资产和其他长期资产所收回的现金净额		0201	现金流入	流入
11	☐	11	处置子公司及其他营业单位收到的现金净额		0201	现金流入	流入
12	☐	12	收到的其他与投资活动有关的现金		0201	现金流入	流入
13	☐	13	购建固定资产、无形资产和其他长期资产所支付的现金		0202	现金流出	流出
14	☐	14	投资所支付的现金		0202	现金流出	流出
15	☐	15	取得子公司及其他营业单位支付的现金净额		0202	现金流出	流出
16	☐	16	支付的其他与投资活动有关的现金		0202	现金流出	流出
17	☐	17	吸收投资所收到的现金		0301	现金流入	流入
18	☐	18	借款所收到的现金		0301	现金流入	流入
19	☐	19	收到的其他与筹资活动有关的现金		0301	现金流入	流入
20	☐	20	偿还债务所支付的现金		0302	现金流出	流出
21	☐	21	分配股利、利润或偿付利息所支付的现金		0302	现金流出	流出
22	☐	22	支付的其他与筹资活动有关的现金		0302	现金流出	流出
23	☐	23	汇率变动对现金的影响		0401	汇率变动	流入
24	☐	24	现金及现金等价物净增加额		0501	现金及现金等价物	流入
25	☐	25	内部结转现金流入		0601	内部结转	流入
26	☐	26	内部结转现金流出		0601	内部结转	流出
27	☐	27	期初现金余额		0602	期初余额	流入

图 3－35　现金流量项目目录列表

15. 设置结算方式

该功能用来建立和管理在企业经营活动中所涉及的货币结算方式。它与财务结算方式一致，如现金结算、支票结算等。结算方式最多可以分为 2 级。结算方式设置的操作步骤如下："业务导航"/"基础设置"/"基础档案"/"收付结算"/"结算方式"，如图 3－36 所示，在图中增加结算方式。

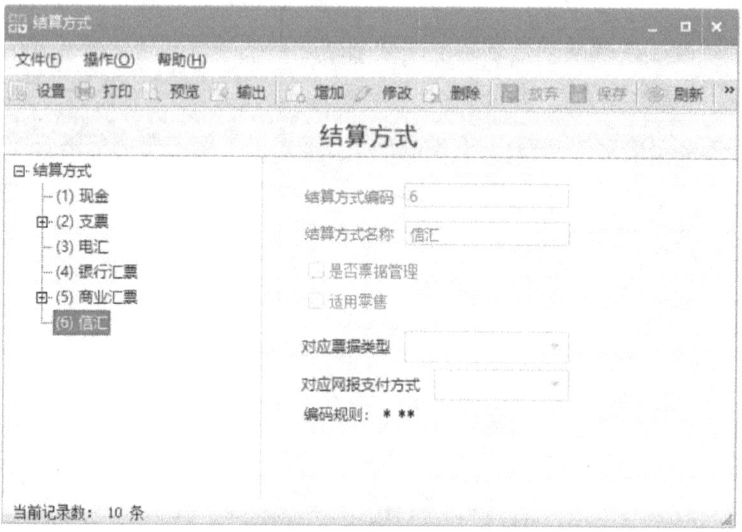

结算方式
文件(F)　操作(O)　帮助(H)
设置　打印　预览　输出　增加　修改　删除　放弃　保存　刷新

结算方式

- 结算方式
  - (1) 现金
  - (2) 支票
  - (3) 电汇
  - (4) 银行汇票
  - (5) 商业汇票
  - (6) 信汇

结算方式编码　6
结算方式名称　信汇
是否票据管理
适用零售
对应票据类型
对应网报支付方式
编码规则：* **

当前记录数：10 条

图 3－36　结算方式设置

说明：

(1)必须按照结算方式编码级次的先后顺序录入。

(2)结算方式编码必须唯一。

(3)票据管理的标志可以根据实际情况选择是否需要。

(4)结算方式的编码规则已经在建立账套时设定，如果要修改，可以在“系统管理”窗口，通过修改账套进行修改或者在企业应用平台选择“业务导航”/“基础设置”/“基本信息”/“编码方案”进行修改。

16. 设置明细权限

操作员权限已在“系统管理”的“操作员权限设置”中进行了设置(本书 2.2 节)，“设置明细权限”功能主要用于对某一功能权限的进一步细化，如制单权限控制到科目、凭证审核控制到操作员、明细账查询权控制到科目等。明细权限设置只能由账套主管在企业应用平台完成。

(1)凭证审核明细权限设置。本功能是凭证审核权限的一个补充。一般说来，凡是拥有凭证审核权限的操作员都可以审核其他所有操作员填制的凭证，但是有些时候，企业希望审核权限做进一步细化，如只允许某操作员审核其所在部门的操作员填制的凭证，而不能审核其他部门操作员填制的凭证。这种情况下，可以通过此功能进行设置。例如，审核员马月可以对用户张涛填制的凭证进行审核(查询、审核、弃审、撤销、关闭)。操作步骤如下：

①账套主管登录企业应用平台，选择“业务导航”/“系统服务”/“权限”/“数据权限控制设置”，如图 3－37 所示，对控制对象“用户”打“√”。

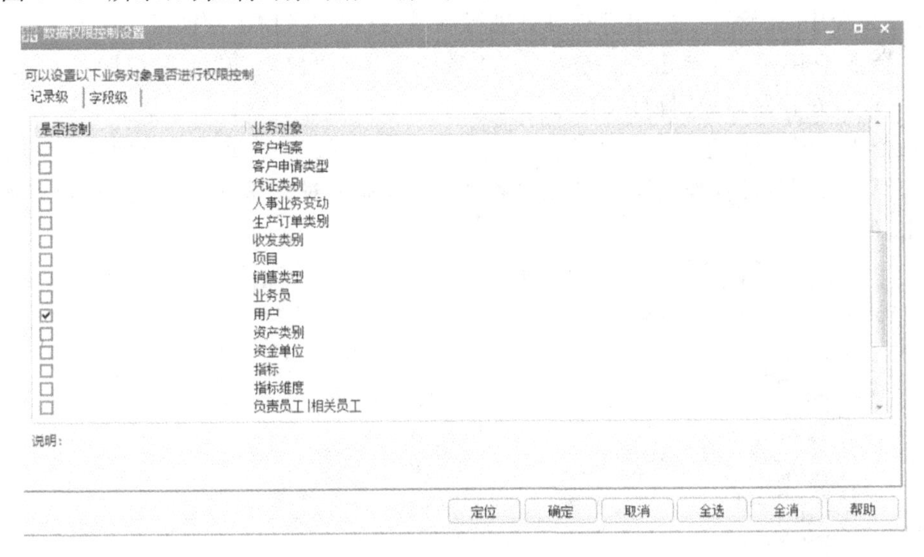

图 3－37　数据权限控制设置

说明：数据级权限分配包括记录权限分配和字段权限分配。记录权限分配是指对具体业务对象进行权限分配。字段权限分配是对单据中包含的字段进行权限分配。

②账套主管登录企业应用平台，选择“业务导航”/“系统服务”/“权限”/“数据权限分配”，如图 3－38 所示，在图中选择需要授权的操作员，例如马月，选择业务对象“用户”，单击“修改”，在图中勾选张涛这一行的查询、审核、弃审、撤销和关闭操作，单击“保存”。

图 3-38 审核明细权限设置

(2)制单科目明细权限设置。本功能是制单权限的一个补充。一般说来，凡是拥有制单权限的操作员都可以使用所有科目填制凭证，但是有些时候，企业希望对制单权限做进一步细化，如只允许某操作员使用某些科目填制凭证。这种情况下，可以通过此功能进行设置。例如，在 555 账套中，张涛可以使用所有科目进行制单、查询。操作步骤如下：

①在企业应用平台，单击“业务导航”/“系统服务”/“权限”/“数据权限控制设置”，如图 3-37 所示，对控制对象“科目”打“√”。

②在企业应用平台，选择“业务导航”/“系统服务”/“权限”/“数据权限分配”，弹出图 3-39，在图中选择需要授权的操作员张涛，单击“修改”，选择业务对象“科目”，勾选“选择”“查账”“制单”，单击“保存”。

用户及角色 隐藏已注销用户　记录 字段 维度控制方式　用户：张涛

业务对象 科目　2021

拥有的权限 主管 显示所有权限

选择	科目编码	科目名称	查账	制单	权限来源
☑	1001	库存现金	☑	☑	
☑	1002	银行存款	☑	☑	
☑	100201	工行存款	☑	☑	
☑	100202	建行存款	☑	☑	
☑	1003	存放中央银行款项	☑	☑	
☑	1011	存放同业	☑	☑	
☑	1012	其他货币资金	☑	☑	
☑	101201	外埠存款	☑	☑	
☑	101202	银行本票	☑	☑	
☑	101203	银行汇票	☑	☑	
☑	1021	结算备付金	☑	☑	
☑	1031	存出保证金	☑	☑	

限制用户能够对哪些科目的数据进行查询或录入，总账系统提供科目权限控制。

图 3-39 制单科目明细权限设置

(3)金额权限设置。本功能用于设置操作员进行业务处理时所填制的单据或凭证等可以使用的最大金额,在设置金额权限之前必须先设定对应的金额级别。

①金额级别的设置。在企业应用平台,选择“业务导航”/“系统服务”/“权限”/“金额权限分配”,单击菜单“级别”,在金额级别设置界面,单击“增加”,双击“科目编码”,参照选择,系统自动显示科目名,输入该科目金额级别。科目金额级别用于控制操作员制单时使用科目各个级别的最大金额。科目级别从级别一到级别六,其金额必须逐级递增,不允许中间为空的情况存在,但允许最后有不设置金额的级别存在。设置科目金额级别时,上下级科目不能同时出现。如已经设置了1002科目的金额级别,则不能再设置一个100201科目的金额级别,此时设置的1002科目的金额级别对其下级科目全部适用,即所有1002的下级科目拥有相同的金额级别。

②分配用户科目金额权限。在企业应用平台,选择“业务导航”/“系统服务”/“权限”/“金额权限分配”,在金额权限设置界面单击“增加”,双击“用户编码”,参照选择,系统自动显示用户名,选择已设置好的金额级别。一个用户只能选择一个级别。

设置科目级别时,当对一个用户设置了一个级别后,相当于该用户对所有的科目均具有相同的级别。若该科目没有设置金额级别,即表示该科目不受金额级别控制。金额权限控制中有三种情况不受控制:调用常用凭证生成的凭证、期末转账结转生成的凭证、在外部系统生成的凭证,这些凭证如果超出金额权限,保存凭证时不受限制。

3.4　实验二:“基础档案设置”实验

1. 实验目的

掌握设置各种基础档案分类和档案资料、建立会计科目的方法。

2. 实验准备

(1)检查服务器配置是否正确,若不正确要重新配置。

(2)检查“实验一:系统管理实验”的结果是否已经在计算机中,如果在则直接做第(3)步。如果该结果不在计算机中,引入“实验一建账结束账套备份”的账套结果。引入账套步骤:把备份文件夹的两个备份文件拷贝到计算机,以admin(密码为空)身份进入“系统管理”,选择“账套”/“引入”,选择文件夹的UfErpAct.Lst文件,引入账套。

(3)以具有公用目录设置操作权限的操作员登录企业应用平台,例如本书案例可选用户编码“002”,用户姓名“张涛”。

3. 实验资料及操作步骤

(1)设置部门档案。选择“业务导航”/“基础设置”/“基础档案”/“机构”/“部门档案”,单击“增加”,按表3-1增加部门信息,每增加完一个部门,单击“保存”。

表3-1　部门档案

部门编码	部门名称	部门属性
01	办公室	管理部门
02	财务部	财务管理
03	采购部	采购管理

续表

部门编码	部门名称	部门属性
04	销售部	市场营销
05	机修车间	辅助生产
06	工程一处	施工单位
07	工程二处	施工单位
08	宝福花园项目部	施工单位
09	4号厂房项目部	施工单位

(2)设置人员档案。选择“业务导航”/“基础设置”/“基础档案”/“机构人员”/“人员”/“人员档案”,单击“增加”,按表3-2资料输入人员档案。表3-2中所有人的人员类别都是“正式工”,所有人的人员雇佣状态都是“在职”,所有人员都是“业务员”,生效日期都是“2021-12-01”。

表3-2　人员档案

人员编码	姓名	行政部门编码	性别	业务或费用部门名称
01001	陈峰	01	男	办公室
02001	黄凡	02	男	财务部
02002	张涛	02	男	财务部
02003	马月	02	女	财务部
02004	刘芸	02	女	财务部
03001	黄奕才	03	男	采购部
05001	马田	05	男	机修车间
06001	王安安	06	男	工程一处
06002	李昌凯	06	男	工程一处
06003	黄成琛	06	男	工程一处
06004	夏盼盼	06	男	工程一处
06005	张嘉力	06	男	工程一处
07001	李帆	07	男	工程二处
07002	李子杰	07	男	工程二处
07003	刘博	07	男	工程二处
07004	米少奇	07	男	工程二处

(3)设置供应商档案。选择“业务导航”/“基础设置”/“基础档案”/“客商信息”/“供应商档案”,单击“增加”,按表3-3输入供应商档案。

表3-3　供应商档案

供应商编码	供应商名称	供应商简称	属性
01001	天华有色金属线材厂	天华有色	采购
01002	美妮化工供应公司	美妮化工	采购
01003	金立金属材料供应站	金立金属	采购
01004	芳园服装有限公司	芳园服装	采购
01005	滨海金属材料供应公司	滨海金属	采购
01006	昊天门窗加工厂	昊天门窗	采购
01007	安达保险公司	安达保险	采购

(4)设置客户档案。选择“业务导航”/“基础设置”/“基础档案”/“客商信息”/“客户档案”，单击“增加”，按表 3－4 输入客户档案。

表 3－4 客户档案

客户编码	客户名称	客户简称	客户管理类型
01001	田园建筑工程公司	田园建筑	普通客户
01002	芳达有色公司	芳达有色	普通客户
01003	明达实业有限公司	明达实业	普通客户
01004	美华食品公司	美华食品	普通客户
01005	龙发建筑工程公司	龙发建筑	普通客户
01006	佳捷印刷厂	佳捷印刷	普通客户
01007	方欣轻工集团	方欣轻工	普通客户

(5)设置存货分类。选择“业务导航”/“基础设置”/“基础档案”/“存货”/“存货分类”，单击“增加”，按表 3－5 输入存货分类。

表 3－5 存货分类

存货分类编码	存货分类名称
01	原材料
02	周转材料
03	委托加工物资
04	其他

(6)设置计量单位组和计量单位。

①设置计量单位组。选择“业务导航”/“基础设置”/“基础档案”/“存货”/“计量单位”/“分组”，单击菜单“增加”，定义计量单位组编码为“00”，名称为“单位”，计量单位组类别为“无换算率”。

②设置计量单位。选择“业务导航”/“基础设置”/“基础档案”/“存货”/“计量单位”，单击菜单“单位”，单击“增加”，按表 3－6 输入计量单位。

表 3－6 计量单位

计量单位编码	计量单位名称	计量单位组编码	计量单位组名称	计量单位组类别
01	千克	00	单位	无换算率
02	平方米	00	单位	无换算率
03	桶	00	单位	无换算率
04	吨	00	单位	无换算率
05	卷	00	单位	无换算率
06	只	00	单位	无换算率
07	件	00	单位	无换算率
08	米	00	单位	无换算率
09	扇	00	单位	无换算率
10	套	00	单位	无换算率
11	副	00	单位	无换算率

(7)设置存货档案。选择“业务导航”/“基础设置”/“基础档案”/“存货”/“存货档案”,单击菜单“增加”,按表3-7输入存货档案。

表3-7 存货档案

存货分类编码	存货分类名称	存货编码	存货名称	计量单位组名称	主计量单位名称	存货属性
01	原材料	0101	塑型钢材	单位	吨	采购、生产耗用
		0102	平板玻璃	单位	平方米	采购、生产耗用
		0103	镀锌管	单位	千克	采购、生产耗用
		0104	立邦漆	单位	桶	采购、生产耗用
		0105	水泥	单位	吨	采购、生产耗用
		0106	螺纹钢	单位	吨	采购、生产耗用
		0107	电线	单位	卷	采购、生产耗用
		0108	三联开关	单位	只	采购、生产耗用
		0109	电焊条	单位	千克	采购、生产耗用
		0110	弯头	单位	只	采购、生产耗用
		0111	三通	单位	只	采购、生产耗用
		0112	长短脚	单位	只	采购、生产耗用
		0113	工作服	单位	套	采购、生产耗用
		0114	劳防手套	单位	副	采购、生产耗用
02	周转材料	0201	模板	单位	平方米	采购、生产耗用
		0202	脚手架	单位	米	采购、生产耗用
03	委托加工物资	0301	塑钢门	单位	扇	委外
		0302	塑钢窗	单位	扇	委外
04	其他	0401	财产保险费	单位	件	服务项目

(8)建立会计科目。表3-8是明达建筑工程有限责任公司实际核算需要的会计科目,建立会计科目就是要把表3-8的会计科目都存储到系统的会计科目表。选择“业务导航”/“基础设置”/“基础档案”/“财务”/“会计科目”。注意:

①如果在建立账套时已经选择“按行业性质预置会计科目”,此时系统已经按行业性质预置了一级会计科目,为保证每个会计科目都是唯一的,对系统没有提供的会计科目,单击“增加”,增加企业需要的会计科目;对系统已经提供但不符合表3-8要求的会计科目,单击“修改”,以满足明达建筑工程有限责任公司实际核算的需要;对系统已经提供而且满足企业需要的会计科目,不能再增加。

②如果在建立账套时没有选择“按行业性质预置会计科目”,则增加表3-8中的所有会计科目。

③本次实验只启用总账系统,所用会计科目数据来源于总账,不受任何系统控制,因此,会计科目受控系统都不选。

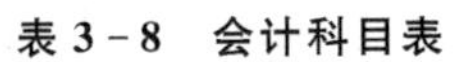

表 3-8　会计科目表

类型	级次	科目编码	科目名称	计量单位	辅助账类型	账页格式	余额方向
资产	1	1001	库存现金			金额式	借
资产	1	1002	银行存款			金额式	借
资产	2	100201	工行存款			金额式	借
资产	2	100202	建行存款			金额式	借
资产	1	1012	其他货币资金			金额式	借
资产	2	101201	外埠存款			金额式	借
资产	2	101202	银行本票			金额式	借
资产	2	101203	银行汇票			金额式	借
资产	1	1101	交易性金融资产			金额式	借
资产	1	1121	应收票据			金额式	借
资产	2	112101	银行承兑汇票		客户往来	金额式	借
资产	2	112102	商业承兑汇票		客户往来	金额式	借
资产	1	1122	应收账款		客户往来	金额式	借
资产	1	1123	预付账款		供应商往来	金额式	借
资产	1	1221	其他应收款		个人往来	金额式	借
资产	1	1231	坏账准备			金额式	贷
资产	1	1401	材料采购			金额式	借
资产	2	140105	其他材料			金额式	借
资产	1	1402	在途物资			金额式	借
资产	1	1403	原材料			金额式	借
资产	2	140301	主要材料			金额式	借
资产	3	14030101	塑型钢材	吨		数量金额式	借
资产	3	14030102	平板玻璃	平方米		数量金额式	借
资产	3	14030103	镀锌管	千克		数量金额式	借
资产	3	14030104	立邦漆	桶		数量金额式	借
资产	3	14030105	水泥	吨		数量金额式	借
资产	3	14030106	螺纹钢	吨		数量金额式	借
资产	3	14030107	电线	卷		数量金额式	借
资产	3	14030108	三联开关	只		数量金额式	借
资产	3	14030109	电焊条	千克		数量金额式	借
资产	3	14030110	弯头	只		数量金额式	借
资产	3	14030111	三通	只		数量金额式	借
资产	3	14030112	长短脚	只		数量金额式	借
资产	2	140302	结构件			金额式	借
资产	3	14030201	塑钢门	扇		数量金额式	借

续表

类型	级次	科目编码	科目名称	计量单位	辅助账类型	账页格式	余额方向
资产	3	14030202	塑钢窗	扇		数量金额式	借
资产	2	140303	机械配件			金额式	借
资产	2	140304	燃料			金额式	借
资产	2	140305	其他材料			金额式	借
资产	3	14030501	工作服	套		数量金额式	借
资产	3	14030502	劳防手套	副		数量金额式	借
资产	3	14030503	其他			金额式	借
资产	1	1404	材料成本差异			金额式	借
资产	1	1405	库存商品			金额式	借
资产	1	1406	发出商品			金额式	借
资产	1	1407	商品进销差价			金额式	贷
资产	1	1408	委托加工物资			金额式	借
资产	2	140801	塑型钢材	吨		数量金额式	借
资产	2	140802	平板玻璃	平方米		数量金额式	借
资产	2	140803	塑钢门	扇		数量金额式	借
资产	2	140804	塑钢窗	扇		数量金额式	借
资产	1	1411	周转材料			金额式	借
资产	2	141101	在库周转材料			金额式	借
资产	3	14110101	模板	平方米		数量金额式	借
资产	3	14110102	脚手架	米		数量金额式	借
资产	2	141102	在用周转材料			金额式	借
资产	3	14110201	模板	平方米		数量金额式	借
资产	3	14110202	脚手架	米		数量金额式	借
资产	2	141103	周转材料摊销			金额式	借
资产	3	14110301	模板	平方米		数量金额式	借
资产	3	14110302	脚手架	米		数量金额式	借
资产	1	1412	低值易耗品			金额式	借
资产	2	141201	在库低值易耗品			金额式	借
资产	2	141202	在用低值易耗品			金额式	借
资产	2	141203	低值易耗品摊销			金额式	借
资产	1	1421	消耗性生物资产			金额式	借
资产	1	1471	存货跌价准备			金额式	贷
资产	1	1481	待摊费用			金额式	借
资产	2	148102	养路费			金额式	借
资产	1	1501	持有至到期投资			金额式	借

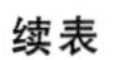

续表

类型	级次	科目编码	科目名称	计量单位	辅助账类型	账页格式	余额方向
资产	1	1502	持有至到期投资减值准备			金额式	贷
资产	1	1503	可供出售金融资产			金额式	借
资产	1	1511	长期股权投资			金额式	借
资产	2	151101	投资成本			金额式	借
资产	2	151102	股权投资差额			金额式	借
资产	2	151103	损益调整			金额式	借
资产	1	1512	长期股权投资减值准备			金额式	贷
资产	1	1601	固定资产			金额式	借
资产	1	1602	累计折旧			金额式	贷
资产	1	1603	固定资产减值准备			金额式	贷
资产	1	1604	在建工程			金额式	借
资产	1	1605	工程物资			金额式	借
资产	1	1606	固定资产清理			金额式	借
资产	1	1607	临时设施			金额式	借
资产	1	1608	临时设施摊销			金额式	贷
资产	1	1609	临时设施清理			金额式	借
资产	1	1632	累计折耗			金额式	贷
资产	1	1701	无形资产			金额式	借
资产	1	1702	累计摊销			金额式	贷
资产	1	1703	无形资产减值准备			金额式	贷
资产	1	1711	商誉			金额式	借
资产	1	1801	长期待摊费用			金额式	借
资产	1	1811	递延所得税资产			金额式	借
资产	1	1901	待处理财产损溢			金额式	借
负债	1	2001	短期借款			金额式	贷
负债	1	2002	存入保证金			金额式	贷
负债	1	2003	拆入资金			金额式	贷
负债	1	2101	交易性金融负债			金额式	贷
负债	1	2201	应付票据			金额式	贷
负债	2	220101	银行承兑汇票		供应商往来	金额式	贷
负债	2	220102	商业承兑汇票		供应商往来	金额式	贷
负债	1	2202	应付账款		供应商往来	金额式	贷
负债	1	2203	预收账款		客户往来	金额式	贷
负债	1	2211	应付职工薪酬			金额式	贷
负债	2	221101	应付工资			金额式	贷

续表

类型	级次	科目编码	科目名称	计量单位	辅助账类型	账页格式	余额方向
负债	2	221102	福利费			金额式	贷
负债	2	221103	教育经费			金额式	贷
负债	2	221104	工会经费			金额式	贷
负债	2	221105	社会保险费			金额式	贷
负债	2	221106	住房公积金			金额式	贷
负债	1	2221	应交税费			金额式	贷
负债	2	222101	应交增值税			金额式	贷
负债	3	22210101	进项税额			金额式	贷
负债	3	22210102	销项税额			金额式	贷
负债	3	22210103	进项税额转出			金额式	贷
负债	3	22210104	转出未交增值税			金额式	贷
负债	2	222102	未交增值税			金额式	贷
负债	2	222103	预交增值税			金额式	贷
负债	2	222104	应交城市维护建设税			金额式	贷
负债	2	222105	应交教育费附加			金额式	贷
负债	2	222106	应交地方教育费附加			金额式	贷
负债	2	222107	个人所得税			金额式	贷
负债	2	222108	应交所得税			金额式	贷
负债	2	222109	其他应付款			金额式	贷
负债	1	2231	应付利息			金额式	贷
负债	1	2232	应付股利			金额式	贷
负债	1	2241	其他应付款			金额式	贷
负债	2	224101	教育经费			金额式	贷
负债	2	224102	其他			金额式	贷
负债	2	224103	教育费附加			金额式	贷
负债	2	224104	地方教育费附加			金额式	贷
负债	1	2251	应付保单红利			金额式	贷
负债	1	2261	应付分保账款			金额式	贷
负债	1	2311	代理买卖证券款			金额式	贷
负债	1	2312	代理承销证券款			金额式	贷
负债	1	2313	代理兑付证券款			金额式	贷
负债	1	2314	代理业务负债			金额式	贷
负债	1	2401	递延收益			金额式	贷
负债	1	2501	长期借款			金额式	贷
负债	1	2502	应付债券			金额式	贷

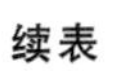

续表

类型	级次	科目编码	科目名称	计量单位	辅助账类型	账页格式	余额方向
负债	1	2601	未到期责任准备金			金额式	贷
负债	1	2602	保险责任准备金			金额式	贷
负债	1	2611	保户储金			金额式	贷
负债	1	2621	独立账户负债			金额式	借
负债	1	2701	长期应付款			金额式	贷
负债	1	2702	未确认融资费用			金额式	借
负债	1	2711	专项应付款			金额式	贷
负债	1	2801	预计负债			金额式	贷
负债	1	2901	递延所得税负债			金额式	贷
共同	1	3001	清算资金往来			金额式	借
共同	1	3002	货币兑换			金额式	借
共同	1	3101	衍生工具			金额式	借
共同	1	3201	套期工具			金额式	借
共同	1	3202	被套期项目			金额式	借
权益	1	4001	实收资本			金额式	贷
权益	1	4002	资本公积			金额式	贷
权益	1	4101	盈余公积			金额式	贷
权益	2	410101	法定盈余公积			金额式	贷
权益	2	410102	任意盈余公积			金额式	贷
权益	2	410103	法定公益金			金额式	贷
权益	1	4102	一般风险准备			金额式	贷
权益	1	4103	本年利润			金额式	贷
权益	1	4104	利润分配			金额式	贷
权益	2	410401	未分配利润			金额式	贷
权益	2	410402	其他转入			金额式	贷
权益	2	410403	提取法定盈余公积			金额式	贷
权益	2	410404	提取法定公益金			金额式	贷
权益	2	410405	提取任意盈余公积			金额式	贷
权益	1	4201	库存股			金额式	借
成本	1	5001	生产成本			金额式	借
成本	1	5101	制造费用			金额式	借
成本	1	5201	劳务成本			金额式	借
成本	1	5301	研发支出			金额式	借
成本	1	5401	工程施工			金额式	借
成本	2	540101	合同成本		项目核算	金额式	借

续表

类型	级次	科目编码	科目名称	计量单位	辅助账类型	账页格式	余额方向
成本	2	540102	合同毛利		项目核算	金额式	借
成本	1	5402	工程结算		项目核算	金额式	贷
成本	1	5403	机械作业			金额式	借
成本	1	5404	辅助生产		部门核算	金额式	借
损益	1	6001	主营业务收入			金额式	贷
损益	1	6011	利息收入			金额式	贷
损益	1	6021	手续费及佣金收入			金额式	贷
损益	1	6031	保费收入			金额式	贷
损益	1	6041	租赁收入			金额式	贷
损益	1	6051	其他业务收入			金额式	贷
损益	1	6061	汇兑损益			金额式	贷
损益	1	6101	公允价值变动损益			金额式	贷
损益	1	6111	投资收益			金额式	贷
损益	1	6201	摊回保险责任准备金			金额式	贷
损益	1	6202	摊回赔付支出			金额式	贷
损益	1	6203	摊回分保费用			金额式	贷
损益	1	6301	营业外收入			金额式	贷
损益	1	6401	主营业务成本			金额式	借
损益	1	6402	其他业务成本			金额式	借
损益	1	6403	税金及附加			金额式	借
损益	1	6411	利息支出			金额式	借
损益	1	6421	手续费及佣金支出			金额式	借
损益	1	6501	提取未到期责任准备金			金额式	借
损益	1	6502	提取保险责任准备金			金额式	借
损益	1	6511	赔付支出			金额式	借
损益	1	6521	保单红利支出			金额式	借
损益	1	6531	退保金			金额式	借
损益	1	6541	分出保费			金额式	借
损益	1	6542	分保费用			金额式	借
损益	1	6601	营业费用			金额式	借
损益	2	660101	业务宣传费			金额式	借
损益	2	660102	广告费			金额式	借
损益	1	6602	管理费用			金额式	借
损益	2	660201	公司经费			金额式	借
损益	2	660202	工会经费			金额式	借

续表

类型	级次	科目编码	科目名称	计量单位	辅助账类型	账页格式	余额方向
损益	2	660203	职工教育经费			金额式	借
损益	2	660204	劳动保险费			金额式	借
损益	2	660205	业务招待费			金额式	借
损益	2	660207	劳防手套			金额式	借
损益	2	660208	工资及福利			金额式	借
损益	2	660209	差旅费			金额式	借
损益	2	660210	办公费			金额式	借
损益	2	660211	折旧费			金额式	借
损益	2	660212	存货盘亏、毁损和报废损失			金额式	借
损益	2	660213	其他			金额式	借
损益	1	6603	财务费用			金额式	借
损益	2	660301	利息支出			金额式	借
损益	2	660302	利息收入			金额式	借
损益	1	6604	勘探费用			金额式	借
损益	1	6701	资产减值损失			金额式	借
损益	2	670101	计提坏账准备			金额式	借
损益	1	6711	营业外支出			金额式	借
损益	2	671101	固定资产盘亏			金额式	借
损益	2	671102	赔偿费			金额式	借
损益	2	671103	处置固定资产净损失			金额式	借
损益	2	671104	处置临时设施净损失			金额式	借
损益	1	6801	所得税费用			金额式	借
损益	1	6901	以前年度损益调整			金额式	借

(9)指定科目。选择“业务导航”/“基础设置”/“基础档案”/“财务”/“会计科目”/“指定科目”，指定现金科目为库存现金(1001)，指定银行科目为银行存款(1002)，指定现金流量科目为库存现金(1001)、工行存款(100201)、建行存款(100202)、外埠存款(101201)、银行本票(101202)、银行汇票(101203)。

(10)设置凭证类别。选择“业务导航”/“基础设置”/“基础档案”/“财务”/“凭证类别”，按表3-9设置凭证类别。

表3-9　凭证类别

类别字	类别名称	限制类型	限制科目
收	收款凭证	借方必有	1001,100201,100202
付	付款凭证	贷方必有	1001,100201,100202
转	转账凭证	凭证必无	1001,100201,100202

(11)设置项目信息。

①选择“业务导航”/“基础设置”/“基础档案”/“财务”/“项目大类”,单击菜单“增加”,增加项目大类“工程项目”,项目为普通项目,项目级次为一级1位。

②单击“核算科目”页签,把参与项目核算的科目“工程结算”“工程施工——合同成本”“工程施工——合同毛利”从“待选科目”选到“已选科目”。

③选择“业务导航”/“基础设置”/“基础档案”/“财务”/“项目分类”,选择大类“工程项目”,单击菜单“增加”,定义该工程项目大类下两个项目分类:第一个分类的分类编码为“1”,分类名称为“土建工程”;第二个分类的分类编码为“2”,分类名称为“安装工程”。

④选择“业务导航”/“基础设置”/“基础档案”/“财务”/“项目目录”,单击菜单“增加”,定义项目目录。项目目录如表3-10所示。

表3-10 项目目录

项目编号	项目名称	所属分类
101	办公楼装修	1
102	5号楼土建工程	1
103	宝福花园小区	1
104	4号厂房	1
201	四色机安装	2

(12)设置现金流量项目。系统已提供基本的现金流量项目,为了核算现金内部转账和期初余额,只需要再增加一个分类“不涉及现金流量”和三个项目“内部结转现金流入”“内部结转现金流出”“期初现金余额”。操作步骤如下:

①选择“业务导航”/“基础设置”/“基础档案”/“财务”/“项目分类”,选择大类“现金流量项目”,增加以下分类:A.分类编码“06”,分类名称“不涉及现金流量”;B.分类编码“0601”,分类名称“内部结转”;C.分类编码“0602”,分类名称“期初余额”。

②选择“业务导航”/“基础设置”/“基础档案”/“财务”/“项目目录”,选择大类“现金流量项目”,在现金流量项目分类0601下增加目录:25——内部结转现金流入,26——内部结转现金流出;在现金流量项目分类0602下增加目录:27——期初现金余额。表3-11是现金流量项目。

表3-11 现金流量项目

项目编号	项目名称	所属分类码	所属分类名称	方向
01	销售商品、提供劳务收到的现金	0101	现金流入	流入
02	收到的税费返还	0101	现金流入	流入
03	收到的其他与经营活动有关的现金	0101	现金流入	流入
04	购买商品、接受劳务支付的现金	0102	现金流出	流出
05	支付给职工以及为职工支付的现金	0102	现金流出	流出
06	支付的各项税费	0102	现金流出	流出
07	支付的其他与经营活动有关的现金	0102	现金流出	流出
08	收回投资所收到的现金	0201	现金流入	流入
09	取得投资收益所收到的现金	0201	现金流入	流入

续表

项目编号	项目名称	所属分类码	所属分类名称	方向
10	处置固定资产、无形资产和其他长期资产所收回的现金净额	0201	现金流入	流入
11	处置子公司及其他营业单位收到的现金净额	0201	现金流入	流入
12	收到的其他与投资活动有关的现金	0201	现金流入	流入
13	购建固定资产、无形资产和其他长期资产所支付的现金	0202	现金流出	流出
14	投资所支付的现金	0202	现金流出	流出
15	取得子公司及其他营业单位支付的现金净额	0202	现金流出	流出
16	支付的其他与投资活动有关的现金	0202	现金流出	流出
17	吸收投资所收到的现金	0301	现金流入	流入
18	借款所收到的现金	0301	现金流入	流入
19	收到的其他与筹资活动有关的现金	0301	现金流入	流入
20	偿还债务所支付的现金	0302	现金流出	流出
21	分配股利、利润或偿付利息所支付的现金	0302	现金流出	流出
22	支付的其他与筹资活动有关的现金	0302	现金流出	流出
23	汇率变动对现金的影响	0401	汇率变动	流入
24	现金及现金等价物净增加额	0501	现金及现金等价物	流入
25	内部结转现金流入	0601	内部结转	流入
26	内部结转现金流出	0601	内部结转	流出
27	期初现金余额	0602	期初余额	流入

(13)设置结算方式。选择“业务导航”/“基础设置”/“基础档案”/“收付结算”/“结算方式”，单击菜单“增加”，按表 3－12 设置结算方式。

表 3－12　结算方式

结算方式编码	结算方式名称	票据管理标志
1	现金	否
2	支票	是
201	现金支票	是
202	转账支票	是
3	电汇	否
4	银行汇票	否
5	商业汇票	否
501	商业承兑汇票	否
502	银行承兑汇票	否
6	信汇	否

(14)明细权限设置。以账套主管“用户编码‘001’,姓名‘黄凡’”的身份登录企业应用平台。选择“业务导航”/“系统服务”/“权限”/“数据权限控制设置”,对控制对象“用户”“科目”打“√”。选择“业务导航”/“系统服务”/“权限”/“数据权限分配”,授予张涛使用所有的科目进行制单和查询的权限,授予马月对张涛填制的凭证进行查询、审核、弃审、撤销和关闭的权限,授予刘芸对张涛填制的凭证进行查询、审核、弃审、撤销和关闭的权限。

(15)账套备份。以 admin 登录“系统管理”,选择“账套”/“输出”,在硬盘建立输出文件夹“实验二基础档案设置结束账套备份”,将本次实验的账套数据输出到文件夹“实验二基础档案设置结束账套备份”。

本章小结

本章介绍了用友 U8^{+} V15.0 的基础档案设置,主要包括机构人员(主要有部门档案及人员档案)、客商信息(主要有客户分类、客户档案、供应商分类和供应商档案等)、存货(主要有存货分类、计量单位、存货档案)、财务(主要有会计科目、凭证类别和项目目录等)、结算方式等设置方法;还介绍了数据权限的设置方法。

即测即评

思考题

1. 基础档案设置主要做哪些工作?
2. 会计信息系统的会计科目如何建立?它与手工会计下的科目账户设置有何区别?
3. 什么是辅助核算?在总账系统中辅助核算有哪些内容?
4. 怎样设置凭证类别?

第4章 总账业务处理

学习目标

系统地学习总账日常业务处理和期末处理的工作原理和操作方法，掌握总账系统“选项”设置和期初余额输入、日常业务处理的凭证处理和记账方法，了解期末业务的内容和处理方法，掌握总账系统期末转账定义、期末转账生成和总账系统结账的方法。

重点难点

凭证处理、总账系统期末转账定义、期末转账生成、结账。

4.1 总账业务处理原理

总账系统是会计信息系统的核心系统，它可以独立使用，而其他系统不能独立使用，其他系统使用必须同时使用总账系统。总账系统业务处理的主要功能是以原始凭证为依据填制记账凭证、出纳签字、审核记账凭证、记账、转账定义、转账生成、试算平衡、对账、结账、输出凭证账簿等，总账业务处理完成从日常工作的凭证填制到登记账簿，一直到期末结账的过程。总账系统的功能结构如图 4－1 所示。

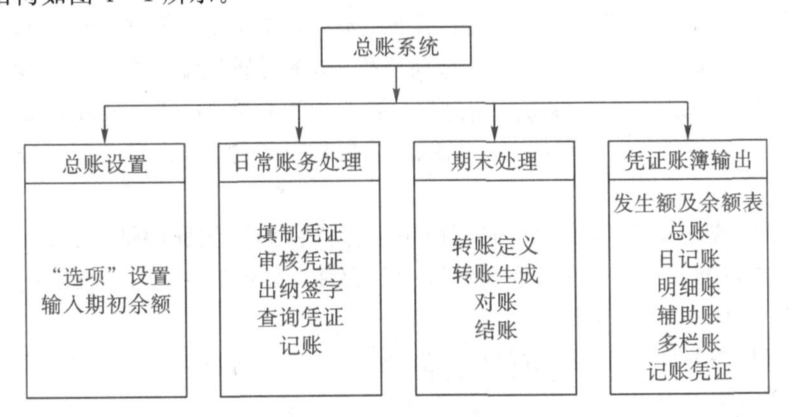

图 4－1　总账系统的功能结构图

总账系统的功能如下。

(1)总账设置：总账“选项”设置和期初余额的输入。

(2)日常账务处理:填制记账凭证、审核凭证、出纳签字、查询凭证、记账等。

(3)期末处理:转账定义、转账生成、对账和结账。

(4)凭证账簿输出:各种凭证和账簿的输出。

总账系统的数据处理流程如图 4-2 所示。

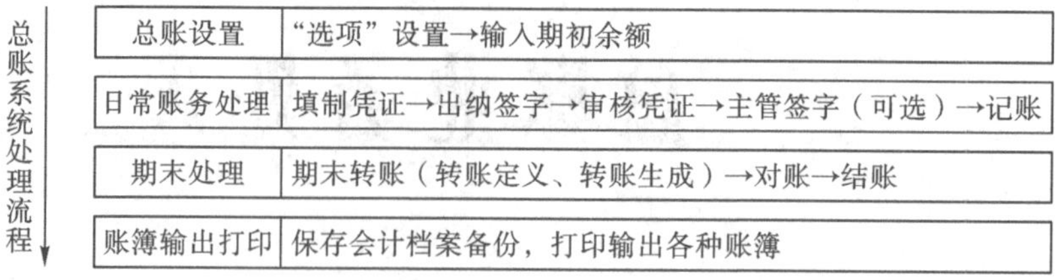

总账系统处理流程		
↓	总账设置	"选项"设置→输入期初余额
↓	日常账务处理	填制凭证→出纳签字→审核凭证→主管签字(可选)→记账
↓	期末处理	期末转账(转账定义、转账生成)→对账→结账
↓	账簿输出打印	保存会计档案备份,打印输出各种账簿

图 4-2 总账系统处理流程图

总账可以在建立账套后启用,或者在企业应用平台中启用(参见 2.2 节有关系统启用内容)。如果除总账系统以外的其他系统也同时启用,由于其他系统自动生成的凭证必须传递到总账系统,总账系统要接收其他系统传送来的凭证,因此总账系统的启用自然日期必须小于等于其他系统的启用自然日期;而总账系统的结账时间必须大于等于其他系统的结账时间,这样才能实现总账系统与其他系统的数据传递。

4.2 总账设置

4.2.1 设置总账系统"选项"

设置总账系统"选项"是为了正确选择适合本单位核算的会计信息系统各种参数,以达到会计核算和财务管理的目的。选择"业务导航"/"财务会计"/"总账"/"设置"/"选项",打开"选项"对话框,其中包含"凭证""账簿""凭证打印""预算控制""权限""其他""自定义项核算"等选项卡。选择某选项卡,单击"编辑"按钮,进行"选项"设置。

(1)"凭证"选项卡及含义。图 4-3 是"凭证"选项卡界面。该界面各选项含义如下。

①制单序时控制:此项和"系统编号"选项联用,制单时凭证编号必须按日期顺序排列。例如,12 月 1 日编制的最后一张付款凭证的编号为付-0003,则 12 月 2 日开始编制的第一张付款凭证的编号为付-0004,即制单序时。系统一般要求制单序时,这样方便凭证查询与档案管理,防止会计舞弊。

②支票控制:若选择此项,在制单时若使用银行科目编制凭证,系统按票据管理的结算方式进行登记。如果录入支票号在支票登记簿中已存在,系统提供登记支票报销的功能;否则,系统提供登记支票登记簿的功能。

③赤字控制:若选择了此项,在制单时,当"资金及往来科目"或"全部科目"的最新余额出现负数时,系统将予以提示。

④可以使用应收受控科目:若科目为应收款管理系统的受控科目,为了防止重复制单,若不选择此项,只允许应收款管理系统使用此科目进行制单,总账系统是不能使用此科目制单的。若选择此项,则总账系统也可以使用应收受控科目制单,但会引起应收款管理系统与总账对账不平。

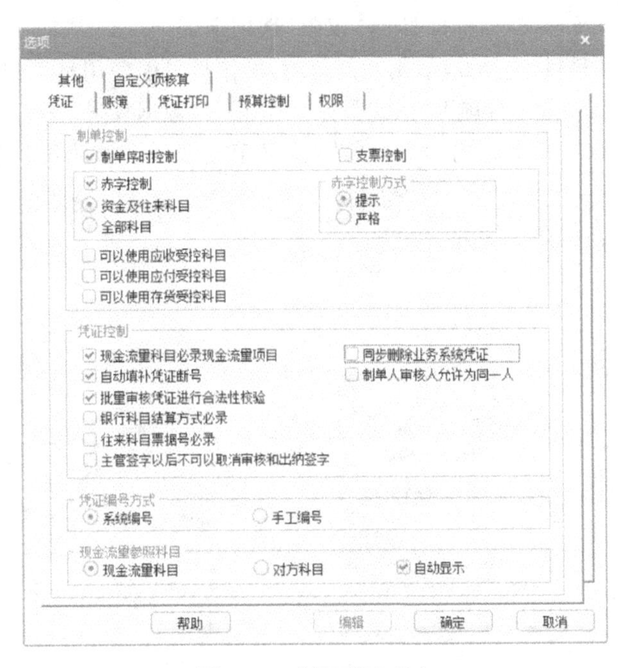

图 4－3 “凭证”选项卡

⑤可以使用应付受控科目：若科目为应付款管理系统的受控科目，为了防止重复制单，若不选择此项，只允许应付款管理系统使用此科目进行制单，总账系统是不能使用此科目制单的。若选择此项，则总账系统也可以使用应付受控科目制单，但会引起应付款管理系统与总账对账不平。

⑥可以使用存货受控科目：若科目为存货核算系统的受控科目，为了防止重复制单，若不选择此项，只允许存货核算系统使用此科目进行制单，总账系统是不能使用此科目制单的。若选择此项，则总账系统也可以使用存货受控科目制单，但会引起存货系统与总账对账不平。

⑦现金流量科目必录现金流量项目：选择此项后，在录入凭证时如果使用现金流量科目则必须输入现金流量项目及金额。

⑧自动填补凭证断号：如果选择凭证编号方式为系统编号，则在新增凭证时，系统按凭证类别自动查询本月的第一个断号，将其默认为本次新增凭证的凭证号。如无断号则编制新号，与原编号规则一致。

⑨批量审核凭证进行合法性校验：批量审核凭证时，针对凭证进行二次审核，提高凭证输入的正确率，合法性校验与保存凭证时的合法性校验相同。

⑩同步删除业务系统凭证：选中此项后，业务系统删除凭证时相应地将总账的凭证同步删除。否则，将总账凭证作废，不予删除。

⑪凭证编号方式：系统在填制凭证功能中一般按照凭证类别按月自动编制凭证编号，即“系统编号”；但有的企业需要系统允许在制单时手工录入凭证编号，即“手工编号”。

⑫现金流量参照科目：“现金流量科目”选项选中时，系统只参照凭证中的现金流量科目；“对方科目”选项选中时，系统只显示凭证中的非现金流量科目；“自动显示”选项选中时，系统依据前两个选项将现金流量科目或对方科目自动显示在指定现金流量项目界面中，否则需要手工参照选择。

(2)“权限”选项卡及含义。图 4－4 是“权限”选项卡。

①制单权限控制到科目:选择此项,则在制单时,操作员只能使用具有相应制单权限的科目制单。要在企业应用平台的“业务导航”/“系统服务”/“权限”/“数据权限分配”中设置了制单使用的科目权限,再选择此项,权限设置才有效。授权方法见第 3 章 3.3 节明细权限设置相关内容。

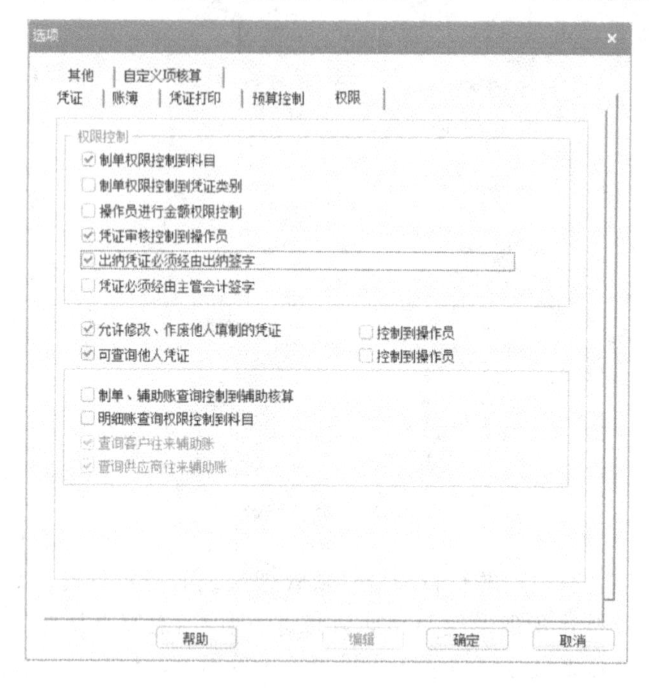

图 4－4 “权限”选项卡

②制单权限控制到凭证类别:选择此项,则在制单时只显示此操作员有权限的凭证类别,同时在凭证类别参照中按人员的权限过滤出有权限的凭证类别。要在企业应用平台的“业务导航”/“系统服务”/“权限”/“数据权限分配”中设置了制单使用的凭证类别权限,再选择此项,权限设置才有效。

③操作员进行金额权限控制:选择此项,可以对不同级别的操作员在填制凭证或单据时进行金额大小的控制,例如财务主管可以对 10 万元以上的经济业务制单,一般财务人员只能对 5 万元以下的经济业务制单,这样可以减少由于不必要的责任事故带来的经济损失。如为外部凭证或常用凭证调用生成,则处理与预算处理相同,不做金额控制。要在企业应用平台的“业务导航”/“系统服务”/“权限”/“金额权限分配”中设置了金额权限,再选择此项,权限设置才有效。

④出纳凭证必须经由出纳签字;若选择此项,则要求现金、银行科目凭证必须由出纳员核对签字后才能记账。

⑤凭证必须经由会计主管签字;如果要求所有凭证必须由主管签字后才能记账,则选择“凭证必须经由主管会计签字”。

(3)“其他”选项卡及含义。单击“其他”选项卡,如图 4－5 所示,设置“外币核算”“本位币”“部门排序方式”“个人排序方式”“项目排序方式”“精度控制”等。

①期初余额对账不平,允许年度首张凭证记账:选中该选项,年度首张凭证允许在期初余额对账不平的情况下继续记账,仅年度首张凭证记账的时候才进行校验,非首张凭证记账不进

行此规则校验。不选择此选项时，如年度期初余额对账不平，则年度首张凭证不允许记账。

②启用调整期：如果希望在结账后仍旧可以填制凭证用来调整报表数据，可在总账选项中启用调整期。调整期启用后，加入关账操作，在结账之后关账之前为调整期。在调整期内填制的凭证为调整期凭证。

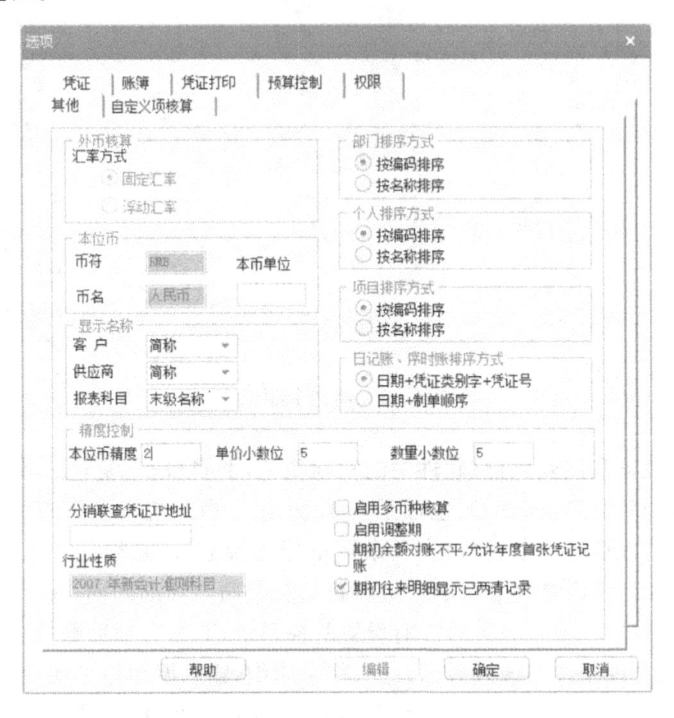

图 4-5 “其他”选项卡

4.2.2 总账期初余额的录入

为了保证会计数据连续完整，并与手工账簿数据衔接，总账系统首次投入使用时，必须使用“期初余额”功能，将经过整理的手工账中从账套所核算年份的年初到启用月前一个月累计借方、贷方发生额不为零的末级科目的金额和启用月的期初余额不为零的末级科目的金额录入计算机，根据启用自然日期为年初与否，分别处理。

①如果总账系统启用自然日期为年初，即当年 1 月 1 日，则输入手工账簿中当月期初余额不为零的末级科目的金额。

②如果总账系统的启用自然日期是年中，即不是当年 1 月 1 日，则既要输入手工账簿中启用当月期初余额不为零的末级科目的金额，还要输入手工账簿中启用当年 1 月 1 日到启用当月前一个月累计借方、贷方发生额不为零的末级科目的金额。例如，某年 12 月 1 日启用总账系统，则既要输入 12 月初手工账簿中期初余额不为零的末级科目的金额，还要输入手工账簿中当年 1 月 1 日到 11 月 30 日累计借方、贷方发生额不为零的末级科目的金额。所有非末级科目的期初余额和累计发生额由系统自动进行汇总计算，不需要输入。

选择“业务导航”/“财务会计”/“总账”/“期初”/“期初余额”，弹出“期初余额录入”界面，如图 4-6 所示。

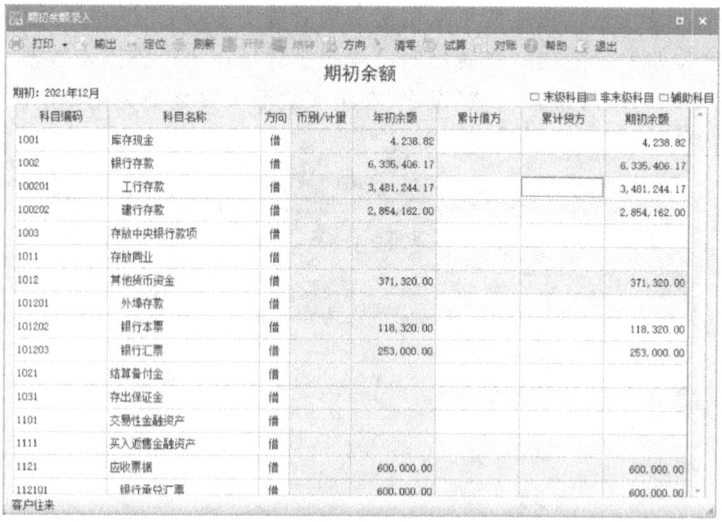

期初余额录入

打印 输出 定位 刷新 开账 结转 方向 清零 试算 对账 帮助 退出

期初余额

期初：2021年12月　　□末级科目 □非末级科目 □辅助科目

科目编码	科目名称	方向	币别/计量	年初余额	累计借方	累计贷方	期初余额
1001	库存现金	借		4,238.82			4,238.82
1002	银行存款	借		6,335,406.17			6,335,406.17
100201	工行存款	借		3,481,244.17			3,481,244.17
100202	建行存款	借		2,854,162.00			2,854,162.00
1003	存放中央银行款项	借					
1011	存放同业	借					
1012	其他货币资金	借		371,320.00			371,320.00
101201	外埠存款	借					
101202	银行本票	借		118,320.00			118,320.00
101203	银行汇票	借		253,000.00			253,000.00
1021	结算备付金	借					
1031	存出保证金	借					
1101	交易性金融资产	借					
1111	买入返售金融资产	借					
1121	应收票据	借		600,000.00			600,000.00
112101	银行承兑汇票	借		600,000.00			600,000.00

客户往来

图 4－6　期初余额录入

期初余额列白色框和浅蓝色框(软件中的实际颜色,下同)是末级科目,如果该科目有期初余额,直接输入期初余额;期初余额列灰色框是非末级科目,由系统自动汇总计算得出,不能编辑。浅黄色的框为有辅助账核算的末级科目,其余额不能直接输入,必须先录入辅助账期初余额,系统把辅助账期初余额自动汇总到总账的末级科目期初余额。辅助账期初余额录入应分别按该科目是否设置受控系统处理:如果该科目没有设置受控系统,双击有辅助账核算的末级科目期初余额框,进入辅助账核算期初余额输入界面,进入往来明细,输入期初往来明细,输入结束后汇总到辅助明细,输入完后该科目期初余额自动传到期初余额输入界面;如果该科目设置成受控系统,则应该到受控系统中输入该科目的期初余额,再由受控系统传入总账该科目的期初余额。例如,如果“应收账款”设置为客户往来辅助账核算并受应收系统控制,那么应该到应收款管理系统中录入应收账款科目的辅助核算期初余额,由应收款管理系统传送该科目的期初余额到总账。凭证记账后,期初余额变为浏览只读状态,不能再修改。

(1)录入无辅助账核算末级科目期初余额。直接在期初余额列白色或浅蓝色的编辑框中输入无辅助账核算末级科目金额。注意以下事项:

①如果某科目为数量、外币核算,应录入期初数量、外币余额,而且必须先录入本币余额,再录入数量、外币余额。

②非末级会计科目余额不用录入,系统将根据其下级明细科目自动汇总计算填入,其数据栏为灰色。

③出现红字余额用负数输入。当实际余额方向与系统设定的余额方向不一致时,用负数输入。

④修改余额时,直接输入正确数据即可,然后单击“刷新”按钮进行刷新。

(2)录入个人往来科目期初余额。如果某科目涉及个人往来辅助账核算,则双击该科目所在行的期初余额列,在系统打开的“辅助期初余额”界面,单击“往来明细”,弹出“期初往来明细”界面,如图 4－7 所示,单击“增行”,在该界面输入个人往来期初余额信息,输入结束后,单击“汇总到辅助明细”,单击“退出”,返回“辅助期初余额”界面,如图 4－8 所示,再单击“退出”,返回到总账系统期初余额输入界面。

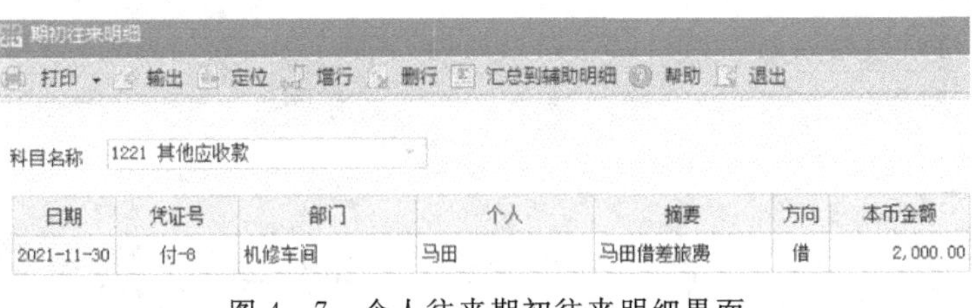

期初往来明细
打印 输出 定位 增行 删行 汇总到辅助明细 帮助 退出
科目名称 1221 其他应收款
日期 凭证号 部门 个人 摘要 方向 本币金额
2021-11-30 付-6 机修车间 马田 马田借差旅费 借 2,000.00

图 4-7 个人往来期初往来明细界面

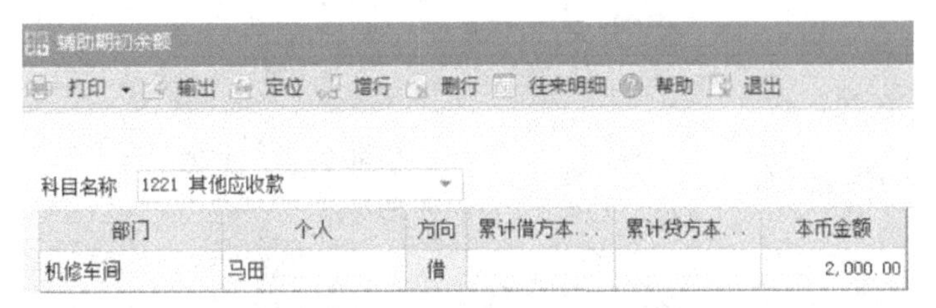

图 4-8 个人往来辅助期初往余额界面

(3)录入客户往来辅助账核算科目期初余额。如果总账系统与应收款管理系统同时启用，客户往来辅助账核算科目的期初余额从应收款管理系统输入，然后再从应收款管理系统引入总账系统，参见本书 8.2 节。如果没有同时启用应收款管理系统，则客户往来辅助账核算科目期初余额从总账系统输入。输入客户往来辅助账核算科目期初余额操作步骤如下：在总账系统期初余额录入界面，双击客户往来辅助账核算科目所在行的期初余额列（例如，银行承兑汇票的期初余额列），弹出“辅助期初余额”对话框，如图 4-9 所示。

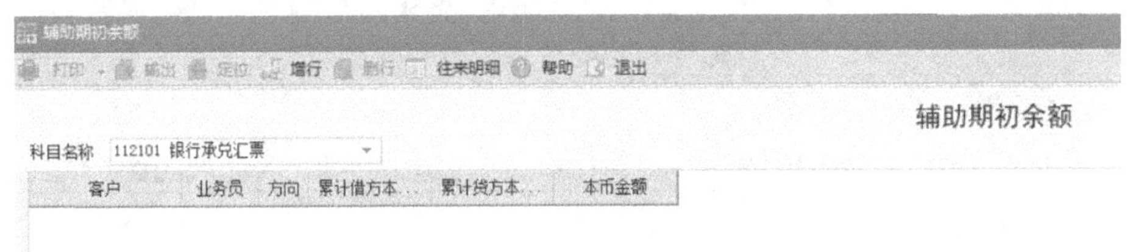

图 4-9 客户往来（银行承兑汇票）辅助期初余额界面

在图 4-9 中，单击“往来明细”，弹出“期初往来明细”界面，在该界面，单击“增行”，输入各期初往来明细信息（见图 4-10），输入结束后，单击“汇总到辅助明细”，将数据汇总到辅助期初余额。单击“退出”，返回辅助期初余额界面，如图 4-11 所示，在该界面，单击“退出”，返回总账系统期初余额输入界面。图 4-12 是“应收账款”期初往来明细界面，图 4-13 是“应收账款”辅助期初余额界面。图 4-14 是“预收账款”期初往来明细界面，图 4-15 是“预收账款”辅助期初余额界面。

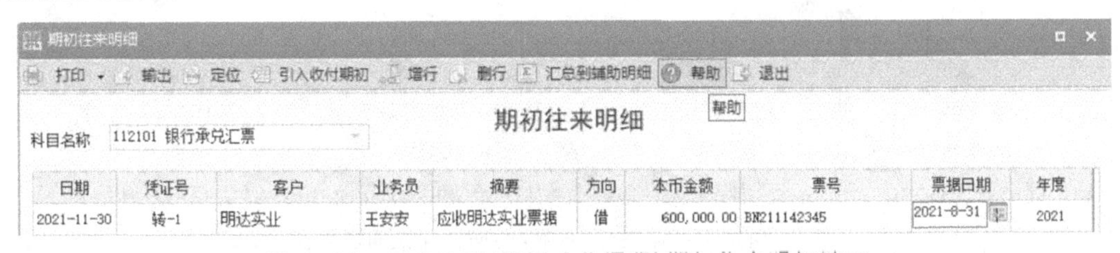

图 4-10 客户往来（银行承兑汇票）期初往来明细界面

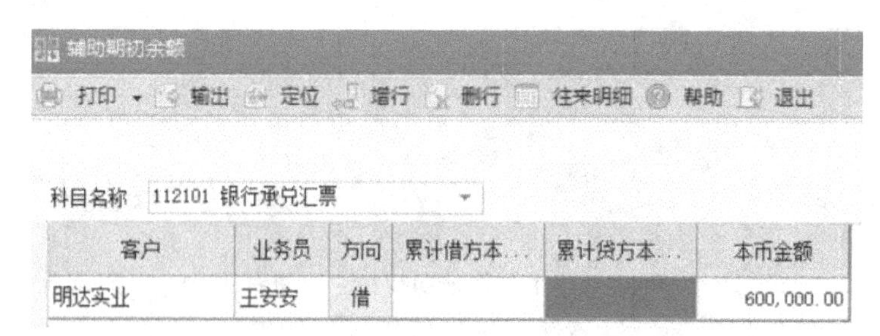

辅助期初余额

打印 输出 定位 增行 删行 往来明细 帮助 退出

科目名称 112101 银行承兑汇票

客户	业务员	方向	累计借方本...	累计贷方本...	本币金额
明达实业	王安安	借			600,000.00

图 4-11　客户往来(银行承兑汇票)辅助期初余额界面

期初往来明细

科目名称 1122 应收账款

日期	凭证号	客户	业务员	摘要	方向	本币金额
2021-11-30	转-2	田园建筑	黄成琛	应收田园建筑工程款	借	13,214,400.00
2021-11-30	转-3	芳达有色	张嘉力	应收芳达有色工程款	借	155,521.00
2021-11-30	转-4	明达实业	李昌凯	应收明达实业工程款	借	1,200,000.00
2021-11-30	转-5	美华食品	李子杰	应收美华食品工程款	借	682,717.87

图 4-12　客户往来(应收账款)期初往来明细界面

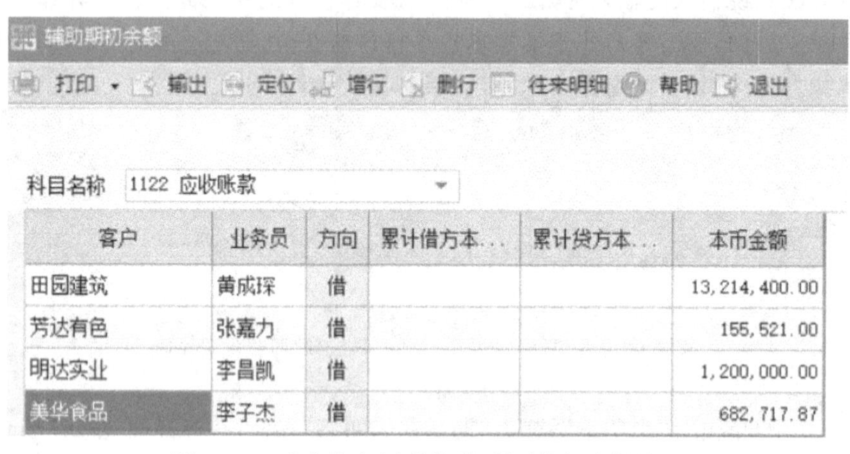

辅助期初余额

打印 输出 定位 增行 删行 往来明细 帮助 退出

科目名称 1122 应收账款

客户	业务员	方向	累计借方本...	累计贷方本...	本币金额
田园建筑	黄成琛	借			13,214,400.00
芳达有色	张嘉力	借			155,521.00
明达实业	李昌凯	借			1,200,000.00
美华食品	李子杰	借			682,717.87

图 4-13　客户往来(应收账款)辅助期初余额界面

期初往来明细

打印 输出 定位 引入收付期初 增行 删行 汇总到辅助明细 帮助

科目名称 2203 预收账款

日期	凭证号	客户	业务员	摘要	方向	本币金额
2021-11-30	收-1	龙发建筑	张嘉力	预收龙发建筑款	贷	6,000,000.00
2021-11-30	收-2	佳捷印刷	李帆	预收佳捷印刷款	贷	1,800,000.00
2021-11-30	收-3	方欣轻工	张嘉力	预收方欣轻工款	贷	111,858.00

图 4-14　客户往来(预收账款)期初往来明细界面

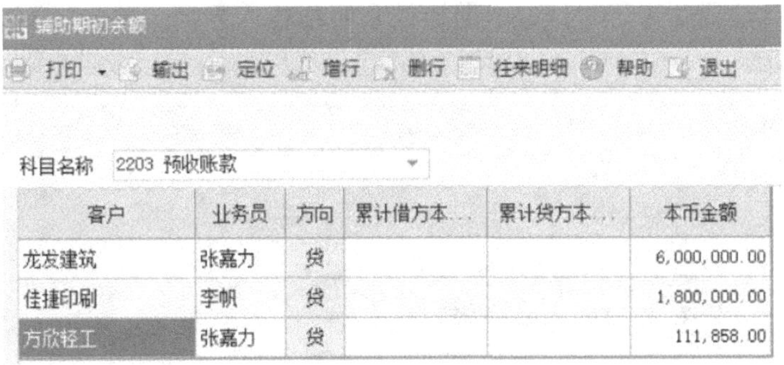

辅助期初余额

打印 输出 定位 增行 删行 往来明细 帮助 退出

科目名称 2203 预收账款

客户	业务员	方向	累计借方本...	累计贷方本...	本币金额
龙发建筑	张嘉力	贷			6,000,000.00
佳捷印刷	李帆	贷			1,800,000.00
方欣轻工	张嘉力	贷			111,858.00

图 4-15 客户往来(预收账款)辅助期初余额界面

(4)录入供应商往来辅助账核算科目期初余额。如果总账系统与应付款管理系统同时启用,供应商往来辅助账核算科目的期初余额从应付款管理系统输入,然后再从应付款管理系统引入总账系统,参见本书 9.2 节。如果没有同时启用应付款管理系统,则供应商往来辅助账核算科目期初余额从总账系统输入。录入供应商往来辅助账核算科目期初余额的操作步骤如下:在总账系统期初余额输入界面,如果某科目涉及供应商辅助核算(如应付账款),双击该科目所在行的期初余额列,弹出“辅助期初余额”界面,单击“往来明细”,弹出“期初往来明细”界面,如图 4-16 所示,单击“增行”,在该界面输入供应商往来期初余额信息,输入结束后,单击“汇总到辅助明细”,单击“退出”,返回“辅助期初余额”界面,如图 4-17 所示,再单击“退出”,返回到总账系统期初余额输入界面。

期初往来明细

打印 输出 定位 引入收付期初 增行 删行 汇总到辅助明细 帮助

科目名称 2202 应付账款

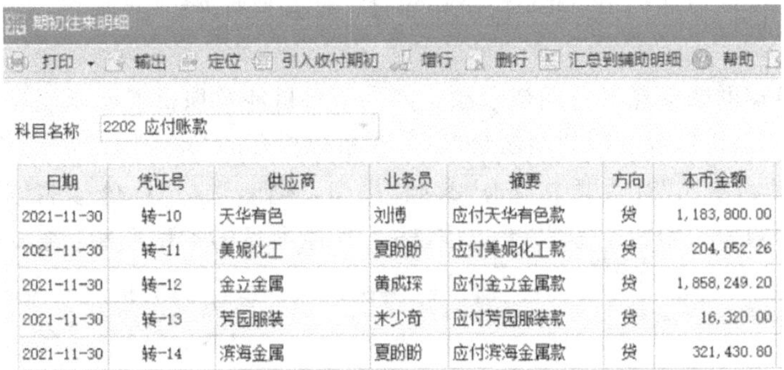

日期	凭证号	供应商	业务员	摘要	方向	本币金额
2021-11-30	转-10	天华有色	刘博	应付天华有色款	贷	1,183,800.00
2021-11-30	转-11	美妮化工	夏盼盼	应付美妮化工款	贷	204,052.26
2021-11-30	转-12	金立金属	黄成琛	应付金立金属款	贷	1,858,249.20
2021-11-30	转-13	芳园服装	米少奇	应付芳园服装款	贷	16,320.00
2021-11-30	转-14	滨海金属	夏盼盼	应付滨海金属款	贷	321,430.80

图 4-16 供应商往来(应付账款)期初往来明细界面

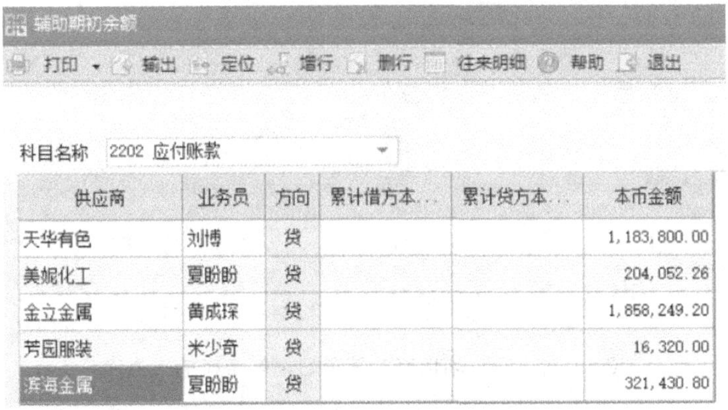

辅助期初余额

打印 输出 定位 增行 删行 往来明细 帮助 退出

科目名称 2202 应付账款

供应商	业务员	方向	累计借方本...	累计贷方本...	本币金额
天华有色	刘博	贷			1,183,800.00
美妮化工	夏盼盼	贷			204,052.26
金立金属	黄成琛	贷			1,858,249.20
芳园服装	米少奇	贷			16,320.00
滨海金属	夏盼盼	贷			321,430.80

图 4-17 供应商往来(应付账款)辅助期初余额界面

图 4－18 是供应商往来(预付账款)期初往来明细输入界面。单击“汇总到辅助明细”,结果如图 4－19 所示。

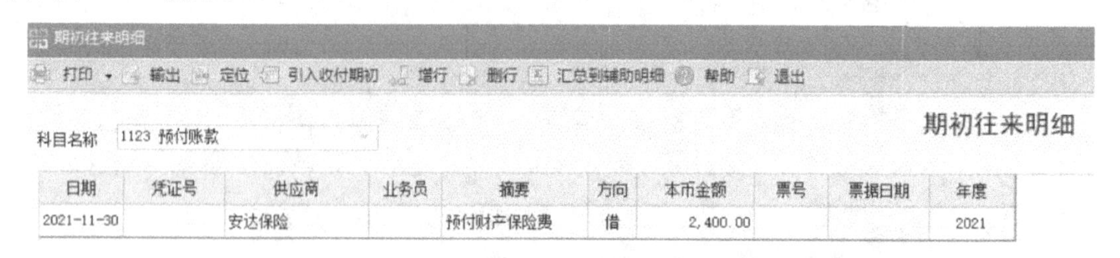

日期	凭证号	供应商	业务员	摘要	方向	本币金额	票号	票据日期	年度
2021-11-30		安达保险		预付财产保险费	借	2,400.00			2021

图 4－18　供应商往来(预付账款)期初往来明细输入界面

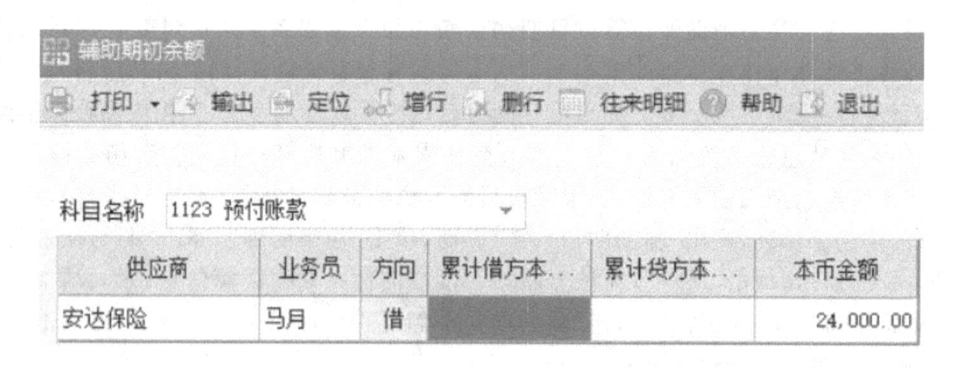

供应商	业务员	方向	累计借方本...	累计贷方本...	本币金额
安达保险	马月	借			24,000.00

图 4－19　供应商往来(预付账款)辅助期初余额界面

(5)录入项目辅助账核算科目期初余额。如果某科目涉及项目辅助账核算(如工程施工——合同成本),则双击该科目所在行的期初余额列,在系统打开的“辅助期初余额”界面(见图 4－20)单击“增行”,在“项目参照”对话框中单击“参照”按钮,例如,选择“办公楼装修”,选择余额方向“借”,输入本币金额“578482.9”。依次类推,输入其他项目的本币金额,输入完后单击“退出”。

辅助期初余额

打印 输出 定位 增行 删行 往来明细 帮助 退出

辅助期初余额

科目名称 540101 合同成本

项目	方向	累计借方本...	累计贷方本...	本币金额
办公楼装修	借			578,482.90
5号楼土建工程	借			1,261,117.00
宝福花园小区	借			7,280,400.00
4号厂房	借			1,470,732.00
四色机安装	借			194,868.10
合计:	借			10,785,600.00

图 4－20　项目辅助账核算科目期初余额输入界面

说明：如果在辅助期初余额输入对话框要删除一个空白行，把光标放在该行，按“Esc”键即可。如要删除一个填满信息的行，把光标放在该行，单击“删行”。

(6)调整余额方向。在还未录入会计科目期初余额时，如果发现会计科目的期初余额方向与系统设置的方向不一致时可以将其方向调整。一般情况下，软件默认资产类科目的期初余额方向为借方，负债类及所有者权益类科目的期初余额方向为贷方。但是，有一部分调整科目，如“坏账准备”“累计折旧”等科目的期初余额方向与同类科目默认的期初余额方向相反。调整方法为，把光标放在该科目上，单击“方向”。总账科目与其下级明细科目的方向必须一致，下级明细科目期初余额的方向应以科目属性或类型为准，不以当前期初余额方向为准，当前期初余额方向与科目属性或类型不一致时，以负号输入。

(7)试算平衡。期初余额及累计借方、贷方发生额输入完成后，必须依据“资产＝负债＋所有者权益＋收入－成本费用”的原则进行试算平衡。试算工作由计算机自动完成。试算工作的操作步骤如下：在“期初余额录入”界面单击“试算”按钮(即选择“业务导航”/“财务会计”/“总账”/“期初”/“期初余额”/“试算”)，可查看期初试算平衡表，检查余额是否平衡，如果平衡，单击“确定”返回。555 账套的期初试算平衡表如图 4－21 所示。

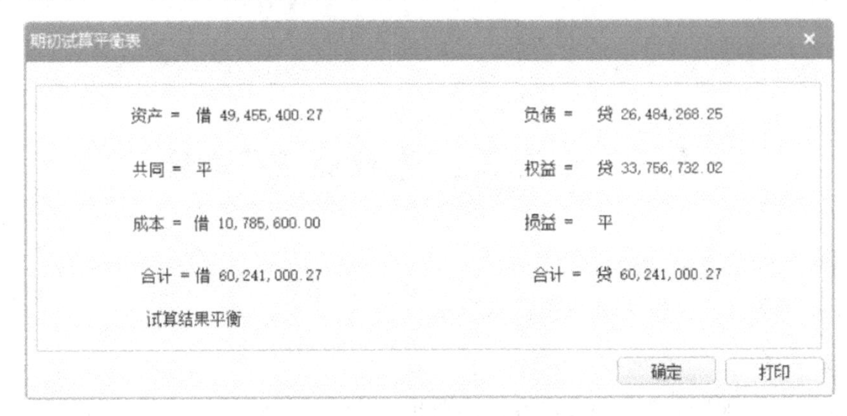

图 4－21 期初试算平衡表

期初余额试算不平衡，将不能记账，但可以填制凭证。已经记过账，则不能再录入、修改期初余额，也不能执行“结转上年余额”的功能。

(8)期初余额对账。在录入期初数据时，不经意当中会发生总账上下级、总账与辅助账、明细账与辅助账、总账与多辅助账、辅助账与多辅助账、多辅助账与明细账数据错误，为了及时做到账账核对，尽快修正错误的账务数据，企业应该进行期初对账。对账方法为总账上下级、总账与辅助账、明细账与辅助账、总账与多辅助账、辅助账与多辅助账、多辅助账与明细账之间对账。操作步骤如下：

①单击菜单“对账”，弹出对账对话框，单击“开始”按钮，对当前期初余额进行对账。

②如果对账后发现有错误，可单击“对账错误”按钮，系统将把对账中发现的问题列出来。

(9)现金流量期初余额输入。选择“业务导航”/“财务会计”/“总账”/“现金流量表”/“期初录入”，弹出“现金流量期初录入”界面，如图 4－22 所示，输入现金流量期初余额。

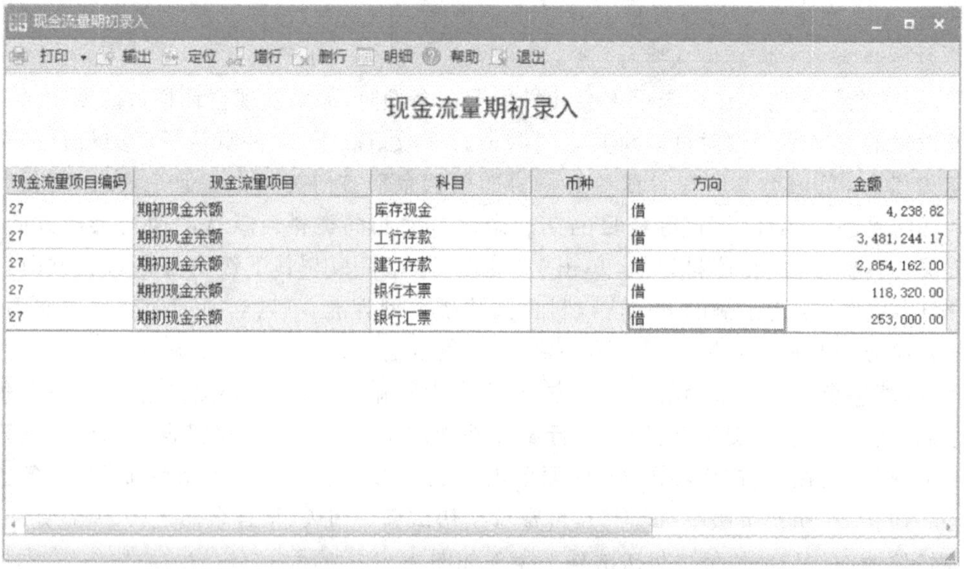

现金流量期初录入

打印 输出 定位 增行 删行 明细 帮助 退出

现金流量期初录入

现金流量项目编码	现金流量项目	科目	币种	方向	金额
27	期初现金余额	库存现金		借	4,238.82
27	期初现金余额	工行存款		借	3,481,244.17
27	期初现金余额	建行存款		借	2,854,162.00
27	期初现金余额	银行本票		借	118,320.00
27	期初现金余额	银行汇票		借	253,000.00

图 4－22　现金流量期初录入

4.3　实验三:“总账设置”实验

1. 实验目的

掌握总账“选项”设置和期初余额输入方法。

2. 实验准备

(1)检查服务器配置是否正确,若不正确要重新配置。

(2)检查“实验二:基础档案设置”上机实验的结果是否已经在计算机中,如果在则直接做第(3)步。如果该结果不在计算机中,引入“实验二基础档案设置结束账套备份”上机实验结果。引入账套步骤:以 admin(密码为空)身份进入“系统管理”,选择“账套”/“引入”,选择“实验二基础档案设置结束账套备份”文件夹的 UfErpAct.Lst 的文件,引入账套。

(3)以操作员“编号‘002’,姓名‘张涛’”的身份登录企业应用平台。

3. 实验资料及操作步骤

(1)“选项”设置。选择“业务导航”/“财务会计”/“总账”/“设置”/“选项”,按图 4－3、图 4－4 和图 4－5 进行“选项”设置。

(2)输入期初余额。选择“业务导航”/“财务会计”/“总账”/“期初”/“期初余额”,输入表 4－1 明达建筑工程有限责任公司 12 月期初余额。12 月辅助账的期初余额如表 4－2 至表 4－8 所示。假设明达建筑工程有限责任公司 2021 年 1—11 月各科目累计借方、累计贷方发生额均为零。

期初余额输入结束后要进行对账和试算平衡,如果对账错误或试算不平衡,要检查原因,直到对账正确并且试算平衡。

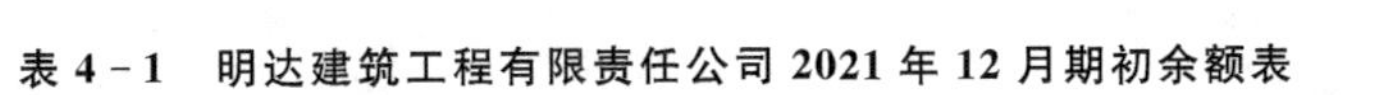

表 4-1 明达建筑工程有限责任公司 2021 年 12 月期初余额表 单位：元

科目名称	方向	币别/计量	期初余额
库存现金(1001)	借		4 238.82
银行存款(1002)	借		6 335 406.17
工行存款(100201)	借		3 481 244.17
建行存款(100202)	借		2 854 162.00
其他货币资金(1012)	借		371 320.00
银行本票(101202)	借		118 320.00
银行汇票(101203)	借		253 000.00
应收票据(1121)	借		600 000.00
银行承兑汇票(112101)	借		600 000.00
应收账款(1122)	借		15 252 638.87
预付账款(1123)	借		24 000.00
其他应收款(1221)	借		2 000.00
坏账准备(1231)	贷		136 191.38
原材料(1403)	借		2 435 366.40
主要材料(140301)	借		2 419 046.40
塑型钢材(14030101)	借		63 000.00
	借	吨	1 050.00
平板玻璃(14030102)	借		84 000.00
	借	平方米	1 750.00
镀锌管(14030103)	借		240 576.00
	借	千克	5 600.00
立邦漆(14030104)	借		5 616.00
	借	桶	30.00
水泥(14030105)	借		1 200 000.00
	借	吨	2 000.00
螺纹钢(14030106)	借		739 622.40
	借	吨	165.00
电线(14030107)	借		84 000.00
	借	卷	200.00
三联开关(14030108)	借		2 232.00
	借	只	124.00
其他材料(140305)	借		16 320.00
工作服(14030501)	借		16 320.00
	借	套	200.00
周转材料(1411)	借		796 676.40
在库周转材料(141101)	借		327 476.40
模板(14110101)	借		82 808.40
	借	平方米	636.00
脚手架(14110102)	借		244 668.00
	借	米	4 200.00
在用周转材料(141102)	借		589 584.00

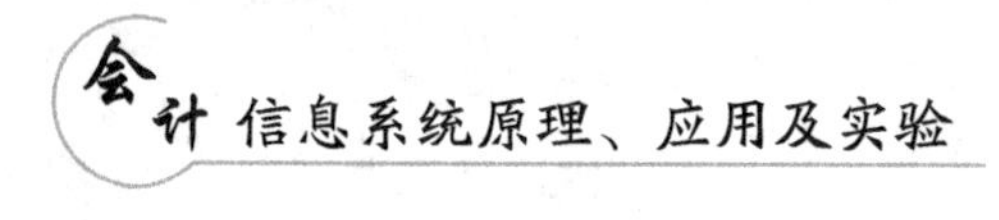

续表

科目名称	方向	币别/计量	期初余额
模板(14110201)	借		387 288.00
	借	平方米	2 979.60
脚手架(14110202)	借		202 296.00
	借	米	3 487.00
周转材料摊销(141103)	借		－120 384.00
模板(14110301)	借		－39 336.00
脚手架(14110302)	借		－81 048.00
低值易耗品(1412)	借		728 381.14
在库低值易耗品(141201)	借		728 381.14
长期股权投资(1511)	借		19 386 000.00
投资成本(151101)	借		10 560 000.00
股权投资差额(151102)	借		1 566 000.00
损益调整(151103)	借		7 260 000.00
固定资产(1601)	借		5 767 052.94
累计折旧(1602)	贷		2 840 031.89
临时设施(1607)	借		1 519 179.60
临时设施摊销(1608)	贷		790 636.80
短期借款(2001)	贷		1 758 610.00
应付账款(2202)	贷		3 583 852.26
预收账款(2203)	贷		7 911 858.00
应交税费(2221)	贷		24 957.60
未交增值税(222102)	贷		20 160.00
应交城市维护建设税(222104)	贷		1 411.20
应交教育费附加(222105)	贷		604.80
应交地方教育费附加(222106)	贷		201.60
个人所得税(222107)	贷		2 580.00
应付利息(2231)	贷		9 000.00
其他应付款(2241)	贷		17 110.39
教育经费(224101)	贷		14 461.20
其他(224102)	贷		2 649.19
长期借款(2501)	贷		13 178 880.00
实收资本(4001)	贷		21 600 000.00
资本公积(4002)	贷		2 400 000.00
盈余公积(4101)	贷		1 674 547.20
法定盈余公积(410101)	贷		1 674 547.20
本年利润(4103)	贷		4 227 486.88
利润分配(4104)	贷		3 854 697.94
未分配利润(410401)	贷		3 854 697.94
工程施工(5401)	借		10 785 600.00
合同成本(540101)	借		10 785 600.00

表 4-2 应收票据——银行承兑汇票(112101)期初余额

日期	凭证号	客户	业务员	摘要	方向	本币金额/元	票号	票据日期
2021-11-30	转-1	明达实业	王安安	应收明达实业票据	借	600 000	BN211142345	2021-08-31
合计					借	600 000		

表 4-3 应收账款(1122)期初余额

日期	凭证号	客户	业务员	摘要	方向	本币金额/元	年度
2021-11-30	转-2	田园建筑	黄成琛	应收田园建筑工程款	借	13 214 400	2021
2021-11-30	转-3	芳达有色	张嘉力	应收芳达有色工程款	借	155 521	2021
2021-11-30	转-4	明达实业	李昌凯	应收明达实业工程款	借	1 200 000	2021
2021-11-30	转-5	美华食品	李子杰	应收美华食品工程款	借	682 717.87	2021
合计					借	15 252 638.87	

表 4-4 预付账款(1123)期初余额

日期	凭证号	供应商	业务员	摘要	方向	本币金额/元
2021-11-30	付-7	安达保险	马月	预付财产保险费	借	24 000
合计					借	24 000

表 4-5 其他应收款(1221)期初余额

日期	凭证号	部门	个人	摘要	方向	本币金额/元
2021-11-30	付-8	机修车间	马田	马田借差旅费	借	2 000
合计					借	2 000

表 4-6 应付账款(2202)期初余额

日期	凭证号	供应商	业务员	摘要	方向	本币金额/元
2021-11-30	转-10	天华有色	刘博	应付天华有色款	贷	1 183 800
2021-11-30	转-11	美妮化工	夏盼盼	应付美妮化工款	贷	204 052.26
2021-11-30	转-12	金立金属	黄成琛	应付金立金属款	贷	1 858 249.2
2021-11-30	转-13	芳园服装	米少奇	应付芳园服装款	贷	16 320
2021-11-30	转-14	滨海金属	夏盼盼	应付滨海金属款	贷	321 430.8
合计					贷	3 583 852.26

表 4-7 预收账款(2203)期初余额

日期	凭证号	客户	业务员	摘要	方向	本币金额/元	年度
2021-11-30	收-1	龙发建筑	张嘉力	预收龙发建筑款	贷	6 000 000	2021
2021-11-30	收-2	佳捷印刷	李帆	预收佳捷印刷款	贷	1 800 000	2021
2021-11-30	收-3	方欣轻工	张嘉力	预收方欣轻工款	贷	111 858	2021
合计					贷	7 911 858	

表 4-8　工程施工——合同成本(540101)期初余额

项目	摘要	方向	本币金额/元
办公楼装修	办公楼装修成本	借	578 482.9
5 号楼土建工程	5 号楼土建工程成本	借	1 261 117
宝福花园小区	宝福花园小区成本	借	7 280 400
4 号厂房	4 号厂房成本	借	1 470 732
四色机安装	四色机安装成本	借	194 868.1
合计		借	10 785 600

(3)现金流量表期初余额输入。现金流量期初数据如图 4-22 所示。

(4)账套备份。以 admin 登录“系统管理”,单击“账套”/“输出”,在硬盘建立输出文件夹“实验三总账设置结束账套备份”,将本次实验的账套数据输出到“实验三总账设置结束账套备份”文件夹。

4.4　日常账务处理

4.4.1　日常账务处理原理

基础档案设置、总账“选项”设置和期初余额输入完成后,就可以开始进行日常账务处理了。本节以一般的会计核算业务流程为线索,结合某施工企业的具体业务介绍日常账务处理的各项基本操作。日常账务处理主要包括记账凭证的填制、审核和记账等工作。记账凭证是日常账务处理系统中手工业务处理和计算机业务处理的连接点,也是采用会计信息系统进行账务处理最基本、最主要的数据来源。会计信息系统采用的账务处理程序是记账凭证账务处理程序,记账凭证是登记账簿的唯一依据,因此,只有记账凭证填制正确,账簿和报表才有可能正确。凭证填制是账务处理的关键环节。

4.4.2　凭证处理

电子账簿的准确与完整完全依赖于记账凭证,因而在实际工作中,必须确保准确完整地输入记账凭证。凭证处理包括增加凭证、修改凭证、作废凭证、删除凭证、制作冲销凭证和查询凭证。

1. 凭证选项设置

首次填制凭证时,先进行凭证选项设置,以方便凭证填制。选择“业务导航”/“财务会计”/“总账”/“凭证”/“填制凭证”,进入“填制凭证”界面,在该界面选择菜单“选项”,弹出图 4-23“凭证选项设置”界面,在该界面根据需要选择相应项目以方便凭证的填制。例如,选择自动携带上条分录“摘要”,则填制凭证时,上条分录写完,按回车键,自动携带上条分录“摘要”到下一个分录。

说明:

(1)复制凭证:系统支持两种复制模式。选择“仅复制凭证分录”时,复制凭证时不复制当前凭证的现金流量以及预算信息。选择“复制包含预算项目/现金流量”时,复制凭证时同时复制当前凭证的现金流量以及预算项目信息。

图 4-23　凭证选项设置

(2)同时显示科目编码及名称：勾选此复选项时，凭证录入科目编码后将同时显示科目编码以及科目名称，有利于后续参照。

(3)分录行显示辅助项：勾选此复选项时，分录行存在辅助核算时，科目名称栏中在科目后同时显示辅助项信息。

(4)凭证输出科目全称：勾选此复选项时，凭证输出科目信息为科目全称。不勾选此复选项时，凭证输出科目信息为末级科目名称。

(5)凭证现金流量变动时，自动更新为最新记录：勾选此复选项时，为按照分录行录入现金流量模式，自动新增载入所有未录入现金流量分录信息。不勾选此复选项时，为整单录入现金流量模式，仅在首次进入现金流量界面时加载一次现金流量分录行信息，再继续增加现金流量分录行时，不进行增量数据加载，仅支持现金流量全部重取。

(6)金额样式：系统默认为“网格”，可以在凭证选项界面修改为“千分符”，则录入界面金额自动取消网格线，金额显示为千分位符格式。

2. 增加凭证

在“填制凭证”界面，选择菜单“增加”或快捷键“F5”弹出空白凭证。填制记账凭证一般包括五部分内容：一是凭证头部分，包括凭证类别、凭证编号、凭证日期和附单据数等；二是凭证正文部分，包括摘要、科目名称、借方金额、贷方金额、合计等；三是附注和辅助账信息，包括银行类科目的结算单据票号、结算方式、日期，数量金额式科目的数量和单价等；四是辅助账科目的备注信息，包括项目、部门、个人、客户、业务员等；五是操作员信息，包括记账员、审核员、出纳员和制单人等。如果输入的会计科目有辅助账核算要求，则应输入该会计科目的辅助账核算内容；如果一个科目同时兼有多种辅助核算，则同时要求输入各种辅助核算的有关内容。

(1)增加含个人或部门核算信息科目的凭证。当输入一个不存在的个人姓名时，应先在

“业务导航”/“基础设置”/“基础档案”/“机构人员”/“人员”/“人员档案”中输入该人姓名及其他资料，而且该人必须是“业务员”。在录入个人信息时，若不输入“部门名称”只输“个人名称”时，系统将根据所输入个人名称自动输入其所属的部门。输入部门名称有以下三种方法：第一，直接输入部门名称；第二，输入部门代码；第三，参照输入。不管采用哪种方法，都要求在部门档案中预先定义好要输入的部门，否则系统会发出警告要求先到部门档案中对该部门进行定义后再进行制单。

例如：12 月 3 日，机修车间从平乐修配商店购入机修用备件三轮车轴一只，开来发票一张，发票金额 62.76 元，用现金支付。

付-0003　2021-12-03

报销机修车间购买备件费

借：5404（辅助生产）　62.76　（部门：机修车间）

　贷：1001（库存现金）　62.76

（04　购买商品、接受劳务支付的现金　62.76）

以制单员的身份登录企业应用平台，增加凭证步骤如下：

①选择“业务导航”/“财务会计”/“总账”/“凭证”/“填制凭证”，进入“填制凭证”对话框。

②单击“增加”按钮或按“F5”键，输入凭证头部分，在凭证类别框中选择“付款凭证”，输入制单日期“2021-12-03”，输入附单据数。

③单击回车键，输入凭证正文部分，包括摘要“报销机修车间购买备件费”，在科目名称栏输入科目代码或用参照按钮选择科目（辅助生产）。输入“5404”科目时，该科目为部门辅助账科目，在弹出的如图 4-24 所示的“辅助项”对话框中，输入辅助信息，单击参照按钮或按“F2”键，弹出“部门基本参照”对话框，如图 4-25 所示，选择部门“机修车间”，单击“确定”返回，输入借方金额 62.76。

④单击回车键，摘要自动复制到下一个分录，在科目名称栏输入科目代码或用参照按钮选择科目（库存现金），输入贷方金额 62.76（或单击“=”键），如图 4-26 所示。单击“保存”，弹出如图 4-27 所示的现金流量录入修改界面，输入现金流量项目，之后退出现金流量录入修改界面，单击“保存”。

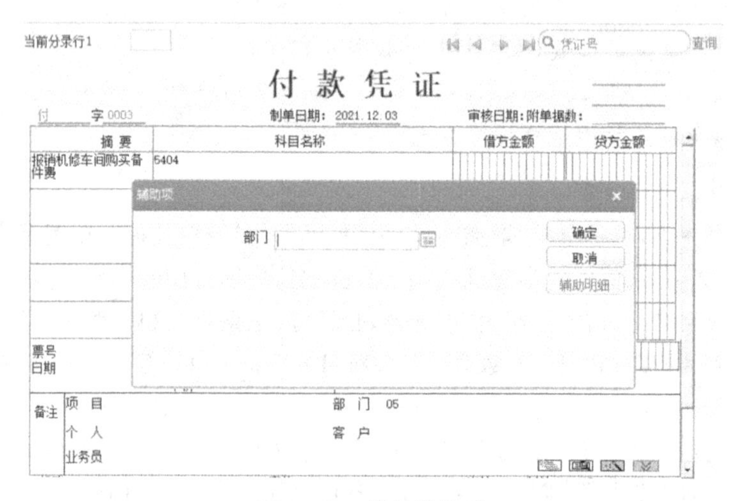

图 4-24　部门辅助项

部门基本参照
栏目 选项 编辑 过滤 刷新 确定 取消
部门名称
包含
过滤(S)
定位(P)
在结果集中过滤(R)
包含撤销数据(I)
全部(A)
过滤(F)
部门编码:
01 办公室
02 财务部
03 采购部
04 销售部
05 机修车间
06 工程一处
07 工程二处
08 宝福花园项目部
09 4号厂房项目部
部门编码 部门名称 英文名称 负责人 分管领导 是否启用
共1页 当前页 1 首页 前一页 下一页 末页
已选中1条记录

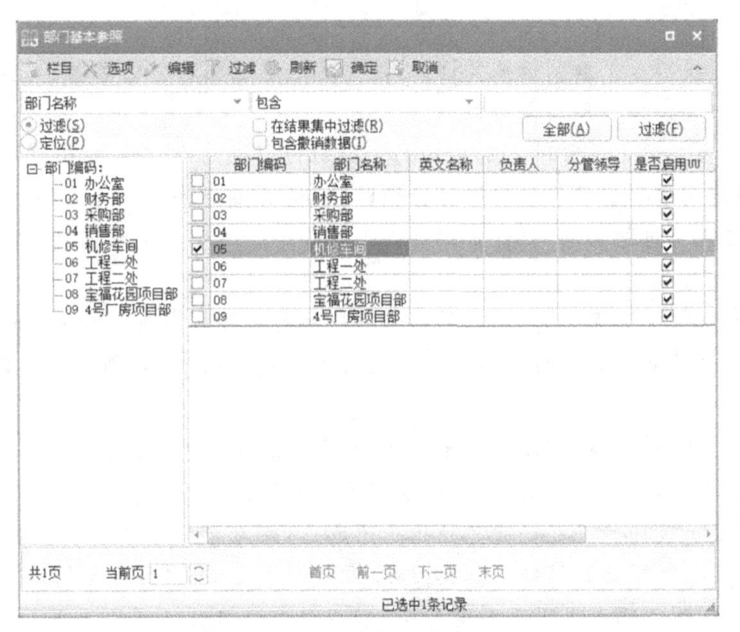

图 4－25　部门基本参照

当前分录行2
凭证号 查询
付 款 凭 证
付 字 0003
制单日期：2021.12.03
审核日期：附单据数：
摘要 科目名称 借方金额 贷方金额
报销机修车间购买备件费 辅助生产 6276
报销机修车间购买备件费 库存现金 6276
票号
日期
数量
单价
合计 6276 6276
陆拾贰元柒角陆分
备注 项目 部门
个人 客户
业务员

图 4－26　凭证填制

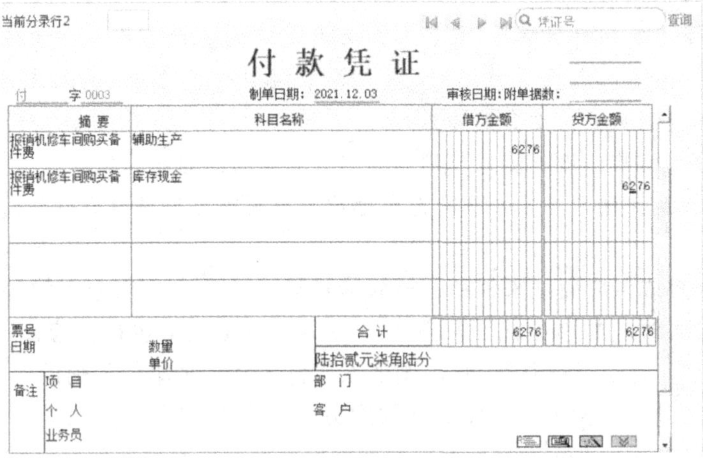

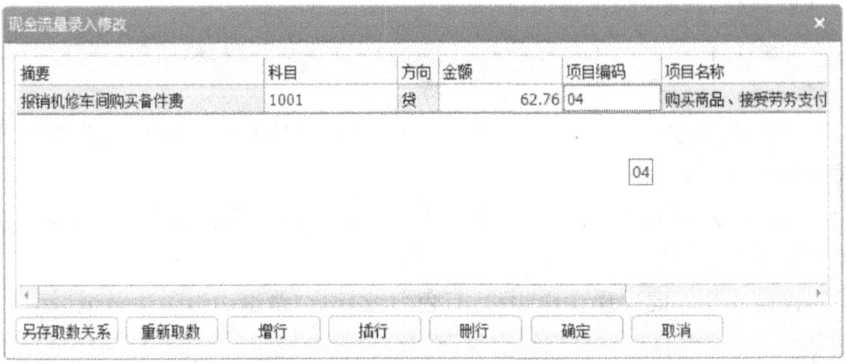

现金流量录入修改
摘要 科目 方向 金额 项目编码 项目名称
报销机修车间购买备件费 1001 贷 62.76 04 购买商品、接受劳务支付
04
另存取数关系 重新取数 增行 插行 删行 确定 取消

图 4－27　现金流量录入修改界面

说明：

(1)输入凭证头部分。填制记账凭证时，应先完成凭证头部分的录入。此项操作对于录入各种类型的凭证，其操作步骤都是类似的。

①凭证类别为初始化设置时已定义的凭证类别代码或名称。采用自动编号时，计算机自动按月、按类别连续进行编号。采用序时控制时，凭证日期要满足以下要求：凭证日期应大于或等于总账系统启用自然日期，凭证日期要大于或等于上一张同类凭证日期，凭证日期不能大于系统日期(电脑时间)。

②由于系统默认凭证保存时，不按凭证号顺序排列而按日期顺序排列，如不按序时制单将出现“凭证假丢失”现象。如有特殊需要可将其改为不按序时制单，则在制单时凭证号必须按日期顺序排列。

③在“附单据数”处可以按“Enter”键通过，也可以输入单据数量。

④凭证一旦保存，其凭证类别、凭证编号均不能修改。

(2)输入凭证正文部分。凭证头部分输入完成后，接下来输入凭证正文部分，这是填制凭证的重要环节，企业应根据具体经济业务内容，编制记账凭证，而且每张凭证要求借贷平衡。

①正文中不同行的摘要可以相同也可以不同，但不能为空。每行摘要将随相应的会计科目在明细账、辅助账、日记账中出现。新增分录输入完成后，按回车键，系统将摘要自动复制到下一分录行。

②科目编码是末级的科目编码，科目名称必须是末级科目名称。会计科目可以选择以下五种方式之一输入：输入末级科目编码，输入末级科目中文名称，输入末级科目助记码，按“F2”键参照输入，点击参照按钮参照输入。

③有科目的分录，其金额不能为“零”，红字以“－”号表示。

④用空格可切换金额方向。方法是把光标放到欲切换方向的金额，按空格键，金额即切换到另一个方向。

(2)增加含客户或供应商往来辅助账核算信息科目的凭证。当输入的科目需要登记单位往来账时，要求输入对应的单位代码和业务员姓名。单位往来包括供应商往来和客户往来。如果往来单位不属于已定义的往来单位，则要正确输入新往来单位的辅助信息，系统会自动追加到往来单位的目录中。例如：12 月 1 日收到芳达有色公司用转账支票转来的应收工程款 155 521 元，支票号 2112－3310。

收－0001　2021－12－01

收到芳达有色公司转来的工程款

借：100201(银行存款——工行存款)　155 521(结算方式：转账支票，票号：2112－3310)

(01　销售商品、提供劳务收到的现金　155 521)

　贷：1122(应收账款)　　155 521　(客户：芳达有色，业务员：张嘉力)

具体操作步骤如下：

①如图 4－28 所示，当输入分录贷方科目时，1122 科目为单位往来科目，需要在“辅助项”对话框中输入辅助项信息。

②用参照按钮或“F2”键选择客户“芳达有色”，业务员“张嘉力”，发生日期“2021－12－01”，单击“确定”。

③在贷方金额处，按“＝”键或输入贷方金额为“155521.00”，单击“保存”。

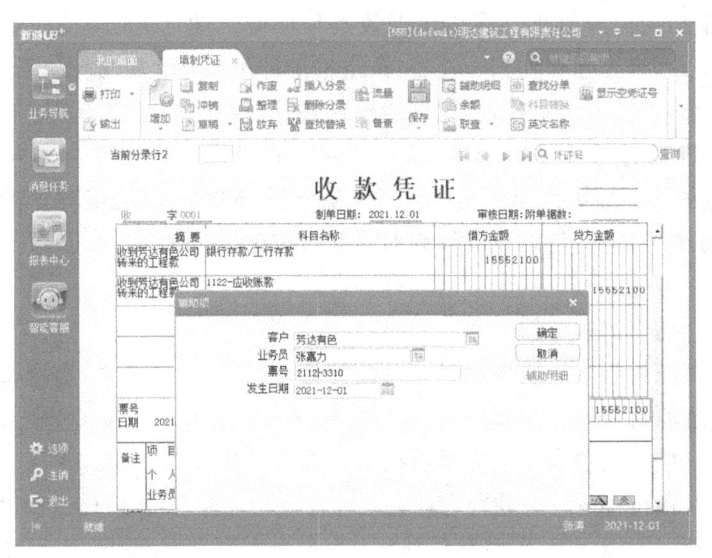

图 4-28 输入客户或供应商往来辅助账核算信息

(3)输入结算方式辅助核算信息。若选择了支票控制，即该结算方式设为支票管理，银行账辅助信息不能为空，而且该方式的票号应在支票登记簿中有记录。对于实行支票管理的用户，在支票领用时，最好在支票登记簿中予以登记，以便系统能自动勾销未报的支票。若支票登记簿中未登记该支票，则应在支票录入对话框中登记支票借用信息，同时填上报销日期。例如:12 月 1 日从建行存款提取备用金 10 440 元，支票号 2112-3410。

付-0001 2021-12-01

提取备用金

借:1001(库存现金) 10 440

贷:100202(银行存款——建行存款) 10 440(结算方式:现金支票，票号:2112-3410)

结算方式辅助核算信息输入如图 4-29 所示。

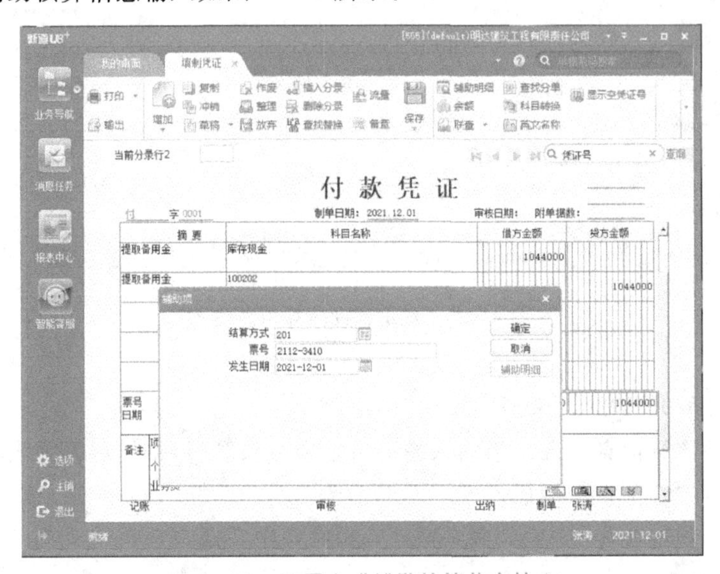

图 4-29 结算方式辅助核算信息输入

(4)输入数量辅助核算信息。系统根据数量和单价自动计算出金额,并将金额先放在借方,如果方向不符,可将光标移动到金额后,按空格键即可调整金额方向。若没输入辅助信息,软件仍可继续操作,不显示出错警告,但可能导致数量辅助账的对账不平。例如:12 月 5 日向华峰五金商店购进镀锌管 5 200 千克,单价 5.87 元/千克,不含税金额 30 524 元,增值税 5 189.08;三相电线 50 卷,单价 300 元/卷,不含税金额 15 000 元,增值税 2 550 元,货款用建行存款支付,结算方式为信汇,信汇凭证号为 BN211255105。

付- 0005　2021 - 12 - 05

支付华峰五金商店的购货款

借:14030103(原材料——主要材料——镀锌管)　30 524 (数量:5 200,单价:5.87)

借:14030107(原材料——主要材料——电线)　15 000 (数量:50,单价:300)

借:22210101(应交税费——应交增值税——进项税额)　7 739.08

贷:100202(银行存款——建行存款)　53 263.08 (结算方式:信汇,票号:BN211255105)

(04　购买商品、接受劳务支付的现金　53 263.08)

具体操作步骤如下:

①当输入分录的借方科目时,“14030103”科目为数量金额核算科目,需要在“辅助项”对话框中输入辅助信息,如图 4 - 30 所示。

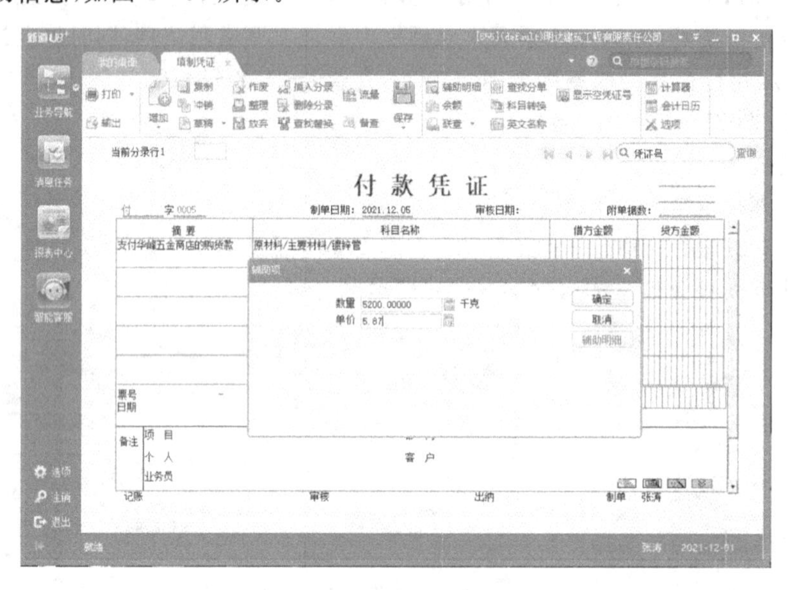

图 4 - 30　数量辅助核算信息输入

②输入数量“5200”,单价“5.87”,单击“确定”。

(5)项目辅助核算信息输入。当输入的科目是项目核算科目时,屏幕弹出辅助信息输入界面,要求输入项目核算信息。例如:

第 7 张凭证(经济业务 5 - 3)　转- 0002　2021 - 12 - 03

四色机安装工程结算与工程施工对冲

借:5402(工程结算)　250 378.38(项目:四色机安装)

　贷:540101(工程施工——合同成本)　194 868.1(项目:四色机安装)

　贷:540102(工程施工——合同毛利)　 55 510.28(项目:四色机安装)

操作步骤如下:如图 4-31 所示,当输入分录的借方科目时,"5402"科目为项目核算科目,系统要求输入相应的辅助信息,在"项目名称"框中,选择参照按钮或按"F2"键,弹出项目"参照"对话框,如图 4-32 所示,选择"四色机安装",单击"退出"按钮,然后继续完成其他操作步骤。

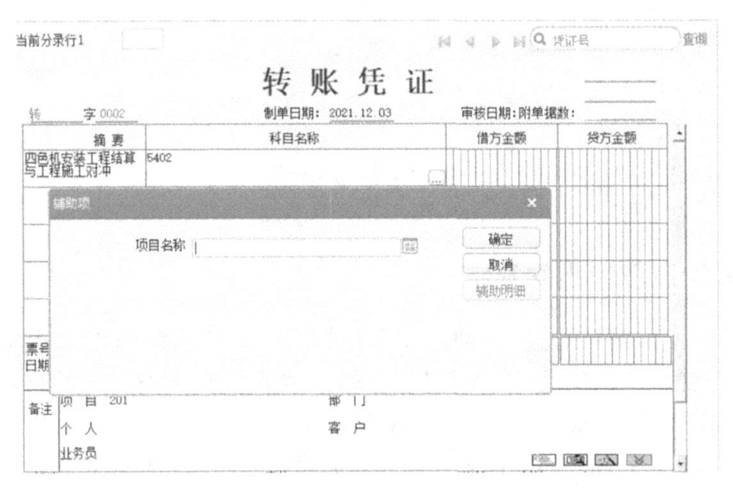

图 4-31　项目辅助核算信息输入

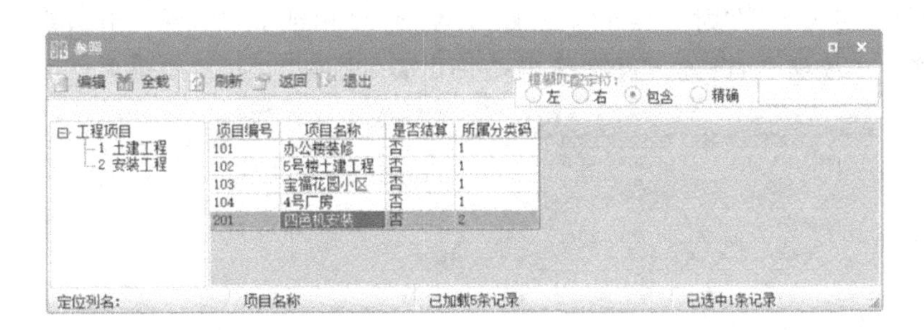

图 4-32　项目参照

3. 查询凭证

对未记账的凭证查询有以下两种方法:

(1)选择"业务导航"/"财务会计"/"总账"/"凭证"/"填制凭证"/"查询",在图 4-33 中输入查询条件即可查询。

(2)选择"业务导航"/"财务会计"/"总账"/"凭证"/"查询凭证",在图 4-33 中输入查询条件即可查询。

对已记账的凭证查询只能采用上述第二种方法。

图 4-33　凭证查询

4.4.3　出纳签字及取消出纳签字

出纳签字是指由出纳员通过“出纳签字”功能对制单员填制的涉及指定现金和银行科目的凭证(这些凭证也叫出纳凭证)进行检查核对，主要核对出纳凭证的出纳科目的金额是否正确，如果凭证正确则在凭证上进行出纳签字；经审查如果认为该张凭证有错误或有异议，则不予进行出纳签字，应交给填制人员修改后再核对。出纳签字及取消出纳签字的操作步骤如下：

(1)以出纳员的身份登录企业应用平台。

(2)选择“业务导航”/“财务会计”/“总账”/“凭证”/“出纳签字”，弹出出纳签字查询条件设置界面，如图 4-34 所示，设置好条件，系统查询出满足条件的列表，如图 4-35 所示。

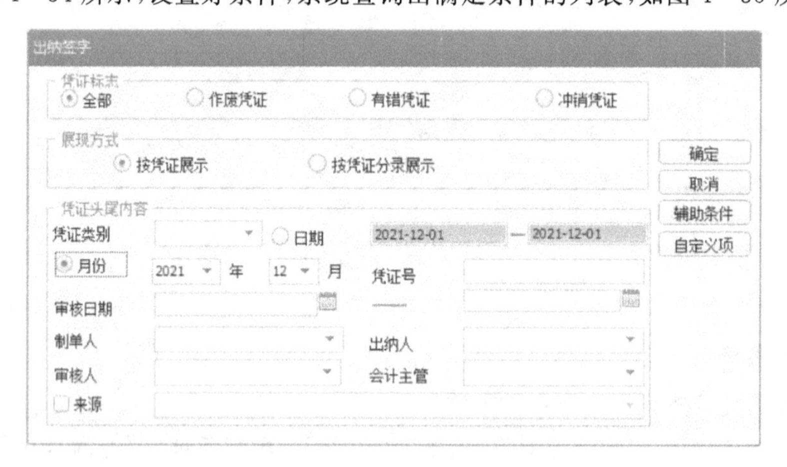

图 4-34　选择出纳签字凭证

说明：如果没有指定出纳看到的科目的话(即 3.3 节的图 3-18 和 3-19 没有做)，则查询不出需要出纳签字的凭证，如果出现这种情况，选择“业务导航”/“基础设置”/“财务”/“会计科目”/“指定科目”，重新指定科目。

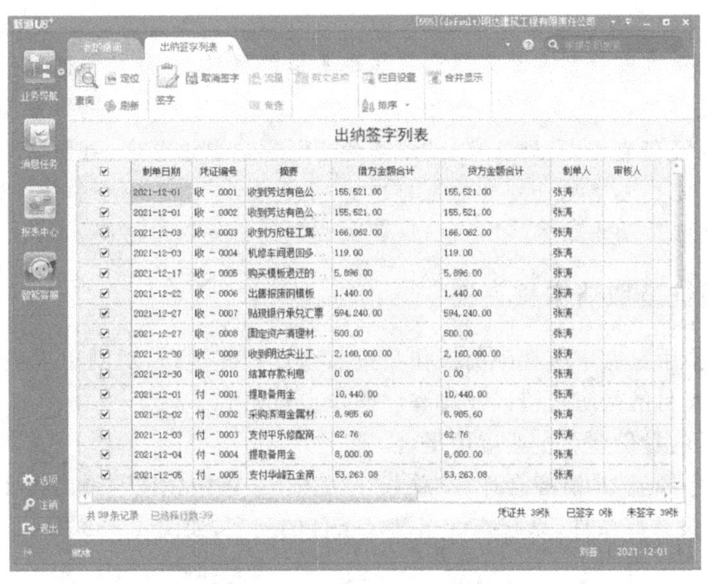

图 4－35 出纳签字凭证列表

(3)弹出出纳签字列表后，可以采用直接在出纳签字凭证列表签字(取消签字)或进入出纳签字页签进行签字(取消签字)两种方式。

①直接在出纳签字凭证列表签字或取消签字。如果确认凭证无误，选中该凭证，单击菜单中的“签字”，直接完成签字。如果想取消签字，选中该凭证，单击菜单中的“取消签字”。签字或取消签字后，系统弹出“是否重新刷新凭证列表数据?”，单击“是”，签字或取消签字结果在签字列表中可以看到。

②进入出纳签字页签进行签字(取消签字)。如果需要详细审核凭证，在出纳签字列表双击该凭证，进入图 4－36 界面，直接根据原始凭证，对凭证上显示的记账凭证进行检查。在确认凭证无错误后，单击菜单中的“签字”或“取消签字”对审核好的凭证进行签字或取消签字，也可以单击菜单中的“成批出纳签字”或“成批取消出纳签字”进行成批签字或成批取消签字。

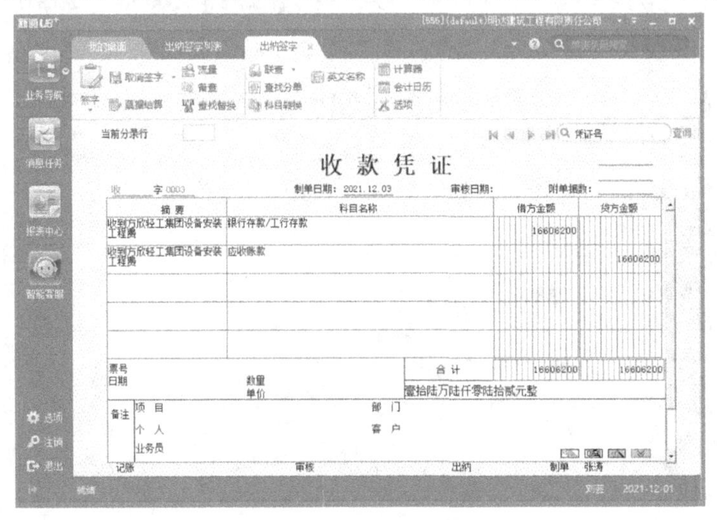

图 4－36 出纳签字页签

说明：

(1)出纳员必须拥有对某制单人填制的凭证审核的权限，才能对凭证进行出纳签字。

(2)凭证一经签字，不能被修改、删除，只有被取消签字后才可以进行修改或删除。

(3)已签字凭证仍有错误，则需单击“取消签字”按钮，取消签字，再由制单人修改。

(4)可以单击出纳签字凭证列表的菜单中的“取消签字”对已签字的凭证进行取消签字，或单击菜单中的“成批取消出纳签字”功能，以便加快取消出纳签字速度。

4.4.4 审核凭证及取消审核凭证

审核凭证是指由具有审核权限的操作员按照会计制度规定，对制单人填制的记账凭证进行合法性检查。其目的是防止错误及舞弊。操作步骤如下：

(1)以审核员的身份登录企业应用平台。

(2)选择“业务导航”/“财务会计”/“总账”/“凭证”/“审核凭证”，弹出凭证审核条件设置界面(见图 4-37)，设置好条件，系统查询出满足条件的列表，如图 4-38 所示。

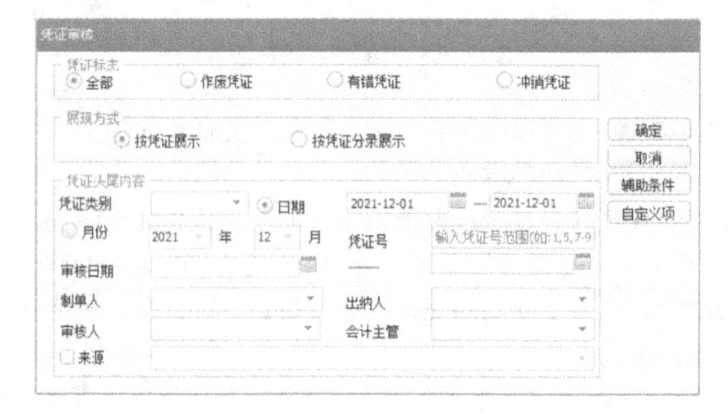

图 4-37 凭证审核条件设置

图 4-38 凭证审核列表

(3)弹出凭证审核列表后，可以采用直接在凭证审核列表审核(取消审核)或进入审核凭证页签进行审核(取消审核)两种方式。

①直接在凭证审核列表审核或取消审核。如果确认凭证无误，选中该凭证，单击菜单中的“审核”，弹出如图 4－39 所示的审核结果对话框，单击“确定”，弹出“是否刷新凭证列表?”，选择“是”，凭证列表可以看到审核结果，完成审核，注意审核日期(登录审核时间)必须大于等于制单日期，否则审核不通过。若要弃审，在凭证审核列表中选择需要弃审的凭证，单击菜单中的“弃审”，如图 4－40 所示。

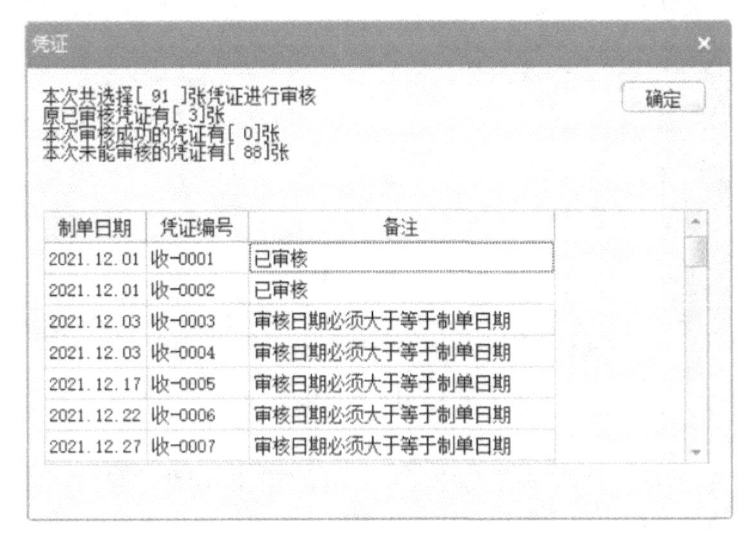

图 4－39 审核结果对话框

图 4－40 弃审结果

②进入审核页签进行审核或取消审核。如果需要详细审核凭证，在凭证审核列表双击该凭证，进入图 4－41 界面，在确认凭证无错误后，单击菜单中的“审核”或“弃审”对当前的凭证

进行审核或取消审核，也可以单击菜单中的“成批审核凭证”或“成批取消审核”进行成批审核或成批取消审核。

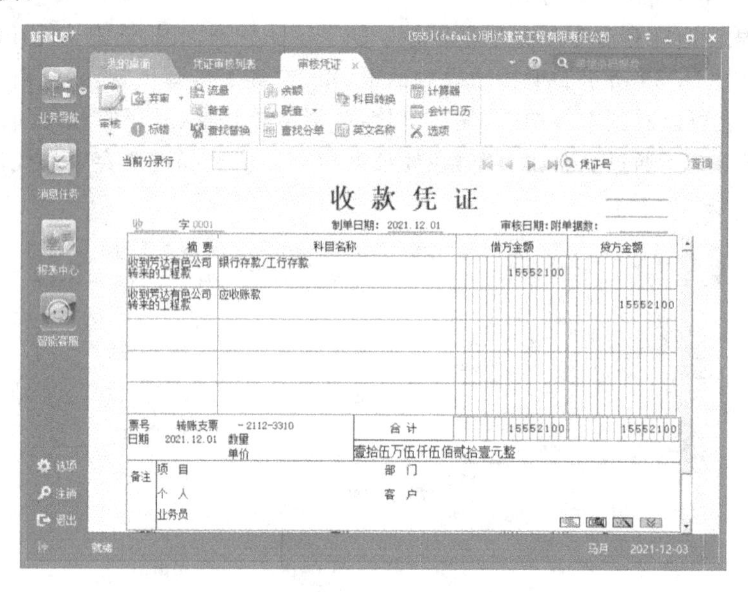

图 4－41　审核凭证

若记账凭证有错，单击菜单“标错”，凭证左上角有“有错”印章，同时弹出“填写凭证错误原因”对话框，在对话框中填写错误原因，单击“确定”。

说明：

(1)作废凭证不能被审核，也不能被标错。

(2)审核人和制单人不能是同一个人；凭证一经审核，不能被修改、删除，只有取消审核签字后才可按凭证修改、删除方法进行相关操作；已标错的凭证不能被审核，需先取消标错后才能审核。

(3)执行审核后，系统将自动翻页，或单击“首张”“上张”“下张”“末张”按钮翻页或按“查询”按钮重新输入条件查找其他待审核凭证。

4.4.5　记账

记账是以记账凭证为依据，将经济业务全面、系统、连续地记录到具有账户基本结构的账簿中去的一种方法。在手工方式下，记账是由会计人员根据已审核的记账凭证及所附的原始凭证逐笔或汇总后登记有关的总账和明细账。在会计信息化方式下，记账是由有记账权限的操作员发出记账指令，由计算机按照预先设计的记账程序自动进行合法性检查、科目汇总、登记账簿等。记账凭证经审核及出纳签字后，即可以进行登记总账、明细账、日记账及辅助账等操作。注意由于本版本没有取消记账功能，因此在记账之前要进行账套输出备份。操作步骤如下：

(1)单击“业务导航”/“财务会计”/“总账”/“凭证”/“记账”，弹出选择记账界面，选择需要记账的凭证，如图 4－42 所示。

(2)单击“记账”按钮，如果期初对账不平，在图 4－5“其他”选项卡中未选择“期初余额对账不平，允许年度首张凭证记账”，则弹出图 4－43 和图 4－44 所示的对话框，关闭窗口。

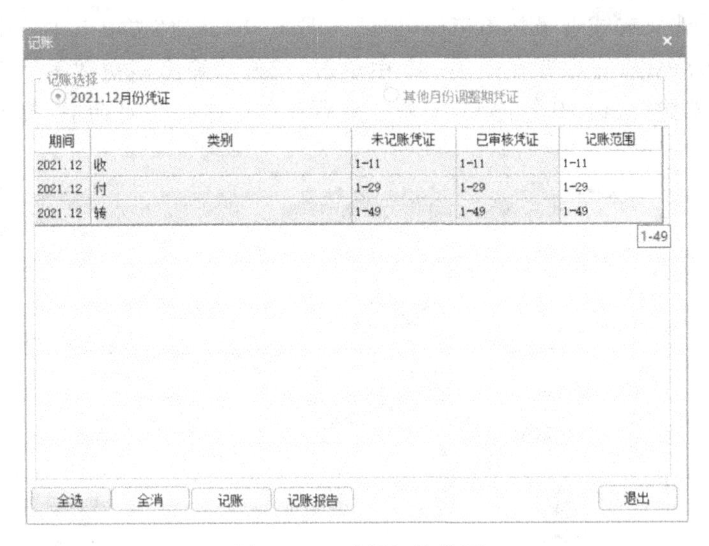

图 4-42 选择记账范围

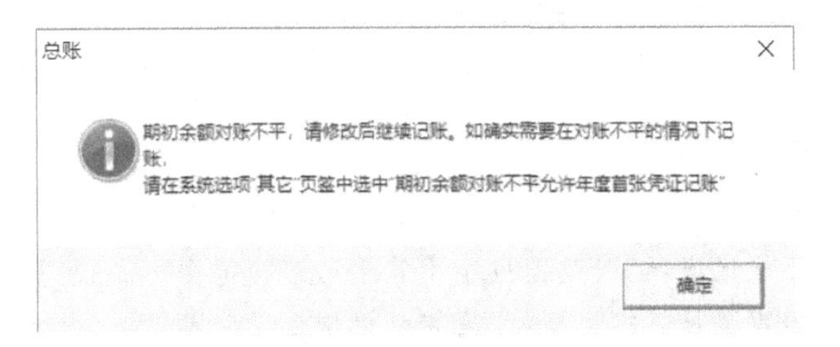

图 4-43 期初余额对账不平，不允许年度首张凭证记账

对账错误及调整

打印 输出 退出

对账方式	期间	科目编码	科目名称	辅助信息	对账数值1	对账
多辅助账与明细账	期初对账	112101	银行承兑汇票	(01003)明达实业	600,000.00	
多辅助账与明细账	期初对账	1122	应收账款	(01001)田园建筑	13,214,400.00	
多辅助账与明细账	期初对账	1122	应收账款	(01002)芳达有色	155,521.00	
多辅助账与明细账	期初对账	1122	应收账款	(01003)明达实业	1,200,000.00	
多辅助账与明细账	期初对账	1122	应收账款	(01004)美华食品	682,717.87	
多辅助账与明细账	期初对账	1123	预付账款	(01007)财产保险费	24,000.00	
多辅助账与明细账	期初对账	1221	其他应收款	(05)机修车间_(05001)马旺	2,000.00	
多辅助账与明细账	期初对账	2202	应付账款	(01001)天华有色	1,183,800.00	
多辅助账与明细账	期初对账	2202	应付账款	(01002)美妮化工	204,052.26	
多辅助账与明细账	期初对账	2202	应付账款	(01003)金立金属	1,858,249.20	
多辅助账与明细账	期初对账	2202	应付账款	(01004)芳园服装	16,320.00	
多辅助账与明细账	期初对账	2202	应付账款	(01005)滨海金属	321,430.80	
多辅助账与明细账	期初对账	2203	预收账款	(01005)龙发建筑	6,000,000.00	
多辅助账与明细账	期初对账	2203	预收账款	(01006)佳捷印刷	1,800,000.00	
多辅助账与明细账	期初对账	2203	预收账款	(01007)方欣轻工	111,858.00	
辅助账与明细账	期初对账	112101	银行承兑汇票	(01003)明达实业	600,000.00	

图 4-44 期初对账错误及调整

(3)若期初对账正确或者虽然不正确,但已在图 4-5“其他”选项卡中选中“期初余额对账不平,允许年度首张凭证记账”,在图 4-42 中单击“记账”,弹出期初试算平衡对话框,若期初试算平衡,单击“确定”按钮,开始记账,记账结束后弹出记账报告对话框,单击“退出”,记账结束,如图 4-45 所示。

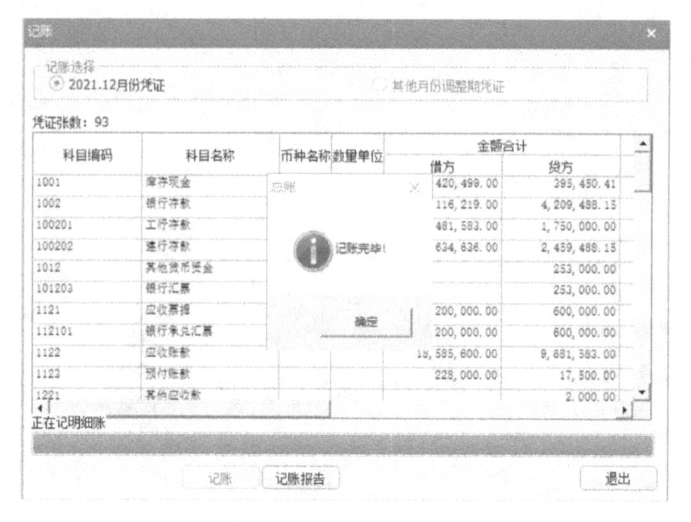

图 4-45　记账报告

说明:

(1)未审核凭证不能记账,记账范围应小于等于已审核范围。

(2)作废凭证不需审核可直接记账,作废凭证记账金额为零。

(3)在设置过程中,如果发现某一步设置错误,可单击“上一步”返回后进行修改。如果不想再继续记账,可单击“取消”,取消本次记账工作。

(4)记账过程一旦因断电或其他原因造成中断后,系统将自动调用“恢复记账前状态”功能,恢复数据到记账前状态。

(5)上月未结账本月无法记账。

(6)凭证记账后,只能在“查询凭证”中查看凭证信息。

4.4.6　修改与删除凭证

1. 逆向修改凭证

输入凭证时,尽管系统提供了多种控制错误的手段,但误操作是在所难免的,记账凭证错误必然影响会计核算结果。为更正错误,可以通过系统提供的修改功能对错误凭证进行修改。如果凭证还在填制状态,查询到需修改的凭证,在凭证填制状态下进行修改。如果凭证已经审核,则采用逆向处理方法把凭证恢复到填制凭证状态,再对凭证进行修改。凭证逆向修改遵守谁审核签字谁销单、谁输入谁修改的原则。图 4-46 是凭证逆向修改流程图。逆向修改也叫无痕迹修改。

(1)发现未记账凭证有错时,修改凭证的步骤如下:若凭证已审核,则审核员取消审核,若凭证已由出纳员签过字,则出纳员取消出纳签字,若凭证已由主管签过字,主管取消主管签字,然后以制单人身份登录企业应用平台,进入总账的填制凭证功能,对凭证进行修改。

(2)发现已记账凭证有错时，制单人采用制作红字冲销凭证进行修改。

(3)发现已结账凭证有错时，由账套主管反结账（“业务导航”/“财务会计”/“总账”/“期末”/“结账”，光标放在需取消结账月份，Ctrl＋Shift＋F6)，由制单人制作红字冲销凭证进行修改。

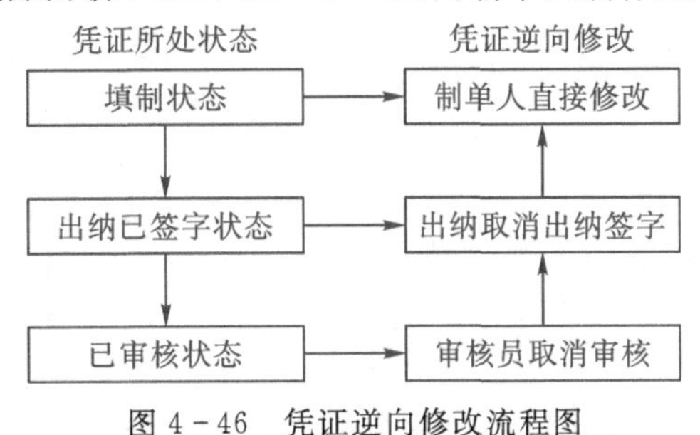

图 4-46　凭证逆向修改流程图

说明：

(1)若已采用制单序时控制，则在修改制单日期时，凭证日期不能在上一张凭证的制单日期之前。

(2)若已选择不允许修改或作废他人填制的凭证权限控制，则不能修改或作废他人填制的凭证。

(3)如果涉及银行科目的分录已录入支票信息，并对该支票做过报销处理，修改操作将不影响“支票登记簿”中的内容。

(4)外部系统传递来的凭证不能在总账系统中修改，只能在生成该凭证的外部系统中进行修改。

(5)对于已记账凭证，只能采用制作红字冲销凭证方式进行修改。

(6)辅助核算信息的修改方法：把光标放在待修改的有辅助核算的分录上，单击备注栏或双击凭证右下方的辅助核算信息按钮修改。

2. 作废凭证

作废凭证仍保留凭证内容及编号，只显示“作废”字样。作废凭证不能修改，不能审核。在记账时，已作废的凭证应参与记账，否则月末无法结账，但不对作废凭证做数据处理，作废凭证相当于一张空凭证，其记账金额为零。账簿查询时，查不到作废凭证的数据。作废凭证必须在凭证填制状态下进行，如凭证已经审核或记账，按修改凭证办法把凭证恢复到填制凭证状态，才能作废凭证。操作步骤如下：单击“业务导航”/“财务会计”/“总账”/“凭证”/“填制凭证”，查询到要作废的凭证，单击“作废”菜单后，凭证打上“作废”标志。若当前凭证已作废，可单击“恢复”，取消作废标志，并将当前凭证恢复为有效凭证。

3. 删除凭证

制单人在填制凭证界面，对处于填制状态的凭证进行作废，对作废的凭证进行整理以实现删除凭证。凭证删除后，被删除的凭证彻底从数据库中删除，不可恢复。操作步骤如下：

(1)制单人在填制凭证界面，单击“整理”菜单。

(2)选择要整理的月份，例如“2021.12”，单击“确定”，弹出“作废凭证表”界面，如图 4-47 所示，在图中选择需要删除的凭证，单击“确定”，弹出如图 4-48 所示的“提示”界面，选择某种凭证重排方式，单击“是”，完成凭证删除。

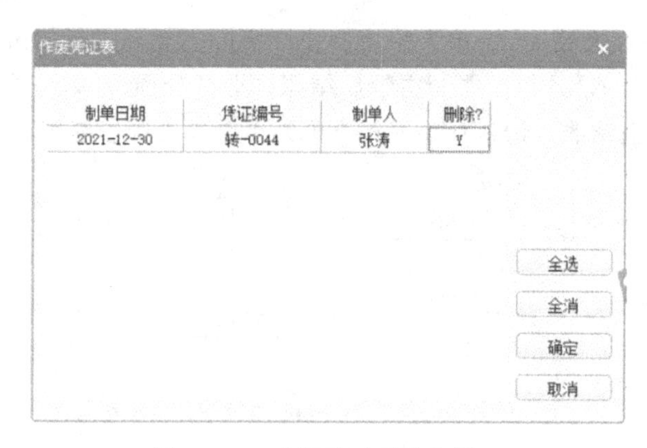

图 4-47 选择需要删除的凭证

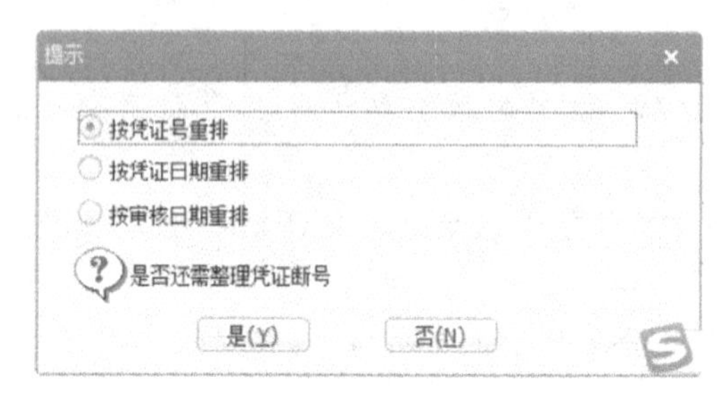

图 4-48 “是否整理凭证断号”提示

4. 冲销凭证

如果需要冲销某张已记账的凭证，制单人在填制凭证界面，选择“冲销”菜单制作红字冲销凭证。通过红字冲销法增加的凭证，应视同正常的凭证进行保存和管理。红字冲销凭证必须经过出纳签字、审核和记账才能冲销错误的记账凭证。制作红字冲销凭证将错误凭证冲销后，需要再编制正确的蓝字凭证进行补充。具体操作步骤如下：

(1)制单人在填制凭证界面，单击“冲销”。

(2)在对话框中选择制单月份“2021.12”，选择凭证类别并输入凭证号，单击“确定”，系统自动生成一张红字冲销凭证。

4.4.7 账簿管理

企业发生的经济业务，经过制单、审核、记账操作之后，就形成了正式的会计账簿。为了能够及时地了解账簿中的数据资料，并满足对账簿数据的统计分析及打印的需要，系统提供了强大的查询功能，包括基本会计核算账簿的查询输出、各种辅助账核算账簿及现金和银行存款日记账的查询和输出，以及整个系统的总账、明细账、辅助账、凭证联查功能。

1. 总账查询

总账查询不但可以查询各总账科目的年初余额、各月发生额合计和月末余额，而且可以查询所有各级明细科目的年初余额、各月发生额合计和月末余额。操作步骤如下：选择“业务导航”/“财务会计”/“总账”/“账表”/“科目账”/“总账”，出现总账查询条件对话框，如图 4-49 所示，输入查询条件后，单击“预览”，得到查询结果。

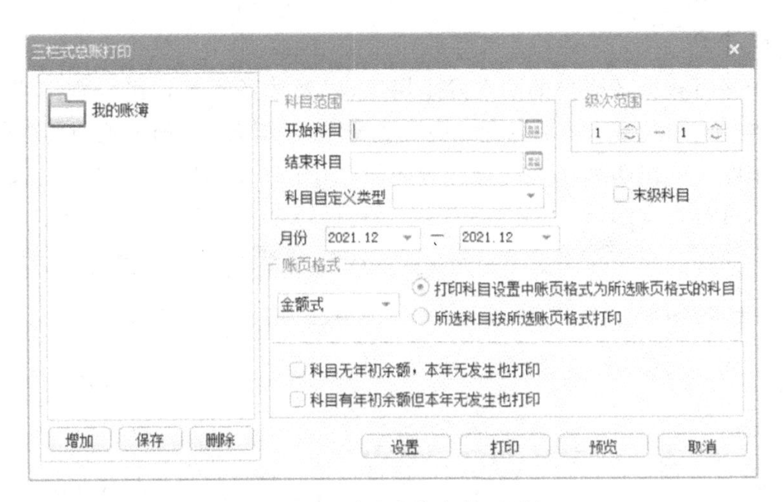

图 4-49　总账查询条件对话框

说明：

(1)如果需查询科目有年初余额但本年无发生额的账户，则应选中“科目有年初余额但本年无发生也打印”复选框。

(2)可将查询条件保存到“我的账簿”中。

2. 发生额及余额查询

发生额及余额查询用于查询统计各级科目的本期发生额、累计发生额和余额等。操作步骤如下：选择“业务导航”/“财务会计”/“总账”/“账表”/“科目账”/“余额表”，弹出“发生额及余额表”对话框，如图 4-50 所示。输入发生额及余额查询条件，单击“确定”，可得查询结果。

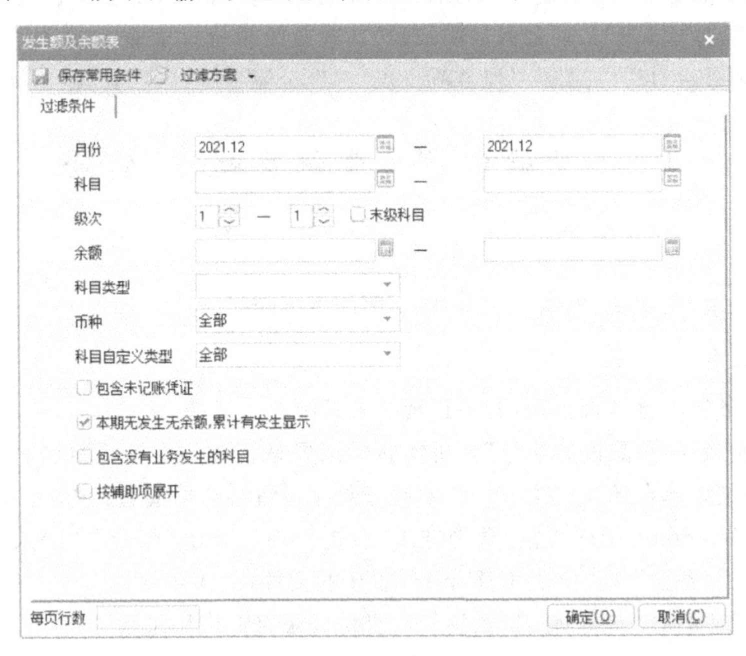

图 4-50　发生额及余额查询条件

3. 明细账查询

本功能用于平时查询各账户的明细发生情况，以及按任意条件组合查询明细账。在查询过程中可以包含未记账凭证。操作步骤如下：选择“业务导航”/“财务会计”/“总账”/“账表”/“科目账”/“明细账”，弹出明细账查询条件对话框，如图4-51所示，在图中输入明细账查询条件，单击“预览”，可得查询结果。

图4-51 明细账查询条件

4. 现金流量的查询

现金流量凭证查询的操作步骤如下：选择“业务导航”/“财务会计”/“总账”/“现金流量表”/“现金流量凭证查询”。现金流量明细表查询的操作步骤如下：选择“业务导航”/“财务会计”/“总账”/“现金流量表”/“现金流量明细表”。现金流量统计表查询的操作步骤如下：选择“业务导航”/“财务会计”/“总账”/“现金流量表”/“现金流量统计表”。

4.5 实验四：“日常账务处理”实验

1. 实验目的

掌握凭证的填制、审核、出纳签字、记账和账簿查询等日常账务处理工作。

2. 实验准备

(1)检查服务器配置是否正确，若不正确要重新配置。

(2)检查“实验三：总账设置实验”上机实验的结果是否已经在计算机中，如果在直接做第(3)步。如果该结果不在计算机中，引入“实验三总账设置结束账套备份”的上机实验结果。引入账套的步骤：以admin(密码为空)身份进入“系统管理”，单击“账套”/“引入”，选择“实验三总账设置结束账套备份”文件夹的UfErpAct.Lst的文件，引入账套。

(3)以操作员“编号‘002’，姓名‘张涛’”的身份登录企业应用平台。

3. 实验资料及步骤

(1)填制凭证。选择“业务导航”/“财务会计”/“总账”/“凭证”/“填制凭证”，进入“填制凭证”窗口，单击“增加”，按照以下资料完成凭证填制。

明达建筑工程有限责任公司 2021 年 12 月的发生经济业务及分录：

①12 月 1 日，收到芳达有色公司用转账支票转来的应收工程款 155 521 元，支票号 2112－3310。

第 1 张凭证(经济业务 1) 收－0001 2021－12－01

收到芳达有色公司转来的工程款

借：100201(银行存款——工行存款) 155 521(结算方式：转账支票，票号：2112－3310)

(01 销售商品、提供劳务收到的现金 155 521)

贷：1122(应收账款) 155 521 (客户：芳达有色，业务员：张嘉力)

②12 月 1 日，从建行存款提取备用金 10 440 元，支票号 2112－3410。

第 2 张凭证(经济业务 2) 付－0001 2021－12－01

提取备用金

借：1001(库存现金) 10 440

(25 内部结转现金流入 10 440)

贷：100202(银行存款——建行存款) 10 440(结算方式：现金支票，票号：2112－3410)

(26 内部结转现金流出 10 440)

③12 月 2 日，采购滨海金属材料供应公司的螺纹钢 2 吨，不含税单价 3 840 元/吨，价款 7 680 元，增值税 1 305.6 元，螺纹钢已经验收入库，货款用建行存款支付，结算方式为电汇，电汇凭证号为 BN211255102。

第 3 张凭证(经济业务 3) 付－0002 2021－12－02

采购滨海金属材料供应公司螺纹钢

借：14030106(原材料——主要材料——螺纹钢) 7 680

借：22210101(应交税费——应交增值税——进项税额) 1 305.6

贷：100202(银行存款——建行存款) 8 985.6(结算方式：电汇，票号：BN211255102)

(04 购买商品、接受劳务支付的现金 8 985.6)

④12 月 3 日，机修车间从平乐修配商店购入机修用备件三轮车轴一只，开来发票一张，发票金额 62.76 元，用现金支付。

第 4 张凭证(经济业务 4) 付－0003 2021－12－03

报销机修车间购买备件费

借：5404(辅助生产) 62.76 (部门：机修车间)

贷：1001(库存现金) 62.76

(04 购买商品、接受劳务支付的现金 62.76)

⑤12 月 3 日，方欣轻工集团设备安装工程(四色机安装)于 11 月底完工，现已经通过验收。合计总价为 277 920 元，施工企业增值税税率为 11%。收到方欣轻工集团开来的转账支票，金额 166 062 元，已经预收工程款 111 858 元。该项目至上月止已完工程累计 194 868.1 元[见工程施工——合同成本期初余额(项目：四色机安装)]。(本工程因为本月没有发生额，所以可以直接结转工程施工——合同成本，办理工程施工与工程结算对冲。)

第 5 张凭证(经济业务 5－1) 转－0001 2021－12－03

向方欣轻工集团工程办理工程结算

借:1122(应收账款) 277 920 (用户:方欣轻工)

贷:5402(工程结算) 250 378.38(项目:四色机安装)

贷:22210102(应交税费——应交增值税——销项税额) 27 541.62

第 6 张凭证(经济业务 5－2) 收－0002 2021－12－03

收到方欣轻工集团设备安装工程款

借:100201(银行存款——工行存款) 166 062(结算方式:转账支票,票号:2112－4536)

(01 销售商品、提供劳务收到的现金 166 062)

借:2203(预收账款) 111 858 (客户:方欣轻工)

贷:1122(应收账款) 277 920(客户:方欣轻工)

第 7 张凭证(经济业务 5－3) 转－0002 2021－12－03

四色机安装工程结算与工程施工对冲

借:5402(工程结算) 250 378.38(项目:四色机安装)

贷:540101(工程施工——合同成本) 194 868.1(项目:四色机安装)

贷:540102(工程施工——合同毛利) 55 510.28(项目:四色机安装)

第 8 张凭证(经济业务 5－4) 转－0003 2021－12－03

结转已完设备安装工程实际成本

借:6401(主营业务成本) 194 868.1

借:540102(工程施工——合同毛利) 55 510.28(项目:四色机安装)

贷:6001(主营业务收入) 250 378.38

⑥机修车间马田上月暂借差旅费 2 000 元出差[见其他应收款(个人:马田)的期初余额],12 月 4 日报销差旅费 1 881 元,退回多余现金 119 元,票号 2112－4455。

第 9 张凭证(经济业务 6) 转－0004 2021－12－04

机修车间马田报销差旅费

借:5404(辅助生产) 1 881 (部门:机修车间)

贷:1221(其他应收款) 1 881 (个人:马田)

第 10 张凭证(经济业务 6) 收－0003 2021－12－04

机修车间马田退回多余款项

借:1001(库存现金) 119

(03 收到的其他与经营活动有关的现金 119)

贷:1221(其他应收款) 119 (个人:马田)

⑦12 月 4 日,委托昊天门窗加工厂加工塑钢门 300 扇,加工塑钢窗 500 扇。发出委托加工材料塑型钢材 800 吨,共计 48 000 元;平板玻璃 750 平方米,共计 36 000 元。

第 11 张凭证(经济业务 7) 转－0005 2021－12－04

向昊天门窗厂发出委托加工物资材料

借:140801(委托加工物资——塑型钢材) 48 000

借:140802(委托加工物资——平板玻璃) 36 000

贷:14030101(原材料——主要材料——塑型钢材) 48 000

贷:14030102(原材料——主要材料——平板玻璃) 36 000

⑧12 月 4 日，签发现金支票，从银行提取现金 8 000 元备用。

第 12 张凭证(经济业务 8) 付-0004 2021-12-04

提取备用金

借:1001(库存现金) 8 000

(25 内部结转现金流入 8 000)

贷:100202(银行存款——建行存款) 8 000(结算方式:现金支票，票号:2112-33112)

(26 内部结转现金流出 8 000)

⑨12 月 5 日，向华峰五金商店购进镀锌管 5 200 千克，单价 5.87 元/千克，不含税金额 30 524 元，增值税 5 189.08 元;三相电线 50 卷，单价 300 元/卷，不含税金额 15 000 元，增值税 25 550 元，货款用建行存款支付，结算方式为信汇，信汇凭证号为 BN211255105。

第 13 张凭证(经济业务 9) 付-0005 2021-12-05

支付华峰五金商店的购货款

借:14030103(原材料——主要材料——镀锌管) 30 524 (数量:5 200，单价:5.87)

借:14030107(原材料——主要材料——电线) 15 000 (数量:50，单价:300)

借:22210101(应交税费——应交增值税——进项税额) 7 739.08

贷:100202(银行存款——建行存款) 53 263.08(结算方式:信汇，票号:BN211255105)

(04 购买商品、接受劳务支付的现金 53 263.08)

⑩12 月 5 日，支付佳捷画坊工地宣传画修缮费 4 094 元，货款用建行存款支付，结算方式为现金支票。

第 14 张凭证(经济业务 10) 付-0006 2021-12-05

支付业务宣传费

借:660101(营业费用——业务宣传费) 3 499.15

借:22210101(应交税费——应交增值税——进项税额) 594.85

贷:100202(银行存款——建行存款) 4 094(结算方式:现金支票，票号:2112-33113)

(04 购买商品、接受劳务支付的现金 4094)

⑪12 月 7 日，向滨海金属材料供应公司购入螺纹钢 136 吨，不含税货款 511 219.92 元。税率 17%，增值税 86 907.39 元，材料已验收入库，货款未付，采购专用发票号为 21264001。

第 15 张凭证(经济业务 11) 转-0006 2021-12-07

向滨海金属材料供应公司购货

借:14030106(原材料——主要材料——螺纹钢) 511 219.92(数量:136，单价:3 758.97)

借:22210101(应交税费——应交增值税——进项税额) 86 907.39

贷:2202(应付账款) 598 127.31 (供应商:滨海金属)

⑫12 月 8 日，签发转账支票，从建行存款支付滨海金属材料供应公司应付货款。

第 16 张凭证(经济业务 12) 付-0007 2021-12-08

支付滨海金属材料供应公司应付货款

借:2202(应付账款) 598 127.31 (供应商:滨海金属)

贷:100202(银行存款——建行存款) 598 127.31(结算方式:转账支票,票号:2112-3312)

(04 购买商品、接受劳务支付的现金 598 127.31)

⑬12 月 10 日,根据施工分包合同,宝福花园小区一期基础部分已如期完工,通过验收,经批准,同意支付龙发建筑公司宝福花园小区一期工程进度款 1 350 000 元,建筑企业增值税税率 11%,款项用工行存款信汇支付,信汇凭证号为 BN211255108。

第 17 张凭证(经济业务 13) 付-0008 2021-12-10

支付龙发建筑公司宝福花园小区一期工程款

借:540101(工程施工——合同成本) 1 216 216.22(项目:宝福花园小区)

借:22210101(应交税费——应交增值税——进项税额) 133 783.78

贷:100201(银行存款——工行存款) 1 350 000(结算方式:信汇,票号:BN211255108)

(04 购买商品、接受劳务支付的现金 1 350 000)

⑭12 月 11 日,从光明电料商场购入劳防手套 1 200 副,含税货款 1 800 元,已验收入库,用建行存款通过转账支票支付货款,票号 2112-3316。

第 18 张凭证(经济业务 14) 付-0009 2021-12-11

支付光明电料公司电工劳防手套购货款

借:14030502(原材料——其他材料——劳防手套) 1 538.46

借:22210101(应交税费——应交增值税——进项税额) 261.54

贷:100202(银行存款——建行存款) 1 800(结算方式:转账支票,票号:2112-3316)

(04 购买商品、接受劳务支付的现金 1 800)

⑮12 月 12 日,开具三个月期限的商业承兑汇票付天华有色金属线材厂应付货款 463 800 元,票据编号为 BN211206721。

第 19 张凭证(经济业务 15) 转-0007 2021-12-12

付天华有色金属线材厂应付货款

借:2202(应付账款) 463 800 (供应商:天华有色)

贷:220102(应付票据——商业承兑汇票) 463 800 (供应商:天华有色)

⑯收到银行转来的委托收款凭证,12 月 12 日用建行存款支付宝福花园工地电费 8 630 元,结算方式为转账支票。

第 20 张凭证(经济业务 16) 付-0010 2021-12-12

支付宝福花园小区电费

借:540101(工程施工——合同成本) 7 376.07(项目:宝福花园小区)

借:22210101(应交税费——应交增值税——进项税额) 1 253.93

贷:100202(银行存款——建行存款) 8 630(结算方式:转账支票,票号:2112-3318)

(04 购买商品、接受劳务支付的现金 8 630)

⑰12 月 13 日,各部门领用劳防手套,其中,机修车间 102 副,宝福花园小区 86 副,管理部门 60 副,每副手套单价 1.5 元。

第21张凭证(经济业务17)　转-0008　2021-12-13

各部门领用防劳手套

借:5404(辅助生产)　　153(部门:机修车间)

借:540101(工程施工——合同成本)　　129(项目:宝福花园小区)

借:660213(管理费用——其他)　　90

　贷:14030502(原材料——其他材料——劳防手套)　372

⑱12月13日,从建行存款支付金立金属材料供应站货款340 817元,用转账支票支付。

第22张凭证(经济业务18)　付-0011　2021-12-13

支付金立金属材料供应站货款

借:2202(应付账款)　340 817(供应商:金立金属)

　贷:100202(银行存款——建行存款)　340 817(结算方式:转账支票,票号:2112-3317)

(04　购买商品、接受劳务支付的现金　340817)

⑲12月13日,向安达保险公司支付2022年财产保险费210 000元(12个月每月17 500元),用建行存款支付,结算方式为转账支票,支票号为2112-3318。

第23张凭证(经济业务19)　付-0012　2021-12-13

支付年度财产保险费

借:1123(预付账款)　210 000　(供应商:安达保险)

　贷:100202(银行存款——建行存款)　210 000(结算方式:转账支票,票号:2112-3328)

(07　支付的其他与经营活动有关的现金　210 000)

⑳12月13日,上月从芳园服装有限公司购入工作服,已验收入库(上月暂估款16 320元,参见期初余额原材料——其他材料——工作服)。今收到开来的发票价税合计17 000元,增值税2 470.09元,经批准同意付款,并以银行信汇的方式核算。

第24张凭证(经济业务20-1)　付-0013　2021-12-13

支付芳园服装购货款

借:14030501(原材料——其他材料——工作服)　　14 529.91

借:22210101(应交税费——应交增值税——进项税额)　　2 470.09

　贷:100202(银行存款——建行存款)　　17 000(结算方式:信汇,票号:BN211288043)

(04　购买商品、接受劳务支付的现金　17 000)

第25张凭证(经济业务20-2)　转-0009　2021-12-13

红字冲回上月暂估价款

借:14030501(原材料——其他材料——工作服)　−16 320

　贷:2202(应付账款)　　−16 320　(客户:芳园服装)

㉑12月15日,签发现金支票,支票号为2112-66114,从工商银行提取现金400 000元,准备发放职工工资。

第26张凭证(经济业务21)　付-0014　2021-12-15

提取现金,准备发放工资

借:1001(库存现金)　400 000

(25　内部结转现金流入　400 000)

　贷:100201(银行存款——工行存款)　400 000(结算方式:现金支票,票号:2112-66114)

（26　内部结转现金流出　400 000）

㉒12 月 15 日，根据工资汇总表发放工资（见表 4－9）。

表 4－9　工资汇总表　　单位：元

借方科目	基本工资	奖金	津贴	应发工资	代扣款项			实发工资
					代扣个调税	社医失保	住房公积金	
宝福花园小区	116 160	21 576	13 620	151 356	936	13 893.67	9 735.672	126 790.7
5 号楼土建工程	62 556	10 560	936	74 052	288	7 485.072	4 763.244	61 515.68
4 号厂房	86 880	14 760	10 680	112 320	672	11 353.14	7 224.756	93 070.10
办公楼装修	34 752	5 880	5 076	45 708	67.2	462.096	2 940.072	42 238.63
机修车间	27 804	4 200	468	32 472	216	3 282.228	2 088.696	26 885.08
管理费用	43 200	6 960		50 160	576	5 070.096	3 226.44	41 287.46
合计	371 352	63 936	30 780	466 068	2 755.2	41 546.302	29 978.88	391 787.65

第 27 张凭证（经济业务 22－1）　付－0015　2021－12－15

发放职工工资

借：221101（应付职工薪酬——应付工资）　391 787.65

　贷：1001（库存现金）　391 787.65

（05　支付给职工以及为职工支付的现金　391 787.65）

第 28 张凭证（经济业务 22－2）　转－0010　2021－12－15

计提应交个人所得税

借：221101（应付职工薪酬——应付工资）　2 755.2

　贷：222107（应交税费——应交个人所得税）　2 755.2

第 29 张凭证（经济业务 22－3）　转－0011　2021－12－15

计提本月工资应分配的人工费

借：540101（工程施工——合同成本）　151 356（项目：宝福花园小区）

借：540101（工程施工——合同成本）　74 052（项目：5 号楼土建工程）

借：540101（工程施工——合同成本）　112 320（项目：4 号厂房）

借：540101（工程施工——合同成本）　45 708（项目：办公楼装修）

借：5404（辅助生产）　32 472（部门：机修车间）

借：660208（管理费用——工资及福利）　50 160

　贷：221101（应付职工薪酬——应付工资）　466 068

㉓12 月 15 日，根据工资汇总表计提本月工资应分配的人工工资，福利费（＝应付工资×14％）、教育经费（＝应付工资×1.5％）和工会经费（＝应付工资×2％）。

第 30 张凭证（经济业务 23－1）　转－0012　2021－12－15

计提本月福利费

借：540101（工程施工——合同成本）　21 189.84（项目：宝福花园小区）

借：540101（工程施工——合同成本）　10 367.28（项目：5 号楼土建工程）

借：540101（工程施工——合同成本）　15 724.8（项目：4 号厂房）

借：540101（工程施工——合同成本）　6 399.12（项目：办公楼装修）

借:5404(辅助生产) 4 546.08(部门:机修车间)
借:660208(管理费用——工资及福利) 7 022.4
贷:221102(应付职工薪酬——福利费) 65 249.52
第31张凭证(经济业务23-2) 转-0013 2021-12-15
计提教育经费
借:540101(工程施工——合同成本) 2 270.34(项目:宝福花园小区)
借:540101(工程施工——合同成本) 1 110.78(项目:5号楼土建工程)
借:540101(工程施工——合同成本) 1 684.8(项目:4号厂房)
借:540101(工程施工——合同成本) 685.62(项目:办公楼装修)
借:5404(辅助生产) 487.08(部门:机修车间)
借:660208(管理费用——工资及福利) 752.4
贷:221103(应付职工薪酬——教育经费) 6 991.02
第32张凭证(经济业务23-3) 转-0014 2021-12-15
计提工会经费
借:540101(工程施工——合同成本) 3 027.12(项目:宝福花园小区)
借:540101(工程施工——合同成本) 1 481.04(项目:5号楼土建工程)
借:540101(工程施工——合同成本) 2 246.4(项目:4号厂房)
借:540101(工程施工——合同成本) 914.16(项目:办公楼装修)
借:5404(辅助生产) 649.44(部门:机修车间)
借:660208(管理费用——工资及福利)1 003.2
贷:221104(应付职工薪酬——工会经费) 9 321.36

㉔根据企业上年月平均工资总额428 268元计提12月份企业负担的各项社会保险费用,见表4-10。企业负担的养老基金=上年月平均工资总额×22.5%,医疗保险基金=上年月平均工资总额×12%,失业保险金=上年月平均工资总额×2%,住房公积金=上年月平均工资总额×7%。

表4-10 工资分配表 单位:元

借方科目	应付工资	计提费用			
		养老基金	医疗保险	失业保险	住房公积金
宝福花园小区	151 356	32 693.83	17 436.53	2 906.32	10 171.37
5号楼土建工程	74 052	16 060.13	8 565.31	1 427.66	4 996.32
4号厂房	112 320	24 090.19	12 847.97	2 141.49	7 494.48
办公楼装修	45 708	9 750.79	5 200.37	866.79	3 033.48
机修车间	32 472	4 588.61	2 447.23	407.90	1 427.52
管理费用	50 160	9 177.22	4 894.46	815.81	2 855.04
合计	466 068	96 360.77	51 391.87	8 565.97	29 978.21

说明:住房公积金缴纳总金额=企业负担部分(见工资分配表)+个人负担部分(见工资汇总表中代扣款项)
社会保险=养老基金+医疗保险+失业保险
社会保险=单位上交的社会保险(见工资分配表)+个人交的社会保险(见工资汇总表中代扣款项)

第33张凭证(经济业务24－1)　转-0015　2021－12－15

计提社会保险费(企业负担的养老基金、医疗保险金、失业保险金)

借:540101(工程施工——合同成本)　53 036.68(项目:宝福花园小区)

借:540101(工程施工——合同成本)　26 053.10(项目:5号楼土建工程)

借:540101(工程施工——合同成本)　39 079.65(项目:4号厂房)

借:540101(工程施工——合同成本)　15 817.95(项目:办公楼装修)

借:5404(辅助生产)　7 443.74　(部门:机修车间)

借:660208(管理费用——工资及福利)　14 887.49

　贷:221105(应付职工薪酬——社会保险费)　156 318.61

第34张凭证(经济业务24－2)　转-0016　2021－12－15

计提住房公积金

借:540101(工程施工——合同成本)　10 171.37(项目:宝福花园小区)

借:540101(工程施工——合同成本)　4 996.32(项目:5号楼土建工程)

借:540101(工程施工——合同成本)　7 494.48(项目:4号厂房)

借:540101(工程施工——合同成本)　3 033.48(项目:办公楼装修)

借:5404(辅助生产)　1 427.52(部门:机修车间)

借:660208(管理费用——工资及福利)　2 855.04

　贷:221106(应付职工薪酬——住房公积金)　29 978.21

㉕12月15日,用建设银行现金支票(票号:2112－33115),支付昊天门窗加工厂加工费18 000元。

第35张凭证(经济业务25)　付-0016　2021－12－15

预付昊天门窗厂加工费

借:1123(预付账款)　18 000(供应商:昊天门窗)

　贷:100202(银行存款——建行存款)　18 000(结算方式:现金支票,票号:2112－33115)

(04　购买商品、接受劳务支付的现金18 000)

㉖12月16日,将本月提取的工会经费解缴工会,以建行存款转账支票支付,票号为2112－3321。

第36张凭证(经济业务26)　付-0017　2021－12－16

解缴工会经费

借:221104(应付职工薪酬——工会经费)　9 321.36

　贷:100202(银行存款——建行存款)　9 321.36(结算方式:转账支票,票号:2112－3321)

(05　支付给职工以及为职工支付的现金　9 321.36)

㉗12月16日,支付本月应交社会保险费,包括工资代扣个人承担部分,其中企业负担156 318.61元,个人承担部分41 546.30元,结算方式为转账支票,票号为2112－3329。

第37张凭证(经济业务27)　付-0018　2021－12－16

支付社会保险费

借:221105(应付职工薪酬——社会保险费)　197 864.91

　贷:100202(银行存款——建行存款)　197 864.91(结算方式:转账支票,票

号:2112 - 3329)

(05　支付给职工以及为职工支付的现金　197 864.91)

㉘12 月 16 日,支付本月应交住房公积金,包括工资代扣个人承担部分,其中企业负担 29 978.21元(见工资分配表),个人负担 29 978.88 元(见工资汇总表中代扣款项),结算方式为转账支票,票号为 2112 - 3330。

第 38 张凭证(经济业务 28)　付-0019　2021 - 12 - 16

支付住房公积金

借:221106(应付职工薪酬——住房公积金)　29 978.88

借:660208(管理费用——工资及福利)　29 978.21

　贷:100202(银行存款——建行存款)　59 957.09(结算方式:转账支票,票号:2112 - 3330)

(05　支付给职工以及为职工支付的现金　59 957.09)

㉙12 月 17 日,从天华有色金属线材厂购买钢模板一批,共 1 600 平方米,已经验收入库。价款用 10 月 20 日开出的银行汇票支付(见期初余额中的其他货币资金——银行汇票 253 000 元)。收到开户银行转来的汇票结算凭证及发票,货款 211 200 元,进项税 35 904 元。同时收到银行退还的余款 5 896 元。

第 39 张凭证(经济业务 29)　转-0017　2021 - 12 - 17

购买模板

借:14110101(周转材料——在库周转材料——模板)　211 200

借:22210101(应交税费——应交增值税——进项税额)　35 904

　贷:101203(其他货币资金——银行汇票)　247 104

(04　购买商品、接受劳务支付的现金　247 104)

第 40 张凭证(经济业务 29)　收-0004　2021 - 12 - 17

购买模板退还的余款

借:100202(银行存款——建行存款)　5 896(结算方式:现金支票,票号:2112 - 3331)

(25　内部结转现金流入　5 896)

　贷:101203(其他货币资金——银行汇票)　5 896

(26　内部结转现金流出　5 896)

㉚12 月 17 日,收到税金交款书,上交 11 月份税金(增值税、城市维护建设税、个人所得税、教育费附加和地方教育费,见期初余额“应交税费”),结算方式为转账支票,票号为 2112 - 3332。

第 41 张凭证(经济业务 30)　付-0020　2021 - 12 - 17

缴纳税金

借:222102(应交税费——未交增值税)　20 160

借:222104(应交税费——城市维护建设税)　1 411.2

借:222107(应交税费——应交个人所得税)　2 580

借:222105(应交税费——应交教育费附加)　604.8

借:222106(应交税费——应交地方教育费附加)　201.6

　贷:100202(银行存款——建行存款)　24 957.6(结算方式:转账支票,票

号:2112－3332)

(06　支付的各项税费　24 957.6)

㉛12月18日,收到银行转来的委托收款凭证,自来水公司收取12月份宝福花园小区工地施工用水费6 580.8元,税率17%,结算方式为转账支票,支票号为2112－3333。

第42张凭证(经济业务31)　付-0021　2021－12－18

支付水费

借:540101(工程施工——合同成本)　5 624.62(项目:宝福花园小区)

借:22210101(应交税费——应交增值税——进项税额)　956.18

　贷:100202(银行存款——建行存款)　6 580.8(结算方式:转账支票,支票号:2112－3333)

(06　支付的各项税费　6 580.8)

㉜12月19日,宝福花园小区项目领用钢模板1 250平方米,账面成本每平方米170元,共计212 500元。

第43张凭证(经济业务32)　转-0018　2021－12－19

宝福花园领用周转材料

借:14110201(周转材料——在用周转材料——模板)　212 500

　贷:14110101(周转材料——在库周转材料——模板)　212 500

㉝12月20日,收到银行转来的委托收款凭证,电力公司收取12月份5号楼土建工程工地施工用电费42 822.72元。

第44张凭证(经济业务33)　付-0022　2021－12－20

支付电费

借:540101(工程施工——合同成本)　36 600.62(项目:5号楼土建工程)

借:22210101(应交税费——应交增值税——进项税额)　6 222.1

　贷:100202(银行存款——建行存款)　42 822.72(结算方式:转账支票,票号:2112－3334)

(04　购买商品、接受劳务支付的现金　42 822.72)

㉞12月21日,在库钢模板160平方米已经损坏不能使用,经批准同意报废,该批模板账面价值28 080元,已摊销25 920元。

第45张凭证(经济业务34)　转-0019　2021－12－21

钢模板报废

借:14030503(原材料——其他材料——其他)　2 160

借:14110301(周转材料——周转材料摊销——模板)　25 920

　贷:14110101(周转材料——在库周转材料——模板)　28 080

㉟12月22日,出售报废在库钢模板,收到现金1 440元。

第46张凭证(经济业务35)　收-0005　2021－12－22

收到出售报废钢模板款

借:1001(库存现金)　1 440

(03　收到的其他与经营活动有关的现金　1 440)

　贷:14030503(原材料——其他材料——其他)　1 230.77

贷:22210102(应交税费——应交增值税——销项税额) 209.23

㊱12月22日,签发转账支票支付前欠美妮化工供应公司应付货款24 570元,结算方式为转账支票,票号:2112-3335。

第47张凭证(经济业务36) 付-0023 2021-12-22

支付前欠美妮化工货款

借:2202(应付账款) 24 570(供应商:美妮化工)

贷:100202(银行存款——建行存款) 24 570(结算方式:转账支票,票号:2112-3335)

(04 购买商品、接受劳务支付的现金 24 570)

㊲12月22日,用建行存款支付办公费4 302元。

第48张凭证(经济业务37) 付-0024 2021-12-22

支付办公费

借:660210(管理费用——办公费) 4 302

贷:100202(银行存款——建行存款) 4 302(结算方式:转账支票,票号:2112-3324)

(04 购买商品、接受劳务支付的现金 4 302)

㊳12月23日,收到昊天钢门窗加工厂交工完的塑钢门300扇,塑钢窗500扇,退回塑型钢材57吨,平板玻璃21平方米。收到加工费发票,塑钢门每扇35元(不含税),塑钢窗每扇52元(不含税),增值税税率为17%。具体材料成本如表4-11所示。

表4-11 委托加工材料成本分配表

委托加工材料名称	计量单位	数量	应分摊材料费/元	分配率/(元/扇)	金额/元	应分摊加工费/元	分配率/(元/扇)	金额/元	合计/元
塑钢门	扇	300	79 572	99.465	29 839.5	36 500	35	10 500	40 339.5
塑钢窗	扇	500		99.465	49 732.5		52	26 000	75 732.5

第49张凭证(经济业务38-1) 转-0020 2021-12-23

支付委托加工物资加工费

借:140803(委托加工物资——塑钢门) 10 500

借:140804(委托加工物资——塑钢窗) 26 000

借:22210101(应交税费——应交增值税——进项税额) 6 205

贷:2202(应付账款) 42 705 (供应商:昊天门窗)

第50张凭证(经济业务38-2) 转-0021 2021-12-23

委托加工剩余材料入库

借:14030101(原材料——主要材料——塑型钢材) 3 420

借:14030102(原材料——主要材料——平板玻璃) 1 008

贷:140801(委托加工物资——塑型钢材) 3 420

贷:140802(委托加工物资——平板玻璃) 1 008

第51张凭证(经济业务38-3) 转-0022 2021-12-23

塑钢门窗入库

借:14030201(原材料——结构件——塑钢门) 40 339.5

借:14030202(原材料——结构件——塑钢窗) 75 732.5

贷:140803(委托加工物资——塑钢门)　　10 500

贷:140804(委托加工物资——塑钢窗)　　26 000

贷:140801(委托加工物资——塑型钢材)　　44 580

贷:140802(委托加工物资——平板玻璃)　　34 992

㊴12 月 24 日,支付中国人民保险公司西安分公司职工人寿保险费 17 454 元。

第 52 张凭证(经济业务 39)　付-0025　2021-12-24

支付职工人寿保险费

借:221102(应付职工薪酬——福利费)　17 454

贷:100202(银行存款——建行存款)　　17 454(结算方式:转账支票,票号:2112-3336)

(07　支付的其他与经营活动有关的现金　17 454)

㊵12 月 25 日,收到购滨海金属材料供应公司委托顺丰运输公司运来的螺纹钢 200 吨,价税共计 680 000 元,水泥 1 000 吨,价税共计 600 000 元,增值税税率为 17%,已验收入库,货款未付。开转账支票支付顺丰运输公司螺纹钢运费 5 000 元,水泥运费 24 000 元,增值税税率为 11%,结算方式为转账支票,票号为 2112-3337。

第 53 张凭证(经济业务 40-1)　付-0026　2021-12-24

支付水泥、螺纹钢运费

借:14030106(原材料——主要材料——螺纹钢)　　4 504.50

借:14030105(原材料——主要材料——水泥)　　21 621.62

借:22210101(应交税费——应交增值税——进项税额)　2 873.88

贷:100202(银行存款——建行存款)　　29 000(结算方式:转账支票,票号:2112-3337)

(04　购买商品、接受劳务支付的现金　29 000)

第 54 张凭证(经济业务 40-2)　转-0023　2021-12-25

收到滨海金属材料供应公司材料

借:14030106(原材料——主要材料——螺纹钢)　　581 196.58

借:14030105(原材料——主要材料——水泥)　　512 820.51

借:22210101(应交税费——应交增值税——进项税额)　185 982.91

贷:2202(应付账款)　　1 280 000(供应商:滨海金属)

㊶12 月 26 日,以现金支付水泥和螺纹钢保管费,水泥每吨 2.5 元/月,价税合计 2 500 元。螺纹钢每吨 5.5 元/月,价税合计共 1100 元,税率为 11%。

第 55 张凭证(经济业务 41)　付-0027　2021-12-25

支付保管费

借:14030106(原材料——主要材料——螺纹钢)　　990.99

借:14030105(原材料——主要材料——水泥)　　2 252.25

借:22210101(应交税费——应交增值税——进项税额)　356.76

贷:1001(库存现金)　　3 600

(04　购买商品、接受劳务支付的现金　3 600)

㊷12 月 26 日,用建行存款偿还短期借款 75 000 元。

第 56 张凭证(经济业务 42)　付-0028　2021-12-26

偿还短期借款

借:2001(短期借款) 75 000

贷:100202(银行存款——建行存款) 75 000(结算方式:转账支票,票号:2112-3338)

(20 偿还债务所支付的现金 75 000)

㊸12月26日,计提固定资产折旧47 294.25元,其中,辅助生产——机修车间30 960.36元,行政管理部门16 333.89元。

第57张凭证(经济业务43) 转-0024 2021-12-26

计提折旧

借:5404(辅助生产) 30 960.36(部门:机修车间)

借:660211(管理费用——折旧费) 16 333.89

贷:1602(累计折旧) 47 294.25

㊹12月26日,向美妮化工供应公司购买立邦漆300桶,每桶500元,增值税税率为17%,材料已入库,发票已到,货款尚未支付。

第58张凭证(经济业务44) 转-0025 2021-12-26

向美妮化工供应公司赊购立邦漆

借:14030104(原材料——主要材料——立邦漆) 150 000

借:22210101(应交税费——应交增值税——进项税额) 25 500

贷:2202(应付账款) 175 500(供应商:美妮化工)

㊺12月27日,摊销12月份临时设施费,其中,宝福花园小区47 400元,4号厂房11 760元,5号楼土建工程43 764元。

第59张凭证(经济业务45) 转-0026 2021-12-27

摊销临时设施费

借:540101(工程施工——合同成本) 47 400(项目:宝福花园小区)

借:540101(工程施工——合同成本) 11 760(项目:4号厂房)

借:540101(工程施工——合同成本) 43 764(项目:5号楼土建工程)

贷:1608(临时设施摊销) 102 924

㊻12月27日,经银行信贷科同意,将明达实业有限公司8月31日签发的一张不带息的银行承兑汇票600 000元(见期初余额的应收票据),向银行贴现。该汇票应于2022年3月1日到期。年贴现率为5.4%。

第60张凭证(经济业务46-1) 收-0006 2021-12-27

贴现银行承兑汇票

借:100202(银行存款——建行存款) 594 240(结算方式:转账支票,票号:21-4559)

(18 借款所收到的现金 594 240)

贷:112101(应收票据——银行承兑汇票) 594 240(客户:明达实业)

第61张凭证(经济业务46-2) 转-0027 2021-12-27

贴现利息

借:660301(财务费用——利息支出) 5 760

贷:112101(应收票据——银行承兑汇票) 5 760

㊼12月27日,月底盘点固定资产,将原值32 000元、已提折旧23 000元的施工机械报废,

材料当废品出售收入现金 500 元。

第 62 张凭证(经济业务 47-1)　转-0028　2021-12-27

固定资产报废转固定资产清理

借:1606(固定资产清理)　　9 000

借:1602(累计折旧)　　23 000

　贷:1601(固定资产)　　32 000

第 63 张凭证(经济业务 47-2)　收-0007　2021-12-27

固定资产清理材料出售

借:1001(库存现金)　500

(10　处置固定资产、无形资产和其他长期资产所收回的现金净额　500)

　贷:1606(固定资产清理)　500

第 64 张凭证(经济业务 47-3)　转-0029　2021-12-27

固定资产清理转营业外支出

借:671103(营业外支出——处置固定资产净损失)　8 500

　贷:1606(固定资产清理)　　8 500

㊽12 月 27 日,5 号楼土建工地临时活动房拆除,账面原值 433 179.6 元,已摊销 379 032 元,拆除墙体等材料价格 45 600,已验收入库。

第 65 张凭证(经济业务 48-1)　转-0030　2021-12-27

拆除临时设施转临时设施清理

借:1609(临时设施清理)　　54 147.6

借:1608(临时设施摊销)　　379 032

　贷:1607(临时设施)　　433 179.6

第 66 张凭证(经济业务 48-2)　转-0031　2021-12-27

拆墙材料作价入库

借:14030503(原材料——其他材料——其他)　45 600

　贷:1609(临时设施清理)　　45 600

第 67 张凭证(经济业务 48-3)　转-0032　2021-12-27

临时设施清理损失

借:671104(营业外支出——处理临时设施净损失)　8 547.6

　贷:1609(临时设施清理)　　8 547.6

㊾12 月 30 日,与明达实业有限公司办理 5 号楼土建工程进度款结算,价税合计 3 360 000 元,增值税税率为 17%。

第 68 张凭证(经济业务 49)　转-0033　2021-12-30

与明达实业有限公司办理结算

借:1122(应收账款)　　3 360 000(客户:明达实业)

　贷:5402(工程结算)　　2 871 794.87(项目:5 号楼土建工程)

　贷:22210102(应交税费——应交增值税——销项税额)　488 205.13

㊿领用材料汇总如下:宝福花园小区 1 314 367.8 元,其他部门领用材料汇总表如表 4-12 所示,编制各部门、项目领用材料转账凭证。

表 4-12 领用材料汇总表

项目	宝福花园小区（数量）	4 号厂房（数量）	办公楼装修（数量）	5 号楼土建工程（数量）	机修车间（数量）	行政部门（数量）	单价/元	数量合计	金额合计/元
工作服	78	12	35	33	12	8	24.78	178	4 410.84
三联开关			150	75	12		182.94	237	43 356.78
电线	12	2	15	35	2		25.46	66	1 680.36
立邦漆	40		80	60	3	2	182.8	185	33 818
水泥	500	1 000	100	100			608.8	1 700	1 034 960
螺纹钢	200	180	12	80			4 394.52	472	2 074 213.44
镀锌管	2 000	200	800	2 500	26		4.92	5 526	27 187.92
电焊条	40	25	10	21	22.4		24.78	118.4	2 933.95
弯头	300	30	200	400	8		15.78	938	14 801.64
三通	540	60	150	500	12		7.02	1262	8 859.24
长短脚	650	60	180	600	16		5.16	1506	7 770.96
塑钢门	150	50	60	25			135.28	285	38 554.8
塑钢窗	200		80	120			407.80	400	163 119.77
金额合计/元	1 314 367.8	537 088.5	184 397.28	1 414 949.1	4 000.12	864.9			3 455 667.7

第 69 张凭证(经济业务 50) 转-0034 2021-12-30

结转领用材料汇总成本

借:540101(工程施工——合同成本) 1 314 367.8(项目:宝福花园小区)

借:540101(工程施工——合同成本) 537 088.5(项目:4 号厂房)

借:540101(工程施工——合同成本) 184 397.28(项目:办公楼装修)

借:540101(工程施工——合同成本) 1 414 949.1(项目:5 号楼土建工程)

借:5404(辅助生产) 4 000.12 (部门:机修车间)

借:660210(管理费用——办公费) 864.9

贷:14030501(原材料——其他材料——工作服) 4 410.84

贷:14030108(原材料——主要材料——三联开关) 43 356.78

贷:14030107(原材料——主要材料——电线) 1 680.36

贷:14030104(原材料——主要材料——立邦漆) 33 818

贷:14030105(原材料——主要材料——水泥) 1 034 960

贷:14030106(原材料——主要材料——螺纹钢) 2 074 213.44

贷:14030103(原材料——主要材料——镀锌管) 27 187.92

贷:14030109(原材料——主要材料——电焊条) 2 933.95

贷:14030110(原材料——主要材料——弯头) 14 801.64

贷:14030111(原材料——主要材料——三通) 8 859.24

贷:14030112(原材料——主要材料——长短脚)　　　　7 770.96

贷:14030201(原材料——结构件——塑钢门)　　　　38 554.8

贷:14030202(原材料——结构件——塑钢窗)　　　　163 119.77

(51)12 月 30 日,收到明达实业有限公司 5 号楼土建工程进度款,含税总金额 3 360 000 元。其中,转账支票一张,金额为 2 160 000 元;支付期为 2022 年 3 月 31 日的银行承兑汇票一张,金额为 1 200 000 元。

第 70 张凭证(经济业务 51-1)　转-0035　2021-12-30

收到明达实业工程款

借:112101(应收票据——银行承兑汇票)　1 200 000(客户:明达实业)

贷:1122(应收账款)　　　　1 200 000(客户:明达实业)

第 71 张凭证(经济业务 51-2)　收-0008　2021-12-30

收到明达实业工程款

借:100201(银行存款——工行存款)　2 160 000(结算方式:转账支票,票号:21-4531)

(01　销售商品、提供劳务收到的现金　2 160 000)

贷:1122(应收账款)　　　　2 160 000(客户:明达实业)

(52)12 月 30 日,收到银行付款通知,计算本季度流动资金借款利息 13 500 元(10 月和 11 月各预提了 4 500 元,见期初余额表“应付利息”)。

第 72 张凭证(经济业务 52)　付-0029　2021-12-30

结算流动资金利息

借:2231(应付利息)　　　　9 000

借:660301(财务费用——利息支出)　4 500

贷:100202(银行存款——建行存款)　13 500(结算方式:转账支票,票号:2112-3339)

(21　分配股利、利润或偿付利息所支付的现金　13 500)

(53)12 月 30 日,收到银行结算存款利息通知,第四季度利息收入共 34 500 元。

第 73 张凭证(经济业务 53)　收-0009　2021-12-30

结算存款利息

借:100202(银行存款——建行存款)　　34 500(结算方式:转账支票,票号:21-4553)

(03　收到的其他与经营活动有关的现金　　34 500)

借:660302(财务费用——利息收入)　　　-34 500

(54)12 月 30 日,预提四季度长期借款利息 67 200 元(到期一次还本付息)。

第 74 张凭证(经济业务 54)　转-0036　2021-12-30

预提长期借款利息

借:660301(财务费用——利息支出)　67 200

贷:2501(长期借款)　　　　67 200

(55)摊销 12 月份财产保险费 17 500 元。

第 75 张凭证(经济业务 55)　转-0037　2021-12-30

摊销本月财产保险费

借:660210(管理费用——办公费)　17 500

贷:1123(预付账款)　　　　17 500(供应商:安达保险)

(56)按使用次数摊销 12 月份在用周转材料,其中模板预计可使用 10 次,脚手架预计可使用

8次。模板摊销额为590 088元,脚手架摊销额为202 296元。在用模板和脚手架的数量如表4－13所示。模板每平方米摊销额＝590 088÷10÷3 783元＝15.6元，脚手架每米摊销额＝202 296÷8÷2 906元＝8.7元。根据周转材料摊销资料,编制周转材料摊销表,摊销本月周转材料。

表4－13　周转材料摊销表

项目	模板		脚手架		摊销金额合计/元
	在用/平方米	摊销金额/元	在用/米	摊销金额/元	
宝福花园小区	1 300	20 280	1 200	10 440	30 720
5号楼土建工程	483	7 534.8	—	—	7 534.8
4号厂房	1 100	17 160	906	7 882.2	25 042.2
办公楼装修	900	14 040	800	6 960	21 000
合计	3 783	59 014.8	2 906	25 282.2	84 297

第76张凭证(经济业务56)　转-0038　2021－12－30

摊销周转材料

借:540101(工程施工——合同成本)　30 720(项目:宝福花园小区)

借:540101(工程施工——合同成本)　7 534.8(项目:5号楼土建工程)

借:540101(工程施工——合同成本)　25 042.2(项目:4号厂房)

借:540101(工程施工——合同成本)　21 000(项目:办公楼装修)

　贷:14110301(周转材料——周转材料摊销——模板)　59 014.8

　贷:14110302(周转材料——周转材料摊销——脚手架)　25 282.2

㊼按工时结转本月机修费。本月机修车间为各部门服务时间如表4－14所示。在本月“发生额和余额表”中辅助生产——机修车间科目借方发生额为84 083.10元。辅助生产费用分配率为30.21元/工时。

表4－14　机修车间为各部门服务时间

项目	工时	分配金额/元
宝福花园小区	1 470	44 413.28
5号楼土建工程	580	17 523.61
4号厂房	658	19 880.23
管理部门	75	2 265.98
合计	2 783	84 083.10

第77张凭证(经济业务57)　转-0039　2021－12－30

结转本月机修费

借:540101(工程施工——合同成本)　44 413.28(项目:宝福花园小区)

借:540101(工程施工——合同成本)　17 523.61(项目:5号楼土建工程)

借:540101(工程施工——合同成本)　19 880.23(项目:4号楼厂房)

借:660210(管理费用——办公费)　2 265.98

贷:5404(辅助生产)　　84 083.10(部门:机修车间)

(58)宝福花园小区按施工合同规定将工程形象进度划分不同的阶段,分阶段结算工程价款。施工合同含税总价 35 760 000 元,按工程预算还将发生工程支出 14 166 519 元,如表 4 - 15 所示。已预收账款 6 000 000 元(见期初余额)。

表 4 - 15　建造合同核算表

项目	金额(比例)	项目	金额(比例)
期末时合同成本累计发生额/元	10 187 698.34	合同收入/元	35 760 000
完成合同尚需发生的成本/元	14 166 519	年末累计确认收入/元	14 947 680
建造合同预计成本/元	24 354 217.34	以前年度确认的收入/元	
完工百分比/%	41.8	本年应确认的收入/元	14 947 680

第 78 张凭证(经济业务 58 - 1)　转-0040　2021 - 12 - 30

与龙发建筑公司结算宝福花园小区工程款

借:1122(应收账款)　　14 947 680(客户:龙发建筑)

　贷:5402(工程结算)　　12 775 794.9(项目:宝福花园小区)

　贷:22210102(应交税费——应交增值税——销项税额)　2 171 885.1

第 79 张凭证(经济业务 58 - 2)　转-0041　2021 - 12 - 30

结转宝福花园小区预收工程款

借:2203(预收账款)　　6 000 000(客户:龙发建筑)

　贷:1122(应收账款)　　6 000 000(客户:龙发建筑)

第 80 张凭证(经济业务 58 - 3)　转-0042　2021 - 12 - 30

确认收入结转成本

借:6401(主营业务成本)　　10 187 698.34

借:540102(工程施工——合同毛利)　　2 588 096.56(项目:宝福花园小区)

　贷:6001(主营业务收入)　　12 775 794.9

(59)结转 5 号楼土建工程的本月合同成本和合同毛利。

第 81 张凭证(经济业务 59)　转-0043　2021 - 12 - 30

结转 5 号楼的合同成本与合同毛利

借:6401(主营业务成本)　　1 638 432.65

借:540102(工程施工——合同毛利)　　1 233 362.22 (项目:5 号楼土建工程)

　贷:6001(主营业务收入)　　2 871 794.87

(60)佳捷印刷厂的办公楼装修工程完工,与客户办理结算(以前年度未结算过)。工程合同含税总价 2 500 000 元,已预收账款 1 800 000 元(见期初余额),工程施工合同成本(项目:办公楼装修)856 428.51 元。收到佳捷快印转来的工程款 1 800 000 元。

第 82 张凭证(经济业务 60 - 1)　转-0044　2021 - 12 - 30

向佳捷印刷办理工程结算

借:1122(应收账款)　　2 500 000(客户:佳捷印刷)

　贷:5402(工程结算)　　2 252 252.25(项目:办公楼装修)

贷:22210102(应交税费——应交增值税——销项税额) 247 747.75

第 83 张凭证(经济业务 60-2) 收-0010 2021-12-30

收到佳捷印刷办公楼装修工程款

借:100201(银行存款——工行存款) 700 000(结算方式:转账支票,票号:21-8546)

(01 销售商品、提供劳务收到的现金 700 000)

借:2203(预收账款) 1 800 000(客户:佳捷印刷)

贷:1122(应收账款) 2 500 000(客户:佳捷印刷)

第 84 张凭证(经济业务 60-3) 转-0045 2021-12-30

办公楼装修工程结算与工程施工对冲

借:5402(工程结算) 2 252 252.25(项目:办公楼装修)

贷:540101(工程施工——合同成本) 856 428.51(项目:办公楼装修)

贷:540102(工程施工——合同毛利) 1 395 823.74(项目:办公楼装修)

第 85 张凭证(经济业务 60-4) 转-0046 2021-12-30

结转已完办公楼装修工程实际成本

借:6401(主营业务成本) 856 428.51

借:540102(工程施工——合同毛利) 1 395 823.74(项目:办公楼装修)

贷:6001(主营业务收入) 2 252 252.25

㉑4 号厂房工程完工,与美华食品公司办理结算(以前年度未结算过)。工程合同含税总价5 500 000 元,工程施工合同成本(项目:4 号厂房)2 243 053.06 元。收到美华食品公司转来的全部工程款5 500 000 元。

第 86 张凭证(经济业务 61-1) 转-0047 2021-12-30

向美华食品办理工程结算

借:1122(应收账款) 5 500 000(客户:美华食品)

贷:5402(工程结算) 4 954 954.95 (项目:4 号厂房)

贷:22210102(应交税费——应交增值税——销项税额) 545 045.05

第 87 张凭证(经济业务 61-2) 收-0011 2021-12-30

收到美华食品 4 号厂房工程款

借:100201(银行存款——工行存款) 5 500 000(结算方式:转账支票,票号:21-8546)

(01 销售商品、提供劳务收到的现金 5 500 000)

贷:1122(应收账款) 5 500 000(客户:美华食品)

第 84 张凭证(经济业务 61-3) 转-0048 2021-12-30

4 号厂房结算与工程施工对冲

借:5402(工程结算) 4 954 954.95(项目:4 号厂房)

贷:540101(工程施工——合同成本) 2 243 053.06(项目:4 号厂房)

贷:540102(工程施工——合同毛利) 2 711 901.89(项目:4 号厂房)

第 85 张凭证(经济业务 61—4) 转-0049 2021-12-30

结转已完 4 号厂房工程实际成本

借:6401(主营业务成本) 2 243 053.06

借:540102(工程施工——合同毛利)　　2 711 901.89(项目:4号厂房)
　贷:6001(主营业务收入)　　　　　　4 954 954.95

(2)以出纳员(编号:004,姓名:刘芸)身份登录企业应用平台,单击"业务导航"/"财务会计"/"总账"/"凭证"/"出纳签字",弹出"出纳签字"查询条件设置界面,输入查询条件,单击"确定",出现"出纳签字"凭证列表窗口,在该窗口勾选需要出纳签字的凭证,单击"签字"或单击某张凭证,弹出"出纳签字"界面,单击"签字"(或"成批出纳签字"),对出纳凭证进行签字。

(3)以审核员(编号:003,姓名:马月)身份登录企业应用平台,单击"业务导航"/"财务会计"/"总账"/"凭证"/"审核凭证",弹出"凭证审核"查询条件输入界面,输入查询条件,单击"确定",出现"凭证审核"列表窗口,单击某张凭证,弹出"审核凭证"界面,单击"审核"(或"成批审核"),对凭证进行审核。

(4)账套备份。因为记账后不允许取消记账,所以记账之前要备份,以防记账错误。以admin登录"系统管理",单击"账套"/"输出",在硬盘建立"实验四(1)凭证输入结束账套"的文件夹,将本次实验的账套数据输出到"实验四(1)凭证输入结束账套"文件夹。

(5)以制单人(编号:002,姓名:张涛)身份登录企业应用平台,单击"业务导航"/"财务会计"/"总账"/"凭证"/"记账",弹出"记账"界面,选择记账范围,单击"记账",完成凭证记账工作。

(6)单击"业务导航"/"财务会计"/"总账"/"账表"/"科目账"/"总账",弹出总账查询条件界面,输入查询条件,单击"预览",查询总账。

(7)单击"业务导航"/"财务会计"/"总账"/"账表"/"科目账"/"明细账",弹出明细账查询条件界面,输入查询条件,单击"预览",查询细账。

(8)账套备份。以admin登录"系统管理",单击"账套"/"输出",在硬盘建立"实验四(2)凭证记账结束账套"的文件夹,将本次实验的账套数据输出到"实验四(2)凭证记账结束账套"文件夹。

4.6 期末处理

期末会计业务是指会计人员将本月所发生的日常经济业务填制的记账凭证全部登记入账后,在每个会计期末都需要完成的一些特定的会计工作,主要包括期末转账业务、对账、结账等。期末转账业务可以手工处理,也可以由计算机处理,由计算机处理包括转账定义和转账生成两部分。由于各会计期间的许多期末业务均具有较强的规律性,期末转账业务由计算机来自动处理,不但可以规范会计业务的处理,还可以大大提高处理期末业务的工作效率。

4.6.1 定义转账凭证

转账凭证的定义提供了自定义转账、对应结转、销售成本结转、售价(计划价)销售成本结转、汇兑损益结转、期间损益结转、自定义比例转账结转及费用摊销和预提结转等转账定义功能。

1. 自定义转账设置

各个企业情况不同,必然会造成各个企业对各类费用的分摊结转方式不同。在会计信息化环境下,为了实现各个企业不同时期期末会计业务处理的通用性,用户可以自行定义自动转账凭证以完成每个会计期末的固定会计业务的自动转账。自定义转账凭证功能可以完成对各种费用的分配、分摊、计提以及税金的转账凭证和期间损益转账凭证的设置等。

例如，明达建筑工程有限责任公司应交城市维护建设税为期末未交增值税的期末余额×7%。因此，自定义转账公式如下：

借：6403（税金及附加）　JG()

　贷：222104（应交税费——城市维护建设税）　QM(222102，月)＊0.07

上述自定义转账公式操作步骤为：单击“业务导航”/“财务会计”/“总账”/“期末”/“转账定义”/“自定义转账”，单击“增加”，弹出“转账目录”对话框，如图4－52所示。

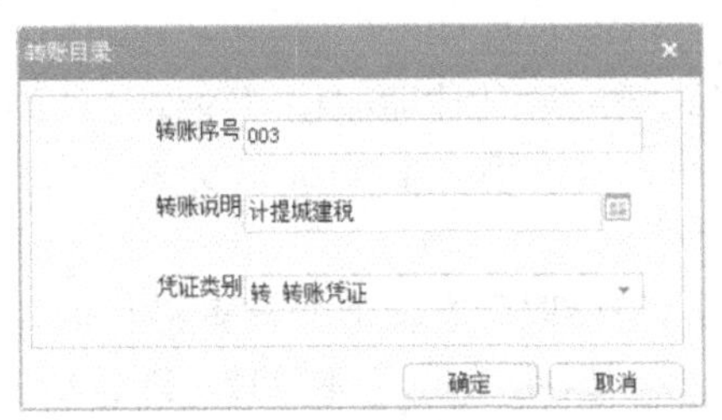

图4－52　转账目录

输入转账序号“0003”，转账说明“计提城建税”，凭证类别“转账凭证”，单击“确定”，弹出“自定义转账设置”界面，如图4－53所示，单击“增行”。

对着“科目编码”一栏，输入科目编码“6403”（税金及附加）或单击参照按钮选择科目编码6403。在“金额公式”栏，单击方框中的参照按钮，弹出“公式向导”对话框，在“公式向导”对话框中，选择函数名称“取对方科目计算结果”，其函数名是JG()。

转账序号 0003　转账说明 计提城建税　凭证类别 转账凭证

摘要	科目编码	部门	个人	客户	供应商	项目	方向	金额公式
计提城建税	6403						借	JG()
计提城建税	222104						贷	QM(222102,月)*0.07

图4－53　自定义转账

单击“增行”菜单，在第二行“科目编码”栏，选择“222104”（应交税金——应交城市维护建设税），“方向”选择“贷”，在“金额公式”一栏，输入公式。

常用函数的含义如下：

JG(科目编码)：取凭证对方括号内指定科目本币计算结果。

JG()：取凭证对方所有科目本币计算结果。

CE()：取凭证本币借贷方平衡差额（括号内为空）。

JE(科目编码，会计期间)：取账簿某科目借贷方净本币发生额。

以下函数的格式为：函数名(科目编码，会计期间，方向，[辅助项1]，[辅助项2])。函数中科目编码和会计期间必须输入，函数中的其他项可根据情况决定是否输入，如科目是辅助账核算的科目,则可以输入辅助项编号信息,如某科目无辅助账核算,则不能输入辅助项编号。科目编码可以为非末级科目。各辅助项编号必须为末级。由于科目最多只能有两个辅助账核算,因此,辅助项编号最多可定义两个。

FS(科目编码,会计期间,方向,[辅助项 1],[辅助项 2]):取账簿某科目本币借方发生额或者贷方发生额。该函数必须写方向。

QC(科目编码,会计期间,[方向],[辅助项 1],[辅助项 2]):取账簿某科目期初本币余额。该函数可以省略方向。

QM(科目编码,会计期间,[方向],[辅助项 1],[辅助项 2]):取账簿某科目期末本币余额。该函数可以省略方向。

如果某科目有辅助核算账,需要取某辅助账核算项编号的期初、发生或期末总金额,辅助项编号为该项目号,例如:QM(1122,月,借,01001)为取 1122 科目辅助项“01001”的期末余额。

如果某科目有辅助核算账,需要取所有辅助账核算科目的期初、发生或期末总金额,辅助项编号为 * 号,例如:QM(1122,月,借,*)为取 1122 科目所有辅助账核算科目的期末总金额。

说明:

(1)转账序号不是凭证号,转账序号可以任意定义,但只能输入数字、字母,不能重号。

(2)转账凭证号在执行自动转账时由系统生成,一张转账凭证对应一个转账序号。

(3)转账科目可以为非末级科目,部门或项目等辅助项编号可为空,若为空表示所有部门或所有项目。

(4)如果使用应收款、应付款管理系统,在总账系统中,不能按客户、供应商辅助项进行结转,只能按科目总数进行结转。

(5)如果公式的表达式明确,可直接输入公式;输入公式的表达式不太明确,可采用向导方式输入金额公式。

(6)在函数公式中,期初余额、期末余额函数的方向一般为空,表示取默认的余额方向,取数结果正确。如果期初余额、期末余额函数的方向不为空,而且与科目定义的余额方向一致,取数结果正确。如果期初余额、期末余额函数的方向不为空,而且与科目定义的余额方向相反,会发生取数错误,取数结果为零。

2. 对应结转设置

对应结转是把某科目数据转出到另外一个科目,转出数据的科目叫转出科目,接收数据的科目叫转入科目。对应结转不仅可以进行两个科目一对一的结转,还可以进行一个科目转入多个科目的一对多结转。对应结转的转入和转出科目可以是上级科目,但其下级科目的科目结构必须一致(相同明细科目)。操作步骤如下:单击“业务导航”/“财务会计”/“总账”/“期末”/“转账定义”/“对应结转”,如图 4-54 所示,定义转出科目和转入科目。

以本年利润转入未分配利润为例,输入编号“0001”。

(1)定义转出科目。在“凭证类别”下拉列表框中选择“转账凭证”。输入摘要“结转利润分配子目”。在“转出科目”方框中,双击鼠标左键,再单击按钮,在科目参照界面中,找到“4103”,再对它双击鼠标左键,系统就会显示“转出科目编码:4103”和“转出科目名称:本年利润”;或在“转出科目”方框中直接输入“4103”,再按回车键,系统就会显示转出科目名称“本年利润”。

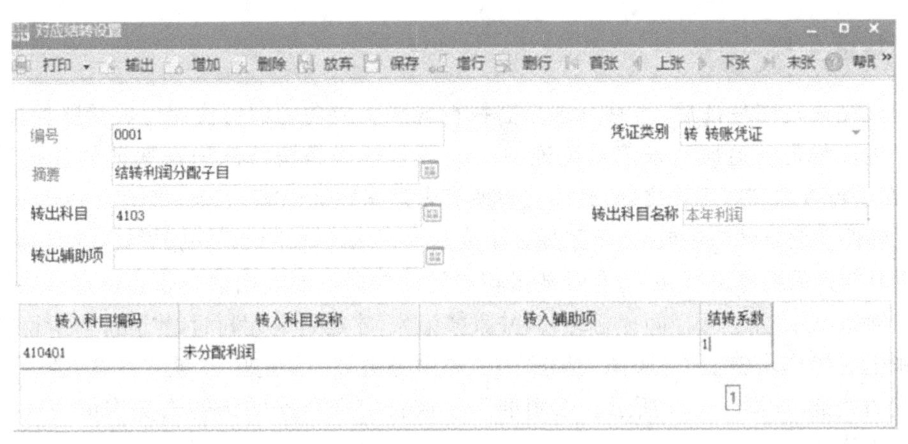

图 4－54 对应结转

(2)定义转入科目。单击菜单“增行”。在“转入科目编码”方框中,双击鼠标左键,再单击按钮,在科目参照界面中,找到“410401”,再对它双击鼠标左键,系统就会显示“转入科目编码:410401”和“转入科目名称:未分配利润”;或在“转入科目”方框中直接输入“410401”,再按回车键,系统就会显示转入科目名称“未分配利润”。输入结转系数“1”,单击“退出”,退出对应结转设置。

3. 期间损益设置

本功能用于在一个会计期间终了时,将损益类科目的余额结转到本年利润科目中,从而及时反映企业利润的盈亏情况。操作步骤如下:选择“业务导航”/“财务会计”/“总账”/“期末”/“转账定义”/“期间损益结转”,如图 4－55 所示。在图 4－55 中,前三列是损益类科目相关信息,后三列是本年利润相关信息。在此把需要结转到本年利润的损益类科目所在的行,输入本年利润科目编码即可完成设置。

期间损益结转设置

凭证类别 转 转账凭证　　本年利润科目 4103

损益科目编号	损益科目名称	损益科目账类	本年利润科目编码	本年利润科目名称	本年利润科目账类
6001	主营业务收入		4103	本年利润	
6011	利息收入		4103	本年利润	
6021	手续费及佣金收入		4103	本年利润	
6031	保费收入		4103	本年利润	
6041	租赁收入		4103	本年利润	
6051	其他业务收入		4103	本年利润	
6061	汇兑损益		4103	本年利润	
6101	公允价值变动损益		4103	本年利润	
6111	投资收益		4103	本年利润	
6201	摊回保险责任准备金		4103	本年利润	
6202	摊回赔付支出		4103	本年利润	
6203	摊回分保费用		4103	本年利润	
6301	营业外收入		4103	本年利润	
6401	主营业务成本		4103	本年利润	

每个损益科目的期末余额将结转到与其同一行的本年利润科目中。若损益科目与之对应的本年利润科目都有辅助核算,那么两个科目的辅助账类必须相同。损益科目为空的期间损益结转将不参与

打印　预览　确定　取消

图 4－55 期间损益结转

4.6.2 转账生成

在定义完成转账凭证后，每月月末只需执行转账生成功能即可快速生成转账凭证，在此生成的转账凭证将自动追加到未记账凭证中去。因为转账是按照已记账凭证的数据进行计算的，所以在进行月末转账工作之前，必须先将所有未记账凭证记账，否则，将影响生成的转账凭证数据的正确性。期末转账生成时，每张凭证生成后要记账才能生成下一张凭证，而且转账生成要按数据读取的先后顺序进行，因为有时某张转账凭证数据可能要用前一张凭证存到账簿的数据来计算。例如：必须先进行期间损益结转，并审核记账，才能有会计利润，才能计算所得税。

转账生成操作步骤如下：选择“业务导航”/“财务会计”/“总账”/“期末”/“转账生成”，选择需要生成的凭证，如图 4-56 所示。该图准备生成自定义转账的结转未交增值税凭证。单击“确定”生成凭证。

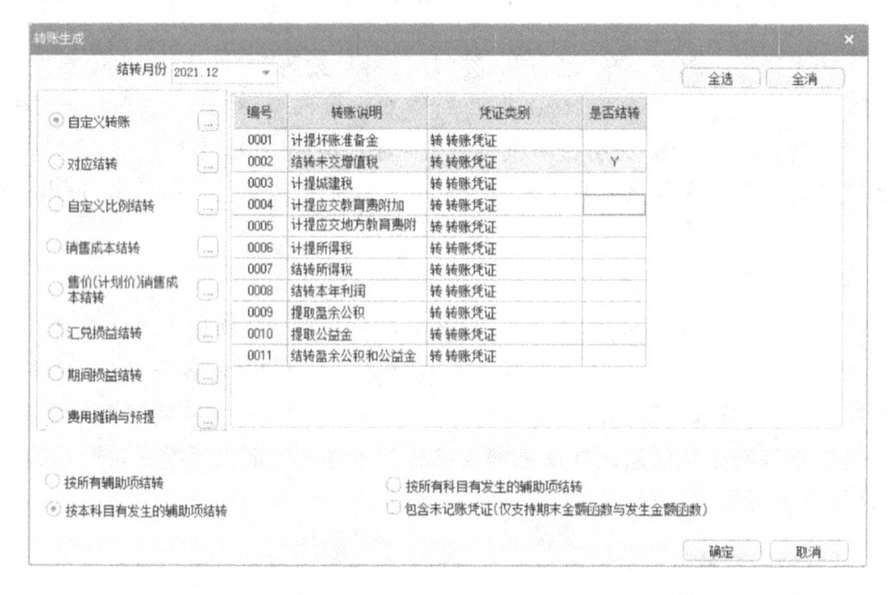

图 4-56　自定义转账的转账生成

期间损益结转转账生成操作步骤如下：选择“业务导航”/“财务会计”/“总账”/“期末”/“转账生成”，选“期间损益结转”，单击“全选”，如图 4-57 所示，单击“确定”。

说明：

(1)转账生成之前，注意转账月份为当前会计月份。

(2)进行转账生成之前，先将所有经济业务的记账凭证登记入账。

(3)转账生成的凭证，若凭证类别、制单日期和附单据数与实际情况有出入，可直接在当前凭证上进行修改，然后再保存。每张转账凭证每月只生成一次。

(4)生成对应结转凭证和销售成本结转凭证的操作与自定义转账生成凭证的操作基本相同。

(5)若使用应收款、应付款管理系统，则总账系统中，不能按客户、供应商进行结转。

(6)生成的转账凭证，仍需审核才能记账。

(7)在生成凭证时必须注意业务发生的先后顺序，否则计算金额时会发生差错。

图 4-57 期间损益结转的转账生成

4.6.3 月末对账、结账及取消结账

在会计期末，除了对收入、费用类账户余额进行结转外，还要进行对账、结账，并在结账之前进行试算平衡。

1. 对账

对账是对账簿数据进行核对，以检查记账是否正确，以及账簿是否平衡。它主要是通过核对总账与明细账、总账与辅助账、明细账与辅助账、总账与多辅助账、辅助账与多辅助账、多辅助账与明细账之间的数据来完成账账核对。为了保证账证相符、账账相符，应经常使用“对账”功能进行对账，至少一个月一次，一般可在月末结账前进行。操作步骤如下：单击“业务导航”/“财务会计”/“总账”/“期末”/“对账”，弹出“对账”对话框，如图 4-58 所示。

对账

选择 对账 错误 试算 检查 帮助 退出

检查科目档案辅助项与账务数据的一致性

选择核对内容

总账与明细账

总账与辅助账

辅助账与明细账

总账与多辅助账

辅助账与多辅助账

多辅助账与明细账

月份	对账日期	对账结果	是否结账	是否对账
2021期初				
2021.01			Y	
2021.02			Y	
2021.03			Y	
2021.04			Y	
2021.05			Y	
2021.06			Y	
2021.07			Y	
2021.08			Y	
2021.09			Y	
2021.10			Y	
2021.11			Y	
2021.12				

图 4-58 对账

在“对账”界面，对对账月份“2021.12”所在的一行单击鼠标左键，选定要进行对账的月份，该行是否对账列变成“Y”。单击“选择”，选择核对内容，系统默认选中“检查科目档案辅助项与账务数据的一致性”选项。选择核对的账簿，例如：总账与明细账、总账与辅助账、明细账与辅助账、总账与多辅助账、辅助账与多辅助账、多辅助账与明细账。单击“对账”，系统开始自动对账，并显示对账结果，如果该月账账相符，对账结果列显示“正确”；否则对账结果列显示“错误”，账账不相符时可以单击“错误”，显示对账错误原因。单击“试算”，可以对各科目类别余额进行试算平衡。单击“检查”，检查明细账、总账、辅助账自身的数据完整性及有效性。例如，检查凭证是否“有借必有贷、借贷必相等”等。单击“退出”，完成对账工作。

2. 结账

结账指每月月末计算和结转各账簿的本期发生额和期末余额，并终止本期的账务处理工作的过程。结账只能每月进行一次，要正确地完成结账工作必须符合系统对结账工作的要求。操作步骤如下：选择“业务导航”/“财务会计”/“总账”/“期末”/“结账”，弹出“结账”对话框，如图 4－59 所示。

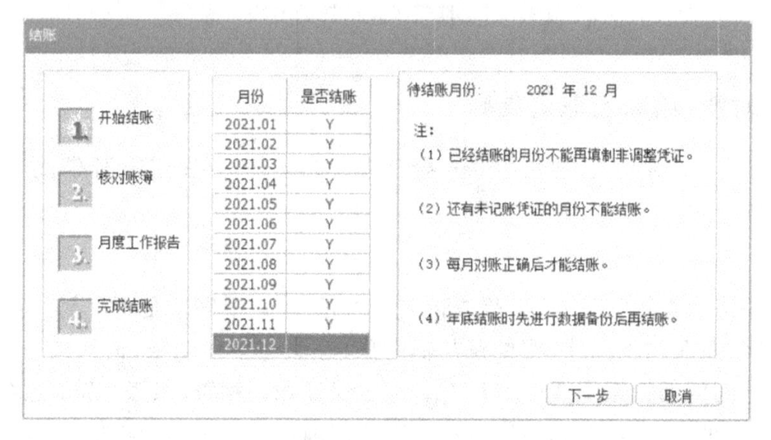

图 4－59　结账

选择需要结账的月份，YYYY.XX（YYYY 为具体的年份，XX 为具体的月份）。单击“下一步”按钮。单击“对账”按钮，如图 4－60 所示。

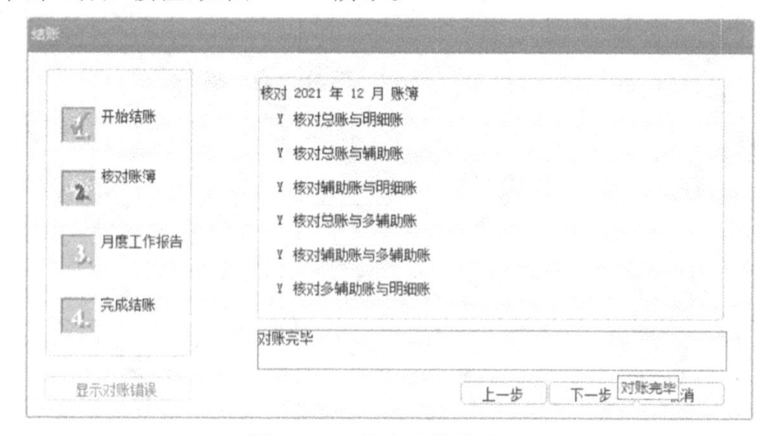

图 4－60　结账之前的对账

系统对要结账的月份进行账账核对。单击“下一步”按钮,弹出月度工作报告,如图4-61所示。

图4-61 月度工作报告

月度工作报告正确后,单击“下一步”按钮。单击“结账”,若符合结账要求,系统将进行结账,否则不予结账。如果不能结账,要看月度工作报告中说明的原因,返回总账做相应的修改之后再结账。

说明:

(1)结账只能由有结账权限的人进行。

(2)本月还有未记账凭证时,则本月不能结账。

(3)结账必须按月连续进行,上月未结账,则本月不能记账,但可以填制、复核凭证,本月也不能结账。

(4)若总账与明细账、总账与辅助账、明细账与辅助账、总账与多辅助账、辅助账与多辅助账、多辅助账与明细账对账不符,则不能结账。

(5)如果总账系统与其他系统联合使用,其他系统未全部结账,则本月总账系统不能结账。

(6)结账前,要进行数据备份。在结账的过程中,可以单击“取消”按钮取消正在进行的结账操作。

(7)已结账月份不能再填制凭证。

3. 取消结账

结完账后,由于非法操作或计算机病毒或其他原因可能会造成数据被破坏,这时可以使用“取消结账”功能,取消结账只能由有取消结账权限的人完成。操作步骤如下:

(1)以账套主管身份登录企业应用平台,在“期末”菜单中,单击“结账”,进入结账向导。

(2)单击要取消结账月份“YYYY.XX”(YYYY为具体的年份,XX为具体的月份),按Ctrl+Shift+F6键激活“取消结账”功能。

(3)输入账套主管口令。

(4)单击“确认”,即可取消结账标记。

4.7 实验五："期末处理"实验

1. 实验目的

掌握期末转账凭证定义、转账生成、月末对账和结账的方法。

2. 实验准备

(1)检查服务器配置是否正确,若不正确要重新配置。

(2)检查"实验四(2)凭证记账结束账套"是否已经在计算机中,如果在直接做本次实验。如果该结果不在计算机中,引入"实验四(2)凭证记账结束账套"的上机实验结果。引入账套的步骤:以 admin(密码为空)身份进入"系统管理",单击"账套"/"引入",选择"实验四(2)凭证记账结束账套"文件夹的 UfErpAct. Lst 文件,引入账套。

3. 实验资料及步骤

(1)自定义转账设置。单击"业务导航"/"财务会计"/"总账"/"期末"/"转账定义"/"自定义转账",弹出"自定义转账设置"界面,选择"增加",弹出"转账目录"对话框,输入转账序号、转账说明和凭证类别,单击"确定",弹出"自定义转账设置"界面,选择"增行",进行转账凭证定义。

①提坏账准备金。转账序号为"0001",转账说明为"计提坏账准备金",凭证类别为"转账凭证"。

借:670101(资产减值损失——计提坏账准备)　QM(1122,月,借,*)*0.01－QM(1231,月,贷)＋QM(1231,月,借)

　贷:1231(坏账准备)　JG()

公式含义:按"应收账款"账户余额×1%计提坏账准备。本月计提坏账准备计算公式:"应收账款"账户余额×1%－月末坏账准备贷方余额＋月末坏账准备借方余额。

②结转未交增值税。转账序号为"0002",转账说明为"结转未交增值税",凭证类别为"转账凭证"。

借:22210104(应交税费——应交增值税——转出未交增值税)　QM(22210102,月)－QM(22210101,月)＋QM(22210103,月)

　贷:222102(应交税费——未交增值税)　JG()

公式含义:未交增值税＝"增值税销项税额"本月期末余额－"增值税进项税额"本月期末余额＋"增值税进项税额转出"本月期末余额;JG()为取凭证对方所有科目的金额之和的函数。

③计提城市维护建设税。转账序号为"0003",转账说明为"计提城市维护建设税",凭证类别为"转账凭证"。

借:6403(税金及附加)　JG()

　贷:222104(应交税费——应交城市维护建设税)　QM(222102,月)*0.07

公式含义:对施工企业,应交城市维护建设税＝"未交增值税"本月期末余额×7%。

④计提应交教育费附加。转账序号为"0004",转账说明为"计提应交教育费附加",凭证类别为"转账凭证"。

借:6403(税金及附加)　JG()

　贷:222105(应交税费——应交教育费附加)　QM(222102,月)*0.03

公式含义:对施工企业,应交教育费附加="未交增值税"本月期末余额×3%。

⑤计提应交地方教育费附加。转账序号为"0005",转账说明为"计提应交地方教育费附加",凭证类别为"转账凭证"。

借:6403(税金及附加)　JG()

　贷:222106(应交税费——应交地方教育费附加) QM(222102,月)*0.02

公式含义:对施工企业,应交地方教育费附加="未交增值税"本月期末余额×2%。

⑥计提所得税。转账序号为"0006",转账说明为"计提所得税",凭证类别为"转账凭证"。

借:6801(所得税)　JG()

　贷:222108(应交税费——应交所得税)　JE(4103,月)*0.25

公式含义:应交税费——应交所得税="本年利润"本月净发生额×25%。

⑦结转所得税。转账序号为"0007",转账说明为"结转所得税",凭证类别为"转账凭证"。

借:4103(本年利润)　JG()

　贷:6801(所得税)　　QM(6801,月)

⑧结转本年利润。转账序号为"0008",转账说明为"结转本年利润",凭证类别为"转账凭证"。

借:4103(本年利润)　QM(4103,月)

　贷:410401(利润分配——未分配利润)　JG()

⑨提取法定盈余公积。转账序号为"0009",转账说明为"提取法定盈余公积",凭证类别为"转账凭证"。

借:410403(利润分配——提取法定盈余公积)　JG()

　贷:410101(盈余公积——法定盈余公积)　　FS(410401,月,贷)*0.1

公式含义:利润分配——提取法定盈余公积="利润分配——未分配利润"本月贷方的发生额×10%。

⑩提取法定公益金。转账序号为"0010",转账说明为"提取法定公益金",凭证类别为"转账凭证"。

借:410404(利润分配——提取法定公益金)　JG()

　贷:410103(盈余公积——法定公益金)　　FS(410401,月,贷)*0.05

公式含义:

利润分配——提取法定公益金="利润分配——未分配利润"本月贷方的发生额×5%。

⑪结转法定盈余公积金和法定公益金。转账序号为"0011",转账说明为"结转法定盈余公积金和法定公益金",凭证类别为"转账凭证"。

借:410401(利润分配——未分配利润)　JG()

　贷:410403(利润分配——提取法定盈余公积)　FS(410403,月,借)

　　410404(利润分配——提取法定公益金)　　FS(410404,月,借)

公式含义:

结转的"利润分配——提取法定盈余公积"="利润分配——提取法定盈余公积"本月借方的发生额。

结转的“利润分配——提取法定公益金”=“利润分配——提取法定公益金”本月借方的发生额。

(2)期间损益设置。操作步骤:选择“业务导航”/“财务会计”/“总账”/“期末”/“转账定义”/“期间损益结转”,弹出“期间损益结转设置”界面,选择凭证类别“转账凭证”,选择本年利润科目4103。将需要结转到本年利润的损益类科目所在行的“本年利润科目编码”填写“4103”,设置好以后,单击“确定”按钮。

(3)转账生成。操作步骤:单击“业务导航”/“财务会计”/“总账”/“期末”/“转账生成”,按以下顺序生成凭证,每生成一张凭证后,该凭证要审核、记账,然后才能生成下一张凭证。

①计提坏账准备;

②结转未交增值税;

③计提城市维护建设税;

④计提应交教育费附加;

⑤计提应交地方教育费附加;

⑥期间损益结转,将损益类各个账户的余额转入“本年利润”;

⑦计提所得税;

⑧结转所得税;

⑨结转本年利润,将“本年利润”账户的余额转入“利润分配——未分配利润”;

⑩提取法定盈余公积;

⑪提取法定公益金;

⑫结转法定盈余公积和法定公益金,将“利润分配”各明细账户的余额转入”利润分配——未分配利润”。

(4)对账。以账套主管身份重新进入企业应用平台。选择“业务导航”/“财务会计”/“总账”/“期末”/“对账”,弹出“对账”窗口,光标置于对账月份“2021.12”,单击“选择”/“对账”,开始自动对账,并显示对账结果。单击“试算”,可对各科目类别余额进行试算平衡,单击“确认”。

(5)结账。以账套主管身份重新进入企业应用平台。选择“业务导航”/“财务会计”/“总账”/“期末”/“结账”,弹出“结账”窗口,选择结账月份“2021.12”,选择“下一步”,弹出“对账”窗口,选择“对账”,对账结束后,选择“下一步”,系统显示2021年12月工作报告。查看月度工作报告,若不能通过工作检查,不能结账。查看月度工作报告中有相关说明,分析错误原因,修改好后再重新结账。

(6)账套备份。以admin登录“系统管理”,选择“账套”/“输出”,在硬盘建立一个名为“实验五期末自动转账生成结束账套”的文件夹,将本次实验的账套数据输出到“实验五期末自动转账生成结束账套”文件夹中。

本章小结

本章介绍了总账系统的原理和基本结构,以及账务处理流程、总账系统中初始设置、辅助账管理、凭证处理、期末处理等功能模块的基本原理和功能;以明达建筑工程有限责任公司经济业务处理为例,详细介绍了上述功能的应用。

即测即评

思考题

1. 转账凭证有哪些类型？如何定义？生成的方法是什么？
2. 如何进行对账、结账？会计信息系统系统的结账是否必要？
3. 自动转账工作的顺序是什么？
4. 由自动转账生成的凭证与填制的凭证有何区别？
5. 在总账系统，每月记账次数有无限制？每月结账可以进行多次吗？
6. 冲销凭证如何制作？
7. 简述系统自动编制“红冲凭证”的前提和操作过程。

第5章 报表处理

学习目标

系统地学习自定义报表和使用报表模板生成报表的方法，掌握报表格式设计和公式设置的方法以及报表数据的计算方法，了解计算机环境下报表系统的基本概念。

重点难点

报表格式设计和公式设置的方法以及报表数据的计算方法。

5.1 UFO报表原理

5.1.1 UFO报表的功能及处理流程

UFO报表处理系统为企业内部各管理部门及外部相关部门提供综合反映企业一定时期财务状况、经营成果和现金流量的会计信息，它以表格和数字及附带的文字说明来提供会计资料。报表系统的主要功能有报表格式管理、数据处理、图形和图表、报表打印和二次开发等。UFO报表处理流程如图5－1所示。

报表处理流程

启动UFO，建立报表	建立报表可以用报表模板，也可以自定义。用报表模板，报表格式和公式需要根据账套实际情况进行调整
报表格式设计和公式设置	在格式状态下： ①报表格式设计：表尺寸→行高→列宽→区域画线等； ②公式设置：单元公式→审核公式→舍位平衡公式； ③关键字设置
报表数据处理	在数据状态下：选择账套→输入关键字值→整表重算→审核→舍位平衡(可选)

图5－1 报表处理流程

报表处理流程中主要的步骤是报表格式设计和公式定义、报表数据处理。其中，报表格式设计和公式定义可以用报表模板实现，也可以自定义。

自定义报表必须自己设计报表格式和定义公式，其编制步骤如下：

(1)启动 UFO，在 UFO 报表系统建立新报表文件。

(2)在报表的格式状态下设计报表的格式，如表尺寸、行高列宽、单元属性。

(3)在报表的格式状态下定义各类公式，如单元公式、审核公式和舍位平衡公式。

(4)在报表的格式状态下设置关键字。

(5)在报表的数据状态下进行报表数据处理，如选择账套、输入关键字值和整表重算等。

(6)保存报表，退出 UFO。

注意：在以上步骤中，前四步属于报表的初始设置，后两步属于报表的日常处理。

用模板编制报表，模板中的报表格式设计与公式定义已经做好了，只需根据账套的科目和科目编码对模板中的公式进行适当调整即可。用模板编制报表的步骤如下：

(1)启动 UFO 报表，在 UFO 报表系统建立新报表文件。

(2)调用报表模板，根据账套的科目和科目编码的实际情况调整模板中的格式、公式、关键字等。

(3)在报表的数据状态下进行报表数据处理，如选择账套、输入关键字值和整表重算等。

(4)保存报表，退出 UFO 报表。

5.1.2 基本概念

1. 报表和表页

一张 UFO 报表是一个以“*.rep”存储的文件，一张 UFO 报表可以包括 1～99 999 张表页。一张表页是一张二维表，每张表页由很多单元格组成，每个单元格有唯一的名称，单元名称为列号＋行号，例如：B3 单元表示 B 列第 3 行的单元。

2. 报表的格式状态和数据状态

报表有格式状态和数据状态两种状态，不同的状态有不同的功用。两种状态的切换可以通过报表左下方的“数据/格式”切换按钮实现。①格式状态：在格式状态下定义报表的格式，定义单元的取数公式。②数据状态：在数据状态下系统按格式状态下单元公式的定义，到各数据源取数，并将计算结果填写在对应的单元上。

3. 单元的类型

表页的单元类型有数值单元、字符单元和表样单元三种。①数值单元。在格式状态下填写单元的取数公式，在数据状态下系统按单元取数公式的计算结果填写数值。②字符单元。在格式状态下填写字符单元的内容，在数据状态下字符单元内容不变。③表样单元。在格式状态下定义单元的内容，在数据状态下字符单元内容不变，而且该内容对整个报表所有的表页是一样的。

4. 区域与组合单元

区域为一个矩形块，区域名称用左上角单元名：右下角单元名标识，如 A2：D8。组合单元由相邻的、同一种单元类型的、两个或更多的单元组成，处理时视为一个单元。

5. 报表系统的数据来源

会计报表的数据来源有本账套及其他账套的总账凭证、账簿和其他子系统，本报表本表页、本报表其他表页、其他报表文件等。

6. 报表界面各常用按钮功能

图 5-2 是报表界面各常用按钮功能。

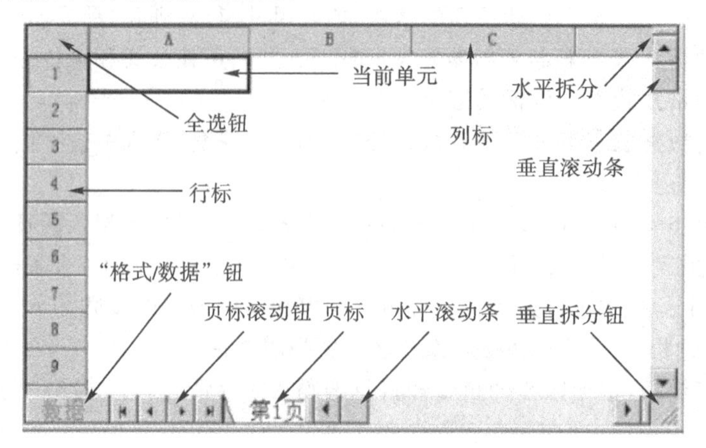

图 5-2 报表界面各常用按钮功能

5.2 自定义报表格式设计及公式定义

5.2.1 报表格式设计

1. 新建 UFO 报表

操作步骤：以有 UFO 报表操作权限的操作员，登录企业应用平台，选择“业务导航”/“财务会计”/“UFO 报表”/“文件”/“新建”，选择“保存”，将报表保存在扩展名为 *.rep 的文件中，如图 5-3 所示。

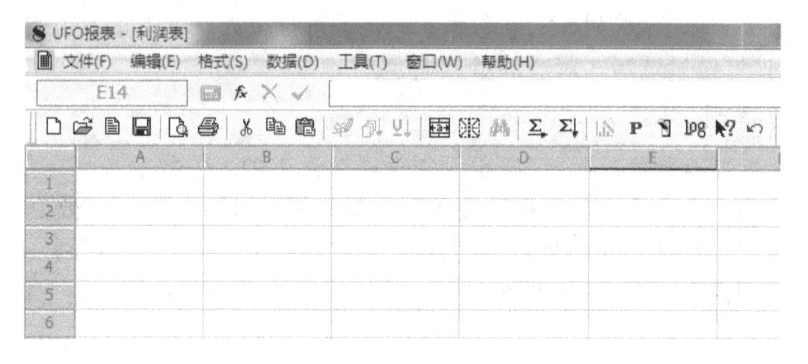

图 5-3 新建报表

2. 报表格式状态设置

单击报表底部左下角的“格式/数据”按钮，设当前状态为“格式”状态。

3. 定义报表尺寸

单击菜单“格式”/“表尺寸”，弹出如图 5-4 所示的“表尺寸”对话框，设置报表尺寸。

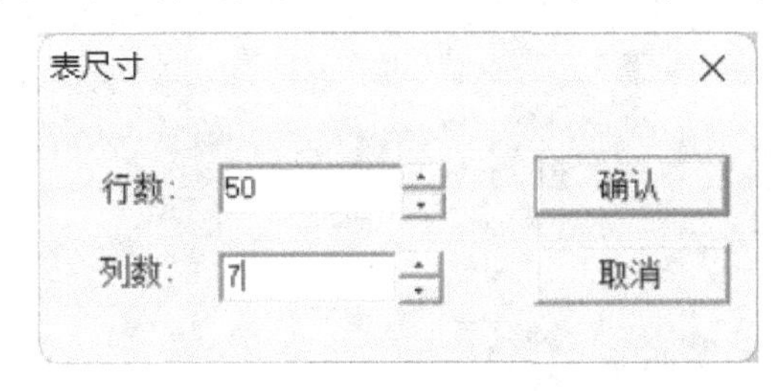

图 5-4 “表尺寸”对话框

4. 设置行高或列宽

单击菜单“格式”/“行高”设置行高，如图 5-5 所示，单击菜单“格式”/“列宽”设置列宽。

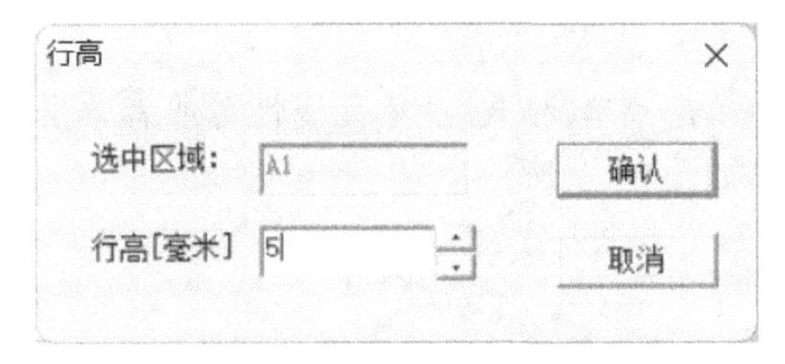

图 5-5 “行高”对话框

5. 设置组合单元

选中需要组合的区域，单击菜单“格式”/“组合单元”，如图 5-6 所示。

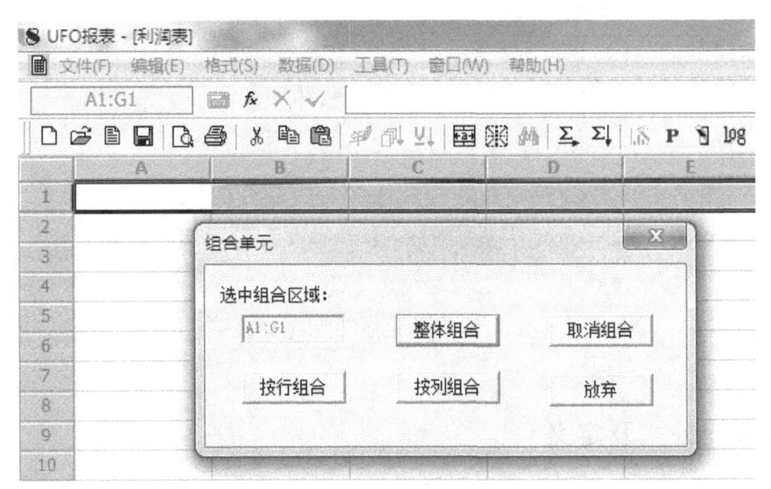

图 5-6 “组合单元”对话框

6. 区域画线

选中需要画线的区域，单击菜单“格式”/“区域画线”，如图 5-7 所示。

图 5－7 “区域画线”对话框

7. 定义单元属性

选中需要设置的单元，单击菜单“格式”/“单元属性”，或者单击鼠标右键，选“单元属性”，弹出“单元格属性”对话框，如图 5－8 所示。

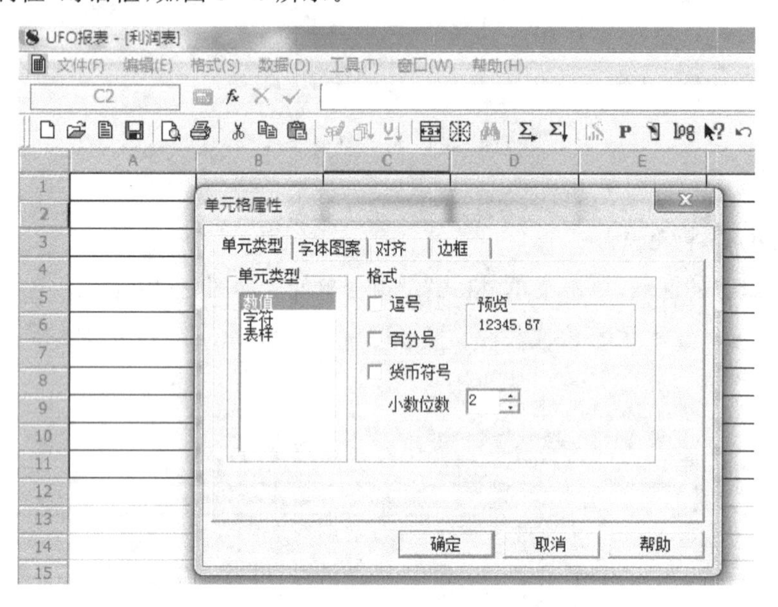

图 5－8 “单元格属性”对话框

5.2.2 报表单元公式及定义

1. 单元公式的作用

报表的单元公式也称单元计算公式，是为报表数据单元进行赋值的公式，其作用是从本账套及其他账套的总账、凭证、账簿和其他子系统，以及本报表本表页、本报表其他表页和其他报表文件等处调用运算所需要的数据，按定义的公式运算并填入相应的报表单元中。

2. 单元公式的组成

单元公式主要有账务取数函数、表页内部指定区域的统计公式、本表其他表页取数公式和其他报表文件取数公式四种。每个单元公式一般由目标单元、运算符、函数和运算符序列组成。注意,单元公式中的所有标点符号必须是半角状态下的标点符号。

(1)账务取数函数。账务取数是会计报表数据的主要来源,它从总账系统中提取数据,经过单元公式计算放到目标单元格中。系统提供丰富的账务取数函数以实现总账和报表之间数据的传递。账务取数函数的基本格式为

函数名(〈"科目编码"〉,〈会计期间〉,["方向"],["账套号"],[会计年度],["编码 1"],["编码 2"],[截止日期])

函数参数中打中括号的参数是任选的,即可以省略不写,例如方向、账套号、会计年度、编码等;打尖括号的参数是必须的,例如科目编码和会计期间这两个参数在函数中必须有。编码1、编码 2 是辅助核算单位编码。各参数的位置需要保留。如果省略的参数后面没有内容了,则可以不写逗号;如果省略的参数后面还有内容,则必须写逗号,把它们的位置留出来。例如以下公式:QM("1002",月),省略了方向、账套号、会计年度、编码 1、编码 2;QM("1122",月,,,,"单位编码")省略了方向、账套号、会计年度、编码 2。

例如:QM("1122",月,"借","555",2021,"01002"),取的是 555 账套 2021 会计年度 1122 科目客户编号"01002"本月借方的期末余额。有关函数名及其含义如图 5-9 所示。

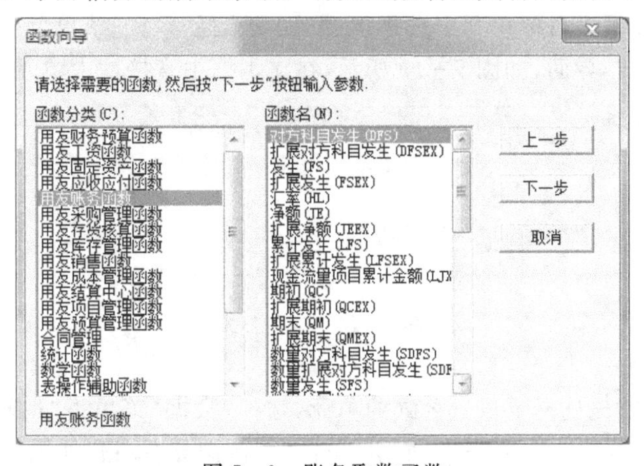

图 5-9 账务取数函数

常用的函数有以下几个:

①QC。该函数取某科目某月份的期初本币余额。使用格式:QC("科目编码",会计期间,["方向"],["账套号"],[会计年度],["编码 1"],["编码 2"])。

②QM。该函数取某科目某月份的期末本币余额。使用格式:QM("科目编码",会计期间,["方向"],["账套号"],[会计年度],["编码 1"],["编码 2"])。

特别说明:余额函数(QC 和 QM)最好不写方向,不写方向系统会自动取科目定义的余额方向,这样保证取得的余额正确。

③FS。该函数取某科目的某方向某月份的本币发生额。使用格式:FS("科目编码",会计期间,["方向"],["账套号"],[会计年度],["编码 1"],["编码 2"])。

④JE。该函数取某科目某月份借方和贷方发生额相减后的净额。使用格式:JE("科目编

码",会计期间,["账套号"],[会计年度],["编码 1"],["编码 2"])。注意,此函数不需要方向。

⑤XJLL。该函数返回某一时间段内某一现金流量项目的发生额合计数。使用格式:XJLL(["起始日期","截止日期"],"方向","项目编码",["账套号"],["会计年度"],["是否包含未记账"],["会计期间"],["部门编码"],["个人编码"],["供应商编码"],["客户编码"],["项目大类名称"],["项目编码"])。注意,由于使用借贷记账法,"方向"为"流入"或"流出"。现金流量函数的"方向"不能缺省,"会计期间"和"起始日期和截止日期"必须输入其中之一,不能全部省略。

(2)表页内部指定区域的统计公式。表页内部指定区域的统计公式主要是用于在本表页的指定区域内进行求和(PTOTAL)、求平均数(PAVG)、计数(PCOUNT)、求最大值(PMAX)、最小值(PMIN)以及求统计方差(PVAR)等统计计算的公式。例如,PTOTAL(B3:B17)表示对 B3:B17 单元求和。

(3)本表其他表页取数公式。从本表其他表页取数的公式格式为:单元编号@表页号。例如,取本报表第 2 页的 B17 单元的数据到本表页的 C3 单元,写为:C3＝B17@2。

(4)其他报表文件取数公式。从其他报表的取数公式格式为:报表名－＞单元编号。例如,假设当前报表为利润表,从资产负债表取 B17 单元的数据到当前报表当前表页的 C7 单元,公式为:C7＝资产负债表－＞B17。

3. 编辑单元公式的方法

单元公式定义是在格式状态下进行的,既可以直接输入公式,也可以用向导输入。

直接输入就是在报表目标单元中选择 f_x 按钮或选择"数据"菜单下"编辑公式"中的"单元公式",弹出"定义公式"界面,如图 5-10 所示,在文本框中直接输入单元公式。

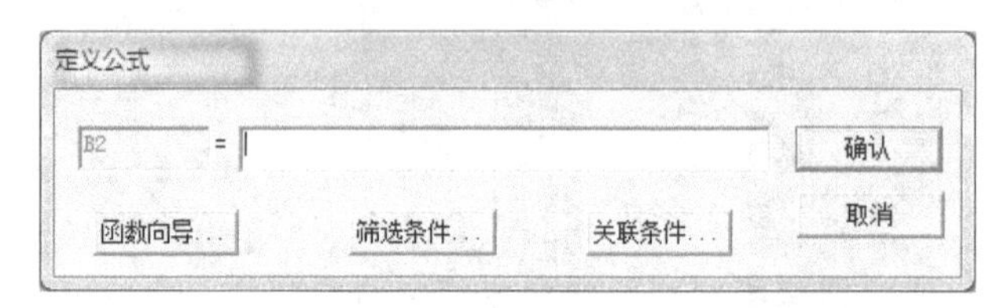

图 5-10　定义公式

用向导输入时,首先选择要设置公式的单元,选择"数据"菜单下"编辑公式"中的"单元公式",弹出"定义公式"界面,如图 5-10 所示,单击"函数向导"按钮,如图 5-11 所示。

选择"参照"按钮,弹出"账务函数"对话框,如图 5-12 所示。在该对话框中输入合适的参数,单击"确定"按钮即可。

操作注意:

(1)单元公式在输入时,凡是涉及数学符号的均须输入英文半角字符,否则系统将认为公式输入错误而不能被保存。

(2)账套号和会计年度如果选择默认,以后在选择取数的账套时,需要进行账套初始化工作。如果直接输入,则不需再进行账套初始化。

(3)如果输入的会计科目有辅助核算,还可以输入相关辅助账核算内容。如果没有辅助账核算,则"辅助核算"选择框呈灰色,不可输入。

(4)不允许循环引用公式,例如:A1＝A1＋B1,公式循环引用 A1 是错的。组合单元中不能定义单元公式。

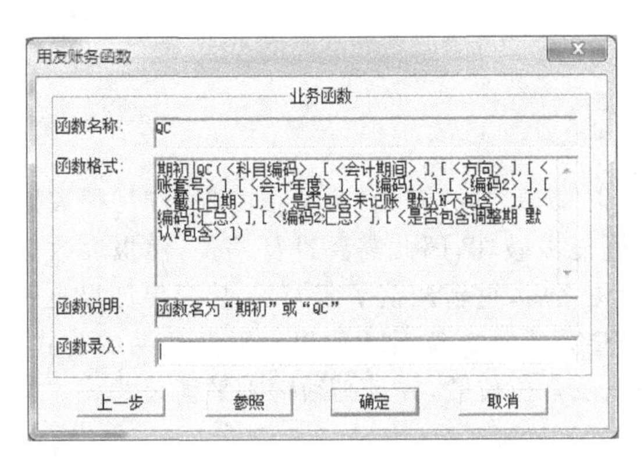

图 5 - 11　"用友账务函数"对话框

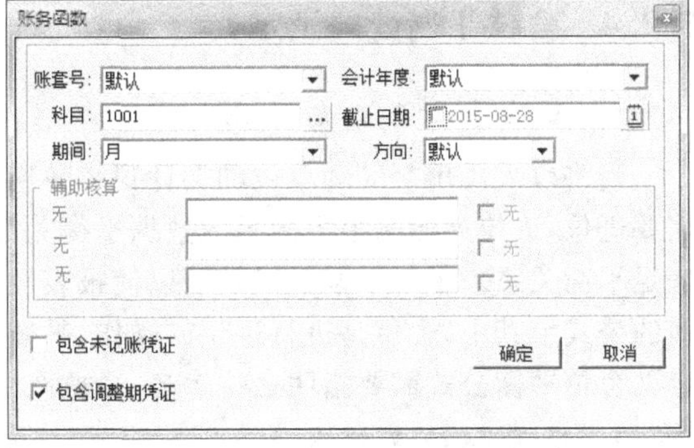

图 5 - 12　"账务函数"对话框

5.2.3　审核公式的作用及定义

1. 审核公式的作用

报表审核公式的作用是根据报表数据间的勾稽关系检查报表数据是否正确。

2. 审核公式的格式

格式如下:〈区域〉=〈算术表达式〉[FOR〈表页筛选条件〉][RELATION〈表页关联条件〉]MESSAGE"〈提示信息〉",其中,提示信息是当审核关系不满足时屏幕上出现的提示信息。例如:资产负债表中,"负债和所有者权益期末余额总计"必须等于"资产期末余额总计",假设,D38 填的是"资产期末余额总计",H38 填的是"负债和所有者权益期末余额总计",则可以写下面的审核公式:

D38=H38

MESS"资产期末余额总计不等于负债和所有者权益期末余额总计"

定义好之后,让计算机自动按审核公式进行审核,如果审核发现满足平衡要求,不出现任何提示;不满足平衡要求,出现提示"资产期末余额总计不等于负债和所有者权益期末余额总计"。

3. 审核公式的定义

审核公式的设计需在报表格式状态进行,选择"数据"菜单下"编辑公式"中的"审核公式",出现"审核公式"界面,如图 5 - 13 所示。在"审核公式"界面输入审核公式,单击"确定"按钮即可。

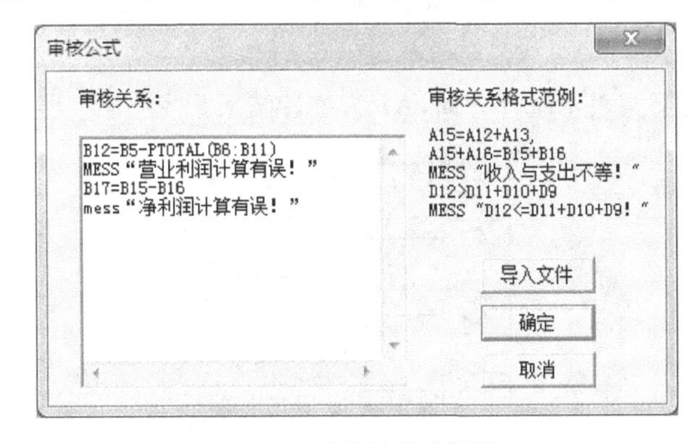

图 5 - 13　"审核公式"界面

5.2.4 舍位平衡公式及定义

1. 舍位平衡公式的作用

当将以人民币“元”为单位的会计报表转换为以“千元”或“万元”为单位的报表时，报表数据要进位，进位后原来报表满足的数据平衡关系可能被破坏，因此需要进行调整，使报表数据满足平衡关系。舍位平衡公式是可以使报表经舍位之后，重新调整平衡关系，从而保证报表平衡的公式。其中，舍位是进行进位的操作，平衡调整公式是舍位后调整报表平衡关系的公式。定义舍位平衡公式需要指明舍位表名、舍位范围以及舍位位数，并且必须输入平衡公式。

2. 设置舍位平衡公式

在报表格式状态下，选择“数据”菜单下“编辑公式”中的“舍位平衡公式”，出现“舍位平衡公式”对话框，如图 5－14 所示。

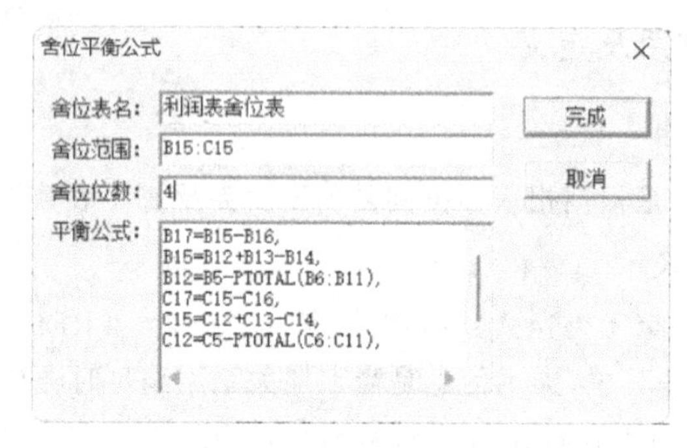

图 5－14 “舍位平衡公式”对话框

(1)舍位表名：和当前文件名不能相同，默认在当前目录下。

(2)舍位范围：舍位数据的范围，要把所有要舍位的数据包括在内。

(3)舍位位数：1～8 位。舍位位数为 1，区域中的数据除以 10；舍位位数为 2，区域中的数据除以 100；依次类推。

(4)平衡公式书写规范。

①倒顺序写，首先写最终运算结果，然后一步一步逆向推导，即：平衡公式应为统计过程的逆方向。例如：统计过程为

$$A3=A2+A1$$

$$A6=A4+A5$$

$$A7=A3+A6$$

如图 5－15 所示，箭头表示统计方向，A7 为统计结果。

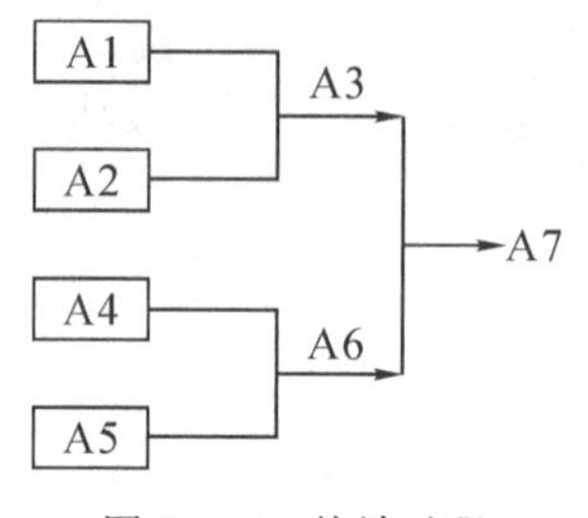

图 5－15 统计过程

因此平衡公式正确的书写顺序应该为

A7＝A3＋A6

A3＝A2＋A1

A6＝A4＋A5

当求和区域较大时，可以使用不带区域筛选条件的函数 PTOTAL。

②每个公式一行，各公式之间用逗号“,”隔开，最后一条公式不用写逗号。

③公式中只能使用“＋”“－”符号，不能使用其他运算符及函数。例如，以下平衡公式是错误的：

A1＝PTOTAL(B1:C1,B1:C1＞0)

B1＝C1 * D1

G3＝H3/89

④平衡公式等号左边只能为一个不带页号和表名的单元，不能是超过一个单元的区域。例如，以下平衡公式是错误的：

A@5＝B＋C

A1:C1＝D1:D1＋2

⑤等号右边所有出现的区域不能带页号和表名。例如，以下平衡公式是错误的：

F9＝F8@5＋"REPORT1"－＞C5

⑥任何一个单元只允许在平衡公式等号右边出现一次。例如，以下平衡公式是错误的：

F9＝F5＋F6＋F7＋F8

G8＝C8＋D8＋E8＋F8

因为单元 F8 在平衡公式中出现了两次。

5.2.5 关键字的作用及定义

报表制作过程中，为了让报表更加通用，报表编制的年、季、月、日等日期和报表编制单位的名称等内容的取值不固定，用户生成报表可以根据报表制作的需要填制，这样可以生成各年各月各日和各单位的报表。为此，在报表系统，可以将年、季、月、日等日期和报表编制单位的名称等内容定义成关键字，它的主要作用是在生成报表数据时由系统自动地根据输入的关键字值在报表相应位置填列报表编制的年、季、月、日等日期和报表编制单位的名称等内容，自动地按关键字的取值到账簿、其他子系统中取数，从而实现报表的通用性。报表关键字通常在报表格式设置中进行设置。常用的关键字有单位名称、单位编号、年、季、月、日和日期七种，还可以自定义报表的关键字。

关键字定义的操作步骤如下：在格式状态下，把光标放在准备放关键字的行上，选择“数据”/“关键字”/“设置”，弹出“设置关键字”对话框，如图 5－16 所示，选择需要设置的关键字即可。

操作注意：①一般在格式状态下设置关键字的显示位置；②在数据状态下只能由键盘录入关键字的值；③一个报表可定义多个关键字；④一种关键字只能在一张报表中定义一次。

如果关键字所在的列不合适，可以通过定义关键字偏移来移动关键字。关键字偏移的操作步骤如下：在格式状态下，选择“数据”/“关键字”/“偏移”，弹出“定义关键字偏移”对话框，如图 5－17 所示。关键字当前的位置是零值，在需要调整位置的关键字后面输入调整的偏移量，若输入正值的偏移量，关键字在当前位置右移；若输入负值的偏移量，关键字在当前位置左移。

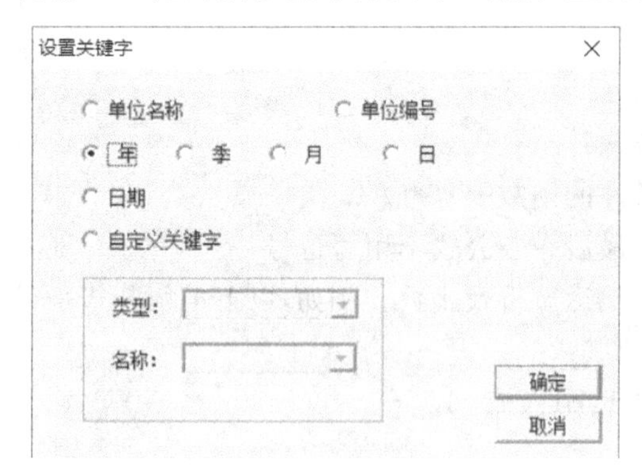

图 5-16 “设置关键字”对话框

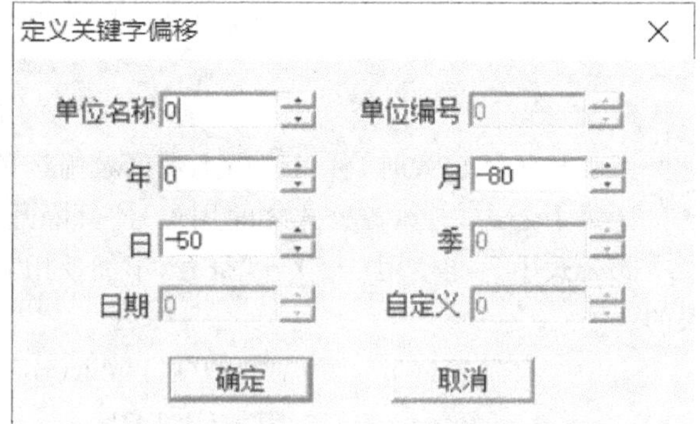

图 5-17 “定义关键字偏移”对话框

5.3 用报表模板设计报表格式和公式

报表模板是报表系统提供的多种常用的会计报表格式及公式样式。系统提供各个行业和各种类型报表的模板。选择菜单“格式”/“报表模板”，弹出如图 5-18 所示的对话框，在图中选择企业所在行业及要做的报表，即可调用系统已有的报表模板。如果该报表模板与实际需要的报表格式或公式不完全一致，可以在此基础上根据格式及所要计算的账套的科目编码稍做修改即可快速得到所需要的报表格式和公式。

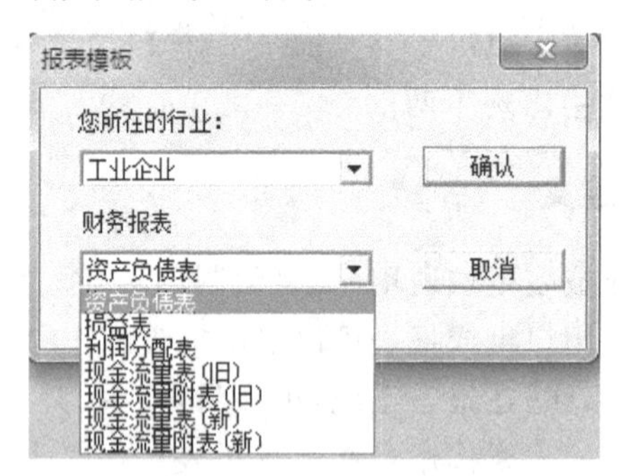

图 5-18 报表模板

5.4 报表数据生成

报表数据生成的操作步骤如下：将报表从格式状态转换到数据状态，选择需要计算的账套，输入关键字的值，整表重算，生成报表数据。生成报表后，可以用定义的审核公式对报表数据进行审核。

1. 设置计算时提示选择账套

在 UFO 报表中，将报表切换到数据状态，选择“数据”/“计算时提示选择账套”，在“计算时提示选择账套”的前面打“√”。

2. 输入关键字值

在 UFO 报表中，将报表切换到数据状态，选择“关键字”/“录入”。弹出“录入关键字”对话框，如图 5－19 所示，在对话框中输入关键字的值。

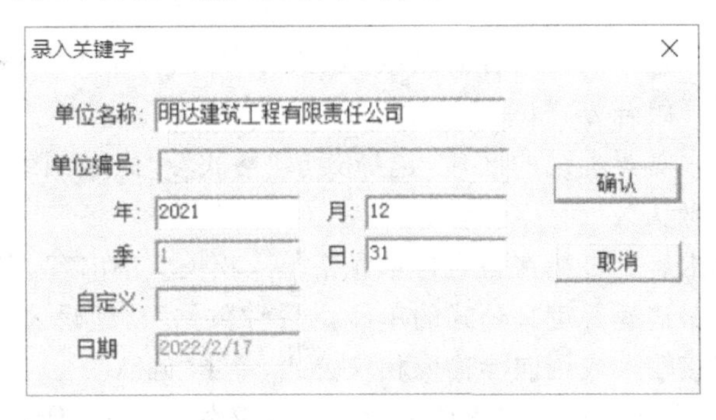

图 5－19 关键字录入

3. 整表重算

在 UFO 报表中，将报表切换到数据状态，选择“数据”/“整表重算”，弹出“是否确定全表重算?”提问，选择“是”，弹出“登录”对话框，输入账套信息，单击“确定”，报表数据就生成了。

4. 报表审核

在 UFO 报表中，将报表切换到数据状态，选择“数据”/“审核”，计算机就利用定义的审核公式对报表数据进行审核。如果审核结果正确，不显示任何信息；若审核过程中发现数据不满足某个审核公式的要求，显示错误信息。

5.5 实验六：“报表处理”实验

1. 实验目的

掌握资产负债表、利润表和现金流量表的制作。

2. 实验准备

（1）在硬盘建立“实验六报表处理”文件夹。

（2）检查服务器配置是否正确，若不正确要重新配置。

（3）检查“实验五期末自动转账生成结束账套”是否已经在计算机中，如果在直接进入资产负债表制作步骤。如果该结果不在计算机中，引入“实验五期末自动转账生成结束账套”的上机实验结果。引入账套的步骤：以 admin（密码为空）身份进入“系统管理”，单击“账套”/“引入”，选择“实验五期末自动转账生成结束账套”文件夹的 UfErpAct. Lst 文件，引入账套。

3. 资产负债表制作步骤

（1）新建报表。选择“业务导航”/“财务会计”/“UFO 报表”/“文件”/“新建”，保存报表到“实验六报表处理”的文件夹中，文件名为“资产负债表. rep”。

（2）报表格式状态设置。选择报表底部左下角的“格式/数据”按钮，设当前状态为“格式”状态。

(3)定义报表尺寸。选择菜单“格式”/“表尺寸”，弹出“表尺寸”界面，设置表行数 39，列数 8。

(4)设置行高或列宽。选择菜单“格式”/“行高”设置行高，选择菜单“格式”/“列宽”设置列宽。

(5)设置组合单元。选中需要组合的区域，如 A1:F1，选择菜单“格式”/“组合单元”，弹出“组合单元”对话框，选择组合方式，单击“确定”。

(6)区域画线。选中需要画线的区域，选择菜单“格式”/“区域画线”，弹出“区域画线”界面，选画线类型，单击“确认”。

(7)输入表样单元内容。直接在各表样单元格填入相关文字内容。

(8)输入单元公式。选择要定义公式的单元，选择“数据”/“编辑公式”/“单元公式”，打开“定义公式”对话框，直接输入或用向导输入相应公式，单击“确认”。

明达建筑工程有限责任公司资产负债表的公式定义如表 5-1 所示。单元公式的定义注意以下几点：

①应收账款等于“1122 应收账款”所有各明细账户的期末借方余额合计，减去“1231 坏账准备”贷方余额，加上“1231 坏账准备”借方余额，加上“2203 预收账款”明细科目的借方余额，即

QM("1122??",月,"借",,,,,)－QM("1231",月,"贷",,,,,)＋QM("1231",月,"借",,,,)＋QM("2203??",月,"借",,,,)

②预付账款等于“1123 预付账款”和“2202 应付账款”两个科目所属各明细科目的期末借方余额合计，即

QM("1123??",月,"借",,,,)＋QM("2202??",月,"借",,,,)

③“存货”等于“材料采购”“原材料”“采购保管费”“库存商品”“委托加工物资”“周转材料”“材料成本差异”“在途物资”“低值易耗品”等账户的期末借方余额之和，扣减“存货跌价准备”账户期末贷方余额，加上“工程施工”“辅助生产”账户的期末余额，减去“工程结算”账户期末余额。明达建筑工程有限责任公司“存货”期末的取数公式为

QM("1401",月,,,,,)＋QM("1403",月,,,,,)＋QM("1404",月,"借",,,,)－QM("1404",月,"贷",,,,)＋QM("1405",月,,,,,)＋QM("1406",月,,,,,)＋QM("1408",月,,,,,)＋QM("1411",月,,,,,)＋QM("1412",月,,,,,)＋QM("5401",月,,,,,)－QM("5402",月,,,,,)＋QM("5404",月,,,,,)

④“固定资产”的期末数等于“固定资产”期末余额，减去“累计折旧”“固定资产减值准备”账户的期末余额填列，即

QM("1601",月,,,,,)－QM("1602",月,,,,,)－ QM("1603",月,,,,,)

⑤“临时设施净值”的期末数等于“临时设施”期末余额，减去“临时设施摊销”账户期末余额填列，即

QM("1607",月,,,,,)－QM("1608",月,,,,,)

⑥“应付账款”的期末数等于“2202 应付账款”账户所属各有关明细账户期末贷方余额合计，加“1123 预付账款”所属各有关明细账户期末贷方余额合计：

QM("2202??",月,"贷",,,,)＋QM("1123??",月,"贷",,,,)

表 5-1 明达建筑工程有限公司资产负债表的公式

	A	B	C	D	E	F	G	H
1	资产负债表							
2								会企 01 表
3	编制单位：			年 月 日				单位：元
4	资产	行次	年初数	期末数	负债和所有者权益	行次	年初数	期末数
5					（或股东权益）			
6	流动资产：				流动负债：			
7	货币资金	1	QC("1001",全年,,,年,,)+QC("1002",全年,,,年,,)+QC("1012",全年,,,年,,)	QM("1001",月,,,年,,)+QM("1002",月,,,年,,)+QM("1012",月,,,年,,)	短期借款	34	QC("2001",全年,,,年,,)	QM("2001",月,,,年,,)
8	交易性金融资产	2	QC("1101",全年,,,年,,)	QM("1101",月,,,年,,)	交易性金融负债	35	QC("2101",全年,,,年,,)	QM("2101",月,,,年,,)
9	应收票据	3	QC("1121",全年,,,年,,)	QM("1121",月,,,年,,)	应付票据	36	QC("2201",全年,,,年,,)	QM("2201",月,,,年,,)
10	应收股利	4	QC("1131",全年,,,年,,)	QM("1131",月,,,年,,)	应付账款	37	QC("2202??",全年,"贷",,,,)+QC("1123??",全年,"贷",,,,)	QM("2202??",月,"贷",,,,)+QM("1123??",月,"贷",,,,,)
11	应收利息	5	QC("1132",全年,,,年,,)	QM("1132",月,,,年,,)	预收账款	38	QC("2203??",全年,"贷",,,,)+QC("1122??",全年,"贷",,,,)	QM("2203??",月,"贷",,,,,)+QM("1122??",月,"贷",,,,,)
12	应收账款	6	QC("1122??",全年,"借",,,,)−QC("1231",全年,"贷",,,,)+QC("1231",全年,"借",,,,)+QC("2203??",全年,"借",,,,)	QM("1122??",月,"借",,,,)−QM("1231",月,"贷",,,,)+QM("1231",月,"借",,,,)+QM("2203??",月,"借",,,,)	应付职工薪酬	39	QC("2211",全年,,,年,,)	QM("2211",月,,,年,,)

续表

13	其他应收款	7	QC("1221",全年,,,年,,)	QM("1221",月,,,年,,)	应交税费	40	QC("2221",全年,,,年,,)	QM("2221",月,,,年,,)
14	预付账款	8	QC("1123??",全年,"借",,,,)+QC("2202??",全年,"借",,,,)	QM("1123??",月,"借",,,,)+QM("2202??",月,"借",,,,)	应付利息	41	QC("2231",全年,,,年,,)	QM("2231",月,,,年,,)
15	存货	9	QC("1401",月,,,,,)+QC("1403",月,,,,,)+QC("1404",月,"借",,,,)－QC("1404",月,"贷",,,,)+QC("1405",月,,,,,)+QC("1406",月,,,,,)+QC("1408",月,,,,,)+QC("1411",月,,,,,)+QC("1412",月,,,,,)+QC("5401",月,,,,,)－QC("5402",月,,,,,)+QC("5404",月,,,,,)	QM("1401",月,,,,,)+QM("1403",月,,,,,)+QM("1404",月,"借",,,,)－QM("1404",月,"贷",,,,)+QM("1405",月,,,,,)+QM("1406",月,,,,,)+QM("1408",月,,,,,)+QM("1411",月,,,,,)+QM("1412",月,,,,,)+QM("5401",月,,,,,)－QM("5402",月,,,,,)+QM("5404",月,,,,,)	应付股利	42	QC("2232",全年,,,年,,)	QM("2232",月,,,年,,)
16					其他应付款	43	QC("2241",全年,,,年,,)	QM("2241",月,,,年,,)
17	流动资产合计	10	PTOTAL(? C7:? C15)	PTOTAL(? D7:? D15)	流动负债合计	46	PTOTAL(? G7:? G16)	PTOTAL(? H7:? H16)
18	非流动资产：				非流动负债：			
19	可供出售金融资产	11	QC("1503",全年,,,年,,)	QM("1503",月,,,年,,)	长期借款	47	QC("2501",全年,,,年,,)	QM("2501",月,,,年,,)
20	持有至到期投资	12	QC("1501",全年,,,年,,)－QC("1502",全年,,,年,,)	QM("1501",月,,,年,,)－QM("1502",月,,,年,,)	应付债券	48	QC("2502",全年,,,年,,)	QM("2502",月,,,年,,)

续表

21	投资性房地产	13	QC("1521",全年,,,年,,)	QM("1521",月,,,年,,)	长期应付款	49	QC("2701",全年,,,年,,)	QM("2701",月,,,年,,)
22	长期股权投资	14	QC("1511",全年,,,年,,)－QC("1512",全年,,,年,,)	QM("1511",月,,,年,,)－QM("1512",月,,,年,,)	专项应付款	50	QC("2711",全年,,,年,,)	QM("2711",月,,,年,,)
23	长期应收款	15	QC("1531",全年,,,年,,)	QM("1531",月,,,年,,)	预计负债	51	QC("2801",全年,,,年,,)	QM("2801",月,,,年,,)
24	固定资产	16	QC("1601",全年,,,年,,)	QM("1601",月,,,年,,)	递延所得税负债	52	QC("2901",全年,"贷",,年,,)	QM("2901",月,"贷",,年,,)
25	减：累计折旧	17	QC("1602",全年,,,年,,)	QM("1602",月,,,年,,)	其他非流动负债	53		
26	固定资产净值	18	? C24－? C25	? D24－? D25	非流动负债合计	54	PTOTAL(?G19:? G24)	PTOTAL(? H19:? H24)
27	减：固定资产减值准备	19	QC("1603",全年,,,年,,)	QM("1603",月,,,年,,)	负债合计	55	? G17＋? G26	? H17＋? H26
28	固定资产净额	20	? C26－? C27	? D26－? D27				
29	临时设施	21	QC("1607",全年,,,年,,)	QM("1607",全年,,,年,,)	所有者权益（或股东权益）：			
30	减：临时设施摊销	22	QC("1608",全年,,,年,,)	QM("1608",月,,,年,,)	实收资本(或股本)	56	QC("4001",全年,,,年,,)	QM("4001",月,,,年,,)
31	临时设施净值	23	? C29－? C30	? D29－? D30	资本公积	57	QC("4002",全年,,,年,,)	QM("4002",月,,,年,,)

续表

32	临时设施清理	24	QC("1609",全年,,,年,,)	QM("1609",月,,,年,,)	减:库存股	58	QC("4201",全年,,,年,,)	QM("4201",月,,,年,,)
33	固定资产清理	25	QC("1606",全年,,,年,,)	QM("1606",月,,,年,,)	盈余公积	59	QC("4101",全年,,,年,,)	QM("4101",月,,,年,,)
34	商誉	26	QC("1711",全年,,,年,,)	QM("1711",月,,,年,,)	未分配利润	60	QC("410401",全年,,,年,,)+QC("4103",全年,,,年,,)	QM("410401",月,,,年,,)+QM("4103",月,,,年,,)
35	长期待摊费用	27	QC("1801",全年,,,年,,)	QM("1801",月,,,年,,)	所有者权益(或股东权益)合计	61	?G30+?G31-?G32+?G33+?G34	?H30+?H31-?H32+?H33+?H34
36	递延所得税资产	28	QC("1811",全年,"借",,年,,)	QM("1811",月,"借",,年,,)				
37	非流动资产合计	29	PTOTAL(?C19:?C23)+C28+C31+PTOTAL(C32:C36)	PTOTAL(?D19:?D23)+D28+D31+PTOTAL(D32:D36)				
38	资产总计	30	?C17+?C37	?D17+?D37	负债和所有者权益(或股东权益)总计	62	?G27+?G35	?H27+?H35

注:表中"?"表示相对引用。表格式为 UFO 报表格式。

⑦“预收账款”的期末数等于“预收账款”所属各有关明细账户期末贷方余额合计加“应收账款”所属各有关明细账户期末贷方余额合计：

QM("2203??",月,"贷",,,,)＋QM("1122??",月,"贷",,,,)

(9)设置关键字。把光标放在需要放关键字的行上，选择菜单“数据”/“关键字”/“设置”，弹出“关键字设置”界面，进行相应设置，单击“确定”。资产负债表的关键字为单位名称、年、月、日。

调整关键字位置：选择“数据”/“关键字”/“偏移”，弹出“定义关键字偏移”界面，在需要调整位置的关键字后面输入偏移量(正值右移，负值左移)，单击“确定”。

(10)定义审核公式。在格式状态下，选择“数据”/“编辑公式”/“审核公式”，弹出“审核公式”界面，定义相应公式，单击“确定”。明达建筑工程有限责任公司资产负债表审核公式如下：

C38＝G38

MESS“资产期初余额总计不等于负债和所有者权益期初余额总计”

D38＝H38

MESS“资产期末余额总计不等于负债和所有者权益期末余额总计”

(11)保存报表。选择工具栏的“保存”按钮。

(12)报表数据生成。

①将报表从格式状态转换到数据状态。打开所建立的报表，报表底部左下角的“格式/数据”按钮为数据状态。

②设置“计算时提示选择账套”。选择“数据”/“计算时提示选择账套”，在“计算时提示选择账套”前面打“√”。

③输入关键字。选择“数据”/“关键字”/“录入”，弹出“录入关键字”界面，输入关键字，单击“确认”。

④整表重算。选择“数据”/“整表重算”，弹出“是否确定全表重算?”提问，选择“是”，弹出“登录”窗口，输入账套信息，单击“确定”，生成报表数据。

(13)在数据状态下，选择“数据”/“审核”，对报表数据进行审核。

4. 利润表的制作步骤

(1)新建报表。选择“业务导航”/“财务会计”/“UFO 报表”/“文件”/“新建”，保存新建文件到“实验六报表处理”的文件夹中，文件名为“利润表. rep”。

(2)报表格式状态设置。选择报表底部左下角的“格式/数据”按钮，设当前状态为“格式”状态。

(3)定义报表尺寸。选择菜单“格式”/“表尺寸”，弹出“表尺寸”界面，设置表行数 17，列数 3。

(4)设置行高或列宽。选择菜单“格式”/“行高”设置行高，选择菜单“格式”/“列宽”设置列宽。

(5)设置组合单元。选中需要组合的区域，例如：A1：C1，选择菜单“格式”/“组合单元”，弹出“组合单元”对话框，选择组合方式，单击“确定”。

(6)区域画线。选中需要画线的区域，选择菜单“格式”/“区域画线”，弹出“区域画线”界面，选画线类型，单击“确认”。

(7)输入表样单元内容。直接在各表样单元格填入相关文字内容。

(8)输入单元公式。选择要定义公式的单元，选择“数据”/“编辑公式”/“单元公式”，打开“定义公式”对话框，直接输入或用向导输入相应公式，单击“确认”。单元公式的定义如表 5-2 所示。

表 5-2　利润表单元公式定义

	A	B	C
1	利润表		
2	会企 02 表		
3	编制单位：明达建筑工程有限责任公司		单位：元
4	项目	本月金额	本年金额
5	一、营业收入	FS("6001",月,"贷",,,,,)+FS("6051",月,"贷",,,,,)	LFS("6001",月,"贷",,,,,)+LFS("6051",月,"贷",,,,,)
6	减：营业成本	FS("6401",月,"借",,,,,)+FS("6402",月,"借",,,,,)	LFS("6401",月,"借",,,,,)+LFS("6402",月,"借",,,,,)
7	税金及附加	FS("6403",月,"借",,,,,)	LFS("6403",月,"借",,,,,)
8	营业费用	FS("6601",月,"借",,,,,)	LFS("6601",月,"借",,,,,)
9	管理费用	FS("6602",月,"借",,,,,)	LFS("6602",月,"借",,,,,)
10	财务费用	FS("6603",月,"借",,,,,)	LFS("6603",月,"借",,,,,)
11	资产减值损失	FS("6701",月,"借",,,,,)	LFS("6701",月,"借",,,,,)
12	二、营业利润（亏损以“－”号填列）	? B5－PTOTAL(? B6:? B11)	? C5－PTOTAL(? C6:? C11)
13	加：营业外收入	FS("6301",月,"贷",,,,,)	LFS("6301",月,"贷",,,,,)
14	减：营业外支出	FS("6711",月,"借",,,,,)	LFS("6711",月,"借",,,,,)
15	三、利润总额（亏损总额以“－”号填列）	? B12＋? B13－? B14	? C12＋? C13－? C14
16	减：所得税费用	FS("6801",月,"借",,,,,)	LFS("6801",月,"借",,,,,)
17	四、净利润（净亏损以“－”号填列）	? B15－? B16	? C15－? C16

注：表格式为 UFO 报表格式。

(9)设置关键字。把光标放在需要放关键字的行上，选择菜单“数据”/“关键字”/“设置”，弹出“关键字设置”界面，进行相应设置，单击“确定”。利润表的关键字为单位名称、年、月。

调整关键字位置：选择“数据”/“关键字”/“偏移”，弹出“定义关键字偏移”界面，在需要调整位置的关键字后面输入偏移量（正值右移，负值左移），单击“确定”。

(10)定义利润表审核公式。在格式状态下，选择“数据”/“编辑公式”/“审核公式”，弹出“审核公式”界面，定义相应公式，单击“确定”。利润表审核公式如下：

B12＝B5－PTOTAL(B6:B11)

MESS“营业利润计算有误!”

B17＝B15－B16

MESS“净利润计算有误!”

(11)录入舍位平衡公式。在格式状态下，选择“数据”/“编辑公式”/“舍位公式”，按

图 5－14 输入舍位平衡公式。

(12)生成报表数据。

①将报表从格式状态转换到数据状态。打开所建立的报表,报表底部左下角的“格式/数据”按钮为数据状态。

②设置“计算时提示选择账套”。选择“数据”/“计算时提示选择账套”,在“计算时提示选择账套”前面打“√”。

③输入关键字。选择“数据”/“关键字”/“录入”,弹出“录入关键字”界面,输入关键字的值,单击“确认”。

④整表重算。选择“数据”/“整表重算”,弹出“是否确定全表重算?”提问,选择“是”,弹出“登录”窗口,输入账套信息,单击“确定”,生成报表数据。

(13)在数据状态下,选择“数据”/“审核”,对报表数据进行审核。

(14)保存报表。

(15)生成舍位表。在数据状态下,选择“数据”/“舍位平衡”。

5. 现金流量表的制作

选择“业务导航”/“财务会计”/“UFO 报表”/“文件”/“新建”,保存新建文件到“实验六报表处理”的文件夹中,文件名为“现金流量表. rep”。按表 5－3 定义现金流量表格式及单元公式(也可以选择报表模板,在报表模板基础上进行修改),定义现金流量表的关键字是年和月。格式定义好后生成现金流量表数据。

表 5－3　现金流量表及单元公式定义

	A	B	C
1	现金流量表		
2	会企 03 表		
3	编制单位:明达建筑工程有限责任公司	年度	单位:元
4	项目	行次	金额
5	一、经营活动产生的现金流量:		
6	销售商品、提供劳务收到的现金	1	XJLL("2021－12－01","2021－12－31","流入","01",,,,,,,,,,)
7	收到的税费返还	2	XJLL("2021－12－01","2021－12－31","流入","02",,,,,,,,,,)
8	收到的其他与经营活动有关的现金	3	XJLL("2021－12－01","2021－12－31","流入","03",,,,,,,,,,)
9	现金流入小计	4	PTOTAL(? C6:? C8)
10	购买商品、接受劳务支付的现金	5	XJLL("2021－12－01","2021－12－31","流出","04",,,,,,,,,,)
11	支付给职工以及为职工支付的现金	6	XJLL("2021－12－01","2021－12－31","流出","05",,,,,,,,,,)
12	支付的各项税费	7	XJLL("2021－12－01","2021－12－31","流出","06",,,,,,,,,,)

续表

13	支付的其他与经营活动有关的现金	8	XJLL("2021-12-01","2021-12-31","流出","07",,,,,,,,,,)
14	现金流出小计	9	PTOTAL(? C10:? C13)
15	经营活动产生的现金流量净额	10	? C9－? C14
16	二、投资活动产生的现金流量：		
17	收回投资所收到的现金	11	XJLL("2021-12-01","2021-12-31","流入","08",,,,,,,,,,)
18	取得投资收益所收到的现金	12	XJLL("2021-12-01","2021-12-31","流入","09",,,,,,,,,,)
19	处置固定资产、无形资产和其他长期资产所收回的现金净额	13	XJLL("2021-12-01","2021-12-31","流入","10",,,,,,,,,,)- XJLL("2021-12-01","2021-12-31","流出","10",,,,,,,,,,)
20	处置子公司及其他营业单位收到的现金净额	14	XJLL("2021-12-01","2021-12-31","流入","11",,,,,,,,,,)
21	收到的其他与投资活动有关的现金	15	XJLL("2021-12-01","2021-12-31","流入","12",,,,,,,,,,)
22	现金流入小计	16	PTOTAL(? C17:? C21)
23	购建固定资产、无形资产和其他长期资产所支付的现金	17	XJLL("2021-12-01","2021-12-31","流出","13",,,,,,,,,,)
24	投资所支付的现金	18	XJLL("2021-12-01","2021-12-31","流出","14",,,,,,,,,,)
25	取得子公司及其他营业单位支付的现金净额	19	XJLL("2021-12-01","2021-12-31","流出","15",,,,,,,,,,)
26	支付的其他与投资活动有关的现金	20	XJLL("2021-12-01","2021-12-31","流出","16",,,,,,,,,,)
27	现金流出小计	21	PTOTAL(? C23:? C26)
28	投资活动产生的现金流量净额	22	? C22－? C27
29	三、筹资活动产生的现金流量：		
30	吸收投资所收到的现金	23	XJLL("2021-12-01","2021-12-31","流入","17",,,,,,,,,,)
31	借款所收到的现金	24	XJLL("2021-12-01","2021-12-31","流入","18",,,,,,,,,,)
32	收到的其他与筹资活动有关的现金	25	XJLL("2021-12-01","2021-12-31","流入","19",,,,,,,,,,)
33	现金流入小计	26	PTOTAL(? C30:? C32)
34	偿还债务所支付的现金	27	XJLL("2021-12-01","2021-12-31","流出","20",,,,,,,,,,)

续表

35	分配股利、利润或偿付利息所支付的现金	28	XJLL("2021-12-01","2021-12-31","流出","21",,,,,,,,,)
36	支付的其他与筹资活动有关的现金	29	XJLL("2021-12-01","2021-12-31","流出","22",,,,,,,,,)
37	现金流出小计	30	PTOTAL(? C34:? C36)
38	筹资活动产生的现金流量净额	31	? C33－? C37
39	四、汇率变动对现金的影响额	32	XJLL("2021-12-01","2021-12-31","流出","23",,,,,,,,,)
40	五、现金及现金等价物净增加额	33	? C15＋? C28＋? C38＋? C39
41	加:期初现金及现金等价物余额	34	XJLL("2021-12-01","2021-12-31","流出","27",,,,,,,,,)
42	六、期末现金及现金等价物余额	35	? C40＋? C41
43	制表人:	会计主管:		
44	单位负责人:			

注:表格式为UFO报表格式。

本章小结

本章介绍了UFO报表的操作流程、报表格式设置和报表数据生成的原理,并以明达建筑工程有限责任公司资产负债表、利润表和现金流量表为例,详细介绍了报表的制作过程。

即测即评

思考题

1. 报表公式只能从指定的账套中取数吗?
2. 为什么设置了单元公式的报表,切换到数据状态取不到数值?
3. 必须在单元公式设置之后才能设置报表的审核公式吗?
4. 审核报表必须有审核公式吗?
5. 数据状态下报表可进行哪些操作?
6. 编制正确的报表审核一定能够通过吗?报表审核未通过肯定说明报表有错吗?或者说审核通过的报表一定是正确的报表吗?
7. 报表格式设计的步骤是什么?

第6章 薪资管理

学习目标

掌握薪资管理的操作流程，掌握人员档案设置、工资项目设置、税率设置、工资变动处理、工资分摊等功能的操作。

重点难点

薪资管理的初始设置和日常业务处理。

6.1 薪资管理原理

薪资是产品成本计算和企业各种费用计提的基础。薪资管理的主要任务是：确定单位的工资人员档案，设置工资项目，正确录入和计算人员工资，并按一定的分配原则进行费用的计提和分配，同时登记有关的总账和明细账。薪资管理处理流程图如图 6-1 所示。

薪资管理处理流程

建立账套并启用	增加操作员→建立账套并启用总账和薪资管理→授予操作员操作总账和薪资管理相关权限
建立薪资账套并进行薪资管理初始化	(1) 在“选项”中选单类别工资并进行“选项”设置→人员档案设置→工资项目设置→分摊类型设置 或(2) 新建工资类别→对每个工资类别进行以下设置：“选项”设置→人员档案设置→工资项目设置→分摊类型设置
日常处理	工资变动处理→工资分钱清单处理→扣缴个人所得税→银行代发处理→工资分摊
类型设置	期末处理（月末结账）

图 6-1　薪资管理处理流程图

薪资管理和总账可以在建立账套后启用，或者在企业应用平台中启用。薪资管理系统的启用会计期间必须大于等于总账的启用会计期间。

6.2　薪资管理初始化设置

1. 工资类别管理

薪资账套是针对薪资管理建立的，是存放薪资数据的账簿体系，它与第2章系统管理中建立的账套不同。系统管理中建立的账套针对整个核算系统，该账套存放会计主体各个启用了的子系统的所有数据（包括薪资账套的数据）。必须有系统管理中建立的账套，才能建立薪资账套。一个薪资账套可以建立单个或多个工资类别。工资类别指在一个薪资账套中，根据不同情况而设置的工资数据管理类别。例如，一个企业的在职人员和非在职人员工资计算方法不一样，可以在企业的薪资账套里建立两个工资核算类别，对正式职工和非正式职工分别进行核算。各工资类别是独立进行初始化、薪资日常业务处理和期末处理的，任何时候只能有一个工资类别处于打开状态。在状态栏中，可以看到当前打开的工资类别编号和名称，可以对打开状态的工资类别进行相关的数据处理，在做操作时要注意目前是对哪个工资类别进行操作；当打开一个新的工资类别时，之前打开的工资类别自动关闭。同一工资类别中存在的多个发放次数的工资将统一计算个人所得税。

(1)工资类别个数的设定。必须设定类别个数才能进行薪资管理初始化工作。单个工资类别和多个工资类别可以通过以下步骤设定：选择“业务导航”/“人力资源”/“薪资管理”/“设置”/“选项”，打开“选项”对话框，单击“编辑”，单击“参数设置”页签，如图6-2所示。

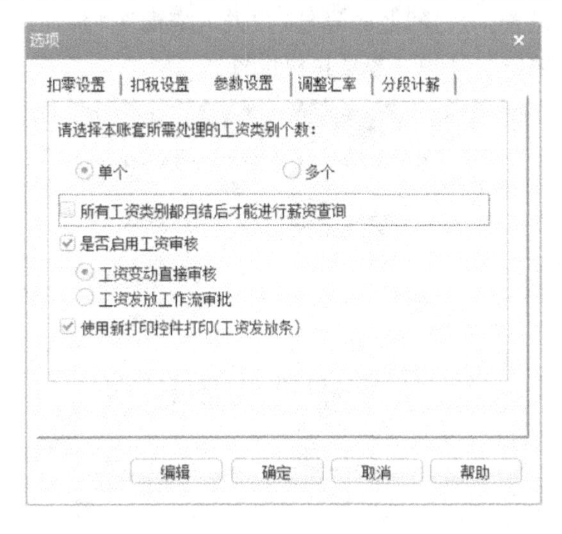

图6-2　“参数设置”页签

除此之外，多类别工资也可以在首次选择“业务导航”/“人力资源”/“薪资管理”/“工资类别”/“新建工资类别”时，在弹出的图6-2中设定。

(2)新建工资类别。如果现在已经有工资类别打开，先关闭现有的工资类别，才能新建工资类别。操作步骤：选择“业务导航”/“人力资源”/“薪资管理”/“工资类别”/“新建工资类别”，如果尚未设置工资类别个数，按上述步骤操作后会出现图6-2，要求设置工资类别个数，按向导输入新建工资类别名称，选择新建工资类别所包含的部门。如果已经设置工资类别个数，按向导输入新建工资类别名称，选择新建工资类别所包含的部门。在建立时，新的工资类别也可以参照（或复制）已有的工资类别建立。

（3）打开工资类别。打开工资类别才能对其进行相关操作，每次只能有一个工资类别打开。选择“业务导航”/“人力资源”/“薪资管理”/“工资类别”/“打开工资类别”，打开工资类别列表界面只显示当前操作员有权限（薪资部门权限和工资项目权限）的工资类别。选择要打开的工资类别，包含多个发放次数的再选择该类别下的具体发放次数，单击“确认”。如果有多工资类别，在薪资管理的功能操作时，是对处于打开状态的工资类别进行操作的，因此必须有且只能有一个工资类别处于打开状态。如果已经有打开的工资类别，则对打开的工资类别进行处理；如果没有打开的工资类别，系统会弹出选择工资类别界面，选择需要操作的工资类别后进行处理。

（4）关闭工资类别。选择“业务导航”/“人力资源”/“薪资管理”/“工资类别”/“关闭工资类别”，则关闭正在使用的工资类别及所有正在进行的功能操作。

（5）删除工资类别。选择“业务导航”/“人力资源”/“薪资管理”/“工资类别”/“删除工资类别”。只有主管才有权删除工资类别，且工资类别删除后数据不可再恢复。

（6）复制工资类别。选择“业务导航”/“人力资源”/“薪资管理”/“工资类别”/“复制工资类别”。新建工资类别时可以参照已有的工资类别进行复制。当前月进行工资类别复制时，只有上个月已经做过月末处理的工资类别才允许复制。

2.“选项”设置

只有账套主管才可以进行薪资“选项”设置，其可以对单工资类别或多工资类别中当前打开的工资类别做“选项”设置。选择“业务导航”/“人力资源”/“薪资管理”/“设置”/“选项”，打开“选项”对话框，单击“编辑”。图 6－3 是扣税设置。

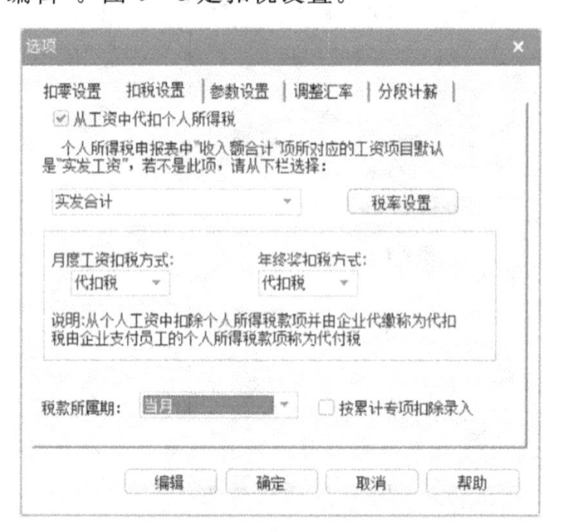

图 6－3 扣税设置

设置工资的扣税工资项目，系统默认为“实发合计”，在实际业务中，因可能存在免税收入项目（如政府特殊津贴、院士津贴等）和税后列支项目，有时需要单独设置一个工资项目来计算应纳税工资。在图 6－3 中单击“税率设置”按钮，进入税率表设置功能，图 6－4 是税率设置界面，代扣税和代付税税率表需要分别设置。

图 6-4 税率设置

说明：

(1)如果修改了扣税设置，需要进入工资变动重新计算个人所得税。

(2)只有主管人员可以修改薪资的参数。

(3)在打开工资类别时修改参数，系统将只能修改打开工资类别的参数。

(4)如果修改的工资类别不是外币工资类别，则不可调整汇率。

(5)已经进行过月结的工资类别或发放次数不能修改币种。

(6)同一个工资类别应当使用相同的币种。

3. 人员档案设置

此处人员档案指的是薪资管理系统有关的人员档案，这些人员必须是总账系统的基础设置中已经设置的人员，但不一定是总账系统的基础设置中已经设置的全部人员，因此，只需要将总账系统的基础设置中的人员选入即可。操作步骤如下：选择“业务导航”/“人力资源”/“薪资管理”/“设置”/“人员档案”，选择菜单“批增”，弹出图 6-5，选择需要增加的部门，单击“查询”，把选中的部门中的人员增加到薪资管理系统，单击“确定”。

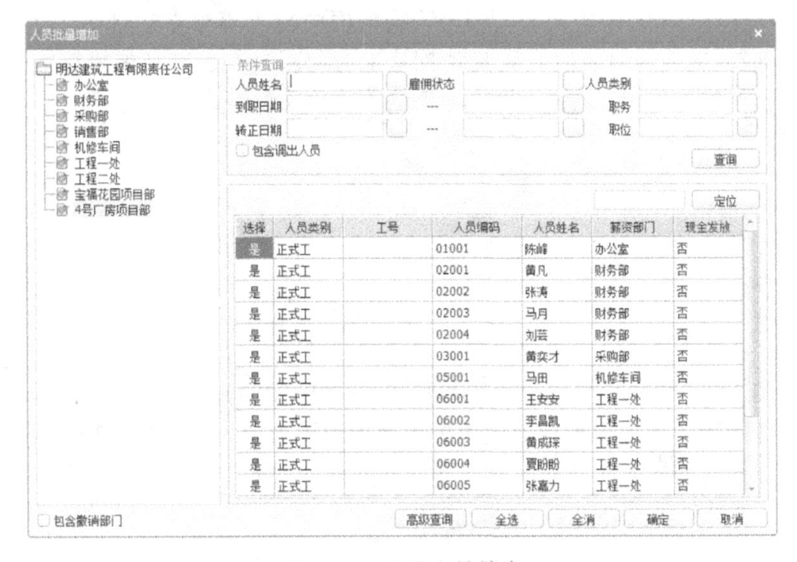

图 6-5 批增人员档案

4. 工资项目设置

工资项目是指工资结算单上所列的各个项目,包括工资构成项目、计算工资的原始数据项目和中间过渡项目。薪资管理系统允许用户自行设定所在单位的工资项目,并进行部分工资项目的运算公式的设定。操作步骤如下:选择"业务导航"/"人力资源"/"薪资管理"/"设置"/"工资项目设置",选择"工资项目设置"页签,如图 6-6 所示。单击"增加"按钮,从名称参照中选择项目,定义项目的类型、长度和增减项。

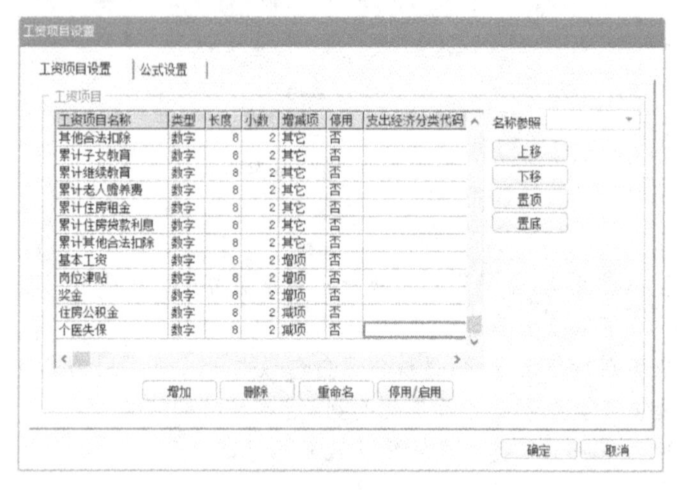

工资项目名称	类型	长度	小数	增减项	停用	支出经济分类代码
其他合法扣除	数字	8	2	其它	否	
累计子女教育	数字	8	2	其它	否	
累计继续教育	数字	8	2	其它	否	
累计老人赡养费	数字	8	2	其它	否	
累计住房租金	数字	8	2	其它	否	
累计住房贷款利息	数字	8	2	其它	否	
累计其他合法扣除	数字	8	2	其它	否	
基本工资	数字	8	2	增项	否	
岗位津贴	数字	8	2	增项	否	
奖金	数字	8	2	增项	否	
住房公积金	数字	8	2	减项	否	
个医失保	数字	8	2	减项	否	

图 6-6　工资项目设置

5. 公式设置

公式设置是设置某些项目的计算公式。操作步骤如下:选择"业务导航"/"人力资源"/"薪资管理"/"设置"/"工资项目设置",选择"公式设置"页签,如图 6-7 所示。该页签有三个对话框:左上方"工资项目"编辑框、右上方"公式定义"编辑框和下方"公式输入参照"编辑框。一般公式有两部分:一部分在等号左边,一部分在等号右边。输入时先从左上方"工资项目"编辑框选择等号左边部分,然后在右上方"公式定义"编辑框中输入等号右边部分。等号右边部分输入时所有的运算符、工资项目、部门、人员类别从下方"公式输入参照"编辑框输入,所有的函数

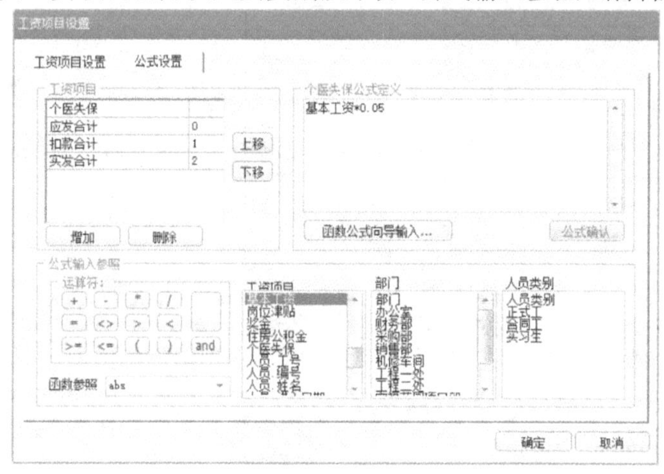

图 6-7　公式设置

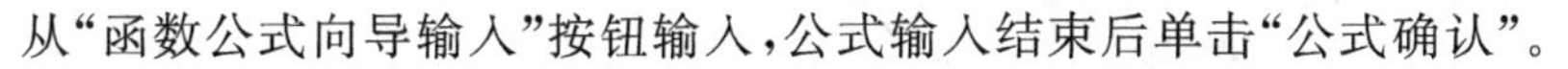

从“函数公式向导输入”按钮输入，公式输入结束后单击“公式确认”。

说明：

(1)如果工资项目发生了改变，即增加了新的工资项目或删除了原有的工资项目，则需要重新定义工资运算公式。

(2)输入公式时，要注意所定义公式的运算顺序，前一步骤的公式中不应包括后一步骤中获得数据的工资项目。

(3)工资项目及项目运算公式定义修改后，要重新计算工资数据，必要时应对原已存在的工资原始数据进行审核，以确保工资数据及运算结果的正确性。

6. 分摊类型设置

选择“业务导航”/“人力资源”/“薪资管理”/“设置”/“分摊类型设置”，弹出分摊类型设置窗口，单击“增加”，输入分摊类型，如图 6-8 所示是应付工资分摊类型设置。

分摊类型设置

分摊类型编码* 1　　分摊类型名称* 应付工资

分摊比例%* 100　　凭证类别字 转

部门名称	人员类别	工资项目	借方科目	借方项目大类	借方项目	贷方科目
工程一处	正式工	应发合计	540101	工程项目	5号楼土建工程	221101
工程二处	正式工	应发合计	540101	工程项目	办公楼装修	221101
宝福花园项目部	正式工	应发合计	540101	工程项目	宝福花园小区	221101
4号厂房项目部	正式工	应发合计	540101	工程项目	4号厂房	221101
机修车间	正式工	应发合计	5404			221101
办公室财务部...	正式工	应发合计	660208			221101

图 6-8　应付工资分摊类型设置

7. 薪资管理系统相关权限设置

如果不是以账套主管操作薪资管理系统，操作员必须被授予对薪资账套的各个部门和项目的工资权限。方法是在系统管理中授予操作员能够使用薪资管理系统功能后，让账套主管在应用平台中授权操作员拥有各部门和项目工资权限。操作步骤：以账套主管身份登录企业应用平台，选择“业务导航”/“系统服务”/“权限”/“数据权限控制设置”，勾选“工资权限”。选择“业务导航”/“系统服务”/“权限”/“数据权限分配”，授予操作员对各个部门拥有工资权限。图 6-9、图 6-10 和图 6-11 是授予张涛拥有对账套 555 的工资类别 001 账套各个部门和项目工资权限。在图 6-9 中，选择用户“张涛”，业务对象“工资权限”，单击“授权”，弹出如图 6-10 所示的记录权限设置窗口，把左边的禁用窗口的部门选入右边的可用窗口。在图 6-11 中，把左边的禁用窗口的项目选入右边的可用窗口。单击“保存”，返回权限浏览界面，如图 6-12 所示。

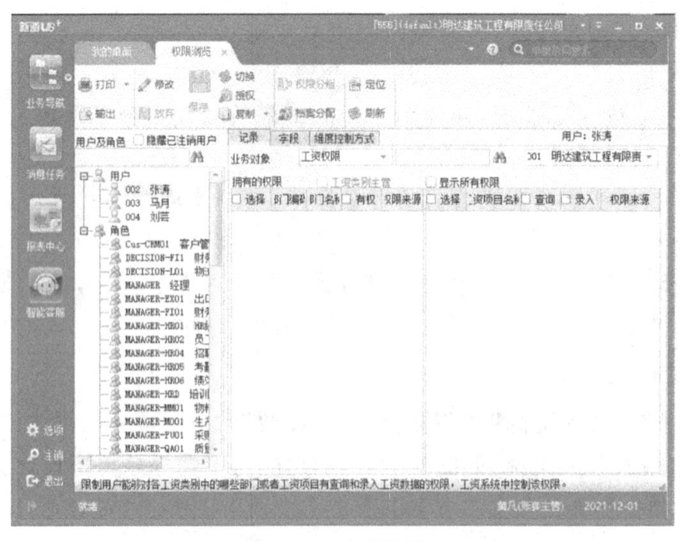

图 6-9　权限浏览

图 6-10　工资部门权限

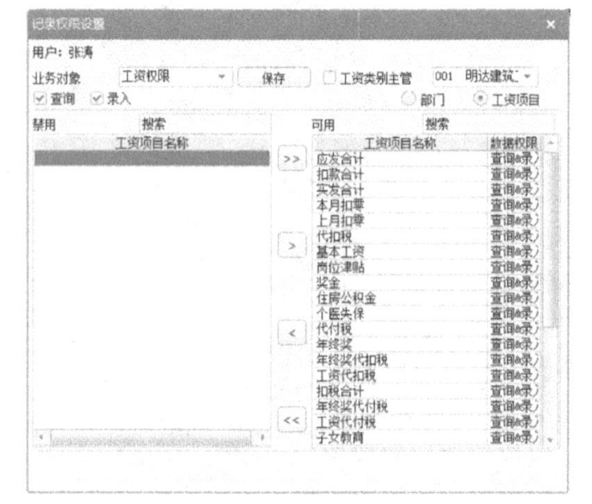

图 6-11　工资项目权限

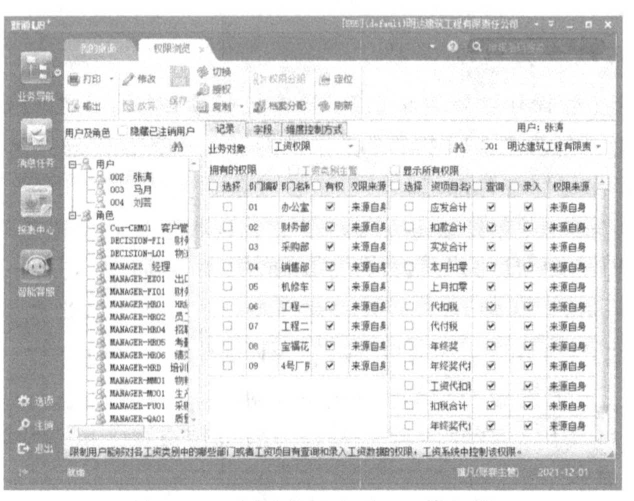

图 6-12　授予部门和项目工资权限

6.3 日常业务处理

工资日常业务处理包括工资变动处理、工资分钱清单处理、扣缴个人所得税处理、银行代发处理等。

1. 工资变动处理

(1)工资数据录入。当第一次使用薪资管理系统时,应将所有人员的工资数据录入计算机,使用后如果发生工资变动也在此功能进行调整。操作步骤如下:选择“业务导航”/“人力资源”/“薪资管理”/“业务处理”/“工资变动”,如图 6-13 所示。

工资变动

过滤器 所有项目　　定位器　　录入期初

选择	工号	人员编号	姓名	部门	人员类别	应发合计	扣款合计	实发合计
		01001	陈峰	办公室	正式工	10,450.00	1,123.80	9,326.20
		02001	黄凡	财务部	正式工	6,560.00	580.30	5,979.70
		02002	张清	财务部	正式工	7,700.00	721.20	6,978.80
		02003	马月	财务部	正式工	8,100.00	786.55	7,313.45
		02004	刘芸	财务部	正式工	6,640.00	582.70	6,057.30
		03001	黄奕才	采购部	正式工	7,480.00	714.60	6,765.40
		05001	马田	机修车间	正式工	7,240.00	654.05	6,585.95
		06001	王安安	工程一处	正式工	7,930.00	781.45	7,148.55
		06002	李昌凯	工程一处	正式工	10,120.00	1,060.55	9,059.45
		06003	黄成琛	工程一处	正式工	8,900.00	906.58	7,993.42
		06004	夏盼盼	工程一处	正式工	8,160.00	788.35	7,371.65
		06005	张嘉力	工程一处	正式工	9,370.00	963.36	8,406.64
		07001	李帆	工程二处	正式工	9,750.00	1,028.11	8,721.89

图 6-13 工资变动

(2)重新计算工资。该功能可以根据输入的工资数据和计算公式自动完成所有工资项目的计算。操作步骤如下:选择“业务导航”/“人力资源”/“薪资管理”/“业务处理”/“工资变动”,选择菜单“计算”,只要工资数据、工资项目和计算公式有变化就要重新计算工资。

(3)汇总工资。汇总工资就是计算各部门总工资。在进行工资分摊之前必须汇总工资。操作步骤如下:选择“业务导航”/“人力资源”/“薪资管理”/“业务处理”/“工资变动”,选择菜单“汇总”,只要工资数据、工资项目、计算公式或部门有变化就要重新汇总工资。

2. 工资分钱清单处理

操作步骤如下:选择“业务导航”/“人力资源”/“薪资管理”/“业务处理”/“工资分钱清单”。

3. 扣缴个人所得税处理

操作步骤如下:选择“业务导航”/“人力资源”/“薪资管理”/“业务处理”/“扣缴所得税”,选择扣缴所得税申报表,选择“打开”,进入所得税申报界面,设置条件,单击“确定”,弹出“系统个人所得税扣缴申报表”,如图 6-14 所示。

所得税申报

打印 预览 输出 税率 栏目 过滤 定位 帮助 退出

系统个人所得税扣缴申报表(2019版)

2021年12月

总人数：34

序号	姓名	身份证件类型	是否为非居...	身份证件号码	所得期间	本月收入	本月减除费用	累计收入额	累计减除费用	累计子
1	陈峰	身份证	否		12	10450.00	5000.00	10450.00	5000.00	
2	黄凡	身份证	否		12	6560.00	5000.00	6560.00	5000.00	
3	张涛	身份证	否		12	7700.00	5000.00	7700.00	5000.00	
4	马月	身份证	否		12	8100.00	5000.00	8100.00	5000.00	
5	刘芸	身份证	否		12	6640.00	5000.00	6640.00	5000.00	
6	黄奕才	身份证	否		12	7480.00	5000.00	7480.00	5000.00	
7	马田	身份证	否		12	7240.00	5000.00	7240.00	5000.00	
8	王安安	身份证	否		12	7930.00	5000.00	7930.00	5000.00	
9	李昌凯	身份证	否		12	10120.00	5000.00	10120.00	5000.00	
10	黄成琛	身份证	否		12	8900.00	5000.00	8900.00	5000.00	
11	夏盼盼	身份证	否		12	8160.00	5000.00	8160.00	5000.00	

图 6-14　系统个人所得税扣缴申报表

4. 银行代发处理

操作步骤如下：选择“业务导航”/“财务会计”/“人力资源”/“薪资管理”/“业务处理”/“银行代发”，选择全部部门，单击“确定”，选择银行模板，单击“确定”。

6.4 薪资管理系统期末处理

薪资管理系统期末处理是指对当期发生的工资费用进行工资总额的计算、分配及各种经费的计提，并制作自动转账凭证，供总账系统登账使用，以及薪资管理的期末结账等工作。

1. 工资分摊

工资分摊是指在期末自动完成工资分摊、计提、转账业务，并将生成的凭证传递到总账系统，实现各部门资源共享。工资分摊之前先要设置工资分摊类型（设置方法见本章 6.2 节）。工资分摊操作步骤如下：选择“业务导航”/“人力资源”/“薪资管理”/“业务处理”/“工资分摊”，弹出如图 6-15 所示的界面，在图中选择计提费用类型、核算部门及计提分配方式等。

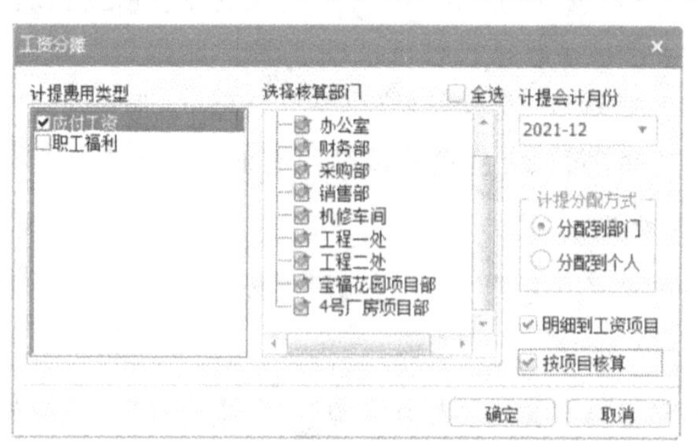

图 6-15　工资分摊设置

单击“确定”，弹出如图 6-16 所示的应付工资一览表界面。

应付工资一览表

☐ 合并科目相同、辅助项相同的分录

类型 应付工资　　　　计提会计月份 12月

部门名称	人员类别	应发合计			
		分配金额	借方科目	借方项目大类	借方项目
办公室	正式工	10450.00	660208		
财务部		29000.00	660208		
采购部		7480.00	660208		
机修车间		7240.00	5404		
工程一处		44480.00	540101	工程项目	5号楼土建...
工程二处		38140.00	540101	工程项目	办公楼装修
宝福花园项目部		67712.00	540101	工程项目	宝福花园小区

图 6 - 16　应付工资一览表

单击“制单”，生成如图 6 - 17 所示的凭证。凭证生成后选择“保存”。如果总账未结账，薪资管理系统生成的凭证传递到总账，在总账可以对该凭证进行审核记账工作。但凭证的修改只能在薪资管理系统中进行。

说明：工资必须汇总才能制单。

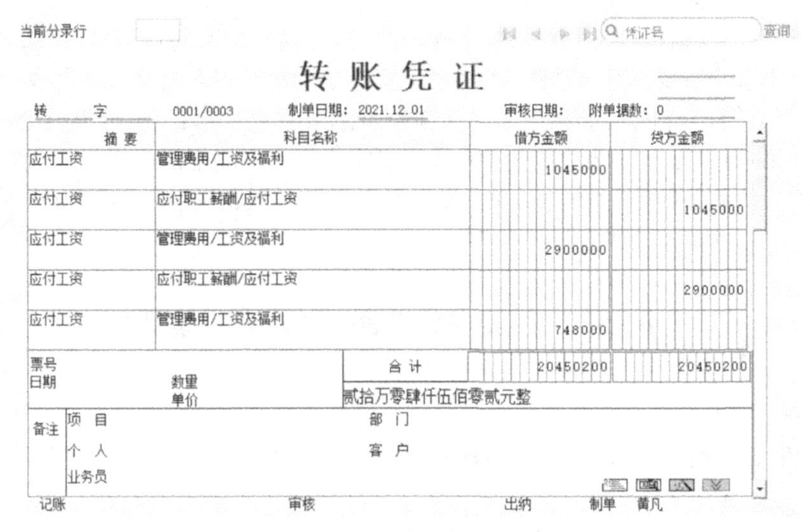

当前分录行　　凭证号　查询

转账凭证

转 字 0001/0003　制单日期：2021.12.01　审核日期：　附单据数：0

摘要	科目名称	借方金额	贷方金额
应付工资	管理费用/工资及福利	1045000	
应付工资	应付职工薪酬/应付工资		1045000
应付工资	管理费用/工资及福利	2900000	
应付工资	应付职工薪酬/应付工资		2900000
应付工资	管理费用/工资及福利	748000	
票号 日期	数量 单价 合计	20450200	20450200
	贰拾万零肆仟伍佰零贰元整		

备注　项目　　部门
个人　　客户
业务员

记账　审核　出纳　制单 黄凡

图 6 - 17　工资分摊凭证

2. 查询、修改、删除和冲销工资分摊凭证

操作步骤如下：选择“业务导航”/“财务会计”/“人力资源”/“薪资管理”/“凭证查询”/“凭证查询”，弹出凭证查询条件输入窗口，输入查询条件，单击“确定”，弹出满足条件的凭证列表，可对需要查询或修改或删除或冲销的凭证做相关操作。

3. 查询工资信息

操作步骤如下：选择“业务导航”/“人力资源”/“薪资管理”/“账表”/“工资表”，如图 6 - 18 所示，在图 6 - 18 中选择要查看的表，单击“查看”。

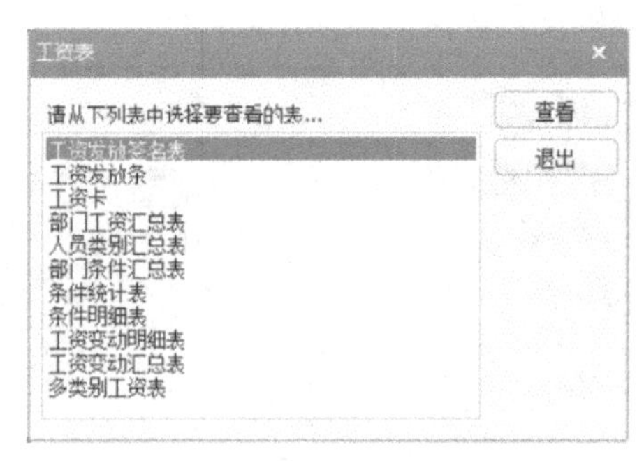

图 6-18　工资表

4. 结账与反结账

每当期末时，应将当期数据经过处理后结转至下月。每月工资数据处理完毕后就可进行期末结转工作。结账步骤如下：选择“业务导航”/“人力资源”/“薪资管理”/“业务处理”/“月末处理”，完成结账工作。在薪资管理系统结账后，若发现还有一些业务或其他事项需要在已结账月进行账务处理，此时可利用系统提供的反结账功能取消结账。反结账功能只能由账套主管执行。反结账步骤为：以账套主管登录企业应用平台，登录时间为欲反结账的下个月，例如，反结账月为2021 年 12 月，则登录时间为 2022 年 1 月才能反结账。选择“业务导航”/“人力资源”/“薪资管理”/“业务处理”/“反结账”，完成反结账工作。注意，有以下情况的，不允许反结账：①总账系统已结账；②成本管理系统上月已结账；③汇总工资类别的会计月份等于反结账会计月，且包括需反结账的工资类别。以下情况需做相应的处理才能反结账：①本月工资分摊、计提凭证已传输到总账系统，如果总账系统已审核并记账，需做红字冲销凭证后，才能反结账，若总账系统未做任何操作，只需删除此凭证即可；②如果凭证已经由审核员审核或出纳签字，需取消审核或出纳签字，并删除该凭证后，才能反结账。

6.5　实验七：“薪资管理”实验

1. 实验目的

掌握薪资管理初始化、日常业务处理和期末处理方法。

2. 实验准备

明达建筑工程有限责任公司的薪资数据可以通过总账系统输入或薪资管理系统输入。本次实验通过薪资管理系统输入。通过薪资管理系统输入，不能从总账系统中输入薪资分摊凭证，薪资分摊凭证从薪资管理系统生成后转入总账系统。要在总账系统期末转账和期末处理之前完成薪资管理系统的相关处理。

(1)以 admin 登录“系统管理”，选择“账套”/“引入”，恢复“实验二基础档案设置结束账套备份”文件夹的账套数据。

(2)以账套主管身份登录企业应用平台，选择“业务导航”/“基础设置”/“基本信息”/“系统启用”，启用“薪资系统”，启用时间“2021-12-01”。

(3)以下实验可以用账套主管黄凡登录完成，也可以用张涛完成。用张涛完成要注意两点：①以 admin 登录“系统管理”，选择“权限”/“权限”，修改“张涛”对“555 账套明达建筑工程有限责任公司”的权限，授予“张涛”使用“薪资系统”的权限。②授予张涛使用部门和项目工资

权限(参见本章6.2节)。

3. 实验资料及步骤

(1)薪资账套参数设置。选择"业务导航"/"人力资源"/"薪资管理"/"设置"/"选项",打开"选项"对话框,按图6-2、图6-3和图6-4设置"选项"。以账套主管登录进行扣税设置和税率设置,操作过程如下:选择"业务导航"/"人力资源"/"薪资管理"/"设置"/"选项",进入扣税设置,单击"税率设置",选择税款所属期为"当月"。

(2)人员档案设置。在基础设置中增加人员,选择"业务导航"/"基础设置"/"基础档案"/"人员"/"人员档案"(参见实验二中的人员档案设置),按表6-1添加人员。表6-1中所有人的人员类别都是"正式工",所有人员都是"业务员",生效日期都是"2021-12-01"。

表6-1　薪资管理增加的人员信息

人员编码	姓名	行政部门编码	雇佣状态	性别	业务或费用部门编码
08001	程飞	08	在职	男	08
08002	王雪静	08	在职	女	08
08003	褚红申	08	在职	男	08
08004	黄乐乐	08	在职	男	08
08005	李星星	08	在职	男	08
08006	陈彦华	08	在职	女	08
08007	周凯利	08	在职	男	08
08008	陈怡蒙	08	在职	男	08
09001	邢玉宏	09	在职	男	09
09002	李龙勇	09	在职	男	09
09003	李煊	09	在职	男	09
09004	谷慕明	09	在职	男	09
09005	李天瑶	09	在职	男	09
09006	马田月	09	在职	女	09
09007	张浩昌	09	在职	男	09
09008	韦永宁	09	在职	女	09
09009	李嘉峰	09	在职	男	09
09010	陈思遥	09	在职	男	09

选择"业务导航"/"人力资源"/"薪资管理"/"设置"/"人员档案",单击菜单"批增",将总账人员档案增加到薪资管理;单击"增加",增加其他人员档案。

(3)工资项目设置。选择"业务导航"/"人力资源"/"薪资管理"/"设置"/"工资项目设置",弹出"工资项目设置"界面,单击"增加",按表6-2增加工资项目(说明:已经有的工资项目直接用,没有的工资项目要增加,工资项目名可选择也可自行录入,类型、长度、小数、增减项均可选择)。

表6-2　工资项目

工资项目名称	类型	长度	小数	增减项
基本工资	数字	8	2	增项
奖金	数字	8	2	增项
岗位津贴	数字	8	2	增项
个医失保	数字	8	2	减项
住房公积金	数字	8	2	减项

(4)设置工资计算公式。选择“业务导航”/“人力资源”/“薪资管理”/“设置”/“工资项目设置”，弹出“工资项目设置”界面，选择“公式设置”页签，录入以下工资计算公式：

个医失保＝基本工资＊0.05；

住房公积金＝基本工资＊0.06；

应发合计＝基本工资＋奖金＋岗位津贴；

扣款合计＝代扣税＋个医失保＋住房公积金；

实发合计＝应发合计－扣款合计。

(5)工资分摊类型设置。选择“业务导航”/“人力资源”/“薪资管理”/“设置”/“分摊类型设置”，弹出“工资分摊类型设置”界面，设置两个分摊类型：①应付工资＝应发合计×100％；②职工福利＝应发合计×14％。两个分摊类型的分摊构成如表6－3所示。应付工资分摊类型设置参见图6－8。职工福利分摊类型设置参见图6－19。

表6－3　工资分摊构成

部门名称	人员类别	工资项目	借方科目	借方项目大类	借方项目	贷方科目
工程一处	正式工	应发合计	540101	工程项目	5号楼土建工程	221101
工程二处	正式工	应发合计	540101	工程项目	办公楼装修	221101
宝福花园项目部	正式工	应发合计	540101	工程项目	宝福花园小区	221101
4号厂房项目部	正式工	应发合计	540101	工程项目	4号厂房	221101
机修车间	正式工	应发合计	5404			221101
办公室、财务部、采购部、销售部	正式工	应发合计	660208			221101

分摊类型设置

分摊类型编码* 2　分摊类型名称* 职工福利

分摊比例%* 14　凭证类别字 转

部门名称	人员类别	工资项目	借方科目	借方项目大类	借方项目	贷方科目
工程一处	正式工	应发合计	540101	工程项目	5号楼土建工程	221101
工程二处	正式工	应发合计	540101	工程项目	办公楼装修	221101
宝福花园项目部	正式工	应发合计	540101	工程项目	宝福花园小区	221101
4号厂房项目部	正式工	应发合计	540101	工程项目	4号厂房	221101
机修车间	正式工	应发合计	5404			221101
办公室,财务部,...	正式工	应发合计	660208			221101

图6－19　职工福利分摊类型设置

(6)工资数据输入。选择“业务导航”/“财务会计”/“人力资源”/“薪资管理”/“业务处理”/“工资变动”，弹出“工资变动”界面，输入表6－4的工资数据，单击“计算”，单击“汇总”。

表 6-4 工资数据

人员编号	姓名	部门	人员类别	基本工资	奖金	岗位津贴
01001	陈峰	办公室	正式工	9 000	850	600
02001	黄凡	财务部	正式工	5 000	760	800
02002	张涛	财务部	正式工	6 000	900	800
02003	马月	财务部	正式工	6 500	700	900
02004	张芸	财务部	正式工	5 000	840	800
03001	黄奕才	采购部	正式工	6 000	780	700
05001	马田	机修车间	正式工	5 500	840	900
06001	王安安	工程一处	正式工	6 500	830	600
06002	李昌凯	工程一处	正式工	8 500	820	800
06003	黄成琛	工程一处	正式工	7 400	750	750
06004	夏盼盼	工程一处	正式工	6 500	760	900
06005	张嘉力	工程一处	正式工	7 800	770	800
07001	李帆	工程二处	正式工	8 300	750	700
07002	李子杰	工程二处	正式工	8 200	780	900
07003	刘博	工程二处	正式工	8 000	750	800
07004	米少奇	工程二处	正式工	7 600	760	600
08001	程飞	宝福花园项目部	正式工	6 800	770	600
08002	王雪静	宝福花园项目部	正式工	8 200	650	650
08003	褚红申	宝福花园项目部	正式工	8 700	640	670
08004	黄乐乐	宝福花园项目部	正式工	5 700	780	660
08005	李星星	宝福花园项目部	正式工	7 800	650	650
08006	陈彦华	宝福花园项目部	正式工	5 600	768	670
08007	周凯利	宝福花园项目部	正式工	6 500	860	640
08008	陈怡蒙	宝福花园项目部	正式工	7 500	654	600
09001	邢玉宏	4 号厂房项目部	正式工	6 400	780	650
09002	李龙勇	4 号厂房项目部	正式工	4 600	784	640
09003	李煊	4 号厂房项目部	正式工	7 500	771	670
09004	谷慕明	4 号厂房项目部	正式工	7 800	765	640
09005	李天瑶	4 号厂房项目部	正式工	5 500	665	630
09006	马田月	4 号厂房项目部	正式工	5 500	771	600
09007	张浩昌	4 号厂房项目部	正式工	5 400	772	610
09008	韦永宁	4 号厂房项目部	正式工	6 000	667	620
09009	李嘉峰	4 号厂房项目部	正式工	6 100	665	630
09010	陈思遥	4 号厂房项目部	正式工	7 100	654	620

(7)工资分摊。选择“业务导航”/“财务会计”/“人力资源”/“薪资管理”/“业务处理”/“工资分摊”,进行工资分摊设置,设置完后,单击“确定”,弹出“应付工资一览表”,单击“制单”,生成工资分摊凭证。

(8)查询工资信息。选择“业务导航”/“财务会计”/“人力资源”/“薪资管理”/“账表”/“工资表”。

(9)账套备份。选择“账套”/“输出”,在硬盘建立“薪资管理实验账套”文件夹,以 admin 登录“系统管理”,将本次实验的账套数据输出到“薪资管理实验账套”文件夹。

本章小结

本章介绍了薪资管理系统的操作流程,以及人员档案设置、工资项目设置、税率设置、分摊类型设置、工资变动处理、工资分摊等功能的操作。

即测即评

思考题

1. 薪资管理的日常业务处理有哪些工作?
2. 如何对薪资进行反结账操作?
3. 薪资管理有哪些功能?
4. 工资分摊的业务处理流程是什么?

第7章 固定资产管理

学习目标

掌握固定资产管理的操作流程，掌握固定资产管理初始化设置、原始卡片的输入、固定资产变动处理和计提折旧等功能的原理和应用。

重点难点

固定资产管理的初始化设置和日常业务处理。

7.1 固定资产管理原理

固定资产管理通过输入固定资产卡片档案，管理固定资产增减变化情况，按折旧计提方法按期提取折旧，自动生成计提折旧凭证。固定资产管理处理流程如图7-1所示。

固定资产管理处理流程

建立账套并启用	增加操作员→建立账套并启用总账和固定资产管理→授予操作员操作总账和固定资产管理相关权限
初始化设置	账套初始化、“选项”设置、部门及其对应折旧科目设置、固定资产类别设置、增减方式设置、原始卡片输入
日常处理	资产增加→卡片修改 资产减少→卡片删除 计提折旧→批量制单
期末处理	对账、结账

图7-1 固定资产处理流程

固定资产管理系统和总账系统可以在建立账套后启用，或者在企业应用平台中启用。固定资产管理系统的启用会计期间必须大于等于总账系统的启用会计期间。

7.2 固定资产管理初始化设置

1. 参数设置

本功能对固定资产账套进行初始化。操作步骤如下：选择“业务导航”/“财务会计”/“固定资产”/“设置”/“选项”，首次使用时，系统提示“这是第一次打开此账套，还未进行过初始化，是否进行初始化”，选择“是”，弹出“初始化账套向导”界面，选择“我同意”，按向导对账套进行初始化，如图 7－2 所示。

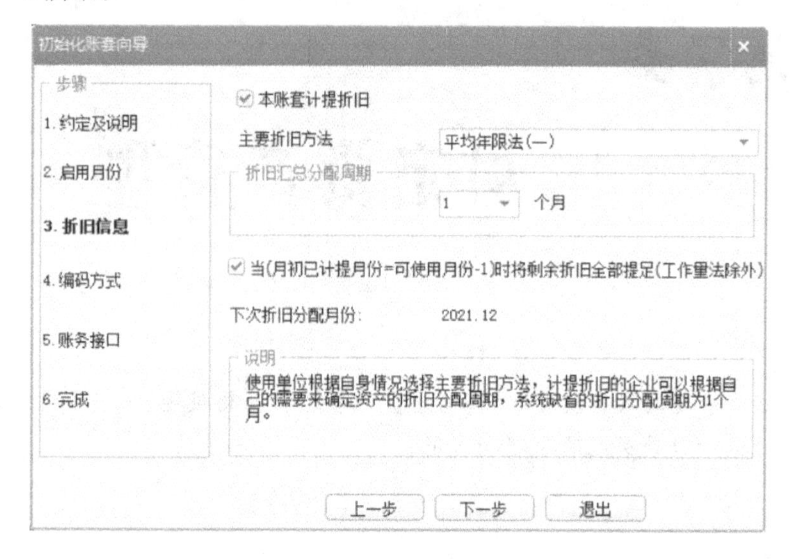

图 7－2 折旧信息

单击“下一步”，如图 7－3 所示。

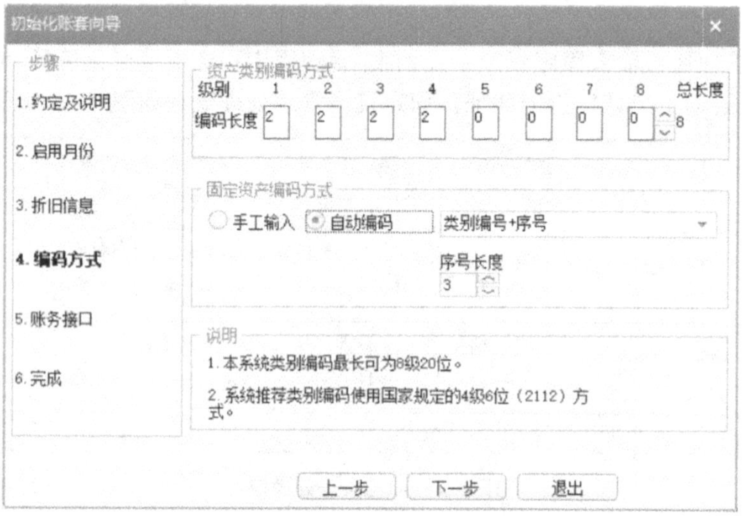

图 7－3 编码方式

单击“下一步”，如图 7－4 所示，在图中进行参数选择。

单击“下一步”，弹出账套信息设置结果窗口，如图 7－5 所示。

检查参数正确后，单击“完成”。系统弹出“已经完成了新账套的所有设置工作，是否确定所设置的信息完全正确并保存对新账套的所有设置”对话框，选择“是”。

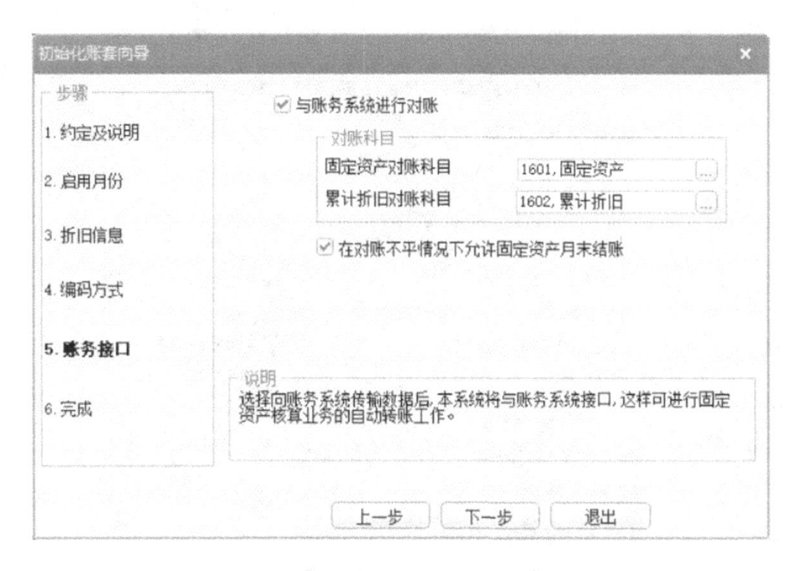

图 7-4 账务接口

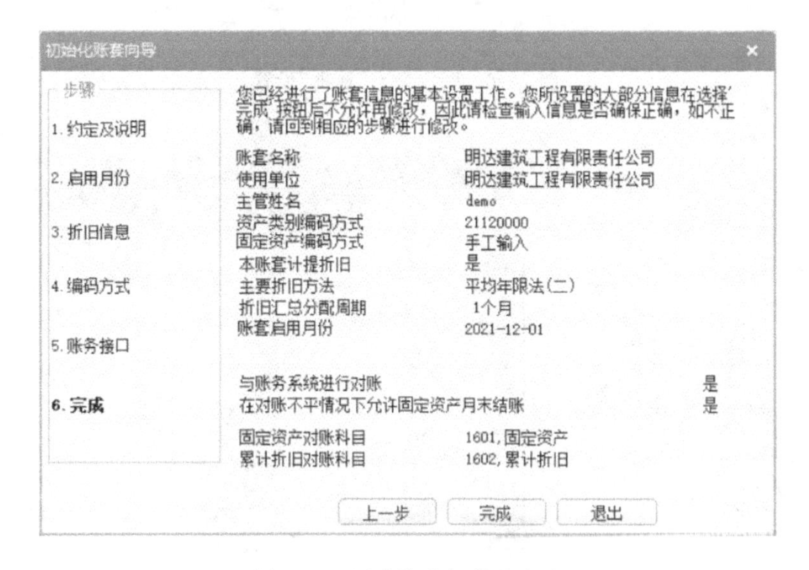

图 7-5 固定资产初始化完成

2. "选项"设置

本功能设置固定资产管理控制参数,主要是对固定资产初始化中的一些不合适参数再次调整设置。参数设置结束后系统自动转到"选项"设置,选择"与账务系统接口"页签,如图 7-6 所示,单击"编辑"按钮,对选项的其他参数进行设置。

3. 部门及其对应折旧科目设置

本功能设置各部门使用的固定资产折旧费用归属哪个科目。操作步骤如下:选择"业务导航"/"财务会计"/"固定资产"/"设置"/"部门对应折旧科目",单击"修改"进行设置,如图 7-7 所示。

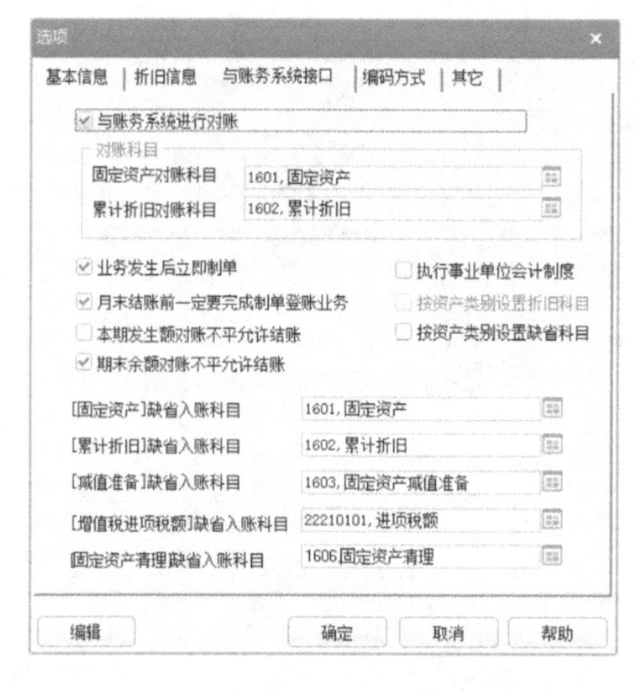

图 7－6　固定资产“选项”设置

图 7－7　部门对应折旧科目设置

4. 固定资产类别设置

本功能设置固定资产分类。操作步骤如下：选择“业务导航”/“财务会计”/“固定资产”/“设置”/“资产类别”，单击“增加”进行设置，如图 7－8 所示。

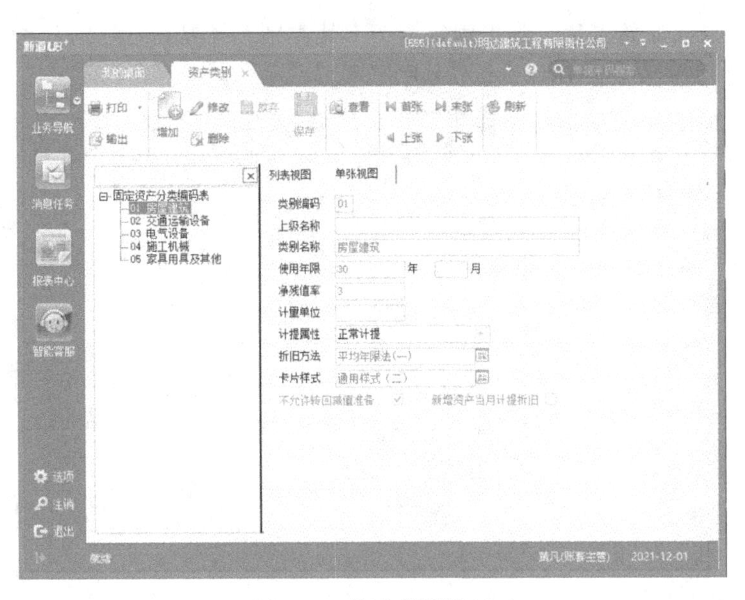

图 7-8 资产类别设置

5. 增减方式设置

本功能设置固定资产增加和减少的方式。此处设置对应入账科目是为了在生成凭证时使用,例如,以购入方式增加资产时该科目可设置为“银行存款”,投资者投入时该科目可设置为“实收资本”,该科目将缺省在贷方;资产减少时,该科目可设置为“固定资产清理”,将缺省在借方。操作步骤如下:选择“业务导航”/“财务会计”/“固定资产”/“设置”/“增减方式”,单击“增加”进行设置,如图 7-9 所示。

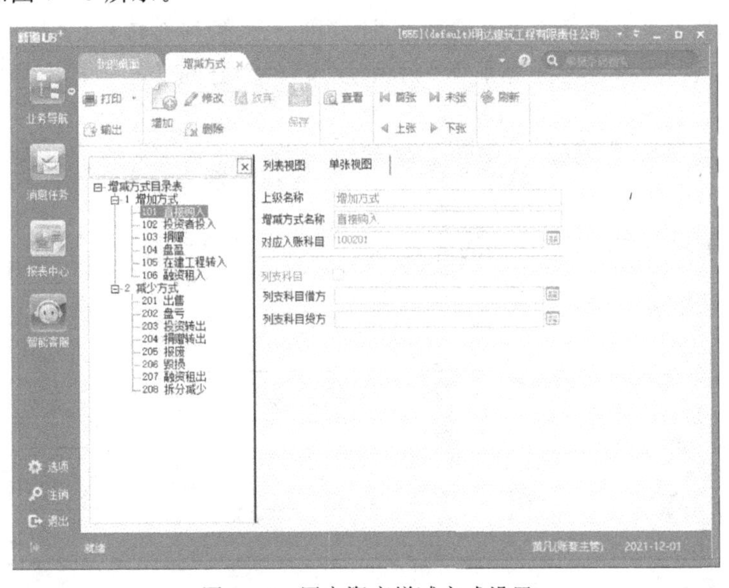

图 7-9 固定资产增减方式设置

6. 原始卡片输入

本功能输入固定资产建账以前数据。操作步骤如下:选择“业务导航”/“财务会计”/“固定资产”/“卡片”/“录入原始卡片”，弹出固定资产卡片类别选择界面，选择相应类别，弹出固定资产卡片输入界面，如图 7－10 所示，输入卡片信息。

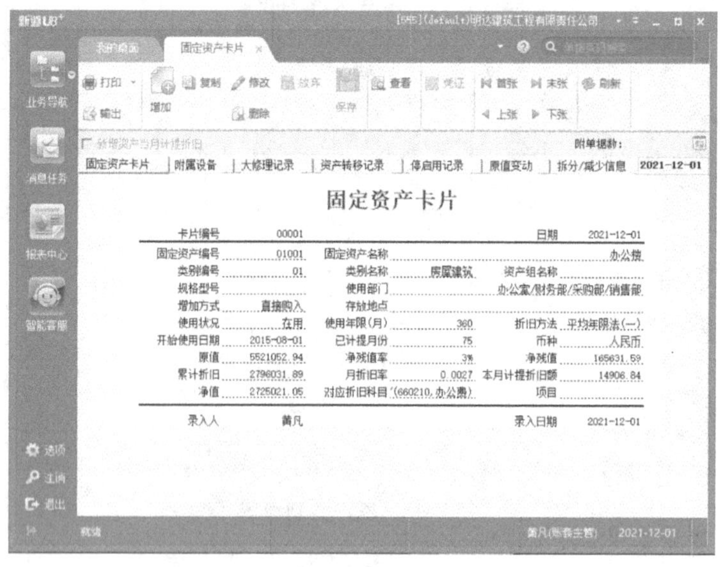

图 7－10　固定资产卡片

7.3　日常业务处理

1．固定资产增加

固定资产增加指以购进或其他方式增加企业固定资产，增加时要填固定资产卡片并生成记账凭证。例如：12 月 1 日，用工行存款购买计算机一台，价格 6 400 元，该计算机由财务部使用。操作步骤如下：选择“业务导航”/“财务会计”/“固定资产”/“卡片”/“资产增加”，如图 7－11 所示。

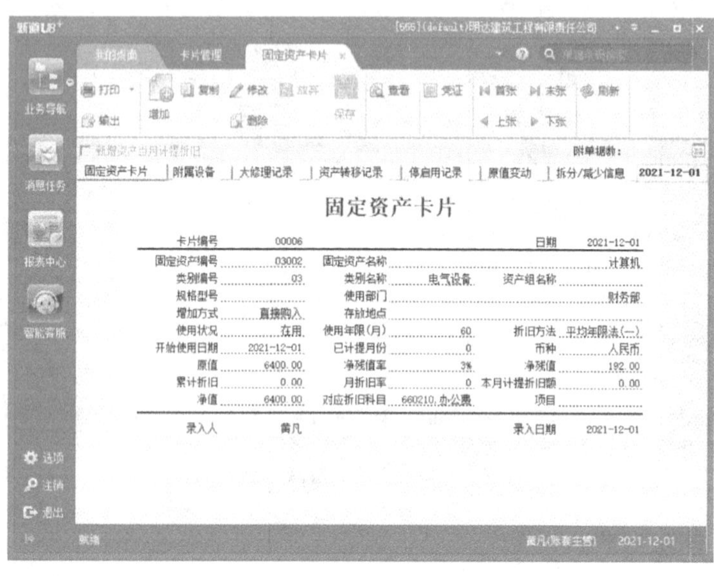

图 7－11　固定资产增加

单击“保存”，自动生成转账凭证，如图 7－12 所示，保存该凭证，其将自动传到总账系统。

当前分录行1　　保证号　查询

付款凭证

付　字　　制单日期：2021.12.01　　审核日期：　　附单据数：0

摘要	科目名称	借方金额	贷方金额
直接购入资产.	固定资产	547009	
直接购入资产.	应交税费/应交增值税/进项税额	92991	
直接购入资产.	银行存款/工行存款		640000
票号 日期　数量 单价	合计	640000	640000
	陆仟肆佰元整		

备注　项目　　部门
　　　个人　　客户
　　　业务员

记账　审核　出纳　制单　黄凡

图 7－12　固定资产增加凭证

2. 固定资产原值增加

固定资产原值增加指固定资产价值发生变动，变动时要填写变动单并生成记账凭证。例如：12 月 3 日，用工行存款购买东风卡车新配件 15 000 元。选择“业务导航”/“财务会计”/“固定资产”/“变动单”/“原值增加”，如图 7－13 所示，输入增加金额和变动原因。

固定资产变动单

－ 原值增加 －

变动单编号	00001			变动日期	2021-12-01
卡片编号	00002	资产编号	02001	开始使用日期	2014-08-01
资产名称			东风卡车	规格型号	
增加金额	15000	币种	人民币	汇率	1
变动的净残值率	3%	变动的净残值			450.00
变动前原值	150000.00	变动后原值			165000.00
变动前净残值	4500.00	变动后净残值			4950.00
变动原因					增加配件
				经手人	黄凡

图 7－13　固定资产变动单

单击“保存”，自动生成转账凭证，如图 7－14 所示，保存该凭证，其将自动传到总账系统。

3. 计提当月折旧

计提折旧功能对各项资产每期计提一次折旧，自动生成分配表，生成记账凭证。操作步骤如下：选择“业务导航”/“财务会计”/“固定资产”/“折旧计提”/“计提本月折旧”，弹击“是否要查看折旧清单”提问，选择“是”，出现折旧清单，如图 7－15 所示，选择“退出”，弹出折旧分配表，如图 7－16 所示。

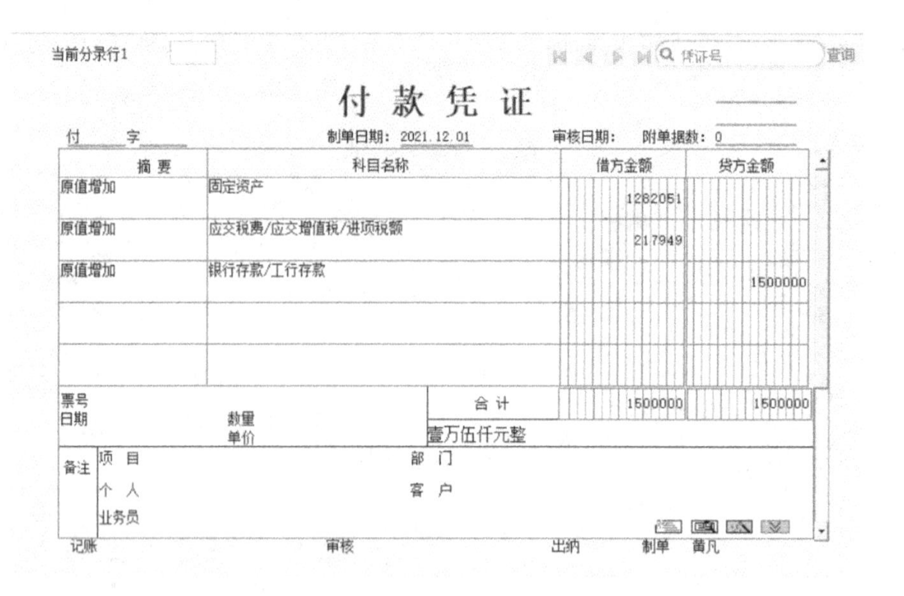

当前分录行1　　　　　　　　　　　　　　　　　　凭证号　查询

付款凭证

付　字　　　制单日期：2021.12.01　　　审核日期：　　附单据数：0

摘要	科目名称	借方金额	贷方金额
原值增加	固定资产	1282051	
原值增加	应交税费/应交增值税/进项税额	217949	
原值增加	银行存款/工行存款		1500000
票号 日期　数量 单价	合计	1500000	1500000
	壹万伍仟元整		

备注　项目　　部门
个人　　客户
业务员

记账　　审核　　出纳　　制单　黄凡

图 7－14　固定资产变动生成凭证

折旧清单

资产名称	原值	计提原值	本月计...	累计折旧	本年计...	减值...	净值	净残值	折旧率	单
办公楼	5,521,0...	5,521,052.94	14,906.84	2,810,9...	14,906.84	0.00	2,710,1...	165,631.59	0.0027	
东风卡车	165,000.00	150,000.00	1,515.00	5,515.00	1,515.00	0.00	159,485.00	4,950.00	0.0101	
空调	8,000.00	8,000.00	129.60	1,129.60	129.60	0.00	6,870.40	240.00	0.0162	
小型机械	80,000.00	80,000.00	320.00	2,320.00	320.00	0.00	77,680.00	4,000.00	0.004	
办公桌	8,000.00	8,000.00	129.60	1,129.60	129.60	0.00	6,870.40	240.00	0.0162	
	5,782,0...	5,767,052.94	17,001.04	2,821,0...	17,001.04		2,961,0...	175,061.59		

图 7－15　折旧清单

01(2021.12—>2021.12)　　◉ 按部门分配　　部门分配条件...

部门编号	部门名称	项目编号	项目名称	科目编号	科目名称	折旧额
01	办公室			660210	办公费	4,472.05
02	财务部			660210	办公费	4,472.05
03	采购部			660210	办公费	2,981.37
04	销售部			660210	办公费	2,981.37
05	机修车间			5404	辅助生产	2,094.20
合计						17,001.04

图 7－16　折旧分配表

单击“凭证”，生成如图 7－17 所示的凭证，修改凭证相关内容，单击“保存”，该凭证自动传到总账系统。

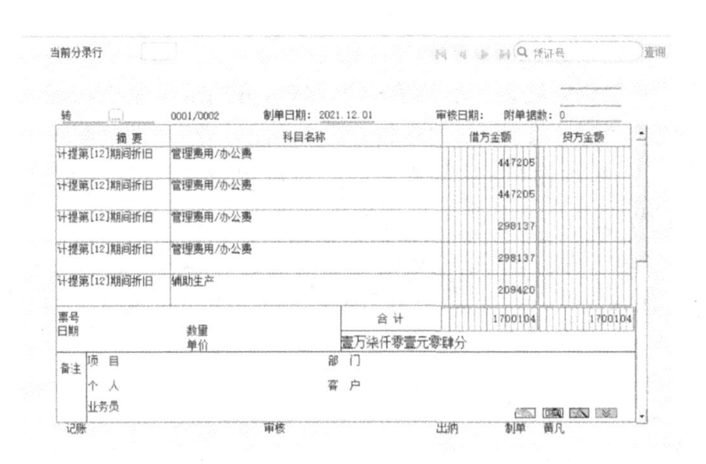

当前分录行　　查询

转　0001/0002　制单日期：2021.12.01　审核日期：　附单据数：0

摘要	科目名称	借方金额	贷方金额
计提第[12]期间折旧	管理费用/办公费	447205	
计提第[12]期间折旧	管理费用/办公费	447205	
计提第[12]期间折旧	管理费用/办公费	298137	
计提第[12]期间折旧	管理费用/办公费	298137	
计提第[12]期间折旧	辅助生产	209420	
票号 日期　数量 单价	合计	1700104	1700104
	壹万柒仟零壹元零肆分		

备注　项目　部门　个人　客户　业务员

记账　审核　出纳　制单　黄凡

图 7-17　计提折旧产生的凭证

4. 固定资产减少

固定资产减少指固定资产使用过程中，由于某些原因退出企业。固定资产减少要填减少卡片，生成记账凭证。例如：12 月 31 日，报废一台办公桌。操作步骤如下：选择“业务导航”/“财务会计”/“固定资产”/“资产处置”/“资产减少”，如果还未提折旧弹出“本账套需要计提折旧后才能减少资产”，单击“确定”，返回提折旧。如果本月已经提折旧，弹出资产减少界面，如图 7-18 所示，单击“增加”，输入减少方式。

卡片编号 00005　条件　增加　确定
资产编号 05001　删除　取消

卡片编号	资产编号	资产名称	原值	净值	减少日期	减少方式	清理收入	增值税
00005	05001	办公桌	8000.00	6870.40	2021-12-31	毁损		

图 7-18　资产减少

单击“确定”，自动弹出凭证填制界面，如图 7-19 所示，保存该凭证，该凭证即可传到总账系统。

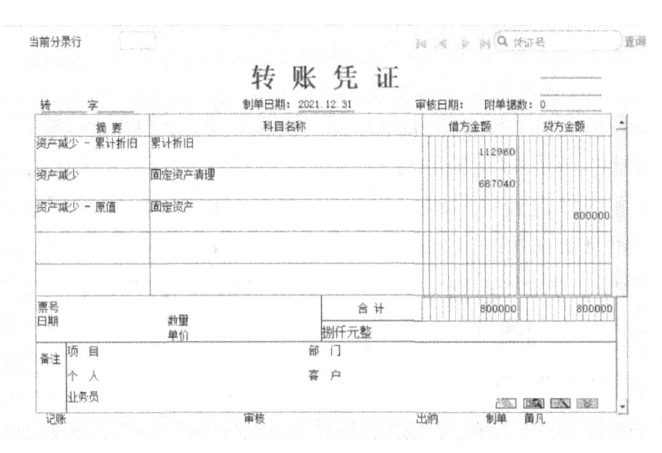

当前分录行　　查询

转账凭证

转　字　制单日期：2021.12.31　审核日期：　附单据数：0

摘要	科目名称	借方金额	贷方金额
资产减少－累计折旧	累计折旧	112960	
资产减少	固定资产清理	687040	
资产减少－原值	固定资产		800000
票号 日期　数量 单价	合计	800000	800000
	捌仟元整		

备注　项目　部门　个人　客户　业务员

记账　审核　出纳　制单　黄凡

图 7-19　资产减少凭证

5. 凭证处理

(1)批量制单。如果业务处理完后没有立即制单,可用批量制单功能完成制单。操作步骤如下:选择“业务导航”/“财务会计”/“固定资产”/“凭证处理”/“批量制单”,单击“制单选择”页签,选择需要制单的业务,单击“制单设置”页签,对制单进行设置,如图 7-20 所示,单击“保存”,单击“凭证”,生成凭证。

图 7-20 批量制单设置

(2)查询凭证。对固定资产管理系统生成的凭证,可以通过查询凭证功能进行编辑、删除和冲销等工作。操作步骤如下:选择“业务导航”/“财务会计”/“固定资产”/“凭证处理”/“查询凭证”,在该界面可以进行编辑、删除和冲销。

7.4 月末结账与恢复月末结账前状态

1. 月末结账

结账是指已完成当前会计期间的业务处理,结转到下一期间进行新的业务处理;同时将固定资产的有关账务处理,如折旧或变动等信息转入已结账状态,已结账的业务不能再进行修改和删除。每年年末,进行固定资产的增、减、变动和结存情况统计,完成该工作后,要对固定资产卡片做一次处理,即对本年度减少的资产卡片填入不在册标志。操作步骤如下:选择“业务导航”/“财务会计”/“固定资产”/“期末处理”/“月末结账”。若所有制单业务已完成,即可完成结账;所有制单业务未完成,不能结账。

2. 恢复月末结账前状态

操作步骤如下:选择“业务导航”/“财务会计”/“固定资产”/“期末处理”/“恢复月末结账前状态”,即可取消结账。

7.5　实验八："固定资产管理"实验

1. 实验目的

掌握固定资产管理初始化、日常业务处理和期末处理。

2. 实验准备

(1)以 admin 登录"系统管理",选择"账套"/"引入",恢复"实验二基础档案设置结束账套备份"的账套数据。选择"权限"/"权限",修改"张涛"对"555 账套明达建筑工程有限责任公司"的权限,授予"张涛"使用"固定资产"的权限。

(2)以账套主管身份登录企业应用平台,选择"业务导航"/"基础设置"/"基本信息"/"系统启用",启用"固定资产",启用时间为"2021-12-01"。

3. 实验资料及步骤

(1)参数设置。选择"业务导航"/"财务会计"/"固定资产"/"设置"/"选项",弹出"这是第一次打开此账套,还未进行过初始化,是否进行初始化"的提问,选择"是",弹出"初始化账套向导"界面,选择"我同意",按向导进行初始化。

选择"业务导航"/"财务会计"/"固定资产"/"设置"/"选项",选择"与账务系统接口"页签,单击"编辑"按钮,按以下资料进行参数设置。①固定资产主要折旧方法:平均年限法(一);②折旧分配周期:1 个月;③折旧要求:当"月初已计提月份=可使用月份-1"时,提足剩余价值;④资产类别编码:4 级(2222);⑤自动编码方式:类别编码+序号;⑥卡片序号长度:3 位;⑦对账科目:固定资产 1601、累计折旧 1602;⑧结账要求:对账不平的情况下允许月末结账。

(2)部门及其对应折旧科目设置。选择"业务导航"/"财务会计"/"固定资产"/"设置"/"部门对应折旧科目",弹出"部门对应折旧科目"界面,选择部门,单击"修改",按表 7-1 设置,单击"保存"。

表 7-1　部门及其对应折旧科目

部门编码	部门名称	折旧科目
01	办公室	660210,办公费
02	财务部	660210,办公费
03	采购部	660210,办公费
04	销售部	660210,办公费
05	机修车间	5404,辅助生产
06	工程一处	540101,合同成本
07	工程二处	540101,合同成本
08	宝福花园项目部	540101,合同成本
09	4 号厂房项目部	540101,合同成本

(3)固定资产类别设置。选择"业务导航"/"财务会计"/"固定资产"/"设置"/"资产类别",弹出"资产类别"界面,单击"增加",输入表 7-2 中的固定资产类别内容,单击"保存"。

表 7-2　固定资产类别

类别编码	类别名称	使用年限/月	净残值率/%	计量单位	计提属性	折旧方法	卡片样式
01	房屋建筑	360	3.00		正常计提	平均年限法(一)	通用样式(二)
02	交通运输设备	96	5.00		正常计提	平均年限法(一)	通用样式(二)
03	电气设备	60	3.00		正常计提	平均年限法(一)	通用样式(二)
04	施工机械	240	5.00		正常计提	平均年限法(一)	通用样式(二)
05	家具用具及其他	60	3.00		正常计提	平均年限法(一)	通用样式(二)

(4)增减方式设置。选择“业务导航”/“财务会计”/“固定资产”/“设置”/“增减方式”,出现“增减方式”界面,在左侧选择某一具体增减方式,单击“修改”,按以下资料设置,单击“保存”。

101——直接购入,对应入账科目:100201,工行存款。

201——出售,对应入账科目:1606,固定资产清理。

206——毁损,对应入账科目:1606,固定资产清理。

(5)固定资产原始卡片输入。选择“业务导航”/“财务会计”/“固定资产”/“卡片”/“录入原始卡片”,弹出固定资产类别档案界面,双击某一具体资产类别,弹出“固定资产卡片”界面,输入表 7-3 中的固定资产原始卡片内容,单击“保存”。

表 7-3　固定资产原始卡片

名称	类别	使用部门	增加方式	使用状态	开始使用日期	使用年限/月	原值/元	累计折旧/元
办公楼	房屋建筑	办公室(30%)/财务部(30%)/采购部(20%)/销售部(20%)	直接购入	在用	2015-08-01	360	5 521 052.94	2 796 031.89
东风卡车	交通运输设备	机修车间	直接购入	在用	2014-08-01	96	150 000.00	40 000
空调	电气设备	机修车间	直接购入	在用	2016-07-01	60	8 000.00	1 000
小型机械	施工机械	机修车间	直接购入	在用	2014-09-01	240	80 000.00	2 000
办公桌	家具用具及其他	机修车间	直接购入	在用	2017-08-01	60	8 000.00	1 000

(6)固定资产增加。12 月 1 日,用工行存款购买计算机一台,价格 6 400 元,该计算机由财务部使用。

选择“业务导航”/“财务会计”/“固定资产”/“卡片”/“资产增加”,参照原始卡片录入方法录入资产数据,单击“保存”,单击“凭证”,弹出“填制凭证”界面,修改凭证相关内容,单击“保存”。

(7)固定资产原值增加。12 月 3 日,用工行存款购买东风卡车新配件 15 000 元。

选择“业务导航”/“财务会计”/“固定资产”/“变动单”/“原值增加”,弹出“固定资产变动单”界面,输入资料内容,单击“保存”,单击“凭证”,弹出“填制凭证”界面,修改凭证相关内容,单击“保存”。

(8)计提当月折旧。操作步骤:选择“业务导航”/“财务会计”/“固定资产”/“折旧计提”/“计提本月折旧”,弹出“是否要查看折旧清单”提问,选择“是”,弹出“折旧清单”界面,选择“退出”,弹出折旧分配表,单击“凭证”,弹出“填制凭证”界面,修改凭证相关内容,单击“保存”。

(9)固定资产报废。12 月 31 日,报废一台办公桌。选择“业务导航”/“财务会计”/“固定资产”/“资产处置”/“资产减少”,弹出“资产减少”界面,选择资产编号,单击“增加”,选择减少方式“毁损”,单击“确定”,单击“凭证”,弹出“填制凭证”界面,修改凭证相关内容,单击“保存”。

(10)凭证处理。如果业务工作完成后,已经立即制单,可以不用做此步操作。如果业务工作完成后,尚未制单,则制单操作步骤如下:选择“业务导航”/“财务会计”/“固定资产”/“凭证处理”/“批量制单”,单击“制单选择”页签,选择需要制单的业务,单击“制单设置”页签,设置制单信息,单击“保存”,单击“凭证”,生成凭证。

(11)账套备份。选择“账套”/“输出”,在硬盘建立“固定资产管理实验账套”文件夹,以 admin 登录“系统管理”,将本次实验的账套数据输出到“固定资产管理实验账套”文件夹。

本章小结

本章介绍了固定资产系统的操作流程,其中主要介绍了固定资产初始化设置、原始卡片的输入、固定资产变动处理和计提折旧等功能的原理及应用。

即测即评

思考题

1. 固定资产管理的日常业务处理有哪些工作?
2. 原始卡片录入与新卡片录入的区别是什么?
3. 固定资产月末更新与计提折旧应该先进行哪一个? 为什么?
4. 如何进行固定资产折旧处理?
5. 固定资产原值在哪些情况下会发生变动?

第8章

应收款管理

学习目标

掌握应收款管理的基本操作流程，熟练掌握应收款管理的初始化设置方法、日常业务处理和期末处理方法。

重点难点

应收款管理的初始化设置、日常业务处理、应收业务查询统计和月末处理。

8.1 应收款管理原理

应收账款指企业因销售商品或产品、提供劳务等应向购货单位或接受劳务单位收取的款项。应收款管理系统通过销售发票、其他应收单、收款单等单据的业务处理，及时、准确地提供客户的往来账款余额资料，提供各种分析报表，对企业的应收类往来账款进行综合管理，以便合理地进行资金调配，提高资金利用效率。应收款管理主要与销售管理合用，当然也可以单独使用。本章介绍应收款管理单独使用的原理和操作方法。应收款管理处理流程如图 8－1 所示。

应收款管理处理流程

建立账套并启用	增加操作员→建立账套并启用总账和应收款管理→授予操作员操作总账和应收款管理相关权限
基础档案设置	机构人员（部门和职员档案）→客商信息（客户和供应商分类及档案）→财务（会计科目）→存货（存货分类、档案）→收付结算（结算方式、付款条件、收付款协议）
应收款管理初始化设置	初始设置→期初余额→选项
日常处理	输入应收单据、应收票据→审核应收单→生成凭证 收款处理的两种方法： (1)输入收款单据→收款单处理审核→生成凭证→核销处理； (2)选择收款→生成凭证
期末处理	期末处理（月末结账）

图 8－1　应收款管理处理流程图

应收款管理处理流程说明：

(1)在系统管理中建立账套后，启用总账和应收款管理。应收款管理和总账可以在建立账套后启用，或者在企业应用平台中启用。应收款管理的启用自然日期必须大于等于总账的启用自然日期。

(2)登录企业应用平台，进行账套初始化设置，并且录入应收款管理系统的期初余额。

(3)日常处理包括应收单据处理、收款单据处理、核销处理、坏账处理、凭证处理和转账处理等。

启用应收款管理，应收账款、应收票据和预收账款的期初余额与本期发生额从应收款管理系统输入，再传递到总账系统。因此要做以下处理：

(1)若已经从总账输入“应收账款”“应收票据”“预收账款”科目的期初余额，删除这些科目的期初余额。

(2)选择“业务导航”/“基础设置”/“基础档案”/“财务”/“会计科目”，将“应收账款”“应收票据”“预收账款”设为“应收系统”受控科目，如图 8-2 所示。

图 8-2　将应收账款科目设为“应收系统”受控科目

8.2　应收款管理初始化设置

应收款管理初始化的内容包括选项设置、初始设置、科目设置和期初余额。①选项设置：在运行本系统前，应在此设置运行所需的账套参数。②初始设置：建立应收款管理的基础数据，确定使用哪些单据处理应收业务，确定需要进行账龄管理的账龄区间，确定各个业务类型的凭证科目。③科目设置：应收款管理涉及的主要应收科目包括应收账款、预收账款、应收票据，把这些科目设置为应收系统的受控科目后才能使用应收款管理系统进行相应的业务处理。④应收款管理期初余额输入：用户可将正式启用账套前的所有应收业务数据录入系统中，作为期初应收款管理建账的数据。

1. 选项设置

设置本系统运行所需要的账套参数。选择“业务导航”/“财务会计”/“应收款管理”/“设置”/“选项”，弹出如图 8－3 所示的“常规”页签界面，单击“编辑”设置各个选项，设定完后单击“确定”。图 8－4 是凭证设置。在“核销设置”页签设置应收款核销方式为“按单据”。

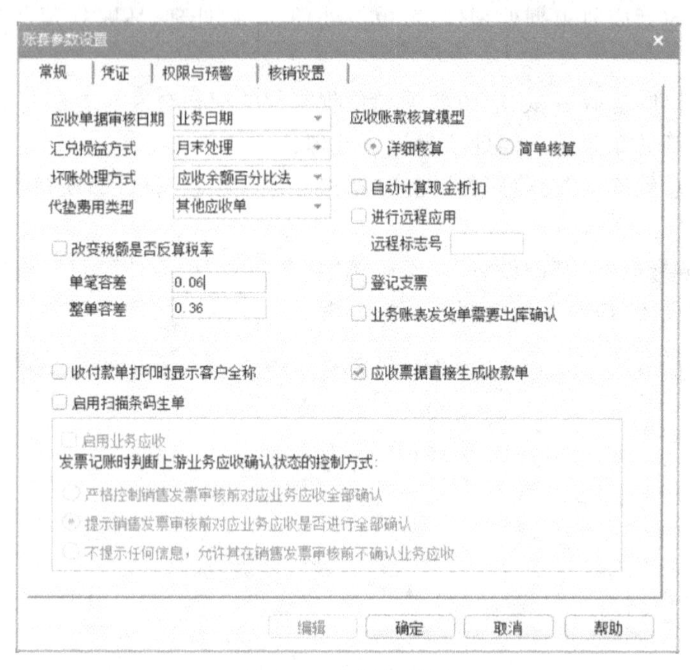

图 8－3 “常规”设置

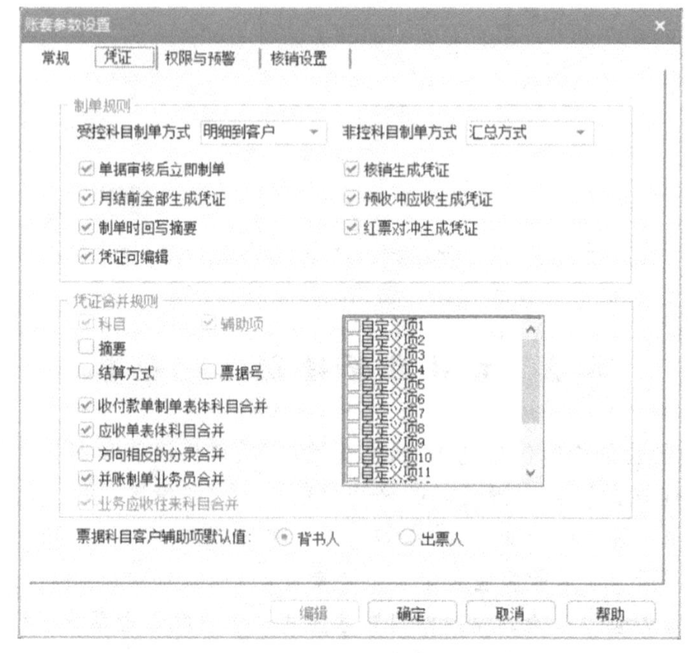

图 8－4 “凭证”页签

2. 初始设置

选择“业务导航”/“财务会计”/“应收款管理”/“设置”/“初始设置”。

(1)账期内账龄区间设置。选择“账期内账龄区间设置”,单击“增行”,输入总天数,按回车键,输入第二行,如图 8-5 所示。

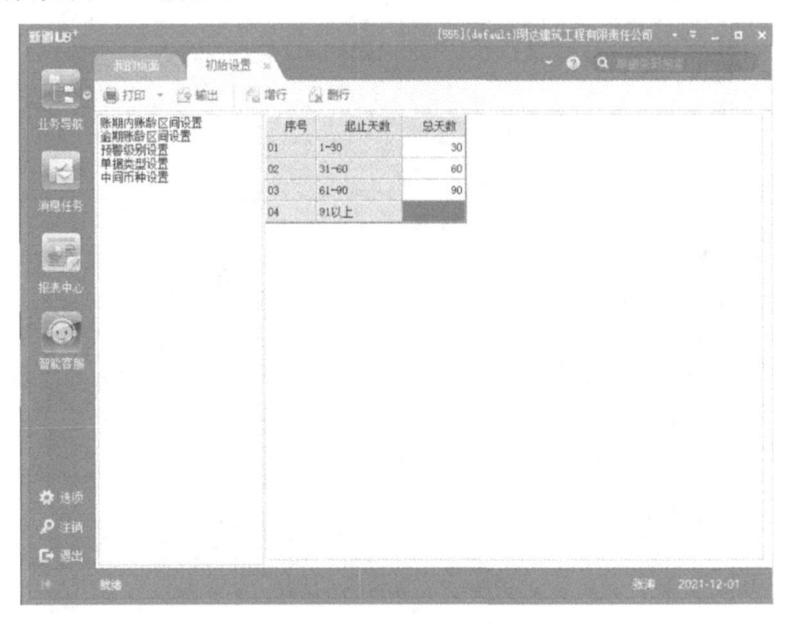

图 8-5 账期内账龄区间设置

(2)逾期账龄区间设置。逾期账龄区间设置与账期内账龄区间设置类似。

(3)预警级别设置。选择“预警级别设置”,单击“增行”,输入总比率、级别名称,按回车键,输入第二行,如图 8-6 所示。

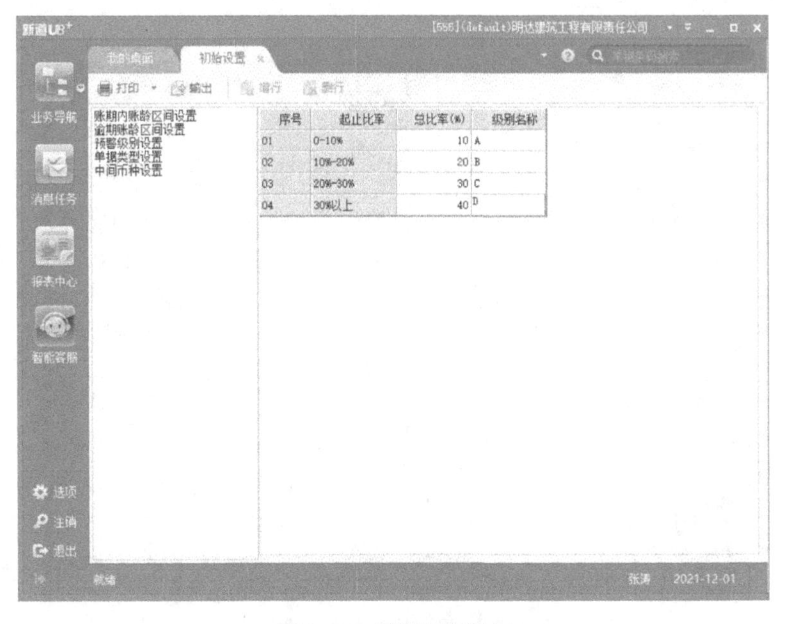

图 8-6 预警级别设置

3. 基本科目设置

基本科目设置是定义应收款管理凭证制单所需要的科目。操作过程如下：选择“业务导航”/“财务会计”/“应收款管理”/“设置”/“科目设置”/“基本科目”，弹出如图 8－7 所示的界面，在该界面中输入基本科目。

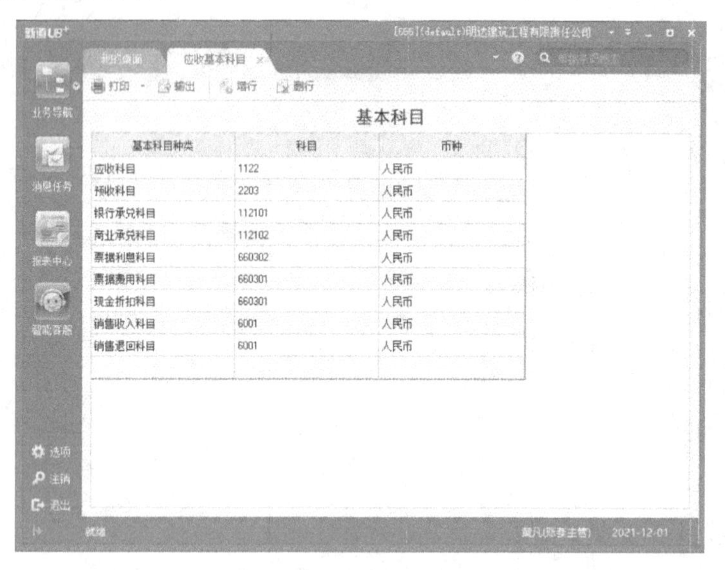

基本科目种类	科目	币种
应收科目	1122	人民币
预收科目	2203	人民币
银行承兑科目	112101	人民币
商业承兑科目	112102	人民币
票据利息科目	660302	人民币
票据费用科目	660301	人民币
现金折扣科目	660301	人民币
销售收入科目	6001	人民币
销售退回科目	6001	人民币

图 8－7　基本科目设置

4. 控制科目设置

控制科目设置是设置每个客户的应收科目和预收科目，若不设置应收科目和预收科目，则系统取基本科目设置中的应收科目和预收科目。选择“业务导航”/“财务会计”/“应收款管理”/“设置”/“科目设置”/“控制科目设置”，弹出如图 8－8 所示的界面，在该界面中输入应收控制科目。

序号	客户编码	客户名称	应收科目编码	应收科目名称	预收科目编码	预收科目名称
1	01001	田园建筑…	1122	应收账款	2203	预收账款
2	01002	芳达有色公司	1122	应收账款	2203	预收账款
3	01003	明达实业…	1122	应收账款	2203	预收账款
4	01004	美华食品公司	1122	应收账款	2203	预收账款
5	01005	龙发建筑…	1122	应收账款	2203	预收账款
6	01006	佳捷印刷厂	1122	应收账款	2203	预收账款
7	01007	方欣轻工集团	1122	应收账款	2203	预收账款

图 8－8　控制科目设置

5. 对方科目设置

此功能可以对不同的客户、客户分类、地区分类、销售类型、存货分类、存货设置不同的销售收入科目、应交销项税科目和销售退回科目，设定对方科目后系统将依据制单规则在生成凭证时自动带入。选择“业务导航”/“财务会计”/“应收款管理”/“设置”/“科目设置”/“对方科目设置”，弹出如图 8－9 所示的界面，在该界面中输入对方科目。

应收对方科目

序号	客户编码	客户名称	税率%	销售收入科目...	销售收入科目...	应交增值税科目编码	应交增值税科...
1	01001	田园建筑...	11	5402	工程结算	22210102	销项税额
2	01002	芳达有色公司	11	5402	工程结算	22210102	销项税额
3	01003	明达实业...	11	5402	工程结算	22210102	销项税额
4	01004	美华食品公司	11	5402	工程结算	22210102	销项税额
5	01005	龙发建筑...	11	5402	工程结算	22210102	销项税额
6	01006	佳捷印刷厂	11	5402	工程结算	22210102	销项税额
7	01007	方欣轻工集团	11	5402	工程结算	22210102	销项税额

共7条记录

图 8－9 对方科目设置

6. 结算科目设置

对现结的发票和收付款单制单时，若单据有科目，取单据科目制单；若单据无科目，系统依据单据的结算方式查找对应的结算科目制单。选择“业务导航”/“财务会计”/“应收款管理”/“设置”/“科目设置”/“结算科目设置”，弹出如图 8－10 所示的界面，在该界面中输入结算科目。

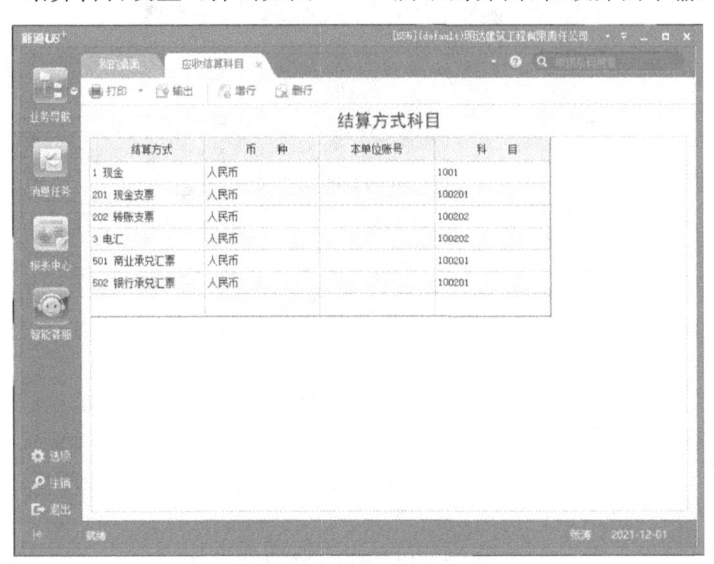

结算方式科目

结算方式	币种	本单位账号	科目
1 现金	人民币		1001
201 现金支票	人民币		100201
202 转账支票	人民币		100202
3 电汇	人民币		100202
501 商业承兑汇票	人民币		100201
502 银行承兑汇票	人民币		100201

图 8－10 结算科目设置

7. 单据编号设置

选择“业务导航”/“基础设置”/“单据设置”/“单据编号设置”，进入“单据编号设置”对话框，选择“应收款管理”/“其他应收单”，单击“编辑”，进行单据编号设置，如图 8-11 所示。

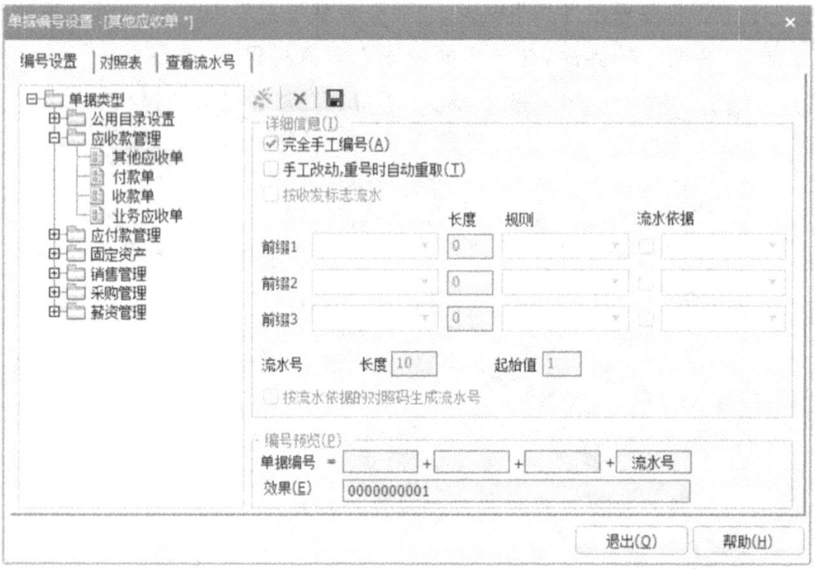

图 8-11 单据编号设置

8. 输入期初余额

用户需将正式启用账套前所有的应收款数据输入系统。此功能必须由账套主管操作。操作步骤如下：以账套主管身份登录企业应用平台，选择“业务导航”/“财务会计”/“应收款管理”/“期初余额”/“期初余额”，出现“期初余额—查询”对话框，如图 8-12 所示。

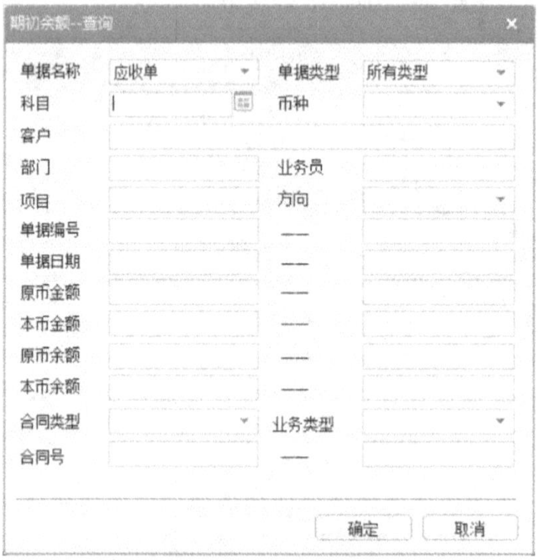

图 8-12 期初余额查询

(1)应收账款和预收账款期初余额输入。输入应收账款和预收账款的期初余额时，在图 8－12 中选择单据名称为“应收单”。单击“确定”，进入“期初余额明细表”界面，该界面列出期初应收单明细。单击菜单“增加”，弹出如图 8－13 所示的“单据类别”界面。如果输入应收账款的期初余额，在图 8－13 中选择单据名称“应收单”，单据类型“其他应收单”，方向“正向”；如果输入预收账款的期初余额，在图 8－13 中选择单据名称“应收单”，单据类型为“其他应收单”，方向“负向”。

图 8－13　单据类别

单击“确定”，进入应收单输入界面。单击菜单“增加”，输入应收单信息，如图 8－14 所示。依上述步骤，输入所有应收账款和预收账款期初余额。

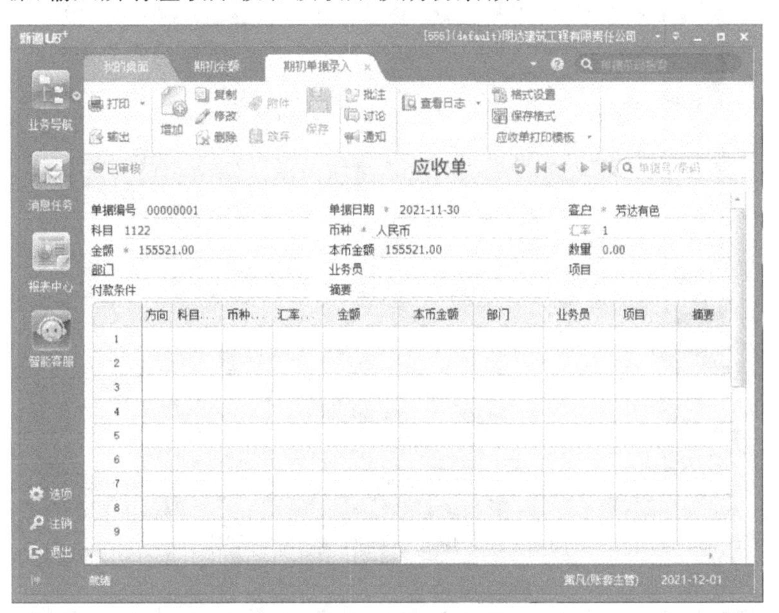

图 8－14　应收单输入界面

(2)输入应收票据的期初余额。输入应收票据的期初余额时，在图 8－12 中选择单据名称为“应收票据”，单击“确定”。进入“期初余额明细表”界面，该界面列出期初应收票据明细。单击菜单“增加”，弹出如图 8－13 所示的“单据类别”界面，在该界面中输入单据名称“应收票据”和单据类型“银行承兑汇票”或“商业承兑汇票”。单击“确定”，弹出期初票据输入界面，如图 8－15 所示，在图 8－15 中输入票据信息。

输入结束后，生成应收系统期初余额明细表，如图 8－16 所示。

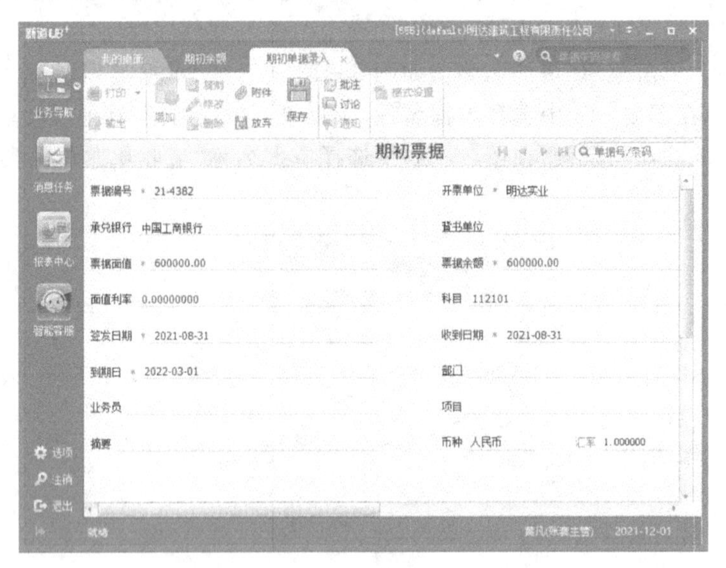

图 8－15　期初票据输入界面

单据类型	单据编号	单据日期	客户	币种	科目	方向	原币金额
其他应收单	00000001	2021-11-30	芳达有色公司	人民币	1122	借	155,521.00
其他应收单	00000002	2021-11-30	田园建筑工程公司	人民币	1122	借	13,214,400.00
其他应收单	00000003	2021-11-30	明达实业有限公司	人民币	1122	借	1,200,000.00
其他应收单	00000004	2021-11-30	美华食品公司	人民币	1122	借	682,717.87
其他应收单	00000006	2021-11-30	龙发建筑工程公司	人民币	2203	借	-6,000,000.00
其他应收单	00000007	2021-11-30	佳捷印刷厂	人民币	2203	借	-1,800,000.00
其他应收单	00000008	2021-11-30	方欣轻工集团	人民币	2203	借	-111,858.00
银行承兑汇票	21-4382	2021-08-31	明达实业有限公司	人民币	112101	借	600,000.00

图 8－16　应收系统期初余额明细表

9. 将应收系统受控科目的期初余额分别引入总账系统对应科目的期初余额

以引入应收款管理“应收账款”科目的期初余额到总账“应收账款”科目的期初余额为例，操作步骤如下：进入总账系统，选择“业务导航”/“财务会计”/“总账”/“期初”/“期初余额”，双击“应收账款”科目，进入“辅助期初余额”输入界面，单击“往来明细”菜单，弹出期初往来明细界面，单击“引入收付期初”菜单，系统提示“确定要引入期初吗”，选择“是”，将应收系统“1122 应收账款”的期初余额引入总账“1122 应收账款”科目期初余额，如图 8－17 所示。采用上述方法，将应收系统“1121 应收票据”“2203 预收账款”的期初余额也分别引入总账“应收票据”和“预收账款”科目期初余额。

期初往来明细

科目名称 1122 应收账款

日期	凭证号	客户	业务员	摘要	方向	本币金额	票号	票据日期	年
2021-11-30		田园建筑	黄成琛	往来期初引入	借	13,214,400.00	00000002	2021-11-30	20
2021-11-30		芳达有色	张嘉力	往来期初引入	借	155,521.00	00000001	2021-11-30	20
2021-11-30		明达实业	李昌凯	往来期初引入	借	1,200,000.00	00000003	2021-11-30	20
2021-11-30		美华食品	李子杰	往来期初引入	借	682,717.87	00000004	2021-11-30	20
合计:					借	15,252,638.87			

图 8-17　将应收系统“1122 应收账款”的期初余额引入总账“1122 应收账款”科目期初余额

10. 应收款管理期初余额与总账期初余额对账

操作步骤如下:选择“业务导航”/“财务会计”/“应收款管理”/“期初余额”,单击“对账”,进入“期初对账”界面,查看期初是否平衡,若对账不平衡,要找出原因;对账平衡才能进行后续的操作。图 8-18 是应收款管理期初与总账期初对账结果。

科目编号	科目名称	币种	应收期初原币	应收期初本币	总账期初原币
112101	银行承兑汇票	人民币	600,000.00	600,000.00	600,000.00
1122	应收账款	人民币	15,252,638.87	15,252,638.87	15,252,638.87
2203	预收账款	人民币	-7,911,858.00	-7,911,858.00	-7,911,858.00
	合计			7,940,780.87	

图 8-18　应收款管理期初与总账期初对账结果

8.3　日常业务处理

8.3.1　应收款处理

1. 输入应收单

取得收款权利时应填写的单据有销售发票(普通销售发票与增值税专用发票)及其他应收单。这些单据是日常核算的原始凭证。增加应收单是应收款管理系统业务处理的起点。如果同时使用应收款管理系统和销售管理系统，则销售发票和代垫费用产生的应收单由销售管理系统录入，在应收款管理系统可以对这些单据进行查询、核销、制单等操作。如果没有使用销售管理系统，则各类发票和应收单均应在应收款管理系统录入。例如：2021 年 12 月 6 日以库存现金为客户田园建筑工程公司代垫材料运输费 280 元，由操作员黄凡录入、审核、制单。

选择"业务导航"/"财务会计"/"应收款管理"/"应收处理"/"应收单"/"应收单录入"，弹出如图 8-19 所示的应收单录入界面。

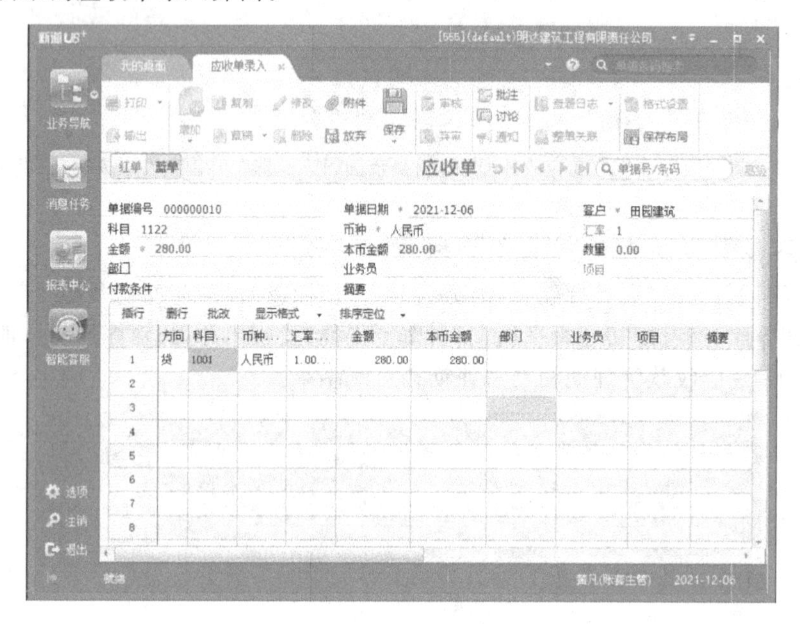

图 8-19 应收单录入界面

2. 修改(删除)应收单

对应收单修改(删除)的方法有两种：第一种是在录入应收单时，直接单击"修改"("删除")按钮，进行修改(删除)；第二种是在"应收款管理"的"应收处理"/"应收单"/"应收单录入"，选择"上张""下张"找到需修改的应收单，然后双击进行选择，再单击"修改"("删除")按钮，进行修改(删除)。注意：单据删除后不能恢复，必须重新录入。已审核或已生成凭证的应收单不能删除。

3. 审核应收单

应收单审核有两种方法：第一种可在单据录入完成后，在其他应收单录入界面，直接单击"审核"按钮进行审核；第二种是选择"应收款管理"/"应收处理"/"应收单"/"应收单审核"，弹出应收单审核界面，单击菜单"查询"，弹出应收单查询条件界面，如图 8-20 所示，在图中输入查询条件，弹出"应收单列表"，选择需要审核的应收单，单击菜单"审核"。注意，审核时间要大于应收单时间。

4. 生成凭证

生成凭证可以在输入并审核应收单后进行。在"是否立即制单"对话框，选择"是"，生成凭证，或选择"业务导航"/"财务会计"/"应收款管理"/"凭证处理"/"生成凭证"。图 8-21 是应收单生成的凭证。

图 8-20 应收单查询条件

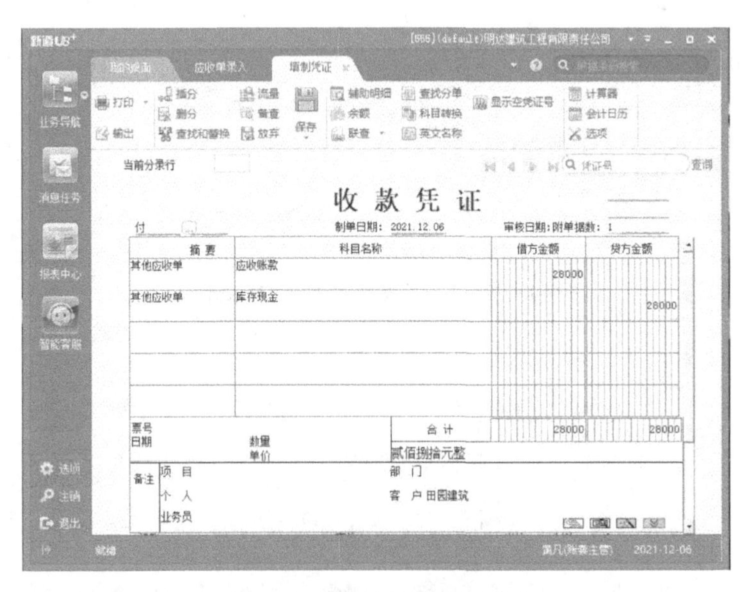

图 8-21 应收单生成的凭证

8.3.2 收款结算

收款结算是应收款业务日常处理中的一项重要内容，是将已收到的款项作为收款单录入应收款管理系统，由应收款管理系统对销售发票或应收单进行核销，或将收款金额形成预收款。收款单据处理主要是对结算单据[收款单、付款单即红字(负向)收款单]进行管理，包括收款单、付款单的录入、审核。

应收款管理的收款单用来记录企业所收到的客户款项，款项性质包括应收款、预收款、其他费用等。其中,应收款、预收款性质的收款单将与发票、应收单、付款单进行核销勾对。

应收款项的收回方式:①收到债务人的现金或银行存款;②收到债务人的商业汇票;③用某客户的应收账款冲抵某供应商的应付款项;④将一家客户的应收款转到另一家客户中;⑤客户的预收款和该客户应收款的核销。

1. 选择收款

本功能可以一次对多个客户、多笔款项进行收款核销的业务处理。例如:12 月 1 日收到美华食品公司用转账支票转来的应收工程款 140 000 元,转账支票号为 2112－3409。选择“业务导航”/“财务会计”/“应收款管理”/“收款处理”/“选择收款”,弹出“选择收款—条件”输入界面,如图 8－22 所示,在该界面输入选择收款条件,单击“确定”,弹出“选择收款列表”,如图 8－23 所示,选择需要核销的单据,单击“确认”,在弹出的图 8－24“选择收款—收款单”窗口中输入收款单的结算方式与票号。

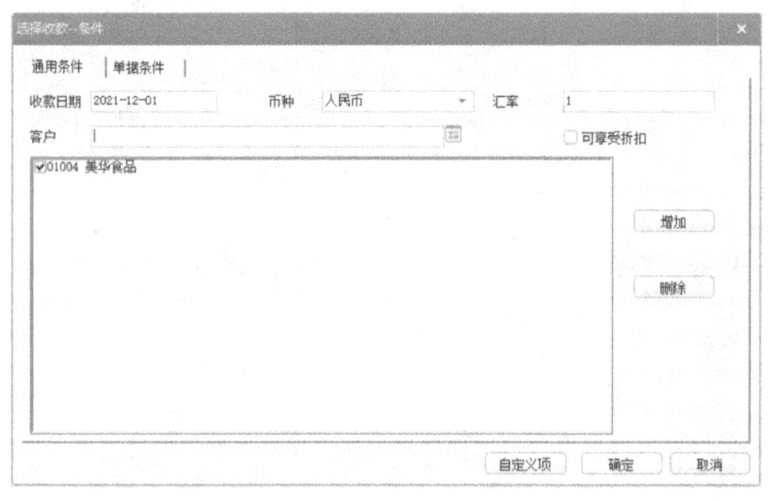

图 8－22 “选择收款—条件”输入界面

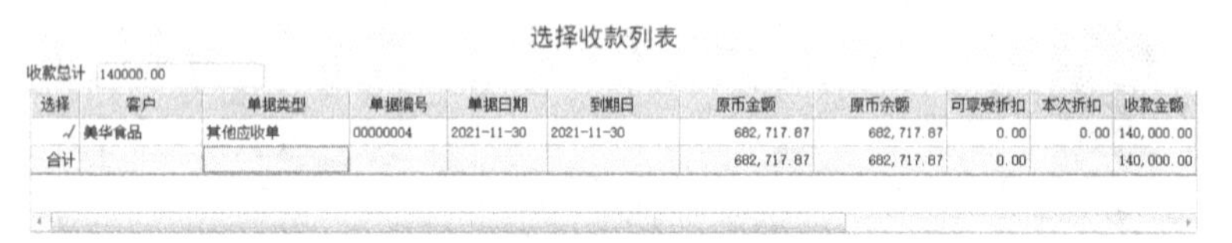
选择收款列表

收款总计 140000.00

选择	客户	单据类型	单据编号	单据日期	到期日	原币金额	原币余额	可享受折扣	本次折扣	收款金额
√	美华食品	其他应收单	00000004	2021-11-30	2021-11-30	682,717.87	682,717.87	0.00	0.00	140,000.00
合计						682,717.87	682,717.87	0.00		140,000.00

图 8－23 选择收款列表

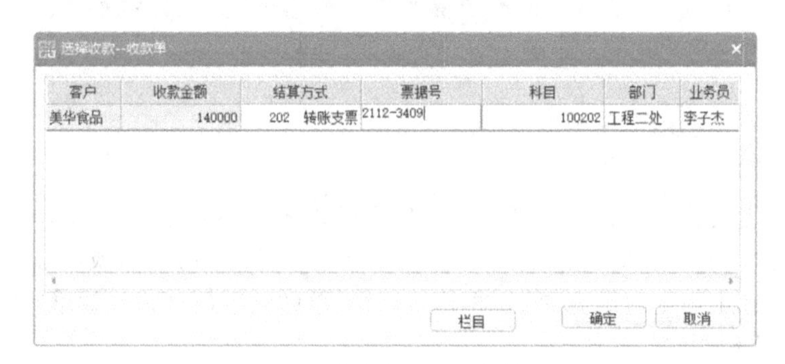
选择收款--收款单

客户	收款金额	结算方式	票据号	科目	部门	业务员
美华食品	140000	202 转账支票	2112-3409	100202	工程二处	李子杰

栏目　确定　取消

图 8－24 “选择收款—收款单”窗口

选择收款处理结束后，该笔收款的收款单据已录入并审核而且已经核销。选择“业务导航”/“财务会计”/“应收款管理”/“收款处理”/“收款单据录入”，单击“首张”“上张”“下张”“末张”按钮，可以找到该收款单据；选择“业务导航”/“财务会计”/“应收款管理”/“核销处理”/“应收核销明细表”，可看到该收款单已经与客户的某应收单核销；选择收款处理结束后，还需要选择“业务导航”/“财务会计”/“应收款管理”/“凭证处理”/“生成凭证”，生成该笔收款的凭证。

2. 输入收款单据

收到客户交来的款项时应填制收款单。例如：12 月 1 日，收到芳达有色公司用转账支票转来的应收工程款 155 521 元，支票号为 2112－3310（账套主管录入并审核，非账套主管不能审核和保存）。操作步骤如下：

（1）选择“业务导航”/“财务会计”/“应收款管理”/“收款处理”/“收款单据录入”，单击“增加”按钮，弹出如图 8－25 所示的界面。

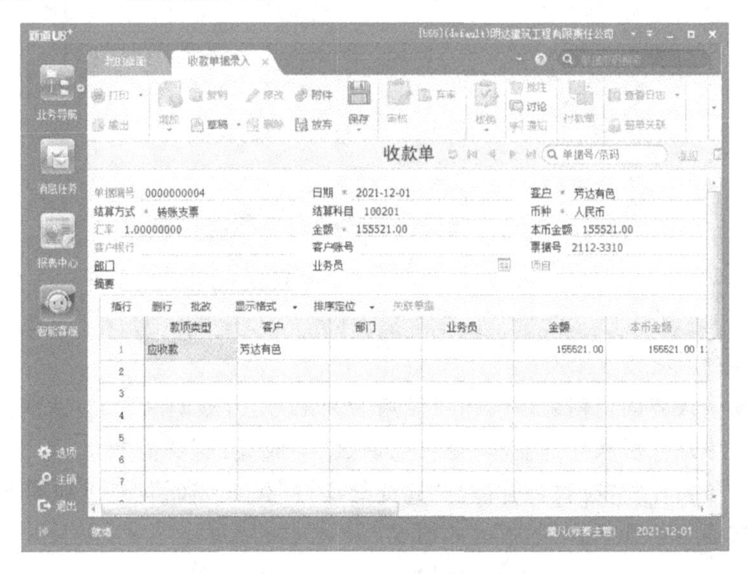

图 8－25　收款单据录入

（2）在收款单中输入日期、结算方式、金额等。

（3）单击“保存”按钮，完成操作。

说明：录入收款单内容时，结算方式、结算科目、客户、日期及金额不能为空。

3. 修改或删除收款单

当用户发现某张收款单录入有误时，可对其进行修改或删除。操作步骤如下：

（1）选择“业务导航”/“财务会计”/“应收款管理”/“收款处理”/“收款单据录入”。

（2）单击“首张”“上张”“下张”“末张”按钮，找到需修改或删除的收款单。

（3）单击“修改”按钮，进行修改。修改完成后，再单击“保存”即可；也可单击“删除”按钮，删除收款单。

说明：系统自动生成的结算单号不能修改。已审核、已核销和已生成凭证的收款单不允许修改和删除，如果需要修改此类收款单，必须做取消审核、取消核销和删除生成凭证的逆向操作。

4. 收款单审核

在收款单录入界面，直接单击菜单“审核”可以完成收款单审核工作。也可以用收款单审核功能完成审核，操作步骤如下：选择“业务导航”/“财务会计”/“应收款管理”/“收款处理”/“收款单据审核”，弹出收款单查询条件输入界面，输入查询条件，弹出收付款单列表，如图 8－26 所示，选择需要审核的凭证，单击“审核”。

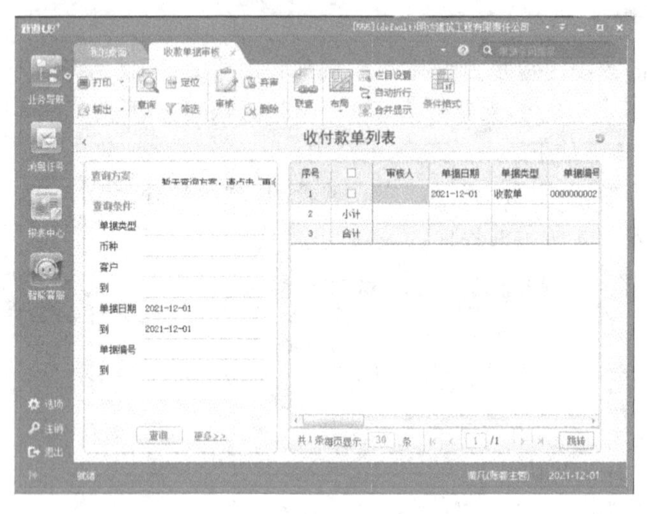

图 8－26　收付款单列表

5. 生成凭证

在收款单据录入界面，直接审核，审核结束后弹出“是否立即制单”对话框，单击“是”，立即制单。如果收款单录入后未立即制单，也可以通过“生成凭证”功能制单，操作步骤如下：选择“业务导航”/“财务会计”/“应收款管理”/“凭证处理”/“生成凭证”，弹出如图 8－27 所示的界面，选择“收付款单”，单击“确定”，弹出如图 8－28 所示的界面。

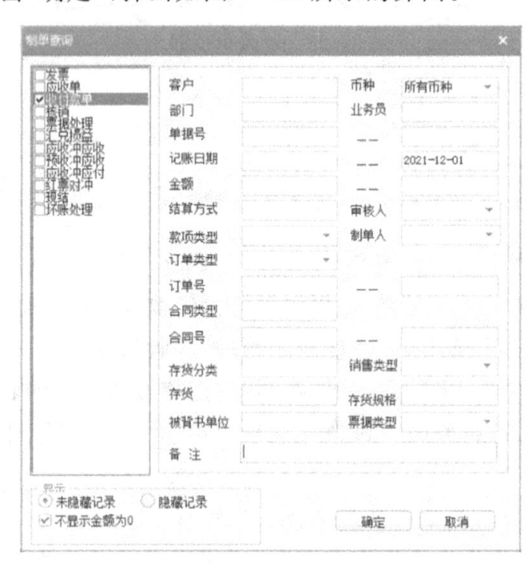

图 8－27　制单查询

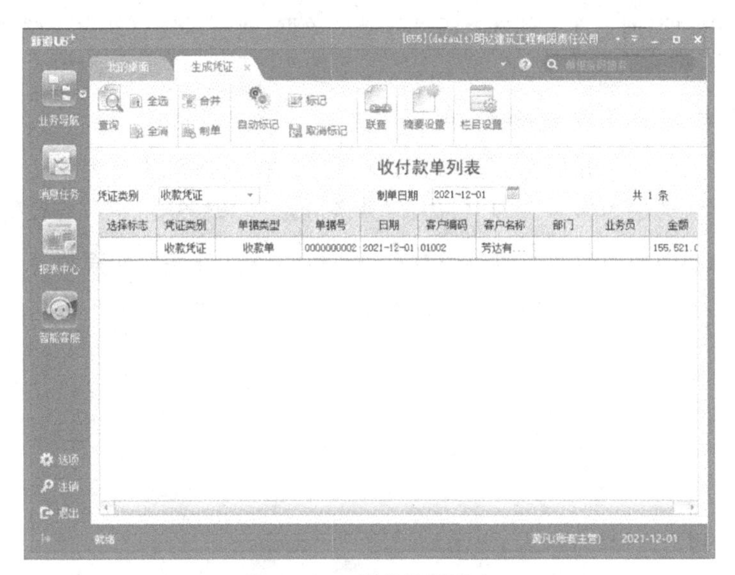

图 8-28 制单单据列表

单击“全选”,单击“制单”,生成如图 8-29 所示的凭证,单击“保存”,制单完成。

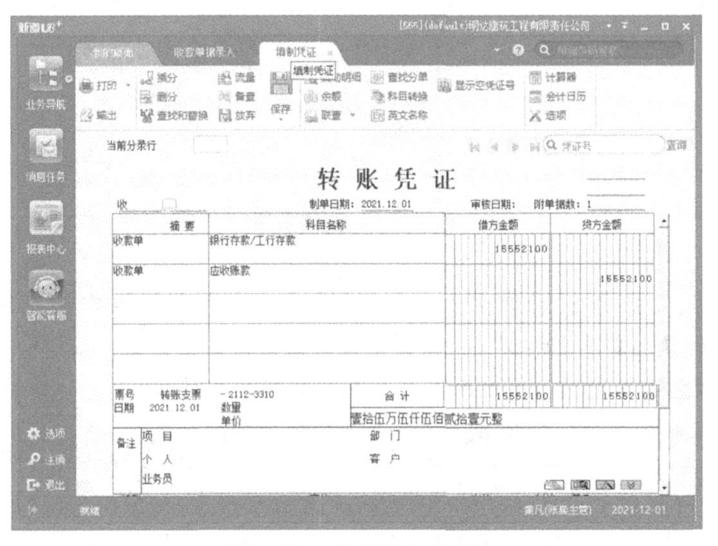

图 8-29 收款单生成凭证

8.3.3 核销处理

实际收到款项后,应收款与已收款需进行核销,核销就是客户往来两清。核销的方式有三种:一是收款单与应收单据完全核销;二是收款单核销部分应收款;三是收款单的金额部分核销以前的单据,部分形成预收款。

单据核销的作用是进行收回客商的款项核销该客商应收款的处理,建立收款与应收款的核销记录,监督应收款及时核销,加强往来款项的管理。核销方法有手工核销和自动核销。手工核销指用户根据查询条件选择需要核销的单据,然后手工进行核销,加强了往来款项核销的灵活性。自动核销指用户根据查询条件选择需要核销的单据，然后系统自动进行核销，提高了往来款项核销的效率。

1. 收款单与应收单据完全核销

(1)按要求录入收款单并保存。例如，已收到芳达有色公司的工程款 155 521 元，已经输入收款单并保存后，核销操作步骤如下：选择“业务导航”/“财务会计”/“应收款管理”/“核销处理”/“手工核销”，弹出如图 8 - 30 所示的界面，选择客户为“芳达有色公司”。

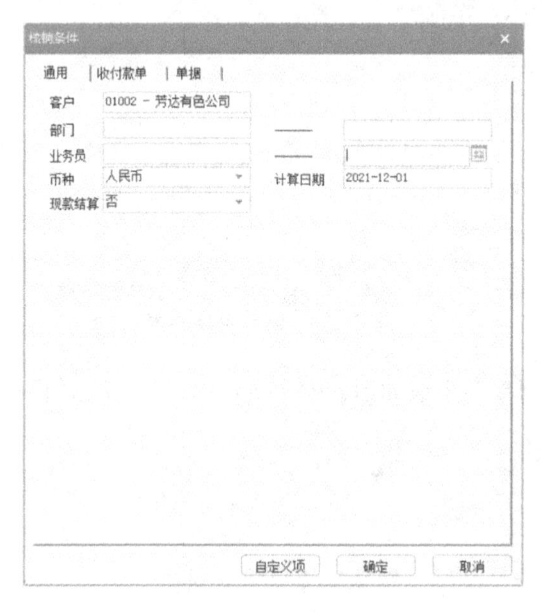

图 8 - 30 核销条件

(2)单击“确定”，屏幕显示如图 8 - 31 所示。在其他应收单本次结算栏第一行输入“155521”，单击“确认”，单击“退出”。

说明：收款单金额与“预收款”之和应等于“本次结算”合计。

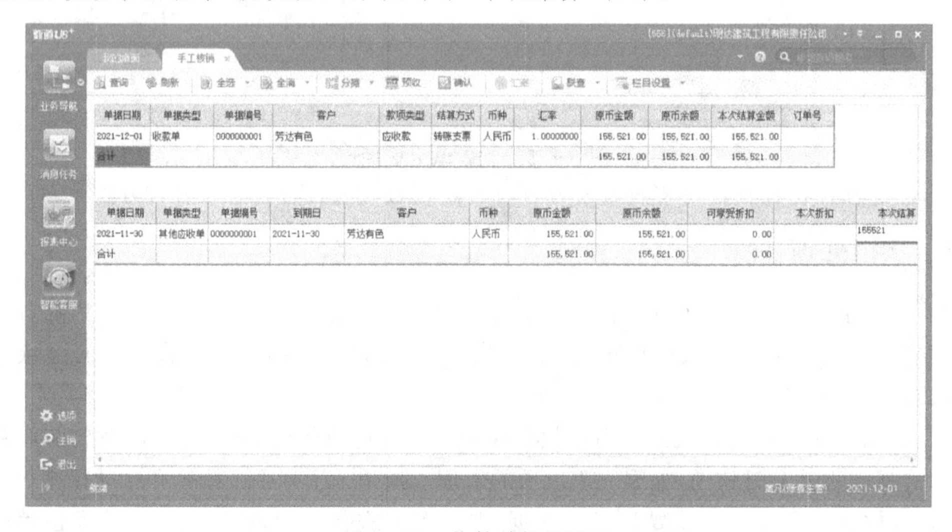

图 8 - 31 收款单核销界面

2. 收款单核销部分应收款

例如：应收方欣轻工集团四色机安装工程款 277 920 元，2021 年 12 月 1 日收到方欣轻工集团开来的转账支票，金额 166 062 元，已经预收工程款 111 858 元。

(1)填写收款单。操作步骤如下：选择“业务导航”/“财务会计”/“应收款管理”/“收款处理”/“收款单据录入”，单击“增加”按钮，输入收款单，如图 8－32 所示。

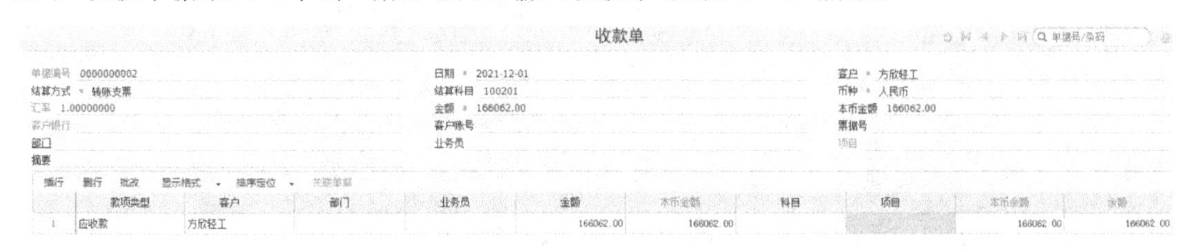
收款单

单据编号 0000000002　日期 * 2021-12-01　客户 * 方欣轻工
结算方式 * 转账支票　结算科目 100201　币种 * 人民币
汇率 1.00000000　金额 * 166062.00　本币金额 166062.00
客户银行　客户账号　票据号
部门　业务员　项目
摘要

插行　删行　批改　显示格式　排序定位　关联单据

	款项类型	客户	部门	业务员	金额	本币金额	科目	项目	本币余额	余额
1	应收款	方欣轻工			166062.00	166062.00			166062.00	166062.00

图 8－32　收款单输入

(2)审核收款单。操作步骤如下：选择“业务导航”/“财务会计”/“应收款管理”/“收款处理”/“收款单据审核”，弹出收款单查询条件输入界面，输入“客户”，单击“确定”，弹出“收付款单列表”界面，如图 8－33 所示，选择需要审核的收款单，单击“审核”。

收付款单列表

序号	☐	审核人	单据日期	单据类型	单据编号	客户名称	部门	业务员	结算方式	票据号	币种	汇率
1	☐		2021-12-01	收款单	0000000002	方欣轻工集团			转账支票		人民币	1.00000000
2	小计											

图 8－33　审核收款单

(3)收款单制单。操作步骤如下：选择“业务导航”/“财务会计”/“应收款管理”/“凭证处理”/“生成凭证”，弹出制单查询界面，选择收付款单制单，弹出如图 8－34 所示的界面。

收付款单列表

凭证类别 收款凭证　制单日期 2021-12-01

选择标志	凭证类别	单据类型	单据号	日期	客户编码	客户名称	部门	业务员	金额
	收款凭证	收款单	0000000001	2021-12-01	01002	芳达有...			155,521.00
	收款凭证	收款单	0000000002	2021-12-01	01007	方欣轻...			166,062.00

图 8－34　收款单制单选择

选择制单凭证，单击“制单”，生成如图 8－35 所示的凭证。

(4)核销应收款。操作步骤如下：选择“业务导航”/“财务会计”/“应收款管理”/“核销处理”/“手工核销”，出现如图 8－30 所示的核销条件查询界面，选择客户为方欣轻工，在弹出的图 8－36 中，在“本次结算”项目中，选择需核销的应收单据，输入本次结算金额，单击“确认”，完成核销。

3. 收款单金额部分核销以前的单据，部分形成预收款

这部分的处理与用收款单和应收款进行核销类似，在图 8－36 中输入本次结算金额后，单击菜单“预收”，即可生成预收凭证。

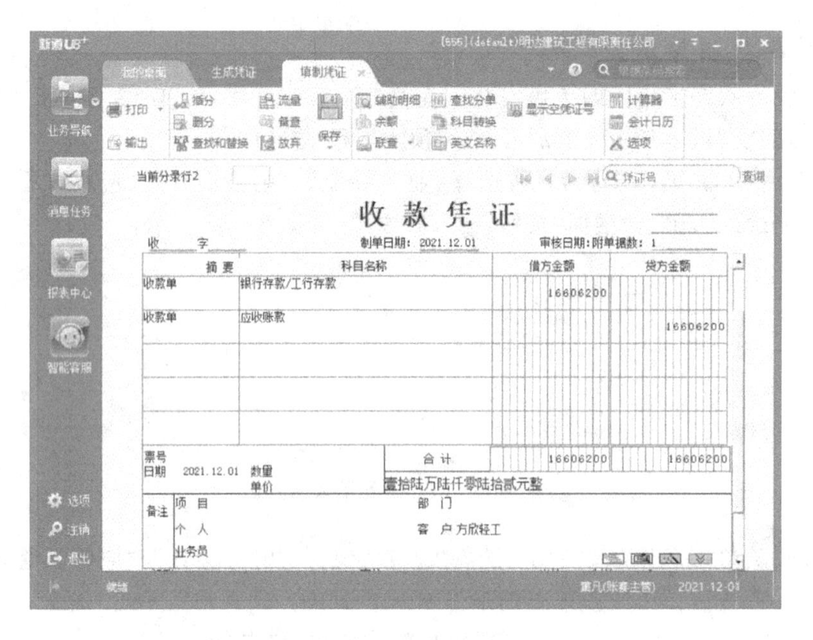

图 8-35　收款单制单

单据日期	单据类型	单据编号	客户	款项类型	结算方式	币种	汇率	原币金额	原币余额	本次结算金额	订单号
2021-12-01	收款单	0000000002	方欣轻工	应收款	转账支票	人民币	1.00000000	166,062.00	166,062.00	166,062.00	
合计								166,062.00	166,062.00	166,062.00	

单据日期	单据类型	单据编号	到期日	客户	币种	原币金额	原币余额	可享受折扣	本次折扣	本次结算
2021-11-30	其他应收单	0000000003	2021-11-30	方欣轻工	人民币	277,920.00	277,920.00	0.00	0.00	166,062.00
合计						277,920.00	277,920.00	0.00		166,062.00

图 8-36　核销应收款

4. 取消核销

如果发现已核销或已形成预收款的收款单有错，可通过“取消操作”功能取消核销，然后再修改相应的收款单。操作步骤如下：

(1)选择“业务导航”/“财务会计”/“应收款管理”/“其他处理”/“取消操作”。

(2)选择需取消核销的单据，双击“选择标志”。

(3)单击“确认”按钮，即可取消核销。

8.3.4　票据管理

应收票据指企业因销售商品、提供劳务等而收到的商业汇票，包括商业承兑汇票、银行承兑汇票。票据管理对商业承兑汇票和银行承兑汇票进行管理，记录票据详细信息及票据处理情况，查询应收票据(包括即将到期且未结算完的票据)。

1. 收到票据的处理

例如：12 月 30 日，收到明达实业有限公司支付期为 2022 年 3 月 31 日的银行承兑汇票一张(票据编号：21-4322)，金额 1 200 000 元，用以支付 5 号楼土建工程价款。

(1)输入商业承兑汇票。选择“业务导航”/“财务会计”/“应收款管理”/“票据管理”/“票据录入”,进入“应收票据录入”界面,单击“增加”,如图 8－37 所示。

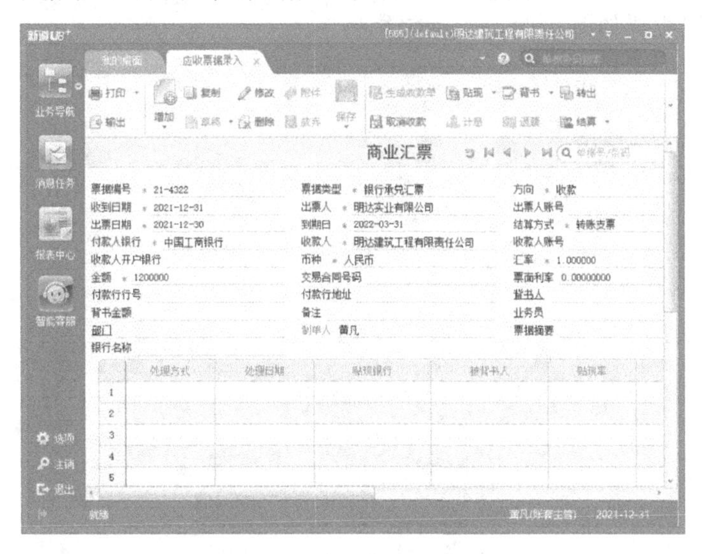

图 8－37 输入商业承兑汇票

说明:

①如果在应收款管理系统选项设置时将“应收票据直接生成收款单”选中,则点击“确认”按钮,系统保存当前票据,同时生成一张收款单。如果该选项未选中,则需要点“生成收款单”按钮才生成收款单。

②在票据管理中,可以对该票据进行计息、贴现、转出、结算、背书等处理。

(2)审核票据。如果在选项设置(见图 8－3)中选择“应收票据直接生成收款单”,则选择“业务导航”/“财务会计”/“应收款管理”/“收款单管理”/“收付款单查询”,输入查询条件,单击“查询”,如图 8－38 所示,选择需要审核的收付款单,单击“审核”。

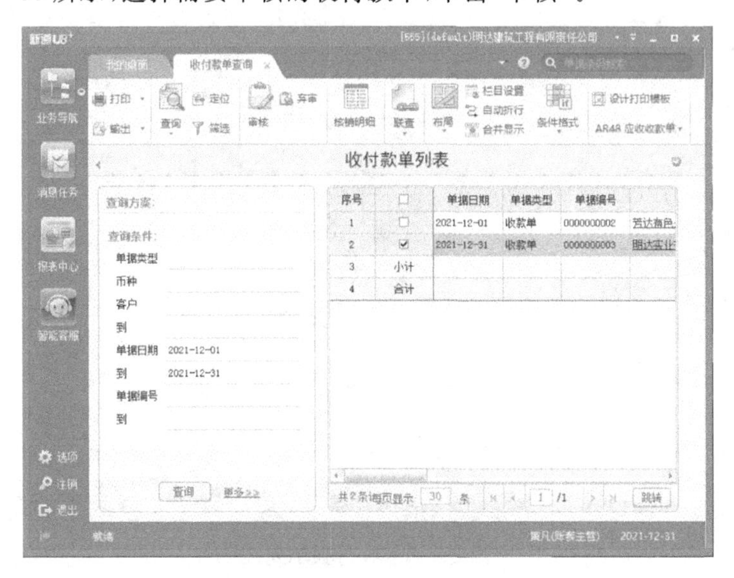

图 8－38 收付款单查询

(3)生成凭证。选择“业务导航”/“财务会计”/“应收款管理”/“凭证处理”/“生成凭证”,点击“查询”,出现如图 8-39 所示的界面,输入查询条件,选择需要制单的收付款单,如图 8-40 所示,单击“制单”,生成如图 8-41 所示的凭证。

图 8-39 制单查询条件

图 8-40 收付款单列表

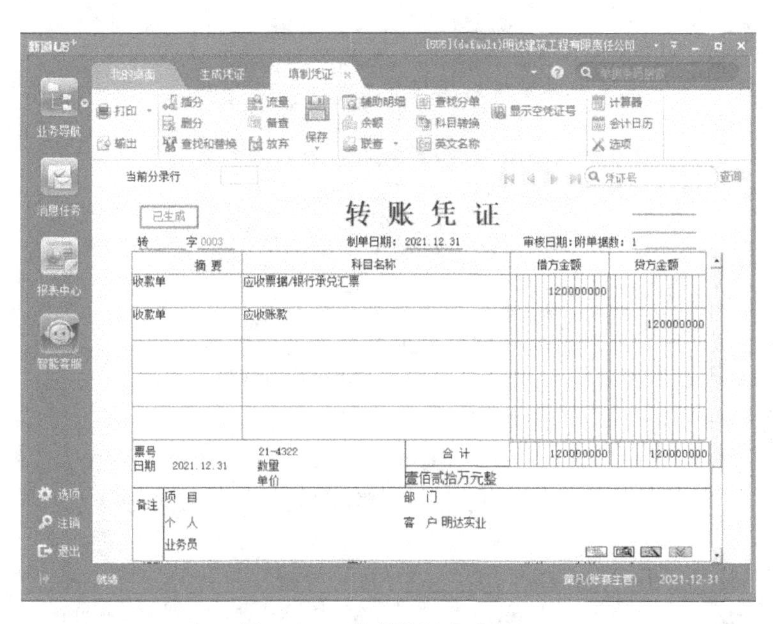

图 8-41 收付款单生成凭证

2. 商业汇票贴现

例如:12 月 27 日经银行信贷科同意,将明达实业有限公司 8 月 31 日签发的一张不带息的银行承兑汇票 600 000 元,向银行贴现。该汇票应于 2022 年 3 月 1 日到期。年贴现率为 5.4%。

选择"业务导航"/"财务会计"/"应收款管理"/"票据管理"/"票据列表",输入查询条件,如图 8-42 所示,选择需要贴现的票据,单击"贴现",弹出如图 8-43 所示的票据贴现窗口,单击"确定"。系统弹出"是否立即制单",选择"是",生成贴现收款凭证,如图 8-44 所示,"保存"。

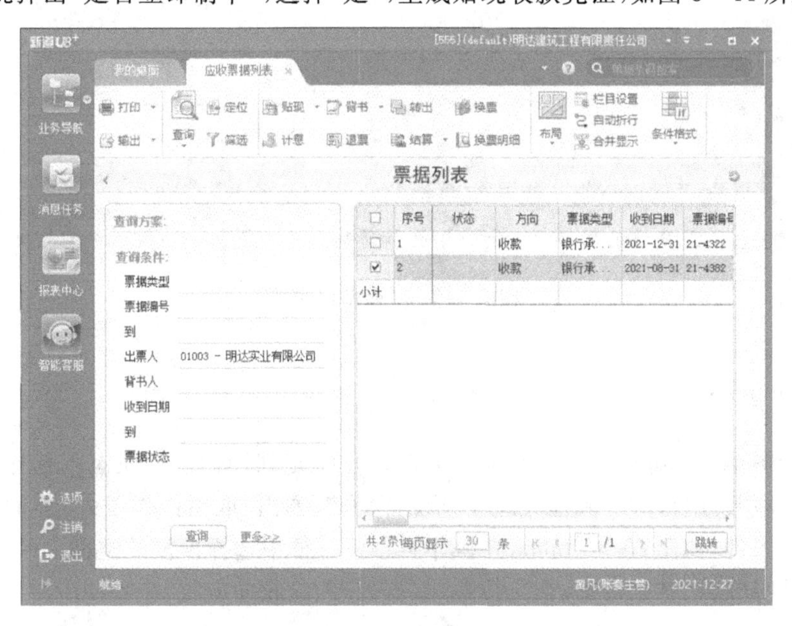

图 8-42 票据查询

图 8-43　票据贴现

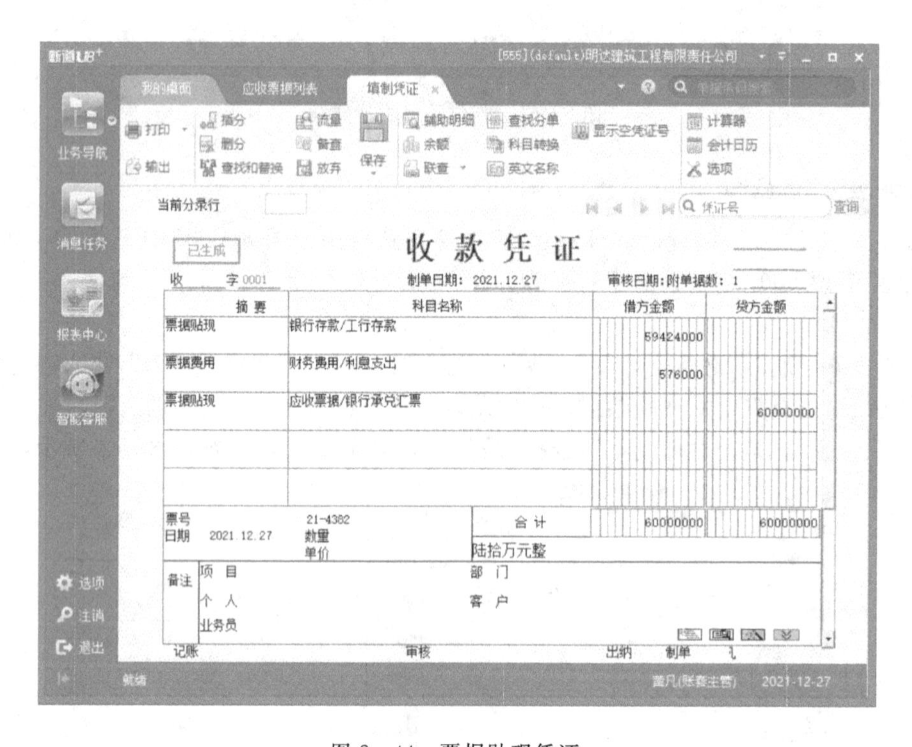

图 8-44　票据贴现凭证

8.3.5　取消操作

对某些业务单据的操作失误可以通过取消操作恢复到操作前的状态。选择“业务导航”/“财务会计”/“应收款管理”/“其他处理”/“取消操作”，弹出“取消操作条件”界面，在该界面输入取消操作的条件，如图 8-45 所示，在操作类型下拉框中选择恢复的类型。系统提供了如下类型：核销、选择收款、坏账处理、汇兑损益、票据处理、应收冲应收、应收冲应付、预收冲应收和红票对冲等。

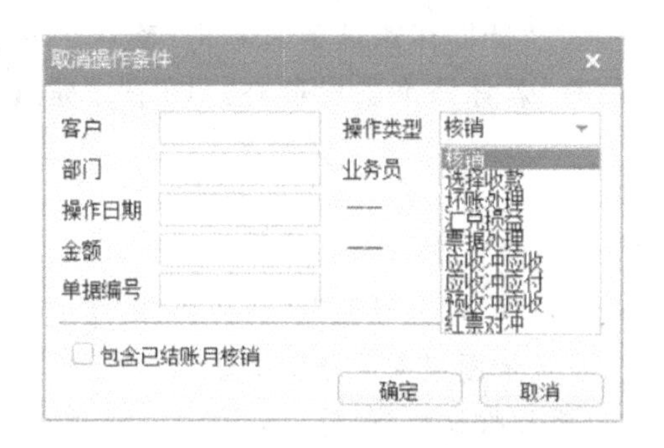

图 8 - 45 取消操作条件

1. 恢复收款单的核销前状态

如果收款单日期在已经结账的月份内,可以被恢复。默认取消的是当前月的核销;如果选择“包含已结账月核销”,则可以取消以前月份的核销记录。如果收款单在核销后已经制单,应先删除其对应的凭证,再进行恢复。

2. 恢复选择收款前状态

取消选择收款,同时取消核销,核销生成的收款单也一并删除,单据恢复原状。

3. 选择恢复坏账处理前状态

如果坏账处理日期在已经结账的月份内,不能被恢复。如果该处理已经制单,应先删除其对应的凭证,再进行恢复。

4. 选择恢复计算汇兑损益前状态

如果计算汇兑损益日期在已经结账的月份内,不能被恢复。如果该处理已经制单,应先删除其对应的凭证,再进行恢复。

5. 选择恢复票据处理前状态

如果票据日期在已经结账的月份内,不能被恢复。如果票据在处理后已经制单,应先删除其对应的凭证,再进行恢复。票据转出后所生成的应收单如果已经进行了核销等处理,则不能恢复。票据背书的对象如果是应付款管理系统的供应商,且应付款管理系统该月份已经结账,也不能恢复。票据计息和票据结算后,如果又进行了其他处理,例如票据贴现等,也不能恢复。

6. 选择恢复转账处理前状态

如果转账处理日期在已经结账的月份内,不能被恢复。如果该处理已经制单,应先删除其对应的凭证,再进行恢复。

8.3.6 坏账处理及账表查询

坏账指企业无法收回或收回可能性极小的应收款项。坏账处理功能主要按照用户设置的坏账计提方法计提坏账准备,处理坏账发生及收回业务。应收款管理系统提供的坏账计提方法有应收余额百分比法、销售余额百分比法、账龄分析法和直接冲销法。

图 8 - 3“常规”选项设置中坏账处理方法要选“应收余额百分比法”,在“设置”/“初始设置”中要输入计提坏账准备信息。计提坏账准备的操作步骤如下:选择“业务导航”/“财务会

计”/“应收款管理”/“坏账处理”/“计提坏账准备”，单击“确认”按钮，系统提示“是否立即制单”，选择“是”，即可制单。注意：若坏账准备已经在总账中计提过，则此处不能再计提坏账准备。

8.3.7 查询统计

账表查询的操作步骤如下：选择“业务导航”/“财务会计”/“应收款管理”/“账表管理”/“业务账表”，可以查询业务总账、业务余额表和业务明细账。

统计分析主要包括欠款分析和收款预测。

1. 欠款分析

选择“业务导航”/“财务会计”/“应收款管理”/“账表管理”/“统计分析”/“欠款分析”，出现查询条件界面。输入完条件后，点击“确认”按钮，查询结果按所选的条件列示。在查询结果显示界面，业务规则如下：

(1)分析条件为：分析客户＋所有币种＋截止日期＋显示信用额度＋所有款项。

(2)欠款总计＝货款＋其他应收款－预收款。其中，货款＝到截止日期仍未结算完的发票(正向－负向)之和，其他应收款＝到截止日期仍未结算完的应收单(正向－负向)之和，预收款＝到截止日期预收款余额。

2. 收款预测

选择“业务导航”/“财务会计”/“应收款管理”/“账表管理”/“统计分析”/“收款预测”，出现查询条件界面，输入完条件后，点击“确认”按钮，查询结果按所选的条件列示。业务规则如下：

(1)预测条件为：预测对象客户＋所有币种＋当前日期－当前月末＋所有款项＋不包含未审核单据＋包含已过期欠款。

(2)收款总计＝货款＋其他应收款－预收款。其中，货款＝到期日在预测日期范围内的红蓝发票余额之和＋包含的已过期发票的余额，其他应收款＝到期日在预测日期范围内的红蓝应收单余额之和＋包含的已过期应收单的余额，预收款＝截止到预测日期的终止日期前的预收款余额之和。

8.4 期末处理

如果当月业务已全部处理完毕，就需要执行“月末结账”功能。只有当月结账后，才可以开始下月工作。在进行月末处理时，一次只能选择一个月进行结账；前一个月没结账，则本月不能结账；结算单还有未核销的，不能结账；单据在结账前应该全部审核；年度未结账前，应对所有核销、坏账、转账等处理全部制单，系统列示检查结果，并对“本月单据全部结账”和“本月结算单全部核销”进行检查。

1. 月末结账

确认本月的各项处理已经结束，可选择执行月末结账功能。操作步骤如下：

(1)选择应收款管理的“业务导航”/“财务会计”/“应收款管理”/“期末处理”/“月末结账”。

(2)在“结账标志”栏中，双击需结账月份。

(3)单击“下一步”按钮，屏幕显示各处理类型的处理情况。

(4)在处理情况都是"是"的情况下，单击"确认"按钮，可开始结账。

(5)在"结账成功"提示对话框中，单击"确定"按钮(系统自动在对应的结账月份的"结账标志"栏中标识"已结账"字样)。

2. 取消结账

在执行了月末结账功能后，发现该月还需要处理有关业务，则可以对应收款管理系统取消结账。操作步骤如下：

(1)选择应收款管理的"期末处理"/"取消月结"，屏幕显示"取消结账"界面。

(2)选择最后一个"已结账"月份。

(3)单击"确认"按钮。

(4)在"取消结账成功"提示对话框中，单击"确定"按钮，当月结账标志即被取消。

8.5 实验九："应收款管理"实验

1. 实验目的

掌握应收款管理的初始化设置方法、系统日常业务处理和期末处理方法。

2. 实验准备

(1)以 admin 登录"系统管理"，选择"账套"/"引入"，恢复"实验二基础档案设置结束账套备份"的账套数据。选择"权限"/"权限"，修改"张涛"对"555 账套明达建筑工程有限责任公司"的权限，授予"张涛"使用"应收款管理"的权限。

(2)以账套主管身份登录企业应用平台，选择"业务导航"/"基础设置"/"基本信息"/"系统启用"，启用"应收款管理"，启用时间为"2021-12-01"。

在本书 4.2.2 节应收账款、应收票据和预收账款的期初余额与本期发生额从总账系统输入，而本节启用应收款管理系统，应收账款、应收票据和预收账款的期初余额与本期发生额从应收款管理系统输入，再传递到总账系统。因此要做以下处理：

①以张涛身份登录企业应用平台，删除"应收账款""应收票据""预收账款"的期初余额。

②选择"业务导航"/"基础设置"/"基础档案"/"财务"/"会计科目"，将"应收账款""应收票据""预收账款"设为"应收系统"受控科目。

3. 实验资料及步骤

(1)进行控制参数设置。选择"业务导航"/"财务会计"/"应收款管理"/"设置"/"选项"，出现"账套参数设置"对话框，选择坏账处理方式为"应收余额百分比法"，"自动计算现金折扣"，采用"详细核算"方式。单击"确定"。

(2)进行初始设置。选择"业务导航"/"财务会计"/"应收款管理"/"设置"/"初始设置"，弹出"初始设置"界面，输入以下初始设置资料。

①基本科目设置：应收科目 1122，预收科目 2203，银行承兑汇票 112101，商业承兑汇票 112102，销售收入科目 6001。

②控制科目设置：所有客户的控制科目为应收科目 1122，预收科目 2203。

③结算方式科目设置：现金支票——人民币，100201；转账支票——人民币，100202。

④坏账准备设置。坏账提取比例为 1%，坏账准备期初余额 136 191.38 元，坏账准备科目

1231，对方科目 670101。

⑤期内账龄区间及逾期账龄区间。01：1～30 天，总 30 天；02：31～60 天，总 60 天；03：61～90 天，总 90 天；04：91 天以上。

(3)输入期初余额。选择“业务导航”/“财务会计”/“应收款管理”/“设置”/“期初余额”，弹出“期初余额—查询”界面，单击“确定”，弹出“期初余额明细表”界面，单击“增加”，弹出“单据类别”界面，选择对应单据类别，单击“确定”，弹出期初余额输入界面，输入实验三的表 4－2 中应收票据——银行承兑汇票期(112101)的期初余额、表 4－3 中应收账款(1122)的期初余额和表 4－7 中预收账款(2203)的期初余额。

(4)输入开户银行信息。选择“业务导航”/“基础设置”/“基础档案”/“收付结算”/“本单位开户银行”，输入开户银行信息：编码为 01，名称为工商银行西安分行章村分理处，账号为 831658796206。

(5)进行日常业务处理。以下实验资料的详细信息及详细操作步骤可以参看本章 8.3 节。

①12 月 1 日，收到芳达有色公司用转账支票转来的应收工程款 155 521 元，支票号 2112－3310。

操作步骤：

第一，录入收款单，审核收款单。选择“业务导航”/“财务会计”/“应收款管理”/“收款处理”/“收款单据录入”，录入入收款单后审核。

第二，收款单生成凭证。选择“业务导航”/“财务会计”/“应收款管理”/“凭证处理”/“生成凭证”。

第三，收款单核销。选择“业务导航”/“财务会计”/“应收款管理”/“核销处理”/“手工核销”。

②12 月 30 日，5 号楼土建工程竣工通过验收，工程合同总价 3 360 000 元。按合同规定合同完成后一次结算工程价款，该工程本年建造，本年完工。要求填写应收单并制单。

操作步骤：

第一，填写应收单。选择“业务导航”/“财务会计”/“应收款管理”/“应收处理”/“应收单”/“应收单录入”。

第二，应收单审核、制单。在应收单输入界面审核应收单并制单。

③12 月 30 日，收到明达实业有限公司 5 号楼土建工程进度款，含税总金额为 3 360 000 元，其中转账支票一张金额为 2 160 000 元，支付期为 2022 年 3 月 31 日的银行承兑汇票一张，金额为 1 200 000 元。

操作步骤：

第一，填写收款单，审核收款单。选择“业务导航”/“财务会计”/“应收款管理”/“收款处理”/“收款单据录入”，录入收款单后，对收款单进行审核。

第二，收款单生成凭证。选择“业务导航”/“财务会计”/“应收款管理”/“凭证处理”/“生成凭证”。

第三，输入票据。选择“业务导航”/“财务会计”/“应收款管理”/“票据管理”/“票据录入”。

第四，审核票据，生成凭证。

第五，收款单、应收票据与应收单核销。选择“业务导航”/“财务会计”/“应收款管理”/“核销处理”/“手工核销”。

④宝福花园小区按施工合同规定将工程形象进度划分不同的阶段，分阶段结算工程价款。本月龙发建筑工程公司结算宝福花园小区工程款，应收账款 14 947 680 元，工程结算收入 12 775 794.9 元，应交税费——应交增值税——销项税额 2 171 885.1 元。已预收账款 6 000 000 元。要求填写应收单，用预收账款冲应收账款。

操作步骤：

第一，填写应收单。选择“业务导航”/“财务会计”/“应收款管理”/“应收处理”/“应收单据录入”。

第二，审核应收单并生成凭证。在应收单输入界面审核应收单并生成凭证。

第三，预收账款冲应收账款，生成凭证。选择“业务导航”/“财务会计”/“应收款管理”/“转账”/“红票对冲”/“手工对冲”，弹出“红票对冲”界面，输入对冲金额，单击“保存”。

第四，在应收款管理设置“选项”中“凭证”页签勾选“红票对冲生成凭证”。

第五，生成红票对冲凭证。选择“业务导航”/“财务会计”/“应收款管理”/“凭证处理”/“生成凭证”。

(6)账套备份。以 admin 登录“系统管理”，选择“账套”/“输出”，在硬盘建立“应收款管理实验账套”文件夹，将本次实验的账套数据输出到“应收款管理实验账套”文件夹。

本章小结

本章介绍了应收款管理的基本操作流程，以及应收款管理的初始化设置方法、系统日常业务处理和期末处理方法。

即测即评

思考题

1. 应收单审核有哪几种方法？
2. 应收款管理系统有哪几种应收单据和收款单据核销方式？
3. 取消操作的类型有哪些？
4. 简述应收款管理系统的主要功能。
5. 如何计提坏账准备？
6. 应收款管理系统主要输出哪些账、表？
7. 应收款管理日常操作的基本内容包括哪些？

第9章

应付款管理

学习目标

掌握应付款管理的基本操作流程;熟练掌握应付款管理的初始化设置方法;掌握应付单、应付票据、付款单的输入、审核和制单,以及应付单、应付票据与付款单的核销,能够对应付款账表进行查询、分析和管理。

重点难点

应付款管理的初始化、日常业务处理等。

9.1 应付款管理原理

应付款管理以采购发票、其他应付单等原始单据为依据,记录采购业务及其他业务所形成的往来款项,处理应付款项的支付、转账等,提供票据处理的功能,实现对应付款的管理,从而实现企业与供应商之间业务往来账款的核算与管理。根据对供应商往来款项的核算和管理的程度不同,系统提供了"详细核算"和"简单核算"两种应用方案。不同的应用方案,其系统功能、产品接口和操作流程等均不相同。本章讲述应付款管理单独使用的原理和操作方法。应付款管理处理流程如图 9-1 所示。

应付款管理处理流程

建立账套并启用	增加操作员→建立账套并启用总账和应付款管理→授予操作员操作总账和应付款管理的相关权限
基础档案设置	机构人员(部门和职员档案)→客商信息(客户和供应商分类及档案)→财务(会计科目)→存货(存货分类、档案)→收付结算(结算方式、付款条件、收付款协议)
应付款管理初始化设置	设置→期初余额
日常处理	输入应付单据、采购发票、应付票据→审核→制单 付款处理的两种方法: (1) 付款单据录入→审核→生成凭证→核销; (2) 选择付款→生成凭证
期末处理	期末处理(月末结账)

图 9-1 应付款管理处理流程

应付款管理处理流程说明：

(1)在系统管理中建立一个新的账套，启用总账和应付款管理。应付款管理和总账可以在建立账套后启用，或者在企业应用平台中启用。应付款管理的启用自然日期必须大于等于总账的启用自然日期。

(2)总账的基础档案要进行设置，应付款管理也要进行一些初始化设置，并且录入总账和应付款管理的期初余额。

(3)日常处理包括单据的录入、单据的结算、票据的管理、凭证的处理、转账处理等。

启用应付款管理后，应付账款、应付票据和预付账款的期初余额与本期发生额从应付款管理系统输入，再传递到总账系统。因此要做以下处理：

(1)若总账的“应付账款”“应付票据”“预付账款”科目已经输入期初余额，删除这些科目的期初余额。

(2)选择“业务导航”/“基础设置”/“基础档案”/“财务”/“会计科目”，如果“应付账款”“应付票据”“预付账款”这些科目没有下级科目，直接把这些科目设为“应付系统”受控科目；如果“应付账款”“应付票据”“预付账款”这些科目有下级科目，把这些科目的末级科目设为“应付系统”受控科目。例如，将应付票据的末级科目商业承兑汇票设置为“应付系统”受控科目，如图 9-2 所示。

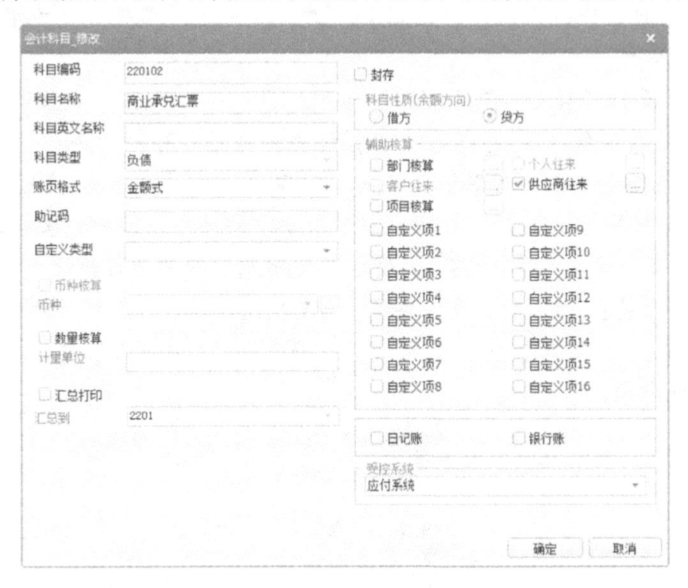

图 9-2　将应付票据的明细科目商业承兑汇票设置为“应付系统”受控科目

9.2　应付款管理初始化设置

应付款管理初始化设置包括设置账套参数、初始设置、设置基本科目、设置结算方式科目、设置单据编号等。

1. 设置账套参数

账套参数是应付款管理的控制参数。操作步骤如下：选择“业务导航”/“财务会计”/“应付款管理”/“设置”/“选项”，单击“编辑”，选择各页签，进行账套参数设置。图 9-3 是常规设置。

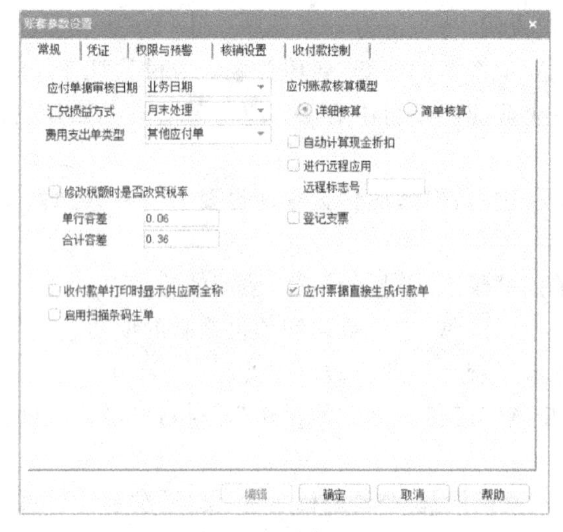

图 9-3　常规设置

说明：

(1)在账套使用过程中可以随时修改账套参数。如果选择单据日期为审核日期，则月末结账时单据必须全部审核。

(2)应付账款核算模型有简单核算和详细核算。①简单核算：应付款管理系统只将采购传递过来的发票生成凭证传递给总账，在总账中以凭证为依据进行往来业务的查询。它适用于采购业务以及应付账款业务不复杂或者现结业务很多的情况。②详细核算：应付款管理系统可以对往来业务进行详细的核算、控制、查询、分析。它适用于采购业务以及应付款核算与管理业务比较复杂，或者需要追踪每一笔业务的应付款、付款等情况，或者需要将应付款核算到产品一级等情况。

(3)自动计算现金折扣：如果供应商提供了在信用期间内提前付款可以优惠的政策，选择“自动计算现金折扣”，系统会在“核销处理”中显示“可享受折扣”和“本次折扣”，并计算可享受的折扣。

图 9-4 是凭证设置。

图 9-4　凭证设置

说明：受控科目制单方式有明细到供应商和明细到单据。

(1)明细到供应商：当将一个供应商的多笔业务合并生成一张凭证时，如果核算这多笔业务的控制科目相同，系统将自动将其合并成一条分录。在总账系统中能够查看到每一个供应商的详细信息。

(2)明细到单据：当将一个供应商的多笔业务合并生成一张凭证时，系统会将每一笔业务形成一条分录。在总账系统中也能查看到每个供应商的每笔业务的详细情况。

图 9-5 是权限与预警设置。

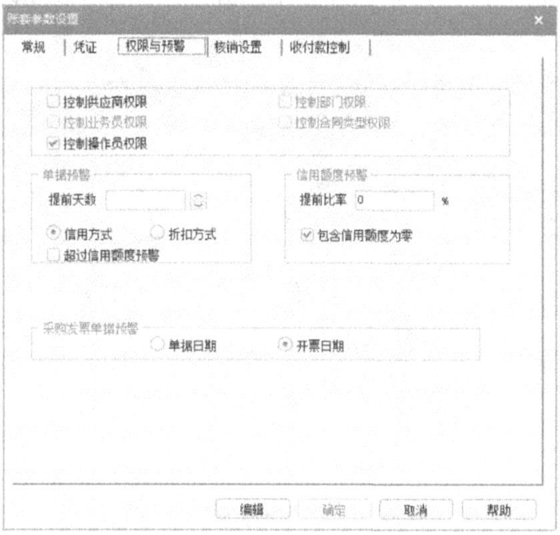

账套参数设置
常规
凭证
权限与预警
核销设置
收付款控制
控制供应商权限
控制部门权限
控制业务员权限
控制合同类型权限
控制操作员权限
单据预警
提前天数
信用方式
折扣方式
超过信用额度预警
信用额度预警
提前比率 0 %
包含信用额度为零
采购发票单据预警
单据日期
开票日期
编辑
确定
取消
帮助

图 9-5　权限与预警设置

说明：控制操作员权限：只有在应用平台的"数据权限控制设置"中对操作员进行记录级数据权限控制时该选项才可设置。设置后则在所有的处理、查询中均需要根据该用户的操作员数据权限进行限制。通过该功能，企业可加强对操作员管理的力度，提高数据的安全性。

核销是付款核销应付款工作。图 9-6 是核销设置。

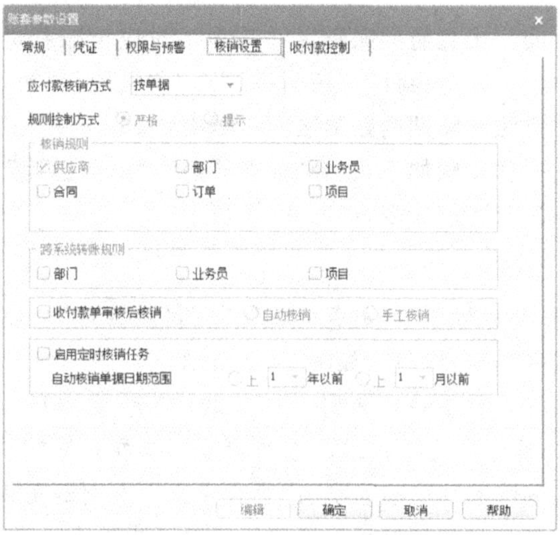

账套参数设置
常规
凭证
权限与预警
核销设置
收付款控制
应付款核销方式 按单据
规则控制方式 严格 提示
核销规则
供应商
部门
业务员
合同
订单
项目
跨系统转账规则
部门
业务员
项目
收付款单审核后核销
自动核销
手工核销
启用定时核销任务
自动核销单据日期范围 上 1 年以前 上 1 月以前
编辑
确定
取消
帮助

图 9-6　核销设置

说明:应付款核销方式有按单据和按产品两种方式。

(1)按单据核销:系统将满足条件的未结算单据全部列出,根据所选择的单据进行核销。

(2)按产品核销:系统将满足条件的未结算单据按产品列出,根据所选择的产品进行核销。

2. 初始设置

(1)设置账期内账龄区间。设置账期内账龄区间是为了对应付账款进行账期内账龄分析。操作步骤如下:选择"业务导航"/"财务会计"/"应付款管理"/"设置"/"初始设置",选择"账期内账龄区间设置"命令,如图 9-7 所示。在总天数输入"30",按"Enter"键输入第二行,依次输入其他行。

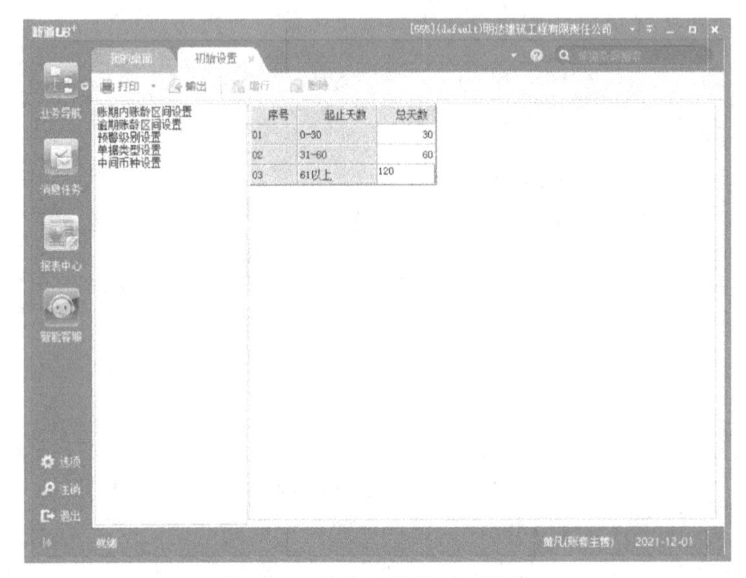

图 9-7 账期内账龄区间设置

说明:序号由系统自动生成,不能修改和删除。总天数直接输入截至该区间的账龄总天数。最后一个区间不能修改和删除。

(2)设置逾期账龄区间。设置逾期账龄区间是为了对应付账款进行逾期账龄分析。操作步骤如下:选择"业务导航"/"财务会计"/"应付款管理"/"设置"/"初始设置",选择"逾期账龄区间设置"命令。其设置方法与账期内账龄区间设置类似。

(3)设置预警级别。操作步骤如下:选择"业务导航"/"财务会计"/"应付款管理"/"设置"/"初始设置",选择"预警级别设置"命令,如图 9-8 所示。

3. 设置基本科目

操作步骤如下:选择"业务导航"/"财务会计"/"应付款管理"/"设置"/"科目设置"/"基本科目",单击"增行",输入基本科目信息,如图 9-9 所示。

说明:应付科目的核算币种不一定相同。在基本科目设置中所设置的应付科目"2202 应付账款"、预付科目"1123 预付账款"及"2201 应付票据",应在总账系统中设置其辅助核算内容为"供应商往来",并且这些科目的受控系统为"应付系统",否则这里设置时不能被选中。只有在这里设置了基本科目,在生成凭证时才能直接生成凭证中的会计科目,否则生成的凭证中将没有会计科目,相应的会计科目只能手工再录入。

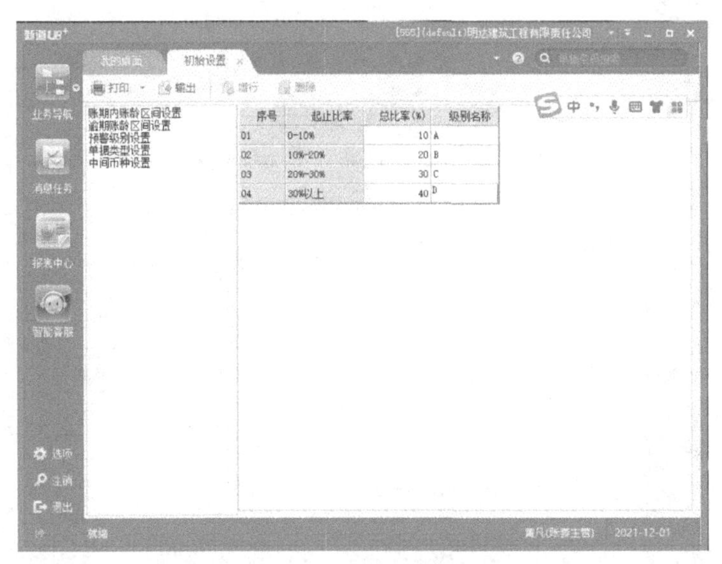

图 9-8 预警级别设置

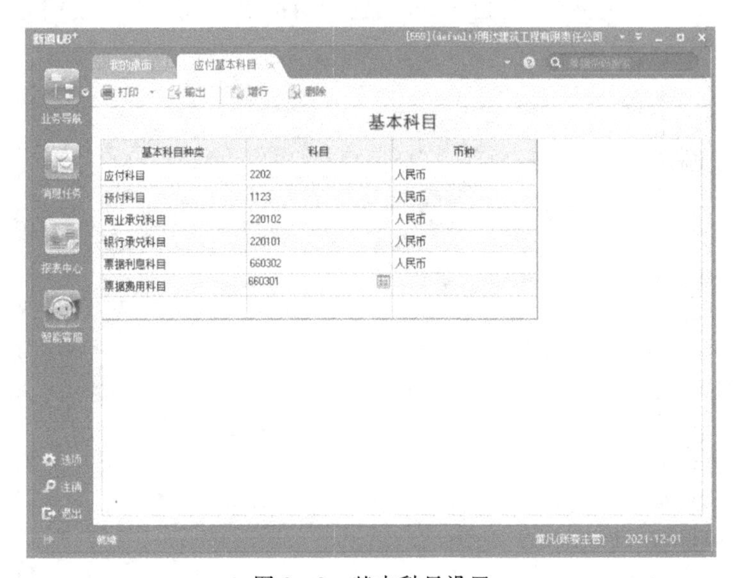

图 9-9 基本科目设置

4. 设置控制科目

控制科目设置是设置各供应商应付科目和预付科目。操作步骤如下：选择“业务导航”/“财务会计”/“应付款管理”/“设置”/“科目设置”/“控制科目设置”，单击“增行”，输入控制科目信息，如图 9-10 所示。

5. 设置对方科目

针对不同的存货(存货分类、供应商分类、供应商、采购类型)分别设置不同的采购科目、应交进项税科目，则可以先在账套参数中选择设置的依据(即选择是针对不同的存货设置，还是针对不同的存货分类设置)，然后在此处设置。应付对方科目如图 9-11 所示。

图 9-10　控制科目设置

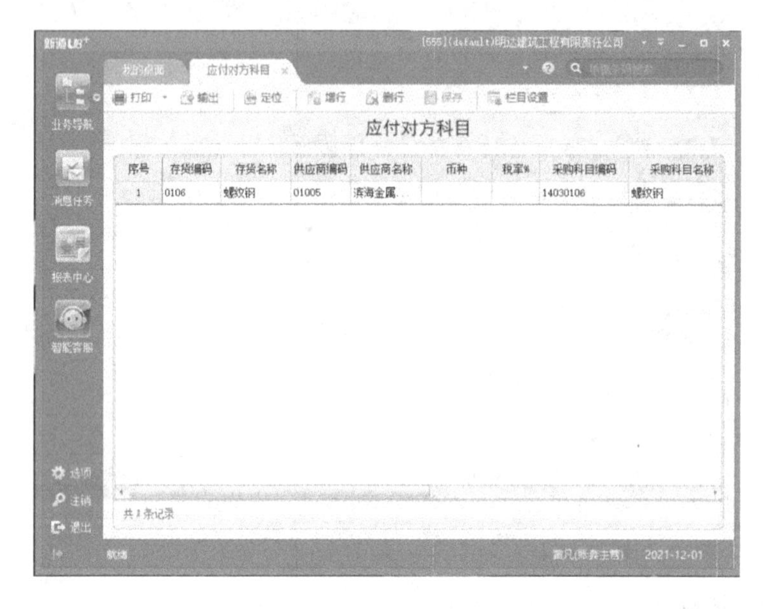

图 9-11　应付对方科目

6. 设置结算方式科目

操作步骤如下:选择“业务导航”/“财务会计”/“应付款管理”/“设置”/“结算科目设置”,弹出如图 9-12 所示的界面,在该界面输入结算方式科目。

说明:结算方式科目设置是针对已经设置的结算方式设置相应的结算科目,即在付款或收款时只要告诉系统结算时使用的结算方式就可以由系统自动生成该种结算方式所使用的会计科目。如果在此不设置结算方式科目,则在付款或收款时可以手工输入不同结算方式对应的会计科目。

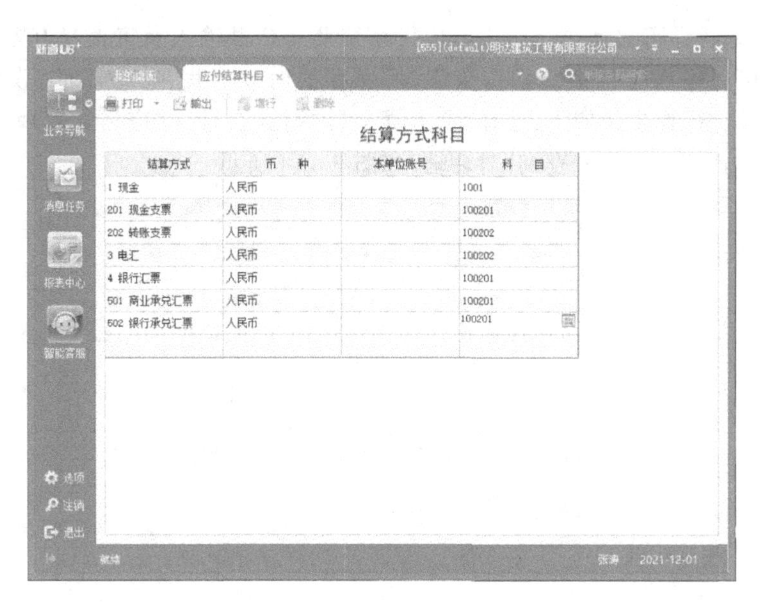

图 9-12 结算方式科目设置

7. 设置单据编号

操作步骤如下:选择"业务导航"/"基础设置"/"单据设置"/"单据编号设置",进入"单据编号设置"对话框,如图 9-13 所示。选择"采购管理"/"采购专用发票",单击"修改"按钮,勾选"完全手工编号"复选框。

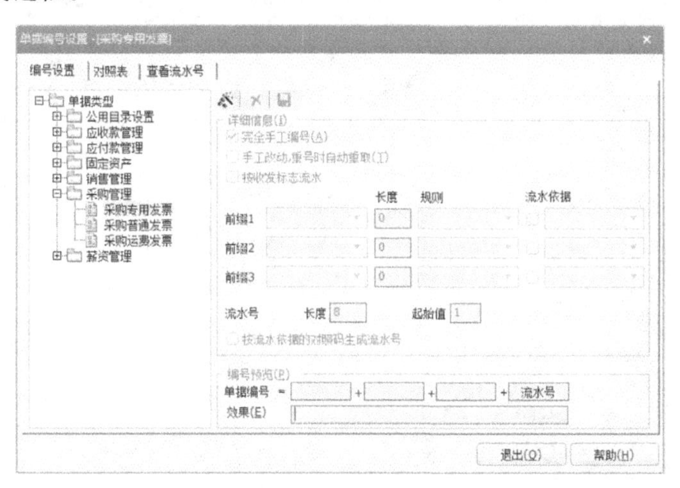

图 9-13 单据编号设置

说明: 如果不在单据编号设置中对采购专用发票采用"完全手工编号",则在填制采购专用发票时其编号由系统自动生成而不允许手工录入编号。在单据编号设置中还可以设置"手工改动,重号时自动重取"及"按收发标志流水"等。

8. 录入应付款管理系统期初余额

为了保证数据的连续性和完整性,正式启用账套前的所有应付业务数据录入系统作为期初建账的数据，系统即可对其进行管理。应付系统期初余额输入及审核只有账套主管才能操作。其他人员可以输入应付系统期初余额，但保存的时候会提示“对不起，没权审核此张单据”，保存不成功。操作步骤如下：选择“业务导航”/“财务会计”/“应付款管理”/“期初余额”/“期初余额”，弹出“期初余额—查询”对话框，如图 9－14 所示。

图 9－14　期初余额查询

输入单据名称，单击“确定”，弹出“期初余额明细表”对话框，如图 9－15 所示。

图 9－15　期初余额明细表

单击“增加”菜单，弹出“单据类别”界面，如图 9－16 所示。输入单据类别信息，单击“确定”按钮，弹出应付单输入界面，如图 9－17 所示，单击“增加”菜单，输入应付单信息。

说明：

(1)在初次使用应付款管理时，应将启用应付款管理时未处理完的所有供应商的应付账款、预付账款、应付票据等数据录入应付款管理系统。当进入第二年度时，系统自动将上年度未处理完的单据转为下一年度的期初余额。

图 9－16　单据类别

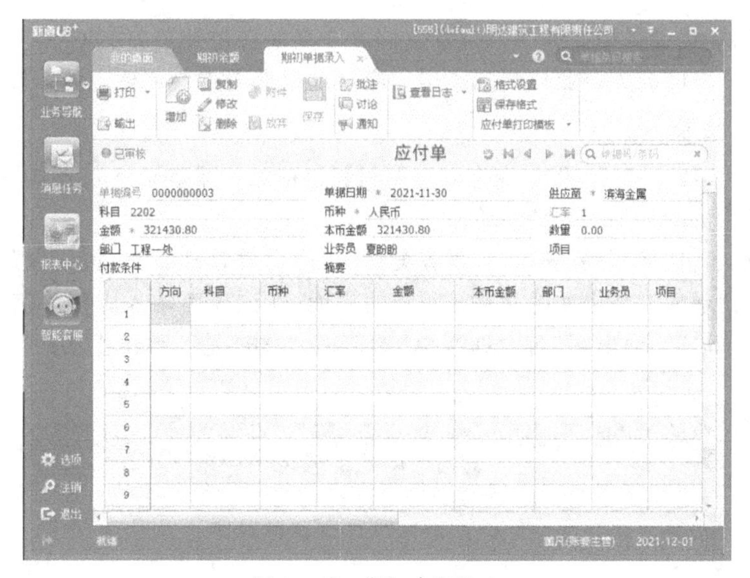

图 9－17　期初余额输入

(2)在日常业务中,可对期初发票、应付单、预付款、票据进行后续的核销、转账处理。

(3)如果退出了录入期初余额的界面,在“期初余额明细表”对话框中没有看到新录入的期初余额,应单击“刷新”按钮,就可以列示所有的期初余额的内容。

(4)在录入期初余额时一定要注意期初余额的会计科目。应付款管理的期初余额应与总账进行对账,如果科目错误将会导致对账错误。

9. 将应付系统受控科目的期初余额分别引入总账系统对应科目的期初余额

将“应付账款”“应付票据”“预付账款”科目的期初余额从应付款管理系统分别引入总账系统“应付账款”“应付票据”“预付账款”科目的期初余额。以引入应付款管理“应付账款”科目的期初余额到总账“应付账款”科目的期初余额为例,操作步骤如下:选择“业务导航”/“财务会计”/“总账”/“期初”/“期初余额”,弹出“期初余额”对话框。如果“应付账款”科目已有期初余额,将“应付账款”科目期初余额删除。双击“应付账款”,弹出“辅助期初余额”输入界面,选择“往来明细”,选择“引入收付期初”,引入期初余额,单击“汇总到辅助明细”,单击“退出”。

10. 应付款管理系统与总账系统对账

当完成全部应付款期初余额录入后,应通过对账功能将应付款管理系统期初余额与总账系统期初余额进行核对。当保存了期初余额结果，或在第二年使用需要调整期初余额时可以进行修改。当第一个会计期已结账后，期初余额只能查询不能修改。期初余额所录入的票据保存后自动审核。操作步骤如下：选择“业务导航”/“财务会计”/“应付款管理”/“期初余额”，单击“对账”，进入“期初对账”界面。若对账不平衡，要找出原因；对账平衡才能进行后续的操作。

9.3 日常业务处理

9.3.1 应付单据处理

应付单据用于记录采购业务之外所发生的各种其他应付业务，例如核算所欠供应商的购入固定资产款项、供应商为企业代垫的费用。应付单据处理主要包括应付单据的录入、审核。

1. 应付单据录入

例如：2021 年 12 月 3 日，供应商金立金属材料供应站为采购业务员黄奕才代垫材料运输费 550 元，由操作员黄凡录入审核制单。

操作步骤如下：选择“业务导航”/“财务会计”/“应付款管理”/“应付处理”/“应付单”/“应付单录入”，单击“增加”，弹出如图 9-18 所示的界面，在该界面输入应付单信息，输入完后单击“保存”，单击“审核”，弹出“是否立即制单”对话框，单击“是”，弹出生成的凭证，如图 9-19 所示。

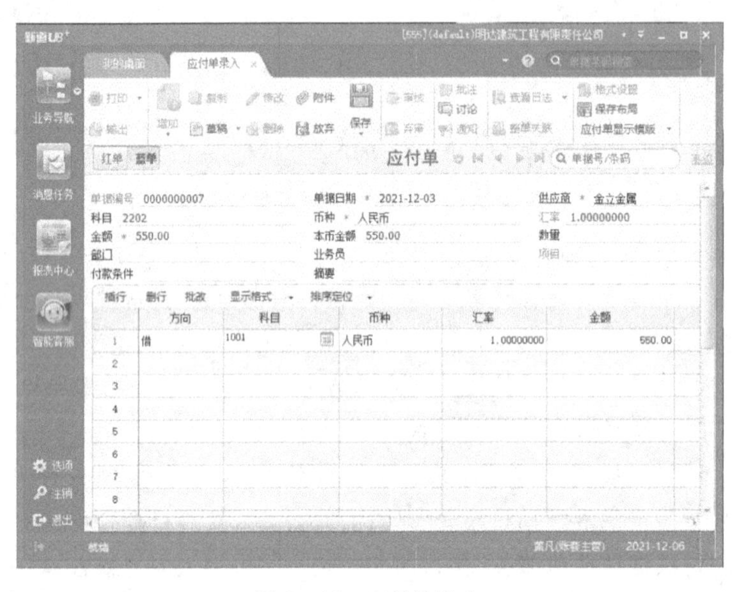

图 9-18 应付单录入

应付单实质是一张凭证，应付单表头中的信息相当于凭证中的一条分录信息，表头科目应该为核算所欠该供应商款项的一个科目。应付单表头科目必须是应付系统的受控科目。表头科目的方向即为所选择的单据的方向。应付单表体信息可以不输入，不输入的情况下点击“保存”按钮系统会自动形成一条方向相反、金额相等的记录，用户可修改。表体中的一条记录也相当于凭证中的一条分录。

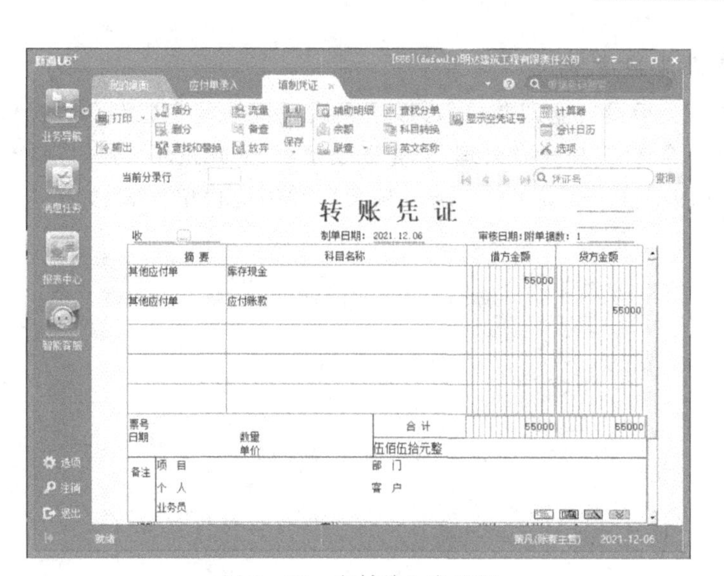

图 9－19　应付单生成凭证

说明：在录入界面，已审核的单据不能修改；已进行过核销的单据，不再查到。删除时，从采购系统中传入的单据不允许删除，已审核或已生成凭证的单据不能删除。

2. 应付单据审核

如果应付单填完后没有立即审核，可以用应付单审核功能完成审核。操作步骤如下：选择“业务导航”/“财务会计”/“应付款管理”/“应付处理”/“应付单”/“应付单审核”，弹出应付单审核界面，单击菜单“审核”，弹出应付单查询条件界面，输入查询条件，选择需要审核的应付单，单击“审核”，如图 9－20 所示。

图 9－20　应付单审核

说明：做过后续处理如核销、生成凭证、转账等处理的应付单据在审核窗口不再显示，可在“单据查询”中查询到，但核销过的应付单据不再能查询到。已制单的发票、应付单在应付单审核窗口不能查询到，已记账的凭证可执行冲销。

3. 应付单据生成凭证

如果应付单填完后没有立即制单，可以用生成凭证功能完成制单。操作步骤如下：选择“业务导航”/“财务会计”/“应付款管理”/“凭证处理”/“生成凭证”，弹出“制单查询”对话框，如图 9－21 所示，在图中输入查询条件，单击“确定”，弹出应付单列表，如图 9－22 所示，选择需要制单的应付单，单击“制单”。

图 9－21　制单查询

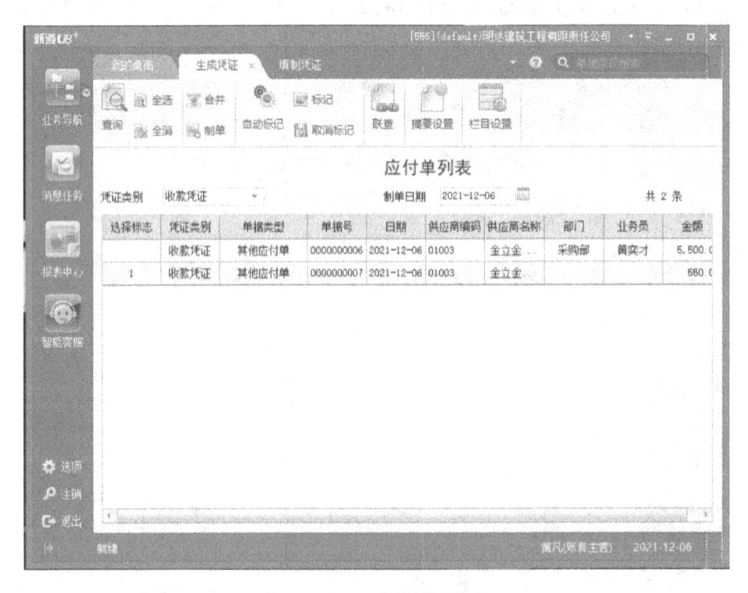

图 9－22　应付单列表

9.3.2　采购发票处理

1. 采购发票处理流程

如果应付款管理和采购管理集成使用，则采购发票由采购管理录入，在应付款管理可以对这些单据进行审核、弃审、查询、核销、制单等操作，此时应付款管理需要录入的单据仅限于应付单据。如果没有使用采购管理，则各类采购发票和应付单据均应在应付款管理录入。应付款管理中采购发票处理流程是：发票录入人登录企业应用平台输入采购发票；审核员登录企业应用平台，查询发票，审核发票，最后生成凭证。

例如：12 月 7 日，向滨海金属材料供应公司购入螺纹钢 136 吨，不含税货款 511 219.92 元。税率 17%，增值税 86 907.39 元，材料已验收入库，货款未付，采购专用发票号：0000000001。

2. 采购专用发票录入

选择“业务导航”/“财务会计”/“应付款管理”/“应付处理”/“采购发票”/“采购专用发票录入”，单击“增加”，弹出如图 9－23 所示的界面，输入发票信息。

专用发票

业务类型　　发票类型 * 采购专用发票　　发票号 * 0000000001
开票日期 * 2021-12-07　　供应商 * 滨海金属　　代垫单位 * 滨海金属
采购类型　　税率 17.00　　部门名称
业务员　　币种 * 人民币　　汇率 * 1
发票日期　　付款条件　　备注

	存货编码	存货名称	规格型号	主计量	数量	原币单价	原币金额	原币税额
1	0106	螺纹钢		吨	136.00	3758.97	511219.92	86907.3
2								
3								
4								
5								
6								
7								

图 9－23　采购发票

3. 采购发票审核

以具有审核发票权限的人员身份（与填制发票人员不能是同一人）登录企业应用平台。选择“业务导航”/“财务会计”/“应付款管理”/“应付处理”/“采购发票”/“采购发票查询”，弹出查询界面，输入查询条件，如图 9－24 所示，单击“查询”，弹出查询结果，在图中选中需要审核的凭证，单击“审核”。

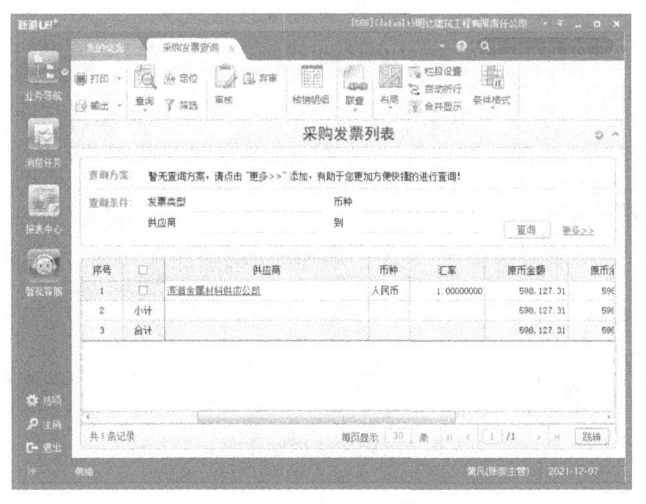

图 9－24　采购发票审核

4. 生成凭证

发票审核后，选择“业务导航”/“财务会计”/“应付款管理”/“凭证处理”/“生成凭证”，弹出“制单查询”界面，如图 9－25 所示，输入查询条件，单击“确定”，弹出如图 9－26 所示的生成凭证界面，选择需要制单的凭证，单击“制单”，生成凭证，如图 9－27 所示。单击“保存”，该凭证传到总账系统，在总账系统“填制凭证”可以看到该凭证。注意凭证生成时借方科目如果在应付对方科目中已设置好的话，借方科目直接带出，否则需要自己在凭证上输入。

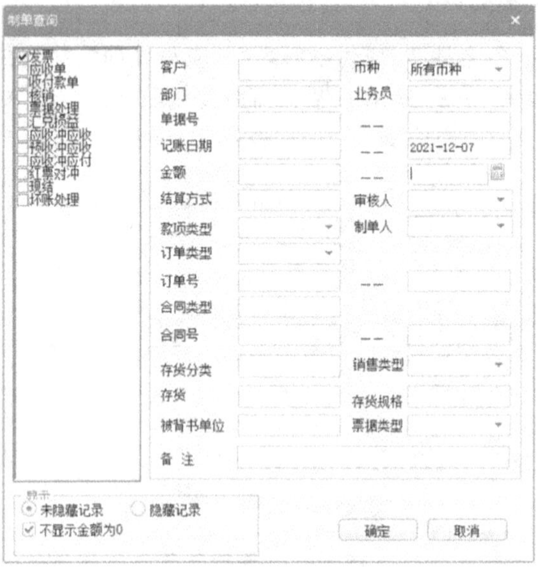

图 9－25　制单查询

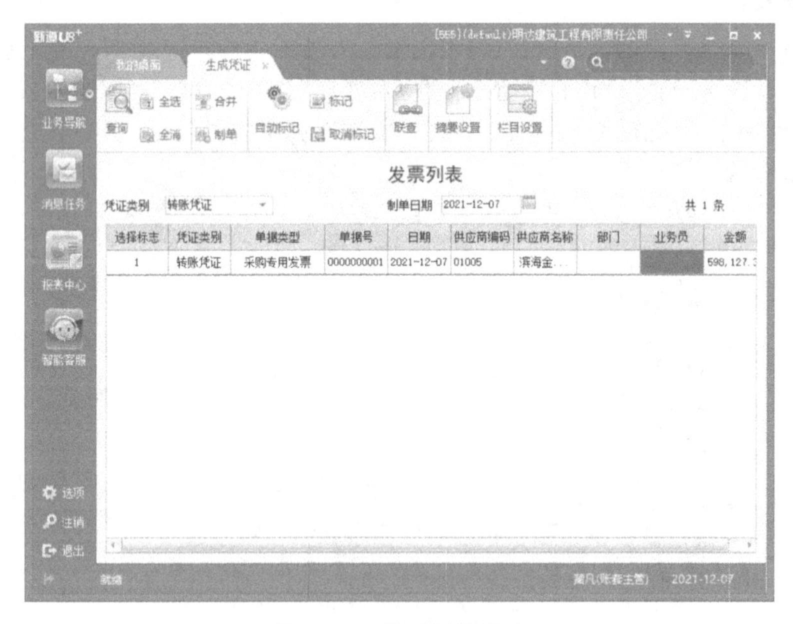

图 9－26　选择制单凭证

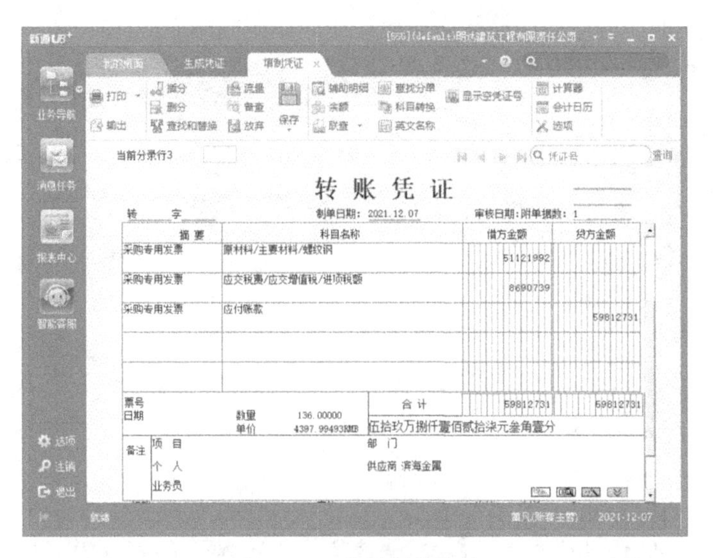

图 9－27　发票制单结果

9.3.3　付款处理

1. 选择付款

系统可以进行一次支付多个供应商、多笔款项的集中支付处理，以简化日常付款操作，同时便于掌握和控制资金的流出。选择付款填制的单据就是一张已审核的付款单，款项类型默认应付款，并自动进行核销。该单据的制单应选择“结算单制单”而不是“现结制单”。如果需要取消此次操作，需要先取消核销，然后手工删除系统生成的付款单。已选择付现的发票、应付单不能查到。选择付款操作结束后，要生成凭证。

例如：12 月 7 日，用电汇从建行存款支付滨海金属材料供应公司货款 598 127.31 元，票据号 213772。

(1)选择“业务导航”/“财务会计”/“应付款管理”/“付款处理”/“选择付款”，弹出如图 9－28 所示的选择付款查询条件界面，输入供应商“滨海金属”，单击“确定”，弹出如图 9－29 所示的

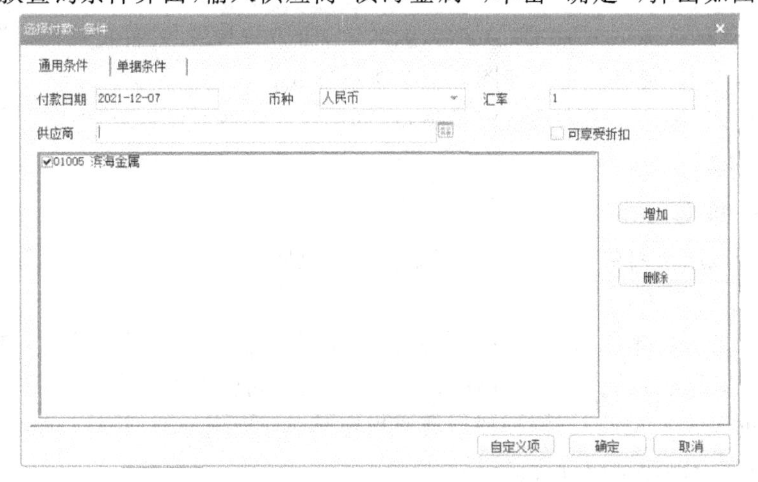

图 9－28　选择付款查询条件

选择付款列表。

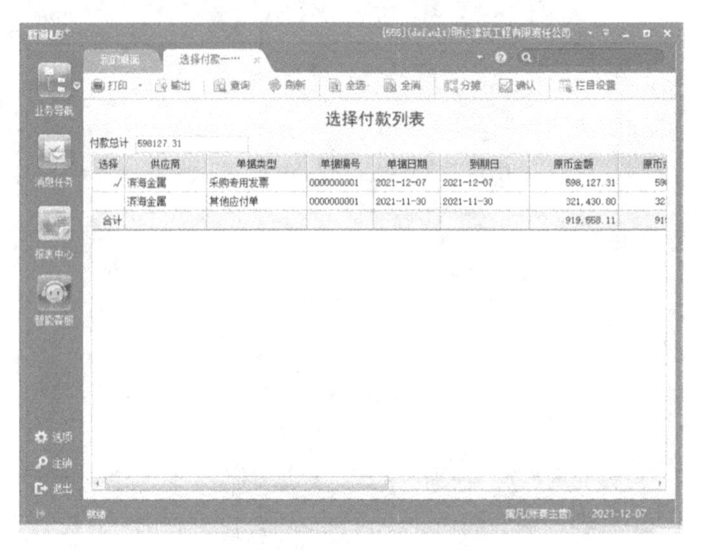

图 9－29　选择付款列表

在图 9－29 中选择付款的记录，单击“确认”，弹出“付款单”界面，如图 9－30 所示，在图中单据记录的“付款金额”一栏里输入本次付款的金额，系统自动将付款的金额累加到“付款总计”。

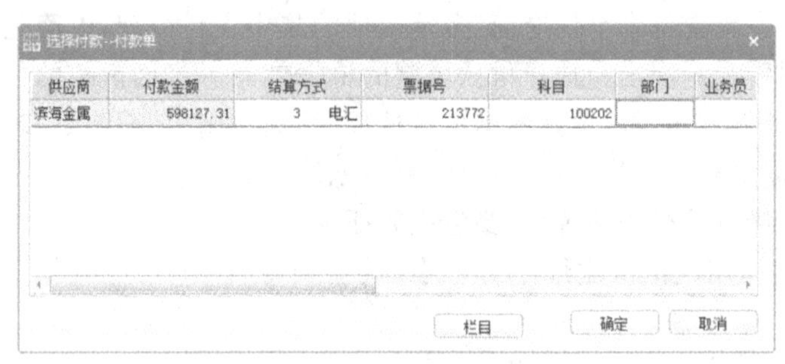

图 9－30　付款单输入

(2)生成凭证。选择“业务导航”/“财务会计”/“应付款管理”/“凭证处理”/“生成凭证”，如图 9－31 所示。单击“制单”，生成如图 9－32 所示的凭证。

单击“流量”或“保存”，输入现金流量项目，如图 9－33 所示，单击“确定”，单击“保存”，凭证上方显示“已生成”。

2. 付款单据录入

付款单据录入将支付供应商款项或依据供应商退回的款项，录入应付款管理，包括付款单与收款单(即红字付款单)的录入。

应付款管理的付款单用来记录企业所支付的款项，当支付每一笔款项时，要分清该款项是结算供应商货款，还是提前支付供应商的预付款，或是支付供应商的其他费用。系统用款项类型来区别不同的用途。在录入付款单时，需要指定其款项用途。如果同一张付款单包含不同用途的款项，应在表体记录中分行显示。

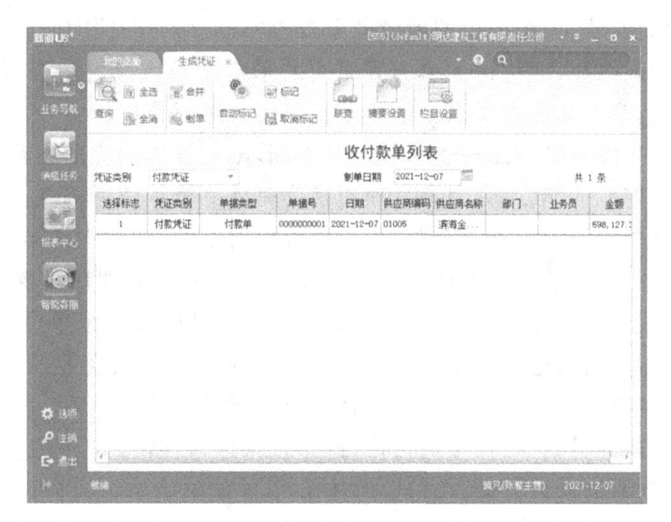

图 9－31　选择生成凭证

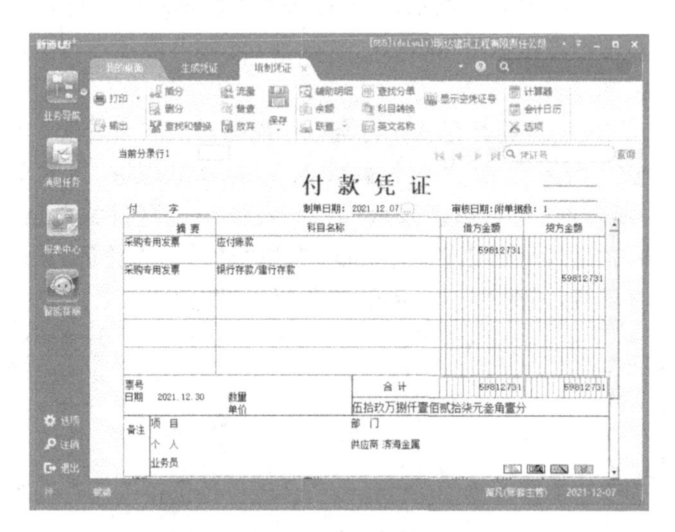

图 9－32　生成凭证

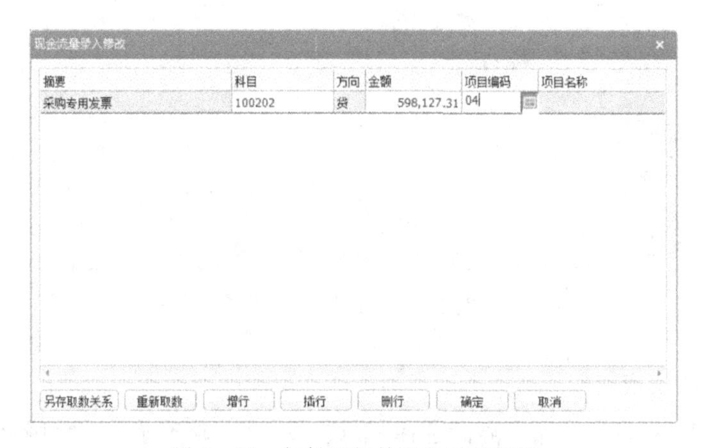

图 9－33　与凭证相关现金流量项日

对于不同用途的款项，系统提供的后续业务处理不同。对于冲销应付款，以及形成预付款的款项，需要进行付款结算，即将付款单与其对应的采购发票或应付单进行核销勾对，进行冲销企业债务的操作。对于其他费用用途的款项则不需要进行核销。

若一张付款单中，表头供应商与表体供应商不同，则视表体供应商的款项为代付款。

有时，要付一个单位一笔款项，但该款项包括为另外一个单位付的款。这时有两种处理方式：①将付款单位直接记录为另外一个单位，金额为代付金额(即是正常的付款单)。②将付款单位仍然记录为该单位，但通过在表体输入代付供应商的功能处理代付款业务。这种方式的好处是既可以保留该笔付款业务的原始信息，又可以处理同时代多个单位付款的情况。

应付款管理收款单用来记录发生采购退货时收到供应商退回企业的款项。同样，需要指明红字付款单是应付款项退回、预付款退回，还是其他费用退回。应付、预付用途的红字付款单可与应付、预付用途的付款单、红字应付单、红字发票进行核销。

付款申请单付款后的退款处理：在“选项”中启用付款申请单，并进行预算控制，在应付收款单界面，增加来源单据付款单，可以支持参照付款单生成收款单。参照出来的付款单，按上下两个列表显示，上面按付款单表体显示，下面按表头付款单对应的付款申请单进行列示。

收款单保存后，自动冲减付款申请的已付款金额，付款申请单进行关闭操作，将未付款金额冲回预算数。

例如：12 月 8 日，用电汇从建行存款支付金立金属材料供应站货款 340 817 元。操作步骤如下：选择“业务导航”/“财务会计”/“应付款管理”/“付款处理”/“付款单据录入”，单击“增加”，弹出如图 9－34 所示的“付款单据录入”界面，在图中填写付款单信息，填完后单击“保存”。单击“审核”，弹出“是否立即制单”对话框，选择“是”，生成凭证，如图 9－35 所示，单击“流量”，输入现金流量项目，如图 9－36 所示，单击“保存”，凭证左上方显示“已生成”。

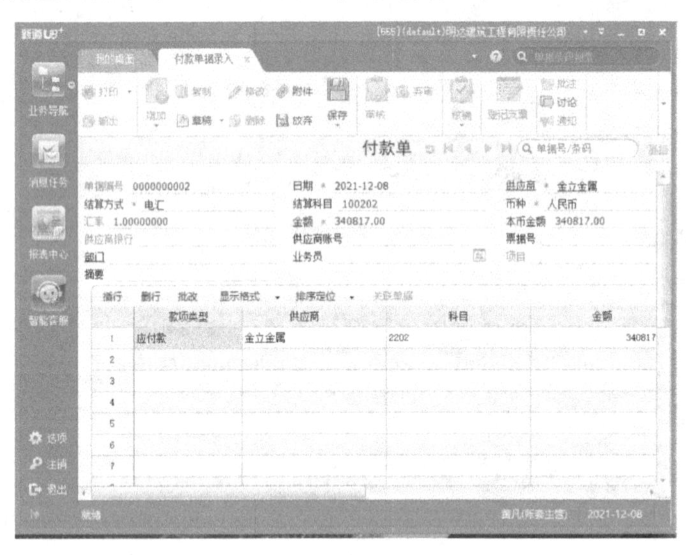

图 9－34　付款单据录入

3. 付款单据审核

操作步骤如下：在付款单输入界面选择“审核”或选择“业务导航”/“财务会计”/“应付款管理”/“付款处理”/“付款单据审核”。

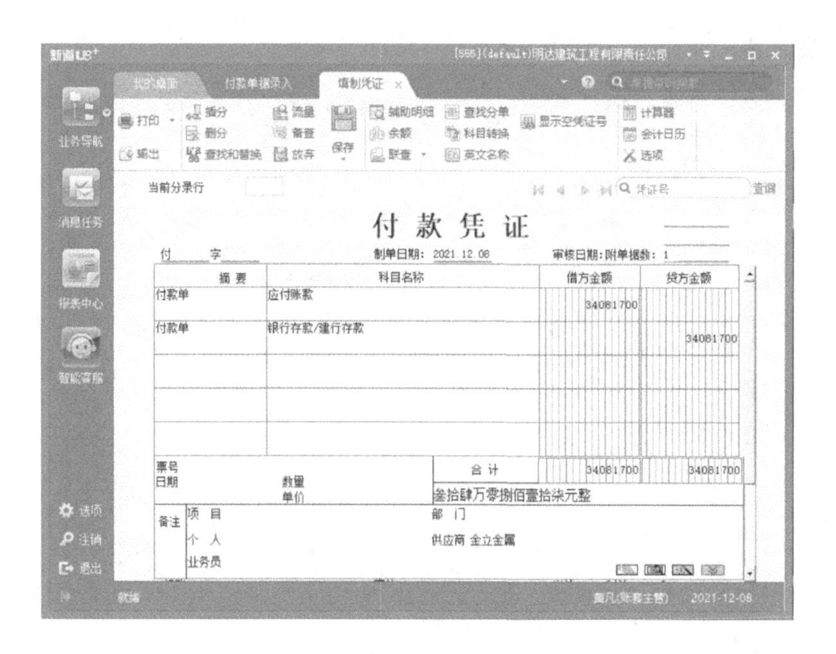

图 9－35　生成凭证

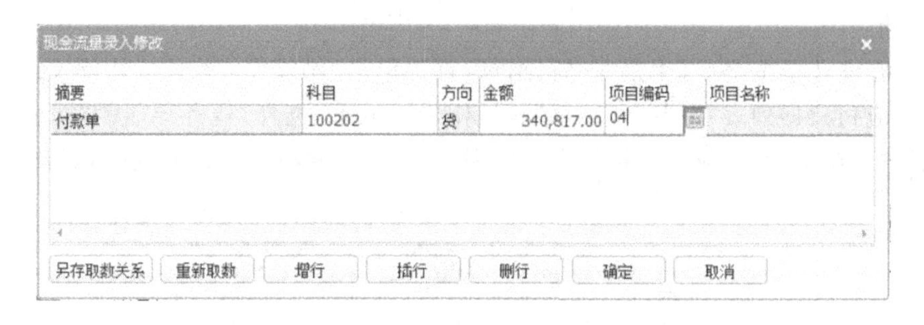

图 9－36　与付款单据相关的现金流量项目

4. 付款单据生成凭证

付款单据审核结束后，弹出“是否立即制单”提问，选择“是”，即生成凭证。若没有立即制单，选择“业务导航”/“财务会计”/“应付款管理”/“凭证处理”/“生成凭证”，生成凭证后，单击“保存”。

9.3.4 票据管理

票据管理功能可以对商业承兑汇票和银行承兑汇票进行日常业务处理，包括票据的取得、结算、背书、转出、计息等。例如：12 月 12 日，开具三个月期限的商业承兑汇票付天华有色金属线材厂应付货款 463 800 元，票据编号：BN211206721。

1. 填制应付票据

操作步骤如下：选择“业务导航”/“财务会计”/“应付款管理”/“票据管理”/“票据录入”，弹出“应付票据录入”界面，单击“增加”，弹出如图 9－37 所示的商业汇票界面，在该界面中输入商业承兑汇票信息。

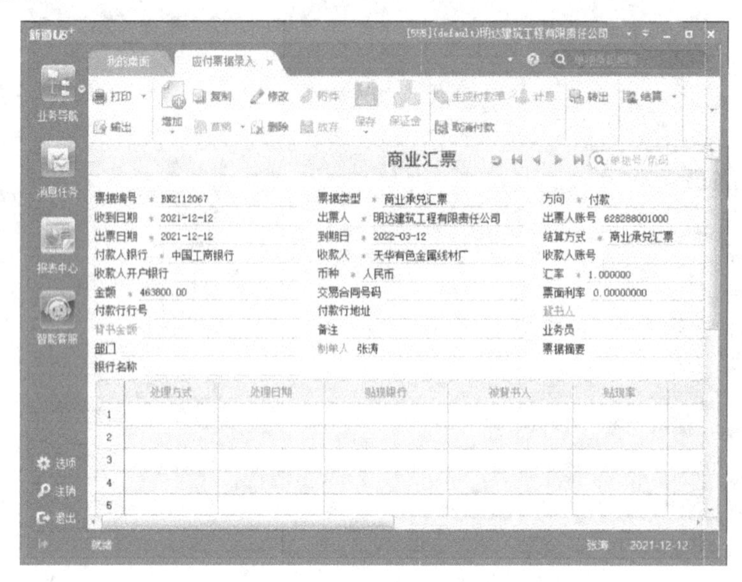

图 9 - 37　填制商业汇票

2. 结算

保存一张商业票据之后，用票据进行结算，直接单击“结算”。票据如果录入完后，没有结算，可以在“应付票据列表”中单击“结算”。操作步骤如下：选择“业务导航”/“财务会计”/“应付款管理”/“票据管理”/“应付票据列表”，选择需要结算的票据，单击“结算”，弹出如图 9 - 38 所示的界面。

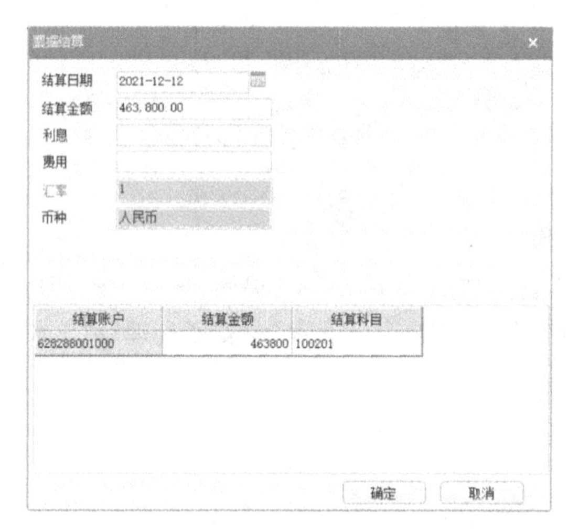

图 9 - 38　票据结算

3. 制单

在图 9 - 38 中，单击“确定”，弹出“是否立即制单”对话框，选择“是”。制单结果如图 9 - 39 所示。

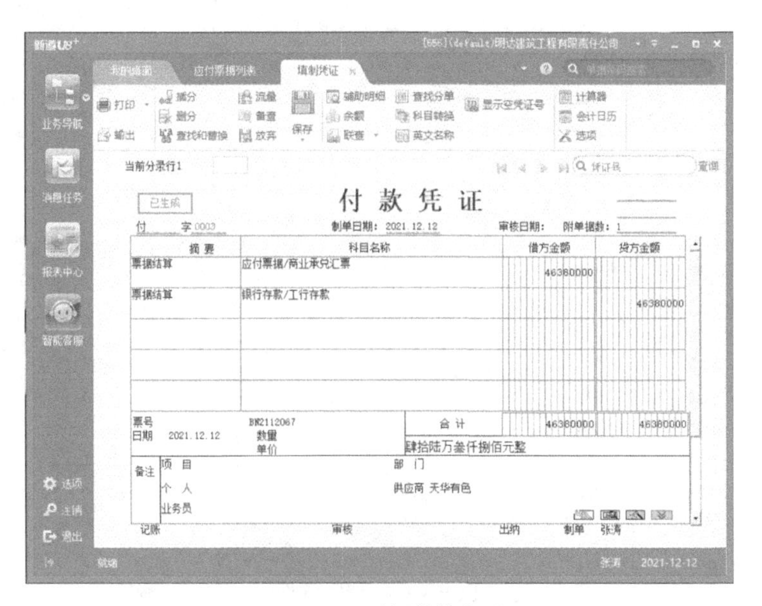

图 9－39 票据结算制单

9.3.5 核销处理

核销是指付款给某供应商核销所欠该供应商应付账款的工作。核销方式有手工核销和自动核销。审核但尚未核销的付款单在此均可查到。手工核销同时只能对一个供应商核销，自动核销可同时对多个供应商先后进行核销。核销只能同币种核销。核销不一定都生成凭证。金额全部核销完的结算单不能查到。付款单录入界面可执行单张核销。已审核、未单张核销可实现异币种核销。

(1)手工核销：用户手工确定系统内付款与应付款的对应关系，选择进行核销。通过本功能，用户可以根据查询条件选择需要核销的单据，然后手工进行核销，增强了往来款项核销的灵活性。

(2)自动核销：系统自动确定系统内付款与应付款的对应关系，选择进行核销。通过本功能，用户可以根据查询条件选择需要核销的单据，然后系统自动进行核销，提高了往来款项核销的效率。

核销付款单据即付款核销应付款的操作步骤如下：选择“业务导航”/“财务会计”/“应付款管理”/“核销处理”/“手工核销”或“自动核销”，弹出如图 9－40 所示的核销条件对话框，在图中输入核销条件，单击“确定”。

9.3.6 转账处理

1. 应付冲应付

该功能将应付款在供应商、部门、业务员、项目和合同之间进行转入、转出，实现应付业务的调整，解决应付款在不同供应商、部门、业务员、项目和合同间入错户或合并户问题。操作步骤如下：选择“业务导航”/“财务会计”/“应付款管理”/“转账”/“应付冲应付”。

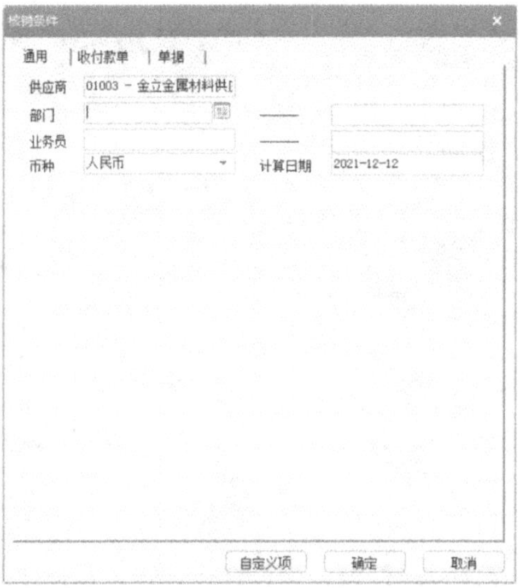

图 9-40　核销条件

2. 预付冲应付

该功能用来对某供应商的预付款冲抵其应付款，澄清往来。操作步骤如下：选择“业务导航”/“财务会计”/“应付款管理”/“转账”/“预付冲应付”。

3. 应付冲应收

该功能用某供应商的应付款冲抵某客户的应收款项，实现应付业务的调整，解决应付债权与应收债务的冲抵。操作步骤如下：选择“业务导航”/“财务会计”/“应付款管理”/“转账”/“应付冲应收”。

4. 红票对冲

该功能实现某供应商的付款单与其蓝字应付单、收款单（红字付款单）与其红字应付单进行冲抵。操作步骤如下：选择“业务导航”/“财务会计”/“应付款管理”/“转账”/“红票对冲”。

9.3.7　取消操作

取消操作功能可以将某些业务单据操作失误恢复到操作前的状态，以便对错误的操作进行修改。支持“取消操作”的操作类型有核销、选择付款、汇兑损益、票据处理、应付冲应付、预付冲应付、应付冲应收、红票对冲等。操作步骤如下：选择“业务导航”/“财务会计”/“应付款管理”/“其他处理”/“取消操作”。

1. 取消核销

系统默认取消当前月的付款单核销记录；若选择“包含已结账月核销”，则可以取消在已结账月的付款单核销记录。若付款单在核销后已经制单（指核销制单），则应先删除其对应的凭证再进行恢复。

2. 取消汇兑损益

汇兑损益计算日期在已结账月的，不能被恢复。如果汇兑损益已经制单，则应先删除其对应的凭证再进行恢复。

3. 取消转账

转账处理日期在已结账月的，不能被恢复。如果转账处理已经制单，则应先删除其对应的凭证再进行恢复。

9.3.8 账表查询

1. 业务账表

查询业务总账、业务明细账、业务余额表。操作步骤如下：选择“业务导航”/“财务会计”/“应付款管理”/“账表管理”/“业务账表”。

2. 统计账表

可以按预定义的账龄区间，进行欠款分析、付款预测。操作步骤如下：选择“业务导航”/“财务会计”/“应付款管理”/“账表管理”/“统计分析”。

3. 科目账查询

查询受控科目的科目明细账、科目余额表。操作步骤如下：选择“业务导航”/“财务会计”/“应付款管理”/“账表管理”/“科目账查询”。

9.4 期末处理

1. 月末结账

如果当月业务已经全部处理完毕，应进行月末结账。只有当月结账后，才能开始下月的工作。进行月末处理时，一次只能选择一个月进行结账；前一个月未结账，则本月不能结账。在执行了月末结账后，该月将不能再进行任何处理。操作步骤如下：选择“业务导航”/“财务会计”/“应付款管理”/“期末处理”/“月末结账”。

2. 取消结账

取消结账后可以对本月工作中的错误进行修改。操作步骤如下：选择“业务导航”/“财务会计”/“应付款管理”/“期末处理”/“取消月结”。

9.5 实验十：“应付款管理”实验

1. 实验目的

掌握应付款管理系统的初始化设置方法，应付单、应付票据、付款单的输入、审核和生成凭证，应付单、应付票据与付款单的核销。

2. 实验准备

本次实验用555账套明达建筑工程有限责任公司基础数据。

(1)以admin登录“系统管理”，选择“账套”/“引入”，恢复“实验二基础档案设置结束账套备份”的账套数据。选择“权限”/“权限”，修改“张涛”对“555账套明达建筑工程有限责任公司”的权限，授予“张涛”使用“应付系统”的权限。

(2)以账套主管身份登录企业应用平台，选择“业务导航”/“基础设置”/“基本信息”/“系统启用”，启用“应付款管理”，启用时间“2021-12-01”。

在本书4.3节应付账款、应付票据和预付账款的期初余额与本期发生额从总账输入，而本次实验启用应付款管理系统，应付账款、应付票据和预付账款的期初余额与本期发生额从应付款管理系统输入，再传递到总账系统。因此要做以下处理：

①以张涛身份登录企业应用平台，删除“应付账款”“应付票据”“预付账款”的期初余额。

②选择“业务导航”/“基础设置”/“基础档案”/“财务”/“会计科目”，将“应付账款”“应付票据”“预付账款”设为“应付系统”受控科目。

3. 实验资料及步骤

(1)“选项”设置。选择“业务导航”/“财务会计”/“应付款管理”/“设置”/“选项”，弹出“账套参数设置”界面，单击“编辑”，按以下资料要求进行设置，设置结束后，单击“确定”。

单据审核依据为“业务日期”，应付账款核算模型为“详细核算”。受控科目制单方式为“明细到供应商”，非控科目制单方式为“汇总方式”。设置“启用供应商权限”，提前天数“7”。

应付科目“2202应付账款”，预付科目“1123预付账款”，银行承兑科目“220101银行承兑汇票”，商业承兑科目“220102商业承兑汇票”。初始设置参见图9-3到图9-6。

(2)输入应付款管理期初余额。选择“业务导航”/“财务会计”/“应付款管理”/“期初余额”/“期初余额”，输入表9-1应付系统期初余额并保存。

表9-1 应付系统期初余额

单据类型	供应商	科目	摘要	方向	本币金额/元	部门	业务员
其他应付单	天华有色金属线材厂	2202	货款	贷	1 183 800.00	采购部	刘博
其他应付单	芳园服装有限公司	2202	货款	贷	16 320.00	采购部	米少奇
其他应付单	滨海金属材料供应公司	2202	货款	贷	321 430.80	采购部	夏盼盼
其他应付单	美妮化工供应公司	2202	货款	贷	204 052.26	采购部	夏盼盼
其他应付单	金立金属材料供应站	2202	货款	贷	1 858 249.20	采购部	黄成琛
付款单	安达保险公司	1123	预付保险费	借	24 000.00	财务部	黄凡

(3)日常业务及操作步骤。以下实验资料的详细信息及详细操作步骤可以参看本章9.3节。

①12月7日，向滨海金属材料供应公司购入螺纹钢136吨，不含税货款511 219.92元，税率17%，增值税86 907.39元，材料已验收入库，货款未付，采购专用发票号：0000000001。

操作步骤如下：

第一，填写采购发票。选择“业务导航”/“财务会计”/“应付款管理”/“应付处理”/“采购发票”/“采购专用发票录入”。

第二，审核采购发票。选择“业务导航”/“财务会计”/“应付款管理”/“应付处理”/“采购发票”/“采购发票查询”。

第三，生成凭证。选择“业务导航”/“财务会计”/“应付款管理”/“凭证处理”/“生成凭证”。

②12月12日，开具三个月期限的商业承兑汇票付天华有色金属线材厂应付货款

463 800元。

操作步骤如下：

第一，填写票据。选择“业务导航”/“财务会计”/“应付款管理”/“票据管理”/“票据录入”。

第二，结算。选择“业务导航”/“财务会计”/“应付款管理”/“票据管理”/“应付票据列表”，选择需要结算的票据，单击“结算”。

第三，生成凭证。选择“业务导航”/“财务会计”/“应付款管理”/“凭证处理”/“生成凭证”。

③12月13日，用电汇从建行存款支付金立金属材料供应站货款340 817元。

操作步骤如下：

第一，填写付款单。选择“业务导航”/“财务会计”/“应付款管理”/“付款处理”/“付款单据录入”。

第二，付款单审核。选择“业务导航”/“财务会计”/“应付款管理”/“付款处理”/“付款单据审核”。

第三，生成凭证。选择“业务导航”/“财务会计”/“应付款管理”/“凭证处理”/“生成凭证”。

第四，核销付款单。选择选择“业务导航”/“财务会计”/“应付款管理”/“核销处理”/“手工核销”或“自动核销”。

④12月13日，上月从芳园服装有限公司购入工作服，已验收入库(上月暂估款16 320元，参见期初余额原材料——其他材料——工作服)。今收到开来的发票17 000元，经批准同意付款，并以银行信汇的方式核算。此处不要求填冲销凭证。

操作步骤：

第一，采购发票处理，参见经济业务①。

第二，填写付款单、审核、生成凭证和核销，参见经济业务③。

⑤12月22日，签发转账支票支付前欠美妮化工供应公司应付货款24 570元。

本题操作参见经济业务③。

⑥12月22日，收到昊天钢门窗加工厂交工完的塑钢门300扇，塑钢窗500扇。收到加工费发票，塑钢门每扇35元，塑钢窗每扇52元，共计36 500元。(只要求在应付款管理填写支付委托加工物资加工费的发票、付款单，审核和生成凭证，核销付款单)

本题操作参见经济业务④。

⑦12月25日，收到购滨海金属材料供应公司委托顺丰运输公司运来的螺纹钢200吨，价税共计680 000元，水泥1 000吨，价税共计600 000元，已验收入库，货款未付。开转账支票支付顺丰运输公司螺纹钢运费5 000元，水泥运费24 000元。要求填写材料应付单，审核并生成凭证；填写运费发票、付款单，审核并生成凭证、核销。

本题操作参见经济业务④。

(4)账套备份。以admin登录“系统管理”，选择“账套”/“输出”，在硬盘建立“应付款管理实验账套”文件夹，将本次实验的账套数据输出到“应付款管理实验账套”文件夹。

本章小结

本章介绍了应付款管理的基本操作流程，应付款管理的初始化设置方法，应付单、应付票据、付款单的输入、审核和制单，应付单、应付票据与付款单的核销等内容。

即测即评

思考题

1. 简述应付单据的处理流程。
2. 简述应付款管理和其他系统的数据传递关系。
3. 取消操作的类型有哪些?
4. 简述应付款管理的主要功能。
5. 应付款管理系统主要输出哪些账、表?

第10章

会计信息系统综合应用实验

10.1 总账、应收款和应付款管理综合应用实验

10.1.1 建账及财务分工设置

1. 实验目的及要求

(1)目的:通过完成本实验,学生应掌握新建账套、设置财务分工的内容及操作方法。

(2)要求:添加用户,建立账套,设置财务分工,备份数据。

2. 实验步骤

(1)增加用户及建立账套。以 admin 注册系统管理,选择“权限”/“用户”/“增加”,按表 10-1 增加用户。

表 10-1 用户信息表

编号	姓名	用户类型	认证方式
001	胡天睿	普通用户	用户+口令(传统)
002	胡明华	普通用户	用户+口令(传统)
003	康海天	普通用户	用户+口令(传统)
004	卢宁宁	普通用户	用户+口令(传统)
005	李金信	普通用户	用户+口令(传统)
006	曹莹莹	普通用户	用户+口令(传统)

(2)建立账套。建立账套之前,请退出杀毒软件。以 admin 注册系统管理,选择“账套”/“建立”,按向导建立账套。建账资料如下。账套号:班级号+后两位学号;账套名称:新欣公司;账套路径:默认;启用会计期:2022 年 1 月;会计期间设置采用系统默认设置。单位名称:西安市新欣科技有限公司;机构代码:X123456;单位简称:新欣公司;单位域名:XinXin. com;单位地址:西安市幸福路 135 号;法人代表:李瑞瑞;邮政编码:710015;联系电话与传真:029-87994356;电子邮件:2294118@163. com,税号:162392468063289。本币代码:RMB;本币名称:人民币;企业类型:工业;行业性质:2007 年新会计准则科目;账套主管:胡天睿;按行业预

置科目打“√”。存货、客户、供应商不分类核算,有外币业务,在后面相应的可选栏打“√”。科目编码级次:4-2-2-2-2;其余分类编码及数据精度均采用系统默认值;启用总账、应付款管理和应收款管理,启用日期为2022年1月1日。

若建账过程出现如图10-1所示的结果,则退出建账,退出杀毒软件,重新建账即可。

图10-1 建账错误

(3)设置财务分工。以admin注册系统管理,选择“权限”/“权限”,按表10-2设置用户的功能级权限。

表10-2 用户的能级权功限

编号	姓名	功能级权限
001	胡天睿	账套主管
002	胡明华	财务会计—总账—凭证—出纳签字
003	康海天	应收款管理的所有权限及总账系统除主管签字、审核凭证以外的所有权限
004	卢宁宁	应付款管理的所有权限及总账系统除主管签字、审核凭证以外的所有权限
005	李金信	具有总账系统除设置、主管签字、审核凭证以外的所有权限
006	曹莹莹	财务会计—总账—凭证—审核凭证

10.1.2 基础档案设置

1. 实验目的及要求

(1)目的:通过实验,学生应掌握各项基础档案的内容及设置方法。

(2)要求:设置部门档案,设置职员档案,设置客户档案,设置供应商档案,建立会计科目,设置凭证类别、设置外币,设置项目、设置结算方式,指定科目,备份账套数据。

2. 实验步骤

(1)设置部门档案。选择“业务导航”/“基础设置”/“基础档案”/“机构人员”/“机构”/“部门档案”,按表10-3输入部门档案,所有部门的成立日期为2021-12-01。

表 10-3　部门档案

部门编码	部门名称	部门属性
1	综合部	管理部门
101	经理办公室	综合管理
102	财务部	财务管理
2	销售部	市场营销
201	第一销售部	专售空调
202	第二销售部	专售洗衣机
203	第三销售部	专售大型设备
3	采购部	采购供应
4	制造部	制造
401	产品研发部	研发
402	生产车间	生产

(2)设置人员类别。用系统提供的正式工、合同工和实习生三种类别。

(3)设置人员档案。选择“业务导航”/“基础设置”/“基础档案”/“机构人员”/“人员”/“人员档案”，按表 10-4 输入人员档案，所有人员的类别都是“正式工”，所有人员都是“业务员”，所有人员的雇佣状态都是“在职”，生效日期都是“2021-12-01”。

表 10-4　人员档案

人员编码	姓名	行政部门编码	性别	业务或费用部门编码
01	周伟伟	101	男	101
02	曹莹莹	102	女	102
03	胡明华	102	男	102
04	康海天	102	男	102
05	卢宁宁	102	女	102
06	李金信	102	男	102
07	房晓华	201	女	201
08	翟红艳	202	女	202
09	王学兵	203	男	203
10	任明利	3	女	3
11	冯庆华	401	女	401
12	从田飞	402	男	402
13	胡天睿	102	女	102

(4)设置供应商档案和客户档案。选择“业务导航”/“基础设置”/“基础档案”/“客商信息”/“供应商档案”，按表 10-5 输入供应商档案；选择“业务导航”/“基础设置”/“基础档案”/“客商信息”/“客户档案”，按表 10-6 输入客户档案。

表 10－5　供应商档案

供应商编码	供应商名称	供应商简称	属性
001	常州天华钢铁公司	常州天华	采购
002	天津万利塑成集团公司	天津万利	采购
003	西安正大机电有限公司	西安机电	采购

表 10－6　客户档案

客户编码	客户名称	客户简称	客户管理类型
001	西安市华诚职业中学	西安华诚	普通客户
002	安徽华信集团有限公司	安徽华信	普通客户
003	苏州商贸有限公司	苏州商贸	普通客户
004	建设银行西安分行	建银西分	普通客户

(5)建立会计科目。选择“业务导航”/“基础设置”/“基础档案”/“财务”/“会计科目”，按表10－7增加或修改会计科目。

表 10－7　增加或修改会计科目

科目编码	科目名称	账页格式	单位	核算账类型	受控系统
1001	库存现金	金额式			
100101	人民币户	金额式		日记账	
100102	美元户	外币金额式		日记账	
1002	银行存款	金额式			
100201	人民币户	金额式		日记账、银行账	
100202	美元户	外币金额式		日记账、银行账	
1101	交易性金融资产	金额式			
110101	股票投资	金额式			
110102	债券投资	金额式			
1121	应收票据	金额式			
112101	银行承兑汇票	金额式		客户往来	应收系统
112102	商业承兑汇票	金额式		客户往来	应收系统
1122	应收账款	金额式		客户往来	应收系统
1123	预付账款	金额式		供应商往来	应付系统
1221	其他应收款	金额式			
122101	备用金	金额式		部门核算	
122102	应收个人款	金额式		个人往来	
1231	坏账准备	金额式			
1401	材料采购	金额式			
140101	主要材料	金额式			
14010101	钢材	数量金额式	吨		

续表

科目编码	科目名称	账页格式	单位	核算账类型	受控系统
14010102	塑料制材	数量金额式	吨		
14010103	其他	金额式			
140102	其他材料	金额式			
1403	原材料	金额式			
140301	主要材料	金额式			
14030101	钢材	数量金额式	吨		
14030102	塑料制材	数量金额式	吨		
14030103	其他	金额式			
140302	其他原材料	金额式			
1404	材料成本差异	金额式			
1405	库存商品	金额式			
140501	空调	数量金额式	台		
140502	洗衣机	数量金额式	台		
140503	J－22 型数控设备	数量金额式	台		
1511	长期股权投资	金额式			
151101	其他长期股权投资	金额式			
1601	固定资产	金额式			
1602	累计折旧	金额式			
1603	固定资产减值准备	金额式			
1604	在建工程	金额式			
1606	固定资产清理	金额式			
1701	无形资产	金额式			
1901	待处理财产损溢	金额式			
190101	待处理固定资产损溢	金额式			
2001	短期借款	金额式			
2201	应付票据	金额式			
220101	商业承兑汇票	金额式		供应商往来	应付系统
220102	银行承兑汇票	金额式		供应商往来	应付系统
2202	应付账款	金额式		供应商往来	应付系统
2203	预收账款	金额式		客户往来	应收系统
2211	应付职工薪酬	金额式			
221101	工资	金额式			
221102	工会经费	金额式			

续表

科目编码	科目名称	账页格式	单位	核算账类型	受控系统
221103	教育经费	金额式			
221104	养老保险	金额式			
221105	职工福利	金额式			
2221	应交税费	金额式			
222101	应交所得税	金额式			
222102	应交城市维护建设税	金额式			
222103	应交个人所得税	金额式			
222104	应交教育费附加	金额式			
222105	应交增值税	金额式			
22210501	销项税额	金额式			
22210502	进项税额	金额式			
222106	未交增值税	金额式			
2231	应付利息	金额式			
2241	其他应付款	金额式			
2501	长期借款	金额式			
4001	实收资本	金额式			
4002	资本公积				
400201	接受捐赠非现金资产准备				
4101	盈余公积	金额式			
410101	法定盈余公积	金额式			
410102	法定公益金	金额式			
4104	利润分配				
410401	未分配利润	金额式			
5001	生产成本	金额式			
500101	基本生产成本	金额式			
50010101	直接材料	金额式		项目核算	
50010102	直接人工	金额式		项目核算	
50010103	制造费用	金额式		项目核算	
5101	制造费用	金额式			
510101	工资费用	金额式			
510102	折旧费用	金额式		部门核算	
510103	材料费用	金额式			
510104	其他费用	金额式			
510105	福利费	金额式			
6001	主营业务收入	金额式			
600101	空调	数量金额式	台		

续表

科目编码	科目名称	账页格式	单位	核算账类型	受控系统
600102	洗衣机	数量金额式	台		
600103	J-22型数控设备	数量金额式	台		
6601	销售费用	金额式		部门核算	
6051	其他业务收入	金额式			
6401	主营业务成本	金额式			
640101	空调	数量金额式	台		
640102	洗衣机	数量金额式	台		
640103	J-22型数控设备	数量金额式	台		
6601	销售费用	金额式		部门核算	
6602	管理费用	金额式			
660201	工资	金额式		部门核算	
660202	福利费	金额式		部门核算	
660203	折旧费用	金额式		部门核算	
660204	差旅费	金额式		部门核算	
660205	办公费	金额式		部门核算	
660206	其他	金额式		部门核算	
6603	财务费用	金额式			
660301	利息费用	金额式			
660302	汇兑损益	金额式			
660303	其他	金额式			
6701	资产减值损失	金额式			
670101	计提坏账准备	金额式			

(6)设置凭证类别。选择“业务导航”/“基础设置”/“基础档案”/“财务”/“凭证类别”,按表10-8输入凭证类别。

表10-8 凭证类别

凭证类型名称	限制类型	限制科目
收款凭证	借方必有	1001,1002
付款凭证	贷方必有	1001,1002
转账凭证	凭证必无	1001,1002

(7)设置外币及汇率。选择“业务导航”/“基础设置”/“基础档案”/“财务”/“外币设置”,按下述资料进行外币及汇率设置。币符:USD;币名:美元;2022年1月份固定记账汇率1:6.9,1月末调整汇率1:6.9。设置完成后在科目100102和100202的科目属性中选择外币核算,币种为美元USD。

(8)设置项目。选择“业务导航”/“基础设置”/“基础档案”/“财务”/“项目大类”,按表10-9设置项目大类及核算科目;选择“业务导航”/“基础设置”/“基础档案”/“财务”/“项目分类”,按表10-9设置项目分类;选择“业务导航”/“基础设置”/“基础档案”/“财务”/“项目目录”,按表10-9设置项目目录。

表 10－9　项目信息

<table>
<tr><th>项目设置步骤</th><th colspan="3">设置内容</th></tr>
<tr><td>项目大类</td><td colspan="3">生产成本</td></tr>
<tr><td>核算科目</td><td colspan="3">直接材料 50010101
直接人工 50010102
制造费用 50010103</td></tr>
<tr><td>项目分类</td><td colspan="3">1. 家用电器
2. 大型机电设备</td></tr>
<tr><td rowspan="4">项目目录</td><td>编号</td><td>名称</td><td>所属分类</td></tr>
<tr><td>101</td><td>空调</td><td>1</td></tr>
<tr><td>102</td><td>洗衣机</td><td>1</td></tr>
<tr><td>201</td><td>J－22 型数控设备</td><td>2</td></tr>
</table>

(9)设置结算方式。选择“业务导航”/“基础设置”/“基础档案”/“收付结算”/“结算方式”，按表 10－10 输入结算方式。

表 10－10　结算方式

结算方式编码	结算方式名称	票据管理
1	现金	否
2	支票	否
201	现金支票	是
202	转账支票	是
3	托收承付	否
4	委托收款	否
5	其他	否

(10)指定出纳专管科目。选择“业务导航”/“基础设置”/“基础档案”/“会计科目”/“指定科目”，指定现金科目为“1001 库存现金”，银行科目为“1002 银行存款”。

10.1.3　总账、应收款管理和应付款管理的设置及日常业务处理

1. 实验目的及要求

(1)目的：通过实验，学生应掌握总账、应收款管理和应付款管理设置的内容及操作方法，掌握总账、应收款管理和应付款管理日常业务处理的流程及操作方法。

(2)要求：设置总账“选项”，录入期初余额，设置数据权限，进行应收款管理和应付款管理设置，进行总账、应收款管理和应付款管理日常业务处理，备份账套数据。

2. 实验步骤

(1)设置总账“选项”。选择“业务导航”/“财务会计”/“总账”/“设置”/“选项”。在“凭证”选项卡页签勾选“制单序时控制”“支票控制”“可以使用应收受控科目”“可以使用应付受控科

目”“可以使用存货受控科目”“系统编号”，在“权限”选项卡页签勾选“制单权限控制到科目”“出纳凭证必须经由出纳签字”“允许修改、作废他人填制的凭证”，在“其他”选项卡页签勾选外币核算下的“固定汇率”。

（2）进行应收款管理设置。

①选项设置。选择“业务导航”/“财务会计”/“应收款管理”/“设置”/“选项”。在“常规”选项卡页签进行以下设置：应收单据审核日期为“业务日期”，汇兑损益方式为“月末处理”，坏账处理方式为“应收余额百分比法”，代垫费用类型为“其他应收单”，应收账款核算模型为“详细核算”；勾选“自动计算现金折扣”“登记支票”“应收票据直接生成收款单”。在“凭证”选项卡页签进行以下设置：受控科目制单方式为“明细到客户”，非控科目制单方式为“汇总方式”；勾选“单据审核后立即制单”“核销生成凭证”“月结前全部生成凭证”“预收冲应收生成凭证”“制单时回写摘要”“红票对冲生成凭证”“凭证可编辑”。在“核销”选项卡页签设置应收款核销方式为“按单据”。

②应收款管理系统设置。选择“业务导航”/“财务会计”/“应收款管理”/“设置”/“初始设置”。选择“坏账准备设置”：提取比率1%，坏账准备期初余额：3600；坏账准备科目：1231（坏账准备）；对方科目：670101（资产减值损失——计提坏账准备）。选择“账期内账龄区间设置”，按表10－11设置。

表10－11 账龄区间一览表

序号	起止天数/天	总天数/天
01	0～30	30
02	31～60	60
03	61～90	90
04	91～120	120
05	121以上	

选择“预警级别设置”，按表10－12设置。

表10－12 报警级别一览表

序号	起止比率	总比率/%	级别名称
01	0～10%	10	A
02	10%～30%	30	B
03	30%～50%	50	C
04	50%～100%	100	D
05	100%以上		E

③选择“业务导航”/“财务会计”/“应收款管理”/“设置”/“科目设置”/“基本科目”，单击“增行”，按表10－13资料设置。

表10－13 应收系统基本科目

基本科目种类	科目	币种
应收科目	1122	人民币
预收科目	2203	人民币

④应收款管理系统的结算方式科目设置。选择“业务导航”/“财务会计”/“应收款管理”/“设置”/“科目设置”/“结算科目设置”，单击“增行”，按表 10－14 设置。

表 10－14　结算方式科目设置一览表

结算方式	币种	科目
现金	人民币	100101(库存现金——人民币户)
现金支票	人民币	100201(银行存款——人民币户)
转账支票	人民币	100201(银行存款——人民币户)

⑤应收款管理期初余额输入。选择“业务导航”/“财务会计”/“应收款管理”/“期初余额”/“期初余额”，按表 10－15 和表 10－16 输入期初余额，输入时要注意输入科目，否则应收管理期初余额数据不能引入总账系统对应科目的期初余额。

表 10－15　应收单期初余额

单据类型	单据编号	单据日期	客户	科目	方向	人民币金额/元
其他应收单	0000000001	2021－12－31	安徽华信集团有限公司	1122	借	1 080 000

表 10－16　应收票据期初信息

单据类型	票据编号	开票单位	票据面值/元	票据余额/元	签发日期	收到日期	到期日	承兑银行	科目
银行承兑汇票	BN2111－0001	西安市华诚职业中学	480 000	480 000	2021－11－01	2021－11－12	2022－02－01	中国工商银行	112101
商业承兑汇票	BN2112－001	苏州商贸有限公司	180 000	180 000	2021－11－05	2021－11－13	2022－05－01		112102
商业承兑汇票	BN2112－002	建设银行西安分行	540 000	540 000	2021－11－01	2021－11－11	2022－02－01		112102

(3)进行应付款管理设置。

①选项设置。选择“业务导航”/“财务会计”/“应付款管理”/“设置”/“选项”。在“常规”页签进行以下设置：应付单据审核日期为“单据日期”，汇兑损益方式为“月末处理”，应付账款核算模型为“详细核算”，勾选“自动计算现金折扣”“登记支票”“应付票据直接生成付款单”。在“凭证”页签进行以下设置：受控科目制单方式为“明细到供应商”，非控科目制单方式为“汇总方式”；勾选“单据审核后立即制单”“核销生成凭证”“月结前全部生成凭证”“预付冲应付是否生成凭证”“制单时回写摘要”“红票对冲生成凭证”“凭证可编辑”。在“核销设置”页签设置应付款核销方式为“按产品”。

②初始设置。选择“业务导航”/“财务会计”/“应付款管理”/“设置”/“初始设置”。应付款管理系统的账期内账龄区间设置同应收款管理系统的账期内账龄区间设置，参见表 10－11。应付款管理系统的预警级别设置同应收款管理系统的预警级别设置，参见表 10－12。

③基本科目设置。选择“业务导航”/“财务会计”/“应付款管理”/“设置”/“基本科目设置”，单击“增行”，按表 10－17 资料设置。

表 10－17　应付系统基本科目

基本科目种类	科目	币种
应付科目	2202	人民币
预付科目	1123	人民币

④选择“业务导航”/“财务会计”/“应付款管理”/“设置”/“科目设置”/“结算科目设置”，应付款管理系统的结算方式科目同应收款管理系统的结算方式科目，见表 10－14。

⑤录入应付款管理期初余额。选择“业务导航”/“财务会计”/“应付款管理”/“期初余额”/“期初余额”，按表 10－18 和表 10－19 输入期初余额。输入时要注意输入科目，否则应付款管理期初余额数据不能引入总账系统对应科目的期初余额。

表 10－18 应付款管理期初余额

单据类型	单据编号	单据日期	供应商	科目	方向	人民币金额/元
其他应付单	0000000001	2021－12－31	西安正大机电有限公司	2202	贷	696 000

表 10－19 应付票据期初余额

单据类型	票据编号	收款单位	科目	票据面值/元	票据余额/元	签发日期	到期日
商业承兑汇票	BN2111－010	常州天华钢铁公司	220101	300 000	300 000	2021－11－01	2022－05－10
银行承兑汇票	BN2111－009	天津万利塑成集团公司	220102	180 000	180 000	2021－11－01	2022－05－01

(4)录入总账期初余额。首先，将受控科目的期初余额从应收款管理和应付款管理的期初余额引入总账期初余额。选择“业务导航”/“财务会计”/“总账”/“期初”/“期初余额”，双击受控科目，选择“往来明细”菜单，选择“引入收付期初”菜单，完成受控科目的期初余额引入工作。其次，从总账输入其他非受控科目的期初余额。期初余额如表 10－20 所示，辅助账期初余额如表 10－21 至表 10－23 所示。

表 10－20 期初余额

科目名称	方向	币别/计量	期初余额/元
库存现金(1001)	借		8 400
人民币户(100101)	借		7 440
美元户(100102)	借		960
	借	美元	139
银行存款(1002)	借		1 048 000
人民币户(100201)	借		1 000 000
美元户(100202)	借		48 000
	借	美元	6 956
交易性金融资产(1101)	借		224 000
股票投资(110101)	借		140 000
债券投资(110102)	借		84 000
应收票据(1121)	借		1 200 000
银行承兑汇票(112101)	借		480 000
商业承兑汇票(112102)	借		720 000
应收账款(1122)	借		1 080 000
其他应收款(1221)	借		7 200

续表

科目名称	方向	币别/计量	期初余额/元
备用金(122101)	借		1 200
应收个人款(122102)	借		6 000
坏账准备(1231)	贷		3 600
材料采购(1401)	借		240 000
主要材料(140101)	借		240 000
钢材(14010101)	借		156 000
	借	吨	130
塑料制材(14010102)	借		60 000
	借	吨	100
其他(14010103)	借		24 000
材料成本差异(1404)	借		24 000
库存商品(1405)	借		648 000
空调(140501)	借		600 000
	借	台	250
洗衣机(140502)	借		48 000
	借	台	200
长期股权投资(1511)	借		2 760 000
其他长期股权投资(151101)			2 760 000
固定资产(1601)	借		13 848 000
累计折旧(1602)	贷		4 800 000
固定资产减值准备(1603)	贷		1 614 000
无形资产(1701)	借		180 000
短期借款(2001)	贷		720 000
应付票据(2201)	贷		480 000
商业承兑汇票(220101)	贷		300 000
银行承兑汇票(220102)	贷		180 000
应付账款(2202)	贷		696 000
应付职工薪酬(2211)	贷		180 000
工资(221101)	贷		72 000
工会经费(221102)	贷		33 600
教育经费(221103)	贷		26 400
养老保险(221104)	贷		48 000
应交税费(2221)	贷		392 400

续表

科目名称	方向	币别/计量	期初余额/元
应交所得税(222101)	贷		360 000
应交城市维护建设税(222102)	贷		18 000
应交个人所得税(222103)	贷		6 000
应交教育费附加(222104)	贷		8 400
其他应付款(2241)	贷		21 600
长期借款(2501)	贷		1 800 000
盈余公积(4101)	贷		2 244 000
法定盈余公积(410101)	贷		2 160 000
法定公益金(410102)	贷		84 000
利润分配(4104)	贷		10 800 000
未分配利润(410401)	贷		10 800 000
生产成本(5001)	借		2 484 000
基本生产成本(500101)	借		2 484 000
直接材料(50010101)	借		1 920 000
直接人工(50010102)	借		420 000
制造费用(50010103)	借		144 000

表 10－21　备用金(122101)的明细

部门	方向	金额/元
采购部	借	1 200

注意:要在辅助期初余额输入窗口,单击“往来明细”,在“期初往来明细”界面,输入表 10－22,输入结束后,单击“汇总到辅助明细”。

表 10－22　应收个人款(122102)的明细

日期	凭证号	部门	个人	摘要	方向	本币金额/元	年度
2021－12－31		第一销售部	房晓华	出差借款	借	6 000	2022

表 10－23　生产成本(5001)的明细

科目名称	项目	方向	金额/元
直接材料 50010101	空调	借	1 080 000
	洗衣机	借	840 000
直接人工 50010102	空调	借	240 000
	洗衣机	借	180 000
制造费用 50010103	空调	借	60 000
	洗衣机	借	84 000

期初试算平衡结果如图 10－2 所示。

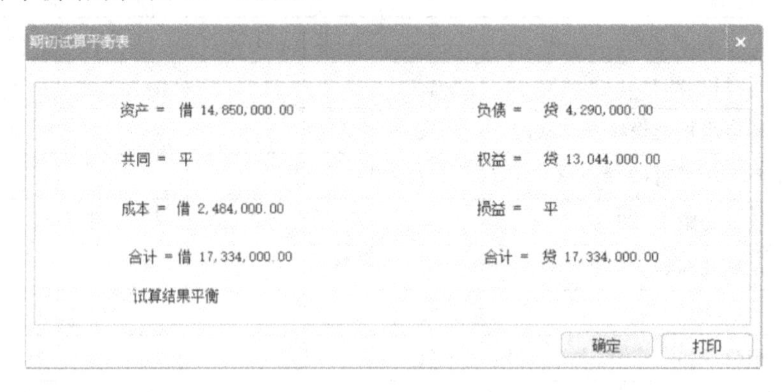

图 10－2　期初试算结果

(5)分配数据权限。账套主管登录企业应用平台，选择“业务导航”/“系统服务”/“权限”/“数据权限控制设置”，对系统内记录级中的“科目”业务对象进行权限控制，其他均不进行权限控制。选择“业务导航”/“系统服务”/“权限”/“数据权限分配”，按表 10－24 设置数据权限。授予胡天睿、曹莹莹对胡明华、康海天、卢宁宁和李金信填制的凭证进行查询、审核、弃审、撤销和关闭的权限。

表 10－24　数据权限

用户编号	用户名	身份	业务对象	权限	科目名称
002	胡明华	出纳	科目	查账	1001、100101、100102、1002、100201、100202
003	康海天	应收会计	科目	查账及制单	除 2201、220101、220102、2202、1123 外的所有会计科目
004	卢宁宁	应付会计	科目	查账及制单	除 1121、112101、112102、1122、2203 外的所有会计科目
005	李金信	总账会计	科目	查账及制单	除 1121、112101、112102、1122、2201、220101、220102、2202、2203、1123 外的所有会计科目

基础设置完成后，在进行日常处理之前，在硬盘建立“会计信息系统实验一”文件夹，将账套备份到该文件夹。

(6)进行日常业务处理。

①1 月 1 日，收到安徽华信集团有限公司转账支票一张，用以偿付前欠货款 480 000 元，支票号为 2211，单据张数 1 张，业务员为翟红艳。

提示：操作员康海天在应收款管理中，先填制收款单，胡天睿审核收款单，生成凭证，然后核销。操作步骤如下。

A. 康海天：“业务导航”/“财务会计”/“应收款管理”/“收款处理”/“收款单据录入”，输入收款单。

B. 胡天睿：“业务导航”/“财务会计”/“应收款管理”/“收款处理”/“收款单据审核”。

C. 胡天睿：“业务导航”/“财务会计”/“应收款管理”/“凭证处理”/“生成凭证”。

借:银行存款——人民币 480 000

贷:应收账款 480 000 (客户:安徽华信)

D. 胡天睿:“业务导航”/“财务会计”/“应收款管理”/“核销处理”/“手工核销”。

经济业务②至⑧、⑩由李金信在总账进行制单操作。

李金信:“业务导航”/“财务会计”/“总账”/“凭证”/“填制凭证”。

②1月2日,采购部对外采购钢材22吨,单价1 000元/吨,增值税专用发票注明价款22 000元、进项税额3 740元,用转账支票支付,材料尚未验收入库,支票号为2221。

借:材料采购——主要材料——钢材 22 000

应交税费——应交增值税——进项税额 3 740

贷:银行存款——人民币 25 740

③1月3日,从银行提取现金1 200元备用,结算方式为现金支票,支票号为2231,单据张数1张。

借:库存现金——人民币 1 200

贷:银行存款——人民币 1 200

④1月7日,1月2日采购钢材全部验收入库,钢材计划单价为1 000元/吨,单据张数1张。

借:原材料——主要材料——钢材 22 000

贷:材料采购——主要材料——钢材 22 000

⑤1月15日,第一销售部房晓华报销差旅费5 400元,交回多余现金600元,单据张数1张。

借:管理费用——差旅费 5 400

贷:其他应收款——应收个人款 5 400 (部门:第一销售部,个人:房晓华)

借:库存现金——人民币 600

贷:其他应收款——应收个人款 600 (部门:第一销售部,个人:房晓华)

⑥1月15日,生产空调领用钢材40吨(单价1 000元/吨),塑料制材30吨(单价600元/吨),共计58 000元;生产洗衣机领用钢材70吨,塑料制材40吨,共计94 000元。单据张数2张。

借:生产成本——基本生产成本——直接材料 58 000 (项目:空调)

贷:原材料——主要材料——钢材 40 000

原材料——主要材料——塑料制材 18 000

借:生产成本——基本生产成本——直接材料 94 000 (项目:洗衣机)

贷:原材料——主要材料——钢材 70 000

原材料——主要材料——塑料制材 24 000

⑦1月20日,接受投资者投资100万元,结算方式为转账支票,支票号为2275,单据张数2张。

借:银行存款——人民币户 1 000 000

贷:实收资本 1 000 000

⑧1月22日,销售给安徽华信集团有限公司空调50台,不含税单价2 500元/台;洗衣机50台,不含税单价1 300元/台,增值税税率为17%,收到转账支票一张,支票号为2267,单据张数2张。

借:银行存款——人民币户　　222 300
　贷:库存商品——空调　　　　　　125 000
　　库存商品——洗衣机　　　　　　65 000
　　应交税费——应交增值税——进项税额　　32 300

⑨1 月 23 日,偿还前欠西安正大机电有限公司 696 000 元货款的 40%,用转账支票支付,支票号为 2246,领用部门为采购部,领用人姓名为任明利,单据张数 2 张。

提示:操作员卢宁宁在应付款管理中,先填制付款单,胡天睿审核付款单,生成凭证,然后核销。

A. 卢宁宁:“业务导航”/“财务会计”/“应付款管理”/“付款处理”/“付款单据录入”,输入付款单

B. 胡天睿:“业务导航”/“财务会计”/“应付款管理”/“付款处理”/“付款单据审核”

C. 胡天睿:“业务导航”/“财务会计”/“应付款管理”/“凭证处理”/“生成凭证”。

借:应付账款　278 400　(供应商:西安机电)
　贷:银行存款——人民币　278 400

D. 胡天睿:“业务导航”/“财务会计”/“应付款管理”/“核销处理”/“手工核销”。

⑩1 月 24 日,预提本月短期借款利息 1 200 元,单据张数 1 张。

借:财务费用——利息费用　1 200
　贷:应付利息　　　　　1 200

(7)进行日常业务后续流程处理。对上述 1 月份的业务生成的相关凭证由操作员胡明华进行出纳签字、曹莹莹进行审核、胡天睿进行记账操作。

上述工作结束后,在硬盘建立“会计信息系统实验二”文件夹,将账套备份到该文件夹。

10.2 薪资管理实验

1. 实验目的及要求

(1)目的:通过实验,学生应掌握薪资管理系统初始设置及日常业务处理的操作方法,掌握薪资分摊及月末处理的操作方法。

(2)要求:进行薪资管理基础设置,进行薪资管理系统日常业务处理,进行薪资分摊及月末处理,备份账套数据。

2. 实验步骤

(1)以 admin 登录“系统管理”,引入“会计信息系统实验一”文件夹下的账套;增加操作员蓝萍萍,编号为 007,口令为 7,授予蓝萍萍对引入的账套的基本信息—公用目录和人力资源—薪资管理的权限。

(2)胡天睿进入企业应用平台,启用薪资管理系统。操作步骤如下:选择“业务导航”/“基础设置”/“基本信息”/“系统启用”。启用时间为 2022 年 1 月。在“系统服务”/“权限”/“数据权限控制设置”中取消“工资权限”控制。

(3)蓝萍萍登录企业应用平台,选择“业务导航”/“人力资源”/“薪资管理”/“工资类别”/“新建工资类别”。相关资料如下。①工资类别个数:单个;②核算币别:人民币 RMB;③从工

资中代扣所得税;④工资不扣零。

(4)选择“业务导航”/“人力资源”/“薪资管理”/“设置”/“人员附加信息设置”,附加信息为工龄。

(5)选择“业务导航”/“人力资源”/“薪资管理”/“设置”/“选项”,进行扣缴所得税设置。相关资料如下。①月度工资扣税方式:代扣税;②个人所得税申报表中“收入额合计”项对应工资项目:实发工资;③税款所属期:当月;④计税基数:5000 元。

(6)在本章 10.1 节实验资料基础上,选择“业务导航”/“基础设置”/“机构人员”/“人员档案”,增加如表 10-25 所示的人员档案。选择“业务导航”/“人力资源”/“薪资管理”/“设置”/“人员档案”,选择“批增”菜单,将总账中所有人员增加到薪资系统中。

表 10-25 新增人员档案

人员编码	姓名	行政部门编码	性别	业务或费用部门编码
14	周扬华	101	女	101
15	席茜茜	101	男	101
16	曾琛琛	101	男	101
17	顾飞飞	102	女	102
18	蓝萍萍	102	男	102
19	申屠枫	4	女	402
20	姜青青	401	男	401
21	宋耀星	402	男	402
22	李忠华	3	男	3
23	石方明	203	女	203
24	赵秀英	202	男	202
25	吴志赣	3	男	3
26	董发扬	401	女	401
27	曹敏敏	402	男	402
28	陈新平	402	男	402

(7)选择“业务导航”/“人力资源”/“薪资管理”/“设置”/“工资项目设置”,按表 10-26 输入工资项目。

表 10-26 工资项目表

工资项目名称	类型	长度	小数	增减项
基本工资	数字	8	2	增项
工龄	数字	3	0	其他
工龄工资	数字	8	2	增项
交通补贴	数字	8	2	增项
物价补贴	数字	8	2	增项

续表

工资项目名称	类型	长度	小数	增减项
应发合计	数字	8	2	增项
病假天数	数字	3	0	其他
病假扣款	数字	8	2	减项
事假天数	数字	3	0	其他
事假扣款	数字	8	2	减项
个人养老保险	数字	8	2	减项
个人失业保险	数字	8	2	减项
住房公积金	数字	8	2	减项
代扣税	数字	8	2	减项
扣款合计	数字	8	2	减项
实发合计	数字	8	2	增项

(8)选择“业务导航”/“人力资源”/“薪资管理”/“设置”/“工资项目设置”,按如下要求进行公式设置。

①工龄工资=工龄*10。

②交通补贴=200。

③物价补贴=300。

④病假扣款=iff(工龄>=10,(基本工资/30)*病假天数*0.2,(基本工资/30)*病假天数*0.5)。

⑤事假扣款=(基本工资/30)*事假天数。

⑥个人养老保险=基本工资*0.02。

⑦个人失业保险=基本工资*0.02。

⑧住房公积金=基本工资*0.1。

(9)选择“业务导航”/“人力资源”/“薪资管理”/“业务处理”/“工资变动”,进行1月份工资数据的业务处理。该公司2022年1月工资变动数据如表10-27所示。

表10-27 工资变动数据

人员编号	姓名	部门	人员类别	基本工资/元	工龄/年	工龄工资/元	交通补贴/元	物价补贴/元	应发合计/元
01	周伟伟	经理办公室	正式工	3 900	25	250	200	300	4 650
14	周扬华	经理办公室	正式工	4 000	15	150	200	300	4 650
15	席茜茜	经理办公室	正式工	3 700	25	250	200	300	4 450
16	曾琛琛	经理办公室	正式工	4 500	18	180	200	300	5 180
02	曹莹莹	财务部	正式工	3 600	23	230	200	300	4 330
13	胡天睿	财务部	正式工	4 000	18	180	200	300	4 680

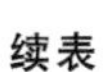

续表

人员编号	姓名	部门	人员类别	基本工资/元	工龄/年	工龄工资/元	交通补贴/元	物价补贴/元	应发合计/元
03	胡明华	财务部	正式工	4 000	18	180	200	300	4 680
04	康海天	财务部	正式工	3 800	17	170	200	300	4 470
05	卢宁宁	财务部	正式工	3 700	11	110	200	300	4 310
06	李金信	财务部	正式工	3 900	8	80	200	300	4 480
17	顾飞飞	财务部	正式工	4 500	6	60	200	300	5 060
18	蓝萍萍	财务部	正式工	4 100	7	70	200	300	4 670
07	房晓华	第一销售部	正式工	3 700	12	120	200	300	4 320
08	翟红艳	第二销售部	正式工	3 600	5	50	200	300	4 150
24	赵秀英	第二销售部	正式工	3 800	4	40	200	300	4 340
09	王学兵	第三销售部	正式工	3 750	6	60	200	300	4 310
23	石方明	第三销售部	正式工	4 250	8	80	200	300	4 830
10	任明利	采购部	正式工	3 850	4	40	200	300	4 390
22	李忠华	采购部	正式工	3 950	7	70	200	300	4 520
25	吴志赣	采购部	正式工	3 650	5	50	200	300	4 200
11	冯庆华	产品研发部	正式工	4 000	7	70	200	300	4 570
20	姜青青	产品研发部	正式工	4 200	10	100	200	300	4 800
26	董发扬	产品研发部	正式工	4 950	13	130	200	300	5 580
12	丛田飞	生产车间	正式工	3 650	8	80	200	300	4 230
19	申屠枫	生产车间	正式工	4 500	22	220	200	300	5 220
21	宋耀星	生产车间	正式工	4 100	3	30	200	300	4 630
27	曹敏敏	生产车间	正式工	3 950	6	60	200	300	4 510
28	陈新平	生产车间	正式工	3 780	9	90	200	300	4 370

陈新平事假 2 天，吴志赣病假 3 天。

(10)选择“业务导航”/“人力资源”/“薪资管理”/“业务处理”/“工资分摊”，按表 10－28、表 10－29 进行工资分摊设置。

表 10－28　工资分摊构成设置(1)

部门	项目	工资分摊 100%		应付福利费 14%	
		借方	贷方	借方	贷方
采购部、产品研发部、生产车间	应发合计	510101	221101	510105	221105
第一销售部、第二销售部、第三销售部	应发合计	6601	221101	6601	221105
经理办公室、财务部	应发合计	660201	221101	660202	221105

表 10－29　工资分摊构成设置(2)

部门	项目	工会经费 2%		职工教育经费 2.5%		养老保险 20%	
		借方	贷方	借方	贷方	借方	贷方
采购部、产品研发部、生产车间	应发合计	510104	221102	510104	221103	510104	221104
第一销售部、第二销售部、第三销售部	应发合计	6601	221102	6601	221103	6601	221104
经理办公室、财务部	应发合计	660206	221102	660206	221103	660206	221104

操作员蓝萍萍登录系统，分别编制工资分摊、工资附加费记提凭证（选择明细到工资项目）。

(11)胡天睿登录总账系统，对薪资管理系统传递过来的凭证进行审核、记账。在硬盘建立“会计信息系统实验三”文件夹，将账套备份到该文件夹。

10.3　固定资产管理实验

1. 实验目的及要求

(1)目的：掌握固定资产管理初始化设置、日常业务处理、月末处理的操作流程及操作方法。

(2)要求：建立核算账套并启用固定资产管理系统，进行固定资产基础设置、录入原始卡片，进行固定资产日常业务操作，折旧计提、制单，与总账对账、办理月末结账，备份账套数据。

2. 实验步骤

(1)引入“会计信息系统实验一”的账套。以 admin 登录“系统管理”，增加操作员马海东，编号为 008，口令为 8，授予马海东对引入的账套的财务会计—总账—公用目录及财务会计—固定资产的权限。

(2)胡天睿进入企业应用平台启用固定资产管理系统。操作步骤如下：选择“业务导航”/“基础设置”/“基本信息”/“系统启用”。启用时间为 2022 年 1 月 1 日。

(3)马海东进入固定资产管理系统。选择“业务导航”/“财务会计”/“固定资产”/“设置”/“选项”，按以下资料设置：固定资产采用“平均年限法(一)”计提折旧，折旧汇总分配周期为一个月；当“月初已计提月份＝可使用月份－1”时将剩余折旧全部提足。固定资产编码方式为“2－1－1－2”；固定资产编码方式采用手工输入方法，序号长度“5”。要求固定资产管理系统与总账系统进行对账；固定资产对账科目为“1601 固定资产”，累计折旧对账科目为“1602 累计折旧”；对账不平衡的情况下不允许固定资产月末结账。

(4)选择“业务导航”/“财务会计”/“固定资产”/“设置”/“部门对应折旧科目”，按表 10－30 进行设置。

表 10－30　部门对应折旧科目

部门名称	贷方科目
采购部、产品研发部、生产车间	制造费用——折旧费用(510102)
第一销售部、第二销售部、第三销售部	销售费用(6601)
经理办公室、财务部	管理费用——折旧费用(660203)

(5)选择“业务导航”/“财务会计”/“固定资产”/“设置”/“资产类别”，按表 10－31 进行设置。

表 10－31　资产类别

类别编码	类别名称	使用年限/年	净残值率/%	计提属性
01	房屋及建筑物			
011	办公楼	60	2	总提折旧
012	厂房	60	2	总提折旧
02	机器设备			
021	生产线	10	3	正常计提
022	办公设备	5	3	正常计提

(6)选择“业务导航”/“财务会计”/“固定资产”/“设置”/“增减方式”，按表 10－32 和表 10－33 进行设置。

表 10－32　固定资产增加方式

增加方式	对应入账科目
直接购入	银行存款——人民币户(100201)
投资者投入	实收资本(4001)
捐赠	资本公积——接受捐赠非现金资产准备(400201)
盘盈	待处理财产损溢——待处理固定资产损溢(190101)
在建工程转入	在建工程(1604)

表 10－33　固定资产减少方式

减少方式	对应入账科目
出售	固定资产清理(1606)
投资转出	长期股权投资——其他长期股权投资(151101)
捐赠转出	固定资产清理(1606)
盘亏	待处理财产损溢——待处理固定资产损溢(190101)
报废	固定资产清理(1606)

(7)选择“业务导航”/“财务会计”/“固定资产”/“卡片”/“录入原始卡片”，按表 10－34 输入固定资产原始卡片。

表 10－34　固定资产原始卡片

卡片编号	开始使用日期	使用年限/月	原值/元	固定资产编号	净残值率/%	对应折旧科目	净值/元	部门编号	已计提月份/月	折旧方法	使用状况	增加方式	类别名称	净残值/元	固定资产名称	录入日期	是否多部门使用	使用部门	累计折旧/元	月折旧率	类别编号
00001	2010－01－08	720	4 000 000	01100001	2	折旧费用/折旧费用/销售费用/销售费用/销售费用/折旧费用	3 956 600	101/102/201/202/203/3	143	平均年限法(一)	在用	在建工程转入	办公楼	80 000	1号楼	2022－01－01	是	经理办公室(20%)/财务部(20%)/第一销售部(20%)/第二销售部(20%)/第三销售部(10%)/采购部(10%)	43 400	0.001 4	011
00002	2011－03－10	720	4 500 000	01200001	2	折旧费用/折旧费用	4 493 700	401/402	129	平均年限法(一)	在用	在建工程转入	厂房	90 000	1号厂房	2022－01－01	是	产品研发部(50%)/生产车间(50%)	6 300	0.001 4	012
00003	2010－01－20	120	1 500 000	02100001	2	折旧费用	1 483 465	402	143	平均年限法(一)	在用	在建工程转入	生产线	30 000	空调生产线	2022－01－01	否	生产车间	16 535	0.008 2	021
00004	2010－05－08	120	600 000	02100002	3	折旧费用	549 942	402	139	平均年限法(一)	在用	在建工程转入	生产线	18 000	洗衣机生产线	2022－01－01	否	生产车间	50 058	0.008 1	021
00005	2021－07－08	60	3 000	02200001	3	折旧费用	2 951.40	102	5	平均年限法(一)	在用	直接购入	办公设备	90	电脑	2022－01－01	否	财务部	48.60	0.016 2	022

3. 2022 年 1 月发生的经济业务及操作步骤

(1)1 月 5 日,计提 2022 年 1 月折旧。

操作步骤:选择“业务导航”/“财务会计”/“固定资产”/“折旧计提”/“计提本月折旧”。

(2)1 月 6 日,将卡片编号为“00004”的固定资产(洗衣机生产线)的使用状况由“在用”修改为“大修理停用”。

操作步骤:选择“业务导航”/“财务会计”/“固定资产”/“卡片”/“卡片管理”。

(3)1 月 15 日,直接购入并交付给采购部使用一台电脑,预计使用年限为 5 年,原值为 5 000 元,净残值为 3%,采用“年数总和法”计提折旧。

操作步骤:选择“业务导航”/“财务会计”/“固定资产”/“卡片”/“资产增加”。

(4)1 月 23 日,根据企业需要,将卡片号码为“00004”号固定资产(洗衣机生产线)的折旧方法由“平均年限法(一)”更改为“工作量法”。工作总量为“60 000”小时,累计工作量为“10 000”小时。

操作步骤:选择“业务导航”/“财务会计”/“固定资产”/“卡片”/“卡片管理”。

(5)1 月 26 日,将财务部使用的电脑“00005”号固定资产捐赠给希望工程。

操作步骤:选择“业务导航”/“财务会计”/“固定资产”/“资产处置”/“资产减少”。

(6)完成 2022 年 1 月批量制单。

操作步骤:选择“业务导航”/“财务会计”/“固定资产”/“凭证处理”/“批量制单”

4. 记账

胡天睿注册进入总账系统,将固定资产管理传递过来的凭证进行审核、记账。

操作步骤:选择“业务导航”/“财务会计”/“总账”/“凭证”/“审核凭证”,审核完后,选择“业务导航”/“财务会计”/“总账”/“凭证”/“记账”。

5. 备份账套

在硬盘建立“会计信息系统实验四”文件夹,将账套备份到该文件夹。

参考文献

[1] 徐玉德，马智勇. 我国会计信息化发展演进历程与未来展望[J]. 商业会计，2019(7)：7-12.

[2] 李冬梅，惠楠. 用友 ERP 财务与成本管理实务(U8.72 版)[M]. 北京：清华大学出版社，2015.

[3] 毛杨华，李帅，李圆蕊. 会计信息系统原理与应用：基于用友新道 U8+ V15.0 版[M]. 2 版. 北京：中国人民大学出版社，2021.

[4] 陈思雄，朱志国. 会计电算化[M]. 成都：西南交通大学出版社，2010.

[5] 李清. 会计信息系统原理与实验教程[M]. 北京：清华大学出版社，2010.